D1619139

Schriften zum Bio-, Gesundheits- und Medizinrecht

Herausgegeben von
Prof. Dr. Marion Albers
Prof. Dr. Ivo Appel
Prof. Dr. Ulrich M. Gassner
Prof. Dr. Henning Rosenau

Band 31

Anton Friesacher

Kassenärztliche Vereinigungen als öffentliche Auftraggeber im Sinne des GWB-Vergaberechts?

Ein Beitrag zur Auslegung des Begriffs des öffentlichen Auftraggebers im Licht der Rechtsprechung des Europäischen Gerichtshofs

Nomos

Die Deutsche Nationalbibliothek verzeichnet diese Publikation in der Deutschen Nationalbibliografie; detaillierte bibliografische Daten sind im Internet über http://dnb.d-nb.de abrufbar.

Zugl.: Augsburg, Univ., Diss., 2017

ISBN 978-3-8487-4519-7 (Print)
ISBN 978-3-8452-8761-4 (ePDF)

1. Auflage 2017

Vorwort

Die vorliegende Arbeit wurde im Sommersemester 2017 von der Juristischen Fakultät der Universität Augsburg als Dissertation angenommen. Rechtsprechung und Literatur konnten bis September 2017 berücksichtigt werden.

Mein Dank gilt an erster Stelle meinem verehrten Doktorvater Prof. Dr. Ulrich M. Gassner für die Anregung des Themas, die hervorragende Betreuung und die Aufnahme der Arbeit in diese Reihe. Herrn Prof. Dr. Ferdinand Wollenschläger danke ich für die Erstellung des Zweitgutachtens.

Der Deutschen Gesellschaft für Kassenarztrecht e.V. gebührt mein Dank für die großzügige finanzielle Unterstützung bei der Veröffentlichung der Arbeit.

Besonders danke ich meiner Freundin Christina Schrumpf dafür, dass sie mich in jeder Phase der Arbeit so wertvoll unterstützt und meine Launen während dieser mühsamen Zeit klaglos ertragen hat.

Schließlich danke ich meiner Familie und insbesondere meinen Eltern Gertraud und Peter Friesacher. Ihre zu allen Zeiten liebevolle und bedingungslose Förderung hat zu der sorgenfreien Ausbildung geführt, die diese Arbeit erst ermöglicht hat.

München im September 2017 *Anton Friesacher*

Inhaltsverzeichnis

Abkürzungsverzeichnis

a.A.	anderer Ansicht
a.a.O.	am angegebenen Ort
AblEG	Amtsblatt der Europäischen Gemeinschaft
AblEU	Amtsblatt der Europäischen Union
Abs.	Absatz
a.E.	am Ende
AEUV	Vertrag über die Arbeitsweise der Europäischen Union
a.F.	alte Fassung
AktG	Aktiengesetz
AMNOG	Arzneimittelmarktneuordnungsgesetz
AöR	Archiv des öffentlichen Rechts (Zeitschrift)
Art.	Artikel
ArztR	Arztrecht (Zeitschrift)
B	Bekanntmachung
BAnz AT	Bundesanzeiger amtlicher Teil
BauR	Zeitschrift für das gesamte öffentliche und zivile Baurecht (Zeitschrift)
BayGVBl.	Bayerisches Gesetz- und Verordnungsblatt
BayHO	Bayerische Haushaltsordnung
BayObLG	Bayerisches Oberstes Landesgericht
BB	Betriebs-Berater (Zeitschrift)
Bd.	Band
BGB	Bürgerliches Gesetzbuch
BGBl.	Bundesgesetzblatt
BGH	Bundesgerichtshof
BGHZ	Entscheidungen des Bundesgerichtshofes in Zivilsachen
BHO	Bundeshaushaltsordnung
BKartA	Bundeskartellamt
BKR	Richtlinie 93/37/EWG des Rates vom 14.07.1993 über die Koordinierung der Verfahren zur Vergabe öffentlicher Bauaufträge
BMF	Bundesministerium der Finanzen
BMG	Bundesministerium für Gesundheit
BMWi	Bundesministerium für Wirtschaft und Energie
BR-Drs.	Bundesratsdrucksache
BSG	Bundessozialgericht
BSGE	Entscheidungen des Bundessozialgerichts
bspw.	beispielsweise
BT-Drs.	Bundestagsdrucksache
Buchst.	Buchstabe
BverfG	Bundesverfassungsgericht
BVerfGE	Entscheidungen des Bundesverfassungsgerichts
BVerwG	Bundesverwaltungsgericht
BVerwGE	Entscheidungen des Bundesverwaltungsgerichts
bzw.	beziehungsweise
DB	Der Betrieb (Zeitschrift)
ders.	derselbe
d.h.	das heißt
dies.	dieselbe/dieselben

DKR	Richtlinie 92/50/EWG des Rates vom 18.06.1992 über die Koordinierung der Verfahren zur Vergabe öffentlicher Dienstleistungsaufträge
DÖV	Die Öffentliche Verwaltung (Zeitschrift)
DRV	Deutsche Rentenversicherung (Zeitschrift)
DVBl.	Deutsches Verwaltungsblatt (Zeitschrift)
EU	Europäische Union/Vertrag über die Europäische Union
EuGH	Europäischer Gerichtshof
EUV	Vertrag über die Europäische Union
EuZW	Europäische Zeitschrift für Wirtschaftsrecht
EWG	Europäische Wirtschaftsgemeinschaft
EWS	Europäisches Wirtschafts- und Steuerrecht (Zeitschrift)
f./ff.	folgende/fortfolgende
Fn.	Fußnote
FS	Festschrift
GA	Generalanwalt/Generalanwältin
gem.	gemäß
GesR	Gesundheitsrecht (Zeitschrift)
GewArch	Gewerbearchiv (Zeitschrift für Wirtschaftsverwaltungsrecht)
GG	Grundgesetz
ggf.	gegebenenfalls
GKV	Gesetzliche Krankenversicherung
GKV-GRG	Gesetz zur Reform der gesetzlichen Krankenversicherung ab dem Jahr 2000
GKV-OrgWG	Gesetz zur Weiterentwicklung der Organisationsstrukturen in der gesetzlichen Krankenversicherung
GKV-VSG	Gesetz zur Stärkung der Versorgung in der gesetzlichen Krankenversicherung
GKV-WSG	Gesetz zur Stärkung des Wettbewerbs in der gesetzlichen Krankenversicherung
GMBl.	Gemeinsames Ministerialblatt
GPA	Agreement on Government Procurement
GRG	Gesetz zur Strukturreform im Gesundheitswesen
GRUR	Gewerblicher Rechtsschutz und Urheberrecht (Zeitschrift)
GuP	Gesundheit und Pflege (Zeitschrift)
GVBl. LSA	Gesetz- und Verordnungsblatt für das Land Sachsen-Anhalt
GV. NRW	Gesetz- und Verordnungsblatt für das Land Nordrhein-Westfalen
GWB	Gesetz gegen Wettbewerbsbeschränkungen
HessGVBl.	Gesetz- und Verordnungsblatt für das Land Hessen
HFR	Höchstrichterliche Finanzrechtsprechung (Zeitschrift)
HGrG	Haushaltsgrundsätzegesetz
HK-AKM	Heidelberger Kommentar Arztrecht Krankenhausrecht Medizinrecht
Hrsg.	Herausgeber
IBR	Immobilien- und Baurecht (Zeitschrift)
i.d.F.	in der Fassung
i.V.m.	in Verbindung mit
jurisPK-SGB IV	juris Praxiskommentar Viertes Sozialgesetzbuch
jurisPK-SGB V	juris Praxiskommentar Fünftes Sozialgesetzbuch
JZ	Juristenzeitung (Zeitschrift)
KassKomm	Kasseler Kommentar
KOM	Dokument der EU-Kommission
LG	Landgericht
LHO	Landeshaushaltsordnung
LKR	Richtlinie 93/36/EWG des Rates vom 14.07.1993 über die Koordinierung der Verfahren zur Vergabe öffentlicher Lieferaufträge
LKV	Landes- und Kommunalverwaltung (Zeitschrift)
Ls.	Leitsatz/Leitsätze
LSG	Landessozialgericht

MedR	Medizinrecht (Zeitschrift)
MDR	Monatsschrift für deutsches Recht (Zeitschrift)
MPR	Medizin Produkte Recht (Zeitschrift)
m.w.N.	mit weiteren Nachweisen
MwStR	Mehrwertsteuerrecht (Zeitschrift)
NdsGVBl.	Gesetz- und Verordnungsblatt für das Land Niedersachsen
n.F.	neue Fassung
NJOZ	Neue Juristische Online-Zeitschrift
NJW	Neue Juristische Wochenschrift
NJW-RR	NJW – Rechtsprechungs-Report (Zeitschrift)
Nr.	Nummer
NVwZ	Neue Zeitschrift für Verwaltungsrecht
NZBau	Neue Zeitschrift für Baurecht und Vergaberecht
NZS	Neue Zeitschrift für Sozialrecht
OLG	Oberlandesgericht
RMR	Richtlinie 89/665/EWG des Rates vom 21.12.1989 über die Koordinierung der Rechts- und Verwaltungsvorschriften für die Anwendung der Nachprüfungsverfahren im Rahmen der Vergabe öffentlicher Liefer- und Bauaufträge
Rn.	Randnummer(n)
Rs.	Rechtssache
RVO	Reichsversicherungsordnung
S.	Seite(n)
s.	siehe
SDSRV	Schriftenreihe des deutschen Sozialrechtsverbandes
SGb	Die Sozialgerichtsbarkeit (Zeitschrift für das aktuelle Sozialrecht)
SGB I	Erstes Sozialgesetzbuch
SGB IV	Viertes Sozialgesetzbuch
SGB V	Fünftes Sozialgesetzbuch
SGB X	Zehntes Sozialgesetzbuch
SGG	Sozialgerichtsgesetz
SKR	Richtlinie 93/38/EWG des Rates vom 14.06.1993 zur Koordinierung der Auftragsvergabe durch Auftraggeber im Bereich der Wasser-, Energie- und Verkehrsversorgung sowie im Telekommunikationssektor
Slg.	Sammlung
sog.	sogenannte/sogenannter
SozR	Sozialrecht, Entscheidungssammlung des Bundessozialgerichts
SRMR	Richtlinie 92/13/EWG des Rates vom 25.02.1992 über die Koordinierung der Rechts- und Verwaltungsvorschriften für die Anwendung der Gemeinschaftsvorschriften über die Auftragsvergabe durch Auftraggeber im Bereich der Wasser-, Energie- und Verkehrsversorgung sowie im Telekommunikationssektor
u.a.	und andere/unter anderem
UAbs.	Unterabsatz
Urt.	Urteil
UWG	Gesetz gegen den unlauteren Wettbewerb
v.	von/vom
verb. Rs.	verbundene Rechtssachen
VergabeR	Vergaberecht (Zeitschrift)
VergRModG	Vergaberechtsmodernisierungsgesetz 2016
VergRModVO	Vergaberechtsmodernisierungsverordnung
VersR	Versicherungsrecht (Zeitschrift)
vgl.	vergleiche
VgV	Vergabeverordnung

VKR	Richtlinie 2004/18/EG des Europäischen Parlaments und des Rates vom 31.03.2004 über die Koordinierung der Verfahren zur Vergabe öffentlicher Bauaufträge, Lieferaufträge und Dienstleistungsaufträge
VOB	Verdingungsordnung für Bauleistungen/Vergabe- und Vertragsordnung für Bauleistungen
VOF	Vergabe- und Vertragsordnung für freiberufliche Leistungen
VOL	Verdingungsordnung für Leistungen ausgenommen Bauleistungen/Vergabe- und Vertragsordnung für Lieferungen und Dienstleistungen
VPR	Vergabepraxis & -recht (Zeitschrift)
vs.	versus
VVDStRL	Veröffentlichungen der Vereinigung der Deutschen Staatsrechtslehrer
VwGO	Verwaltungsgerichtsordnung
WiVerw	Wirtschaft und Verwaltung (Vierteljahresbeilage zum Gewerbearchiv)
WTO	World Trade Organization
WuW	Wirtschaft und Wettbewerb (Zeitschrift)
WuW/E	WuW – Entscheidungssammlung
z.B.	zum Beispiel
ZESAR	Zeitschrift für europäisches Sozial- und Arbeitsrecht
ZfBR	Zeitschrift für deutsches und internationales Bau- und Vergaberecht
ZIP	Zeitschrift für Wirtschaftsrecht
ZMGR	Zeitschrift für das gesamte Medizin- und Gesundheitsrecht
z.T.	zum Teil
ZUM	Zeitschrift für Urheber- und Medienrecht
ZVersWiss	Zeitschrift für die gesamte Versicherungswissenschaft

Einleitung

A. Anlass und Gegenstand der Untersuchung

Mit dem europäischen Vergaberecht und dem Sozialrecht treffen zwei einander ziemlich fremde Welten aufeinander[1] – das ist mittlerweile ebenso bekannt wie die Tatsache, dass dieses Aufeinandertreffen über Jahre hinweg erhebliche Rechtsunsicherheit hervorgerufen hat. Zur Beschreibung des (Nicht-)Verhältnisses von Vergaberecht und Sozialrecht wurden sogar literarische Bilder bemüht. In Fachkreisen bekannt geworden ist etwa der Vergleich mit dem französischen Volksmärchen *Die Schöne und das Biest.*[2] Etwas sachnäher, aber nicht weniger dramatisch formulierte *Kingreen*, der von einem scheinbaren Generationenkonflikt sprach: Ein inzwischen über 130 Jahre „*gewachsenes, ja altehrwürdiges Rechtsgebiet wird konfrontiert mit einem pubertierenden Mitglied der Rechtsordnung, das, altersmäßig, gerade eine rechtspolitische und rechtswissenschaftliche Selbstfindung durchlebt und dabei mit einem gewissen Rigorismus vorhandene Strukturen in Frage stellt*“[3].

Die angesprochene Rechtsunsicherheit betraf dabei zunächst vor allem die Frage, ob die streng formalisierten Vergabeverfahrensvorschriften des in Teil 4 des GWB geregelten europäisierten Vergaberechts[4] auf die Leistungserbringung innerhalb der mitgliedstaatlich organisierten Sozialversicherungssysteme anzuwenden sind, wobei diese Frage auf unterschiedlichen Ebenen diskutiert wurde. Auf der ersten (primärrechtlichen) Ebene wurde vor allem in Teilen des sozialrechtlichen Schrifttums schon aus kompetenzrechtlichen Gründen bezweifelt, dass das europarechtlich initi-

---

1 So für das Aufeinandertreffen von europäischem Wirtschaftsrecht und Sozialrecht *Kingreen*, Das Sozialstaatsprinzip im europäischen Verfassungsverbund, 2003, S. 6.

2 Urheber dieser Parallele – mit dem Vergaberecht als Biest – ist *Burgi*, hier zitiert nach *Basteck*, NZBau 2006, 497 ff. (497); vgl. auch *Gassner* in: Ebsen, Vergaberecht und Vertragswettbewerb, S. 136.

3 So wörtlich *Kingreen* in: Ebsen, Vergaberecht und Vertragswettbewerb, S. 51.

4 Die Begriffe „europäisiertes Vergaberecht“ und „GWB-Vergaberecht“ werden im Folgenden synonym verwendet und bezeichnen die Gesamtheit der Vorschriften des deutschen Rechts, die der Umsetzung der europäischen Richtlinienvorgaben zur Vergabe öffentlicher Aufträge und Dienstleistungskonzessionen dienen.

ierte GWB-Vergaberecht etwa im Leistungserbringungssystem der gesetzlichen Krankenversicherung überhaupt anwendbar ist.[5] Auf der zweiten (sekundärrechtlich geprägten) Ebene wurde bei zugestandener grundsätzlicher Anwendbarkeit des GWB-Vergaberechts das Vorliegen der Voraussetzungen für die Eröffnung des Anwendungsbereichs des GWB-Vergaberechts mit Blick auf Sozialversicherungsträger und ihre Aufgabenwahrnehmung kontrovers beurteilt. Konkret bestand in Rechtsprechung und Literatur insbesondere Streit darüber, ob die gesetzlichen Krankenkassen als öffentliche Auftraggeber anzusehen sind und ob sie auch im Bereich der krankenversicherungsrechtlichen Leistungserbringung (und nicht nur im Bereich der fiskalischen Hilfsgeschäfte) öffentliche Aufträge im Sinne des GWB-Vergaberechts vergeben.[6]

Was die erste Ebene anbelangt, hat der deutsche Gesetzgeber die Rechtsunsicherheit noch vor dem EuGH insoweit ausgeräumt, als er mit § 69 Abs. 2 Satz 1, 2. Halbsatz SGB V i.d.F. des GKV-OrgWG[7] die Anwendung der materiell-rechtlichen Vorschriften des GWB-Vergaberechts, die auch die Vorschriften über die Eröffnung seines persönlichen und sachlichen Anwendungsbereichs enthalten, mit Wirkung ab 18.12.2008 auf die Rechtsbeziehungen der gesetzlichen Krankenkassen zu den Leistungserbringern anordnete.[8]

Gut ein halbes Jahr später sorgte der EuGH auf beiden Ebenen endgültig für Klarheit: Am 11.6.2009 entschied er in dem auf ein Vorabentscheidungsersuchen des OLG Düsseldorf[9] ergangenen Urteil zur Rechtssache *Oymanns*[10], dass die gesetzlichen Krankenkassen in Deutschland unter

5 S. zum Streitstand Ende 2008 etwa *Gassner* in: Ebsen, Vergaberecht und Vertragswettbewerb, S. 115 ff., der die Anwendbarkeit des GWB-Vergaberechts (auch) auf die Leistungserbringung in der gesetzlichen Krankenversicherung bejaht; die Gegenthese vertretend („*primärrechtlich geforderte Ausnahme*“) etwa *Engelmann*, SGb 2008, 133 ff. (141, 144).

6 S. exemplarisch und mit überblicksartiger Darstellung des Streitstandes OLG Düsseldorf v. 23.5.2007, VII-Verg 50/06, VergabeR 2007, 622 = NZBau 2007, 525; aus der Literatur etwa *Moosecker*, Öffentliche Auftragsvergabe der gesetzlichen Krankenkassen, S. 31 ff. bzw. S. 81 ff..

7 Gesetz zur Weiterentwicklung der Organisationsstrukturen in der gesetzlichen Krankenversicherung vom 15.12.2008, BGBl. 2008-I, S. 2426.

8 Die – zwischenzeitlich zweimal geänderte – Regelung ist nun in § 69 Abs. 3 SGB V zu finden; s. dazu noch näher unten Teil 1 B.IV.2.a)dd).

9 Fn. 6.

10 EuGH v. 11.6.2009, Rs. C-300/07 – *Oymanns*, Slg. 2009, I-4779 = EuZW 2009, 612 = DVBl 2009, 974; s. dazu nur *Kingreen*, NJW 2009, 2417 ff.

den Begriff des öffentlichen Auftraggebers im Sinne der Richtlinienvorschrift des Art. 1 Abs. 9 RL 2004/18/EG[11] fallen. Die gesetzlichen Krankenkassen werden also spätestens seit dieser Entscheidung zumindest in der Rechtspraxis unstreitig als öffentliche Auftraggeber auch im Sinne des die Richtlinienvorschrift in deutsches Recht umsetzenden § 98 GWB a.F. bzw. § 99 GWB in der Fassung des Vergaberechtsmodernisierungsgesetzes 2016[12] qualifiziert.[13] Darüber hinaus hat der EuGH mit diesem Urteil im Grundsatz klargestellt, dass auch der selektivvertraglich erfolgende „Einkauf" von Versorgungsleistungen durch die gesetzlichen Krankenkassen einen öffentlichen Auftrag im EU-vergaberechtlichen Sinn darstellen kann.[14] Zugleich hat der EuGH implizit die Vorfrage beantwortet, ob das

---

11 Richtlinie 2004/18/EG des Europäischen Parlaments und des Rates vom 31.3.2004 über die Koordinierung der Verfahren zur Vergabe öffentlicher Bauaufträge, Lieferaufträge und Dienstleistungsaufträge, ABlEU 2004, L 134, S. 114 (im Folgenden auch: Vergabekoordinierungsrichtlinie oder VKR). Die vorliegende Arbeit ist auf Basis der Rechtslage seit Inkrafttreten der neuen, u.a. die VKR ersetzenden europäischen Vergaberichtlinien zum 17.4.2014 entstanden. Das sind im Einzelnen: Die Richtlinie 2014/24/EU des Europäischen Parlaments und des Rates vom 26.2.2014 über die Vergabe von öffentlichen Aufträgen und zur Aufhebung der Richtlinie 2004/18/EG, ABlEU 2014, L 94, S. 65 (im Folgenden auch: Vergaberichtlinie), die Richtlinie 2014/25/EU des Europäischen Parlaments und des Rates vom 26.2.2014 über die Vergabe von Aufträgen durch Auftraggeber im Bereich der Wasser-, Energie- und Verkehrsversorgung sowie der Postdienste und zur Aufhebung der Richtlinie 2004/17/EG, ABlEU 2014, L 94, S. 243 (im Folgenden auch: Sektorenrichtlinie) sowie die Richtlinie2014/23/EU des Europäischen Parlaments und des Rates vom 26.2.2014 über die Konzessionsvergabe, ABlEU 2014, L 94, S. 1 (im Folgenden auch: Konzessionsrichtlinie). Was den Begriff des öffentlichen Auftraggebers angeht, ergeben sich durch die neuen Richtlinien inhaltlich keine Abweichungen vom bisherigen Recht, wie die Richtlinie 2014/24/EU ausdrücklich in ihrem Erwägungsgrund 10 klarstellt. Hierauf wird später noch näher einzugehen sein.

12 Vergaberechtsmodernisierungsgesetz vom 17.2.2016, BGBl. 2016-I, S. 203.

13 Vgl. dazu nur *Becker/Schweitzer*, Gutachten zum 69. Deutschen Juristentag 2012, S. 45 f.

14 In dem der Rechtssache *Oymanns* zugrunde liegenden Fall ging es um den Abschluss eines Vertrages mit Orthopädie-Schuhtechnikern über die Anfertigung und Lieferung von Schuhwerk zur integrierten Versorgung nach § 140 a SGB V a.F. Der EuGH stufte dabei die AOK Rheinland/Hamburg als öffentlichen Auftraggeber im Sinne des damals geltenden Art. 1 Abs. 9 VKR ein, bevor er den konkret gegenständlichen „§ 140a-Vertrag" nicht als (damals) nach Art. 17 VKR vergaberechtsfreie Dienstleistungskonzession, sondern als Rahmenvereinbarung über die Beschaffung von Dienst- und Lieferleistungen qualifizierte.

europäisierte Vergaberechtsregime auf die Leistungserbringung innerhalb sozialer Sicherungssysteme wie der gesetzlichen Krankenversicherung anwendbar ist.[15] Dabei geht der EuGH wie selbstverständlich davon aus, dass diese Frage auch ohne eine entsprechende gesetzgeberische Entscheidung des betreffenden Mitgliedstaates – wie sie § 69 Abs. 2 Satz 1, 2. Halbsatz SGB V i.d.F. des GKV-OrgWG enthielt – zu bejahen ist.

Angesichts der insoweit geklärten Rechtslage hat sich der zuvor mit einiger Schärfe geführte Streit um die Anwendbarkeit des GWB-Vergaberechts und die Eröffnung seines Anwendungsbereichs auch im Bereich der Leistungserbringung in der gesetzlichen Krankenversicherung beruhigt oder – um beim Bild von *Kingreen* zu bleiben[16] – die Pubertät gegen die Altersstarrheit durchgesetzt.

Das wurde nach dem EuGH-Urteil in der Rechtssache *Oymanns* allerdings nicht nur beschränkt auf die gesetzlichen Krankenkassen oder andere Sozialversicherungsträger so gesehen. Gerade die Eigenschaft als öffentliche Auftraggeber wurde mit Blick auf weitere „alteingesessene" mitgliedstaatliche Einrichtungen auch des deutschen Gesundheitssystems, die neben den gesetzlichen Krankenkassen in das Verzeichnis in Anhang III[17] der VKR[18] aufgenommen waren, nicht mehr allzu kritisch hinterfragt. Wenngleich der EuGH stets bemüht war, die bloß indizielle Wirkung der Erwähnung in diesem Verzeichnis als widerlegbare Vermutung zu betonen[19], schienen die Erfolgsaussichten eines Widerlegungsversuchs in Anbetracht der vergaberechtsgeneigten Auslegungspraxis des EuGH eher theoretischer Natur. Das *Oymanns*-Urteil des EuGH reihte sich nahtlos ein in die bis dato erkennbare Rechtsprechungslinie des EuGH, der ganz im Sinne des Grundsatzes des effet utile dem europäisierten Vergaberecht zu herausragender Bedeutung im öffentlichen Beschaffungswesen verholfen hat, auch indem er den Begriff des öffentlichen Auftraggebers großzügig

---

15 Vgl. etwa *Esch*, MPR 2009, 149 ff. (149).

16 Fn. 3.

17 In dem gemäß Art. 1 Abs. 9 UAbs. 3 VKR nicht abschließenden Verzeichnis waren öffentliche Einrichtungen gelistet, die die Kriterien der VKR zur Qualifikation als öffentliche Auftraggeber nach mitgliedstaatlicher Interpretation erfüllen.

18 Fn. 11.

19 S. z.B. EuGH v. 11.6.2009, Rs. C-300/07 – *Oymanns,* Slg. 2009, I-4779 = EuZW 2009, 612 = DVBl 2009, 974; v. 12.9.2013, C-526/11 – *IVD*, Rn. 18, NVwZ 2014, 59 = EuZW 2013, 860.

ausgelegt hat.[20] Mit dieser vermeintlichen Rechtswirklichkeit schienen sich auch weitere Einrichtungen des deutschen Gesundheitssystems (neben den Krankenkassen wurden etwa auch Kassenärztliche Vereinigungen und Ärztekammern im Anhang III der VKR erwähnt) zwischenzeitlich arrangiert zu haben.

Vor diesem Hintergrund überraschte der EuGH umso mehr mit einem weiteren Urteil zur Auslegung des Begriffs des öffentlichen Auftraggebers, das wieder auf ein Vorabentscheidungsersuchen des OLG Düsseldorf[21] ergangen ist.[22] Der EuGH hat darin im Ergebnis der Ärztekammer Westfalen-Lippe die Eigenschaft als öffentlicher Auftraggeber im Sinne der VKR abgesprochen und damit auch klargestellt, dass auf Auftragsvergaben dieser und vergleichbarer (berufsständischer) Körperschaften die EU-Richtlinienbestimmungen und die diese in deutsches Recht umsetzenden Vergaberegelungen nicht anzuwenden sind.[23] Die Reaktionen auf das EuGH-Urteil fielen insbesondere unter Vergaberechtspraktikern überwiegend heftig aus – mitunter war von einer kleinen Sensation die Rede.[24]

Aus sozialrechtlicher (Leistungserbringungs-)Perspektive ist diese auch als „Ärztekammer-Urteil“ bekannt gewordene Entscheidung des EuGH zwar gewiss nicht so einschneidend wie sein grundlegendes „Krankenkassen-Urteil“ in der Rechtssache *Oymanns*. Aus vergaberechtlicher Sicht lässt das „Ärztekammer-Urteil“ aber allemal aufhorchen, ist es doch, wie gesagt, nur schwer in die Reihe der Urteile einzuordnen, in denen sich der EuGH bis dato mit der Frage der Auftraggebereigenschaft im Sinne des europäischen Vergaberechts auseinandergesetzt hat.[25]

---

20 S. etwa die Nachweise bei *Koenig/Klahn/Schreiber*, ZESAR 2008, 5 ff. (6); s. dazu auch sogleich bei Fn. 25.

21 OLG Düsseldorf v. 5.10.2011, VII-Verg 38/11, NZBau 2012, 188.

22 EuGH v. 12.9.2013, Rs. C-526/11 – *IVD*, NVwZ 2014, 59 = EuZW 2013, 860.

23 Der Entscheidung lag eine Ausschreibung der Ärztekammer Westfalen-Lippe für Druck und Versand ihres Mitteilungsblattes sowie für Anzeigenakquise und Abonnentenverkauf zugrunde. Gegen die Auftragsvergabe wandte sich ein unterlegener Bieter (die IVD GmbH & Co. KG) mit einem Nachprüfungsantrag.

24 So bspw. *Roth*, Vergabeblog.de vom 12.9.2013, Nr. 17018.

25 Was Organisationen aus Deutschland betrifft, hatte der EuGH vor seinem Urteil zu den gesetzlichen Krankenkassen auch schon die öffentlich-rechtlichen Rundfunkanstalten als öffentliche Auftraggeber qualifiziert: EuGH v. 13.12.2007, Rs. C-337/06 – *Bayerischer Rundfunk u.a.*, Slg. 2007, I-11173 = EuZW 2008, 80 = NZBau 2008, 130 = VergabeR 2008, 42.

Die vorliegende Arbeit nimmt dieses „Ärztekammer-Urteil" des EuGH zum Anlass, die nach § 77 Abs. 1 SGB V gebildeten Kassenärztlichen Vereinigungen[26] darauf zu untersuchen, ob sie die Eigenschaft als öffentliche Auftraggeber im Sinne der §§ 98, 99 GWB aufweisen. Diese Untersuchung drängt sich gedanklich geradezu auf. Denn die Kassenärztlichen Vereinigungen sind angesichts ihrer gesundheitssystemischen Stellung in gewisser Weise „zwischen" den beiden (ebenfalls öffentlich-rechtlich organisierten) Körperschaften zu verorten, deren vergaberechtliche Auftraggebereigenschaft der EuGH gegensätzlich beurteilt: Auf der einen Seite die gesetzlichen Krankenkassen in Deutschland, die etwa im Rahmen der gemeinsamen Selbstverwaltung im vertragsärztlichen Leistungserbringungsrecht als Kooperations- und Vertragspartner der Kassenärztlichen Vereinigungen fungieren und insoweit weitgehend demselben Fachrecht wie die Kassenärztlichen Vereinigungen unterliegen. Und auf der anderen Seite die Ärztekammern, zu denen die Kassenärztlichen Vereinigungen zwar völlig andere, womöglich aber nicht weniger relevante Parallelen aufweisen; die augenfälligste davon ist sicher der Umstand, dass auch die Pflichtmitgliedschaft in der Kassenärztlichen Vereinigung nach § 77 Abs. 3 SGB V am Berufsstand anknüpft, wenn auch – wegen der zusätzlichen Voraussetzung einer Erlaubnis zum Tätigwerden in der vertragsärztlichen Versorgung – nicht so unmittelbar wie die Pflichtmitgliedschaft in der Ärztekammer.[27]

Angesichts des beschriebenen Untersuchungsgegenstandes darf es nicht verwundern, dass das im Einzelnen nach wie vor umstrittene Problemfeld, ob und unter welchen Bedingungen ein vergaberechtlich relevanter Vorgang im Zusammenhang mit der Erbringung sozialer Dienstleistungen

---

26 Der Einfachheit und besseren Lesbarkeit halber ist in der vorliegenden Arbeit durchgehend nur von den Kassenärztlichen Vereinigungen die Rede; die darauf bezogenen Ausführungen gelten im Grundsatz in gleicher Weise für Kassenzahnärztliche Vereinigungen.

27 Erst kürzlich hat das BVerfG seine Rechtsprechung bekräftigt, dass es sich bei der Tätigkeit als Vertragsarzt zwar nicht um einen eigenen Beruf, sondern nur um eine Ausübungsform des Berufs des frei praktizierenden Arztes handele, dass aber ein Ausschluss von der vertragsärztlichen Tätigkeit nicht nur die Berufsausübung des Arztes beeinträchtige, sondern im Hinblick auf die Anzahl der in der gesetzlichen Krankenversicherung Versicherten und die daher mit einem Ausschluss von der vertragsärztlichen Tätigkeit verbundenen Auswirkungen auf die Möglichkeit, ärztlich tätig zu sein, einer Beschränkung der Berufswahlfreiheit gleichkomme, BVerfG v. 26.9.2016, 1 BvR 1326/15, NZS 2016, 942.

(bspw. beim Abschluss selektiver Versorgungsverträge zwischen Krankenkassen und Leistungserbringern) anzunehmen ist[28], in dieser Arbeit allenfalls am Rande interessiert. Denn es betrifft im Kern die Qualifizierung des Auftrags zur Erbringung sozialer Dienstleistungen als öffentlicher Auftrag (vgl. § 103 Abs. 1 GWB) oder Dienstleistungskonzession (vgl. § 105 GWB) im Sinne des GWB-Vergaberechts und mithin dessen sachlichen Anwendungsbereich. Neben (bei „prüfschematischer" Betrachtung: vor) der Prüfung, ob der sachliche Anwendungsbereich des GWB-Vergaberechts eröffnet ist, ist die Frage nach der Eröffnung des *persönlichen* Anwendungsbereichs des GWB-Vergaberechts zu beantworten.

B. Aufbau und Gang der Untersuchung

Die Untersuchung folgt einem viergliedrigen Aufbau: In Teil 1 wird das europäische und nationale Vergaberecht in den Grundzügen dargestellt. Hier wird neben der entstehungsgeschichtlichen Betrachtung auch das lange Zeit umstrittene Verhältnis zwischen Vergaberecht und Sozialrecht erörtert. Das adressiert vor allem die – bereits unter A. skizzierte – Fragen nach der Anwendbarkeit und Anwendung des auf europäischen Richtlinien basierenden GWB-Vergaberechts im Bereich der gesetzlichen Krankenversicherung. Zudem beleuchtet Teil 1 die das deutsche Vergaberecht kennzeichnende Zweiteilung entlang der Anwendungsvoraussetzungen des GWB-Vergaberechts, wobei die jeweiligen Regelungsbereiche gegenübergestellt werden. Das soll es erleichtern, die Tragweite der mit der Anwendung der Verfahrensregelungen des GWB-Vergaberechts verbundenen Auswirkungen nachzuvollziehen.

Teil 2 der Untersuchung nähert sich dem eigentlichen Kern der Arbeit mit der Betrachtung der einzelnen Merkmale des Begriffs des öffentlichen Auftraggebers, wie sie in den – die europäischen Richtlinienvorgaben in deutsches Recht umsetzenden, ggf. richtlinienkonform auszulegenden – §§ 98, 99 GWB[29] geregelt sind und in der nationalen, vor allem aber der

---

28 Vgl. dazu etwa BSG v. 25.3.2015, B 6 KA 9/14 R, BSGE 118, 164 = GesR 2016, 27; das BSG verneint darin die Frage für einen Vertrag über die hausarztzentrierte Versorgung gemäß § 73 b SGB V mit der Begründung, dass es an der erforderlichen Auswahl zwischen verschiedenen Vertragspartnern fehle.

29 Soweit nicht explizit anders ausgeführt, werden im Folgenden die Bestimmungen des GWB (insbesondere seines Teils 4) in der Fassung zugrunde gelegt, die sie

Rechtsprechung des EuGH, dem nach Art. 19 Abs. 1 Satz 2 EU[30] sowie Art. 267 AEUV[31] allein die verbindliche Auslegung des in nationales Recht umgesetzten europäischen Vergaberechts obliegt, im Lauf der Jahre präzisiert worden sind.

Die in Teil 2 zur Auslegung des Begriffs des öffentlichen Auftraggebers gewonnenen Erkenntnisse werden für die Subsumtion in Teil 3 gebraucht, um mit der Frage, ob die Kassenärztlichen Vereinigungen die Merkmale des Begriffs des öffentlichen Auftraggebers erfüllen, den Kern der Arbeit zu untersuchen. Dabei werden – unter weiterer Analyse der Rechtsprechung des EuGH – Gemeinsamkeiten und Unterschiede zwischen gesetzlichen Krankenkassen, Ärztekammern und Kassenärztlichen Vereinigungen herausgearbeitet und die sich daraus für die Beurteilung der Auftraggebereigenschaft Kassenärztlicher Vereinigungen ergebenden Konsequenzen aufgezeigt.

Teil 4 der Arbeit fasst die wesentlichen Ergebnisse der Untersuchung zusammen und enthält eine Schlussbetrachtung.

C. Ziel der Untersuchung

Die europagerichtliche Rechtsprechung hat für die Rechtspraxis bereits geklärt, wie gesetzliche Krankenkassen einerseits sowie Landesärztekammern andererseits mit Blick auf den persönlichen Anwendungsbereich des europäisierten GWB-Vergaberechts zu beurteilen sind. Die vorliegende

---

durch das am 18.4.2016 in Kraft getretene Vergaberechtsmodernisierungsgesetz vom 17.2.2016 (BGBl. 2016-I, S. 203) erhalten haben.

30 Vertrag über die Europäische Union in der Fassung aufgrund des am 1.12.2009 in Kraft getretenen Vertrages von Lissabon (konsolidierte Fassung bekanntgemacht im ABlEG 2008, C 115, S. 13), zuletzt geändert durch die Akte über die Bedingungen des Beitritts der Republik Kroatien und die Anpassungen des Vertrags über die Europäische Union, des Vertrags über die Arbeitsweise der Europäischen Union und des Vertrags zur Gründung der Europäischen Atomgemeinschaft (ABlEU 2012, L 112, S. 21) m.W.v. 1.7.2013.

31 Vertrag über die Arbeitsweise der Europäischen Union in der Fassung aufgrund des am 1.12.2009 in Kraft getretenen Vertrages von Lissabon (konsolidierte Fassung bekanntgemacht im ABlEG 2008, C 115, S. 47), zuletzt geändert durch die Akte über die Bedingungen des Beitritts der Republik Kroatien und die Anpassungen des Vertrags über die Europäische Union, des Vertrags über die Arbeitsweise der Europäischen Union und des Vertrags zur Gründung der Europäischen Atomgemeinschaft (ABlEU 2012, L 112, S. 21) m.W.v. 1.7.2013.

Arbeit nimmt nun die Kassenärztlichen Vereinigungen ins Visier, die – soweit ersichtlich – zumindest in der gebotenen Tiefe bisher noch nicht auf ihre GWB-vergaberechtliche Stellung untersucht worden sind. Wie schon ihr Titel ankündigt, soll die Arbeit zuvorderst als Beitrag zur (beginnenden) Diskussion um die Erfassung Kassenärztlicher Vereinigungen vom persönlichen Anwendungsbereich des GWB-Vergaberechts begriffen werden. Der methodisch hierfür (auch) herangezogene Vergleich zwischen gesetzlichen Krankenkassen, Ärztekammern und Kassenärztlichen Vereinigungen kann Gemeinsamkeiten und Unterschiede des für diese Körperschaften jeweils maßgeblichen rechtlichen Umfelds aufzeigen, aus denen sich präzise Aussagen über die Staatsgebundenheit insbesondere, aber nicht nur der Kassenärztlichen Vereinigungen ableiten lassen. Die so zu den angesprochenen Selbstverwaltungskörperschaften im Bereich des Gesundheitswesens gewonnenen Aussagen können und sollen darüber hinaus aber auch ganz allgemein Erkenntnisse über das Verhältnis zwischen staatlicher Einflussnahme und funktionaler Selbstverwaltung im verwaltungsrechtlichen Sinn fördern.

Teil 1: Grundzüge des Vergaberechts

Die vorliegende Untersuchung kommt naturgemäß nicht ohne grundlegende Kenntnisse des heute in Deutschland anwendbaren Vergaberechts aus. Hierfür sollen zuerst die Grundzüge des in Deutschland anwendbaren Vergaberechts dargestellt werden, auch um aufzuzeigen, wie sich die Anwendung unterschiedlicher vergaberechtlicher Vorschriften auf Einrichtungen wie die Kassenärztlichen Vereinigungen auswirkt. Erst mit diesem grundlegenden Regelungsverständnis kann die praktische Bedeutung der vergaberechtlichen Einordnung der Kassenärztlichen Vereinigungen überhaupt ermessen werden.

A. Regelungsbedürfnis und Terminologie

Das Bedürfnis für die Schaffung einer regulierenden Verfahrensweise bei der Auftragsvergabe durch die öffentliche Hand rührt insbesondere von folgenden zwei Aspekten:

Zum einen verfügt die öffentliche Hand im Rahmen ihrer Beschaffungstätigkeit nicht über eigene Mittel, sondern – treuhänderisch – über von der Allgemeinheit aufgebrachte Steuergelder und sonstige öffentlich-rechtliche Abgaben.[32] Dies führt zu strukturellen Defiziten, die das Verhalten und die Motivation staatlicher Institutionen am Markt im Vergleich zu privaten Unternehmen kennzeichnen.[33] Mechanismen, die auf einem freien Markt zu einer effizienten Allokation von Ressourcen führen, sind in den meisten Fällen einer wirtschaftlichen Betätigung des Staates aus verschiedenen Gründen (z.B. Bereitstellung von öffentlichen Gütern, natürliche oder gesetzliche Monopolstellung im Bereich der Daseinsvorsorge oder Zugang zu öffentlichen Mitteln) ganz oder teilweise außer Kraft gesetzt.[34] Nicht den Gesetzen des Marktes ausgesetzte staatliche Einrichtungen sind damit nicht wie private Marktteilnehmer gezwungen, Aufträge

---

32 *Breloer*, Europäische Vorgaben und das deutsche Vergaberecht, S. 2.

33 *Pruns*, Kartell- und vergaberechtliche Probleme des selektiven Kontrahierens, S. 331.

34 *Bungenberg* in: Loewenheim u.a., GWB, Vor §§ 97 ff. Rn. 4.

primär nach dem Kriterium der Wirtschaftlichkeit zu vergeben.[35] Gleiches Gewicht kann gegenläufigen Interessen zukommen, darunter industrie-, regional-, sozial- oder arbeitsmarktpolitischen Zielen.[36]

In haushaltswirtschaftlicher Hinsicht sollen die Vorschriften des Vergaberechts daher die sparsame und wirtschaftliche Verwendung öffentlicher Gelder sicherstellen: „best value for public money".[37]

Zum anderen besitzt die öffentliche Hand eine große Nachfragemacht auf den Beschaffungsmärkten.[38] Öffentliche Aufträge stellen einen bedeutenden Wirtschaftsfaktor dar[39] – einige Branchen (z.B. Straßenbau) sind sogar ganz oder zumindest teilweise von öffentlichen Aufträgen abhängig.[40] Damit wächst die Gefahr unerwünschter politisch motivierter Vergabeentscheidungen.[41] Absprachen und „Kungelei" bei der Vergabe öffentlicher Aufträge sind auch in Deutschland immer wieder zu beobachtende Phänomene, die sich in wettbewerbsrechtlicher Hinsicht als ungerechtfertigte Diskriminierung bzw. Privilegierung bestimmter Unternehmen darstellen und bei denen die handelnden Personen durchaus auch mit strafrechtlich relevanten Vorwürfen wie Untreue sowie Bestechung bzw. Bestechlichkeit (im Amt) konfrontiert werden können.

Defizitärer Anreiz zur Wirtschaftlichkeit, hohe Nachfragemarktmacht und damit einhergehende Diskriminierungsgefahr manifestieren das Be-

---

35 Vgl. EuGH v. 10.11.1998, Rs. C-360/96 – *BFI Holding*, Slg. 1998, I-6821 = NVwZ 1999, 397 = DVBl 1999, 160; *Pruns*, Kartell- und vergaberechtliche Probleme des selektiven Kontrahierens, S. 331.

36 *Becker/Schweitzer*, Gutachten zum 69. Deutschen Juristentag 2012, S. 45.

37 *Breloer*, Europäische Vorgaben und das deutsche Vergaberecht, S. 2; *Dreher* in: Immenga/Mestmäcker, GWB, Vor §§ 97 ff. Rn. 1.

38 *Breloer*, Europäische Vorgaben und das deutsche Vergaberecht, S. 2.

39 Das Beschaffungsvolumen der öffentlichen Hand liegt Schätzungen zufolge bei mindestens 300 Milliarden Euro im Jahr, so die Information auf der Internetseite des BMWi, abrufbar unter: http://www.bmwi.de/DE/Themen/Technologie/Rahmenbedingungen/innovation-beschaffungswesen.html (zuletzt abgerufen am 18.12.2016).

40 *Pruns*, Kartell- und vergaberechtliche Probleme des selektiven Kontrahierens, S. 329.

41 *Pruns*, Kartell- und vergaberechtliche Probleme des selektiven Kontrahierens, S. 331 ff., die daneben aber zu Recht auch auf die ordnungspolitische Zielsetzung des Vergaberechts hinweist. So ist etwa die Förderung kleiner und mittelständischer Unternehmen im Bereich der öffentlichen Auftragsvergabe erklärtermaßen ein wichtiges Ziel der Vergaberichtlinie 2014/24/EU (vgl. etwa deren Erwägungsgründe 2 und 66); vgl. auch *Otting* in Bechtold, GWB, § 97 Rn. 27.

dürfnis nach einem verfahrensstrukturellen Regulierungsrahmen[42], innerhalb dessen sich die Vergabeentscheidungen öffentlicher Einrichtungen bewegen müssen.

Das Vergaberecht beschreibt diesen Regulierungsrahmen als die Gesamtheit der Normen, die dem Staat und den ihm zuzurechnenden Organisationseinheiten sowie in bestimmten Tätigkeitsbereichen auch rein privaten Unternehmen vorschreiben, wie diese beim Einkauf von sachlichen Mitteln und Leistungen (öffentliche Beschaffung) vorzugehen haben.[43]

Anders als das Sozialversicherungsrecht beschränkt sich das Vergaberecht dabei nicht auf die nationale Dimension.[44] Vielmehr besteht das, was gemeinhin als „Vergaberecht" bezeichnet wird, aus einer Vielzahl von Ingredienzen europäischen und nationalen Ursprungs.[45] Die einheitliche Bezeichnung der Materie darf nicht über den heterogenen Ursprung der vergaberechtlichen Vorschriften hinwegtäuschen, da sich die vergaberechtlichen Regelungen in ihren Voraussetzungen und Rechtsfolgen erheblich voneinander unterscheiden.[46] Diese Unterschiede rühren auch von unterschiedlichen Zielsetzungen der Regelungen: Während die ursprünglichen, ausschließlich national-rechtlichen Vergaberegulierungen insbesondere dem hauswirtschaftlichen Ziel der sparsamen Mittelverwendung dienten, fand erst unter dem Einfluss des Europarechts der Aspekt des Wettbewerbsschutzes Eingang in das deutsche Vergaberecht.[47] Vergaberecht im letzteren Sinn verlangt von den öffentlichen Auftraggebern bei der Beschaffung von Waren, Bau- und Dienstleistungen die Beachtung bestimmter Grundsätze, nämlich der des Wettbewerbs und der Transparenz sowie der vergaberechtlichen Gleichbehandlung unter Ausschluss von Diskrimi-

---

42 Zum Vergaberecht als Beschaffungsverfahrensrecht s. auch *Hensel*, Selektivverträge im vertragsärztlichen Leistungserbringungsrecht, S. 230.

43 Vgl. etwa *Haratsch u.a.*, Europarecht, S. 657 Rn. 1279; *Bungenberg* in: Loewenheim u.a., GWB, Vor §§ 97 ff. Rn. 60. Zum Charakter des Vergabeverfahrens als privatrechtlich verfasstes Verwaltungsverfahren *Schmidt-Aßmann* in: Hoffmann-Riem/ders., Verwaltungsverfahren und Verwaltungsverfahrensgesetz, S. 435; vgl. auch *Breloer*, Europäische Vorgaben und das deutsche Vergaberecht, S. 1; *Groß* in: Gröpl, BHO/LHO, § 55 Rn. 4. Nur auf „*Träger der öffentlichen Verwaltung*" als Normadressaten des Vergaberechts abstellend und damit zu eng BVerfG v. 13.6.2006, 1 BvR 1160/03, BVerfGE 116, 135 (153) = NJW 2006, 3701 = NVwZ 2006, 1396.

44 *Thüsing/Forst* in: Thüsing, Europäisches Vergabe- und Kartellrecht, S. 16.

45 *Thüsing/Forst* in: Thüsing, Europäisches Vergabe- und Kartellrecht, S. 16.

46 *Thüsing/Forst* in: Thüsing, Europäisches Vergabe- und Kartellrecht, S. 16.

47 *Breloer*, Europäische Vorgaben und das deutsche Vergaberecht, S. 3.

nierungen.[48] Der oft verwendete Begriff des „Kartellvergaberechts“ reflektiert zwar zutreffend den Standort dieser Vorschriften innerhalb der deutschen Rechtsordnung (§§ 97 ff. GWB), insinuiert aber zugleich eine Nähe vergaberechtlicher Bestimmungen zum klassischen Kartellrecht, die entstehungsgeschichtlich kaum begründbar ist.[49] Immerhin dient aber das GWB-Vergaberecht mit seinen Grundsätzen der Fairness, Transparenz und Nichtdiskriminierung (vgl. § 97 GWB) auch den Interessen der Wettbewerber, im Bereich der gesetzlichen Krankenversicherung also denen der Leistungserbringer.[50]

Wegen der skizzierten unterschiedlichen Anwendungsfolgen der jeweiligen Regelungsbereiche ist es notwendig, die jeweiligen Regelungsbereiche auch begrifflich voneinander zu unterscheiden. Die Ausdrücke „EU-Vergaberecht“ und „europäisches Vergaberecht“ bezeichnen in der vorliegenden Arbeit synonym die Regelungen des (primären und sekundären) europäischen Rechts, aus denen sich Vorgaben für die öffentliche Auftragsvergabe ergeben. Die Termini „europäisiertes Vergaberecht“ und „GWB-Vergaberecht“ werden ebenso synonym verwendet, wenn die in Umsetzung europäischer (Richtlinien-)Vorgaben ergangenen Vorschriften deutschen Rechts, insbesondere des Teils 4 des GWB, adressiert sind.[51]

B. Das Vergaberecht und seine Entwicklung auf europäischer und nationaler Ebene

Im Folgenden ist des Weiteren die Entstehungs- und Entwicklungsgeschichte des europäischen und des nationalen Vergaberechts zumindest in den Grundzügen darzustellen, um einen Überblick über Art, Ort und Strukturen der relevanten vergaberechtlichen Regelungen zu gewinnen.

---

48 *Engelmann* in: Ebsen, Vergaberecht und Vertragswettbewerb, S. 153.
49 Vgl. *Gassner*, ZVersWiss 2008, 411 (420); s. dazu bereits oben Fn. 4.
50 Vgl. *Gassner*, ZVersWiss 2008, S. 411 (420).
51 S. bereits oben Fn. 4.

I. Rechtsquellen des europäischen Vergaberechts

1. Völkerrechtliche Regelungen

Auf internationaler Ebene haben die europäischen Vergaberegelungen eine Grundlage in dem Übereinkommen über das öffentliche Beschaffungswesen, dem Agreement on Government Procurement (GPA).[52] Das erste GPA von 1979 sollte die nationalen Märkte für öffentliche Aufträge liberalisieren und Vorteile für weniger entwickelte Länder sichern.[53] Nach Gründung der Welthandelsorganisation WTO 1994 wurde das GPA aktualisiert. Zum 1.1.1996 ist nach mehreren Änderungen und Erweiterungen das „GPA 1994“[54] in Kraft getreten. Das Übereinkommen verpflichtet die Mitgliedstaaten der WTO, drei Vergabeverfahren (freihändige Vergabe, beschränkte Vergabe und öffentliche Ausschreibung) sowie ein Mindestmaß an effektivem Rechtsschutz bei Verletzungen von Vorschriften des Übereinkommens vorzusehen.[55] Ende 2011 haben die zuständigen Minister der WTO-Mitgliedstaaten eine umfassende Reform des GPA beschlossen, die insbesondere die Öffnung von Beschaffungsmärkten im Ausland bezweckt.[56] Nach seiner Ratifizierung ist es am 6.4.2014 in allen Mitgliedstaaten der EU in Kraft getreten.[57]

---

52 AblEG 1980, L 71, S. 44; s. dazu etwa *Schwab* in: Heuvels u.a., Vergaberecht, Einleitung Rn. 28; *Crass*, Der öffentliche Auftraggeber, S. 9 ff; *Dreher* in: Immenga/Mestmäcker, GWB, Vor §§ 97 ff. Rn. 40.

53 *Crass*, Der öffentliche Auftraggeber, S. 9; vgl. auch *Dreher* in: Immenga/Mestmäcker, GWB, Vor §§ 97 ff. Rn. 206 ff.

54 ABlEG 1994, L 336, S. 273.

55 *Schwab* in: Heuvels u.a., Vergaberecht, Einleitung Rn. 28; *Barth*, Das Vergaberecht außerhalb des Anwendungsbereichs der EG-Vergaberichtlinien, S. 16 f.

56 *Schwab* in: Heuvels u.a., Vergaberecht, Einleitung Rn. 28; *Byok*, NJW 2012, 1124 ff. (1129).

57 ABlEU 2014, L 68, S. 4; s. auch *Dreher* in: Immenga/Mestmäcker, GWB, Vor §§ 97 ff. Rn. 206.

2. Europäisches Primärrecht

Obwohl sie keine expliziten Vorgaben für das Verhalten der Beteiligten bei der Auftragsvergabe enthalten[58], sind einige Regelungen des europäischen Primärrechts doch zum europäischen Vergaberecht im weiteren Sinne zu zählen, weil aus ihnen verbindliche Vorgaben für eine rechtmäßige Auftragsvergabe jedenfalls abgeleitet werden.

a) Regelungen des Primärrechts mit Bezug zum Vergaberecht

Dies gilt in erster Linie für die Grundfreiheiten[59], von denen vor allem die Warenverkehrsfreiheit (Art. 28 – 37 AEUV) und die Dienstleistungsfreiheit (Art. 56 – 62 AEUV) für die öffentliche Auftragsvergabe relevant sind.[60] Ihre Zielsetzung, Hindernisse im innergemeinschaftlichen Wirtschaftsverkehr zu beseitigen, gilt auch im Vergabewesen.[61] Als spezielle Ausprägung des allgemeinen Diskriminierungsverbots (Art. 18 Abs. 1 AEUV) verpflichten sie die Mitgliedstaaten nach ständiger Rechtsprechung des EuGH zur Durchführung eines transparenten, nicht diskriminierenden und die Gleichbehandlung sowie Chancengleichheit interessierter Unternehmen gewährleistenden Vergabeverfahrens, sofern nicht ausgeschlossen werden kann, dass auch Leistungserbringer in anderen Mitgliedstaaten ein Interesse am Vertragsschluss haben (sog. Binnenmarktrelevanz).[62] Bei Vorliegen der Binnenmarktrelevanz verbieten die Grundfreiheiten den Mitgliedstaaten damit eine unmittelbare oder mittelbare Diskriminierung im Rahmen der Auftragsvergabe und verpflichten sie, alle Re-

58 Dies lässt sich vor allem auf die Komplexität der Materie und die großen Unterschiede der nationalen Regelungen auf diesem Gebiet zurückführen; vgl. *Crass*, Der öffentlicher Auftraggeber, S. 12 m.w.N.

59 Aber auch aus den Unionsgrundrechten leitet der EuGH durchaus für die Auftragsvergabe relevante Rechtsgrundsätze ab, vgl. etwa EuGH v. 21.2.2008, Rs. C-412/04 – *Kommission/Italien*, Slg. 2008, I-619 = NVwZ 2008, 397 = BauR 2008, 1196.

60 Ausführlich dazu *Crass*, Der öffentliche Auftraggeber, S. 12 ff.

61 *Breloer*, Europäische Vorgaben und das deutsche Vergaberecht, S. 10.

62 Vgl. nur EuGH v. 21.2.2008, Rs. C-412/04 – *Kommission/Italien*, Slg. 2008, I-619; zu der hier angesprochenen Binnenmarktrelevanz s. auch BGH v. 30.8.2011, X ZR 55/10, NZBau 2012, 46 = VergabeR 2012, 26; *Thüsing/Forst* in: Thüsing, Europäisches Vergabe- und Kartellrecht, S. 17; *Otting* in: Bechtold, GWB, Vor § 97 Rn. 17.

gelungen und Praktiken zu unterlassen, die den grenzüberschreitenden Verkehr beschränken, um einen echten Wettbewerb um öffentliche Aufträge zu ermöglichen und zu gewährleisten.[63]

Die Bedeutung dieser primärrechtlichen Regelungen im Bereich der öffentlichen Auftragsvergabe ist auch deswegen hoch, weil sie zum einen nach ständiger Rechtsprechung des EuGH in den Mitgliedstaaten unmittelbar anwendbar sind[64] und dies zum anderen unabhängig davon gilt, ob der Anwendungsbereich sekundärrechtlicher Regelungen eröffnet ist oder nicht.[65] Der EuGH stellte in Bezug auf das Beschaffungswesen bereits ausdrücklich fest, dass, auch wenn manche Beschaffungen vom Anwendungsbereich der Gemeinschaftsrichtlinien auf dem Gebiet des öffentlichen Auftragswesens ausgenommen sind, die Auftraggeber, die die Beschaffungen vornehmen, dabei zumindest die Grundregeln des EG-Vertrags beachten müssen.[66]

Auch der zweite Erwägungsgrund der Vergabekoordinierungsrichtlinie[67] griff bereits explizit auf, dass die Vergabe öffentlicher Aufträge in den Mitgliedstaaten am Maßstab der primärrechtlichen Grundsätze geprüft werden soll. Demnach ist die Vergabe von Aufträgen in den Mitgliedstaaten auf Rechnung des Staates, der Gebietskörperschaften und anderer Einrichtungen des öffentlichen Rechts an die Einhaltung der im Vertrag niedergelegten Grundsätze gebunden, insbesondere des Grundsatzes der Niederlassungsfreiheit und des Grundsatzes der Dienstleistungsfreiheit sowie der davon abgeleiteten Grundsätze wie z.B. des Grundsatzes der Gleichbe-

---

63 Vgl. statt aller *Barth*, Das Vergaberecht außerhalb des Anwendungsbereichs der EG-Vergaberichtlinien, S. 14; *Breloer*, Europäische Vorgaben und das deutsche Vergaberecht, S. 10 f.

64 Vgl. nur EuGH v. 18.6.1991, Rs. C-260/89 – *ERT*, Slg. 1991, I-2925 = ZUM 1992, 418 = NJW 1992, 2621 (Ls.).

65 Vgl. *Thüsing/Forst* in: Thüsing, Europäisches Vergabe- und Kartellrecht, S. 17.

66 Vgl. etwa EuGH v. 3.12.2001, Rs. C-59/00 – *Vestergaard*, Slg. 2001, I-9505 = ZfBR 2002, 610; s. dazu auch die Mitteilung der Kommission zu Auslegungsfragen in Bezug auf das Unionsrecht, das für die Vergabe öffentlicher Aufträge gilt, die nicht oder nur teilweise unter die Vergaberichtlinien fallen, AblEU 2006, C 179, S. 2; freilich ist auch insofern eine gewisse Binnenmarktrelevanz der Auftragsvergabe – im Sinne eines grenzüberschreitenden Bieterinteresses – Voraussetzung für die Anwendung der primärrechtlichen Grundregeln.

67 Fn. 11; vgl. auch *Sormani-Bastian*, Vergaberecht und Sozialrecht, S. 37; *Dreher* in Immenga/Mestmäcker, GWB, Vor §§ 97 ff. Rn. 50 m.N. aus der Rechtsprechung des EuGH; *Barth*, Das Vergaberecht außerhalb des Anwendungsbereichs der EG-Vergaberichtlinien, S 56.

handlung, des Grundsatzes der Nichtdiskriminierung, des Grundsatzes der gegenseitigen Anerkennung, des Grundsatzes der Verhältnismäßigkeit und des Grundsatzes der Transparenz. An dem Erfordernis der Einhaltung primärrechtlicher Vorgaben bei der Auftragsvergabe durch die öffentliche Hand hat sich natürlich auch nach Inkrafttreten der neuen europäischen Vergaberichtlinien nichts geändert, wie etwa der erste Erwägungsgrund der Vergaberichtlinie[68] klarstellt. Trotz der umfassenden europäischen Vergaberichtlinien ist die Einhaltung dieser primärrechtlichen Vorgaben damit immer noch notwendige, aber nicht hinreichende Bedingung für eine ordnungsgemäße Auftragsvergabe.[69]

Im Übrigen fungieren die primärrechtlichen Regelungen und Zielsetzungen stets auch als maßgebliche Auslegungs- und Interpretationshilfe des Sekundärrechts, denn dieses wurde gerade auch zur Durchsetzung und Präzisierung der primärrechtlichen Grundfreiheiten geschaffen.[70]

b) Exkurs: Europäische Wettbewerbsregeln

Die von den Grundfreiheiten dem Einzelnen im Rahmen der öffentlichen Auftragsvergabe zuerkannten Rechte werden durch die europäischen Wettbewerbsregeln im engeren Sinn (Art. 101–106 AEUV) ergänzt. Sie sollen marktstarke Unternehmen daran hindern, den freien Wettbewerb zu beschränken.[71] An diese primärrechtlichen Vorschriften, die sich in erster Linie an private Marktteilnehmer (Unternehmen) richten, sind nach Maßgabe des Art. 106 AEUV auch öffentliche Unternehmen gebunden.[72] Handelt der Staat also in Gestalt eines öffentlichen Unternehmens, muss auch er das Verbot wettbewerbsbeschränkender Vereinbarungen bzw. abgestimmter Verhaltensweisen (Art. 101 AEUV) und des Missbrauchs einer marktbeherrschenden Stellung (Art. 102 AEUV) beachten. Die Unternehmenseigenschaft einer Einrichtung ist anhand der konkret in Rede stehenden Tätigkeit zu beurteilen und hängt davon ab, ob diese als wirtschaftli-

---

68 Fn. 11.

69 Vgl. *Crass*, Der öffentliche Auftraggeber, S. 12.

70 Vgl. nur *Dreher* in: Immenga/Mestmäcker, GWB, Vor §§ 97 ff. Rn. 52; *Crass*, Der öffentliche Auftraggeber, S. 12; *Wittig*, Wettbewerbs- und verfassungsrechtliche Probleme des Vergaberechts, S. 17.

71 *Breloer*, Europäische Vorgaben und das deutsche Vergaberecht, S. 12.

72 *Breloer*, Europäische Vorgaben und das deutsche Vergaberecht, S. 12.

che Tätigkeit zu beurteilen ist. Letzteres hat der EuGH in Ansehung der gesetzlichen Krankenkassen in Deutschland verneint, soweit sie Aufgaben rein sozialer Art innerhalb des solidarisch ausgeprägten Systems der gesetzlichen Krankenversicherung wahrnehmen. Insoweit fehle es an der Ausübung einer wirtschaftlichen Tätigkeit und damit an der wesentlichen Voraussetzung für die Einordnung als Unternehmen.[73]

Dabei ist nach Auffassung des EuGH die Nachfragetätigkeit einer Einrichtung nicht isoliert zu betrachten: Bei der Beurteilung des Wesens der Einkaufstätigkeit einer Einrichtung sei der Kauf eines Erzeugnisses nicht von dessen späterer Verwendung zu trennen. Der wirtschaftliche oder nichtwirtschaftliche Charakter der späteren Verwendung des erworbenen Erzeugnisses bestimme zwangsläufig den Charakter der Einkaufstätigkeit.[74]

Im Bereich der öffentlichen Auftragsvergabe können zudem die die zweite Säule[75] der europäischen Wettbewerbsregeln bildenden Beihilfevorschriften (Art. 107–109 AEUV) relevant werden.[76] Dies kann insbe-

---

73 Vgl. EuGH v. 16.3.2004, verb. Rs. C-264/01 u.a. – *AOK Bundesverband*, Slg. 2004, I-2493 = NJW 2004, 2723 = EuZW 2004, 241. Diese Rechtsprechung wird in der Literatur z.T. heftig kritisiert, vgl. dazu statt vieler *Bucher*, Die Anwendung des Europäischen Wettbewerbsrechts, S. 25 ff., der dort im Übrigen auf S. 99 ff. zutreffend bejaht, dass eine Einrichtung im Grundsatz sowohl öffentlicher Auftraggeber im Sinne des europäischen Vergaberechts als auch Unternehmen im Sinne der europäischen Wettbewerbsregeln sein kann und damit eine parallele Anwendung der europäischen Wettbewerbsregeln und des europäischen bzw. europäisierten nationalen Vergaberechts in Betracht kommt. Ebenso *Becker/Schweitzer*, Gutachten zum 69. Deutschen Juristentag 2012, S. 53.

74 Vgl. EuGH v. 11.7.2006, Rs. C-205/03 P – *FENIN*, Rn. 26, Slg. 2006, I-6295 = EuZW 2006, 600 = NZBau 2007, 190. Demnach sind die gesetzlichen Krankenkassen auch bei ihrer Nachfragetätigkeit nicht als Unternehmen im Sinne der europäischen Wettbewerbsregeln anzusehen, soweit die spätere Verwendung der Einkaufstätigkeit zur Aufgabenwahrnehmung rein sozialer Art gehört. Ausführlich und kritisch dazu *Bucher*, Die Anwendung des Europäischen Wettbewerbsrechts, S. 88 ff.

75 S. dazu nur *Bucher*, Die Anwendung des Europäischen Wettbewerbsrechts, S. 86.

76 Zum Ausschluss eines Bieters vom Vergabeverfahren, dessen Angebot ungewöhnlich niedrig ist, weil ihm staatliche Beihilfen zugute kommen, vgl. etwa EuGH v. 23.12.2009, Rs. C-305/08, Slg. 2009, I-12129 = NZBau 2010, 188 = ZfBR 2010, 392. Umfassend zum Begriff der Beihilfe die Bekanntmachung der Kommission zum Begriff der staatlichen Beihilfe im Sinne des Artikels 107 Absatz 1 des Vertrags über die Arbeitsweise der Europäischen Union vom 19.7.2016, ABlEU 2016, C 262, S. 1. Grundsätzlich zum Verhältnis von Beihilfe- und Vergaberecht *Frenz*, Handbuch Europarecht Bd. 3, Rn. 315 ff.

sondere bei der Zugrundelegung beschaffungsfremder Kriterien für die Auftragsvergabe der Fall sein. Hier liegt es nämlich nahe, im Zuschlag, der nicht auf das wirtschaftlichste Angebot fällt, eine womöglich beihilferechtlich relevante Begünstigung des ausgewählten Unternehmens zu sehen.[77]

3. Europäisches Sekundärrecht

a) Zu Begriff und Inhalt

Das europäische Sekundärrecht, also die von den primärrechtlichen Regelungen abgeleiteten Rechtsakte der EU im Sinne des Art. 288 AEUV, enthält das europäische Vergaberecht im engeren Sinne.[78] Hierunter fallen die Rechtsakte, die explizit Vorgaben für das Verhalten oder Verfahren bei der Vergabe öffentlicher Aufträge beinhalten und damit die zwangsläufig allgemein gehaltenen primärrechtlichen Vorschriften präzisieren.[79] Für über einen bestimmten Wert hinausgehende öffentliche Aufträge (und mittlerweile auch Dienstleistungskonzessionen) wollte der europäische Normgeber nämlich Vorschriften zur Koordinierung der nationalen Vergabeverfahren festgelegt wissen, um zu gewährleisten, dass die primärrechtlichen Grundsätze praktische Geltung erlangen und dass das öffentliche Auftragswesen für den Wettbewerb geöffnet wird.

Diese Vorschriften enthalten nunmehr die neuen EU-Vergaberichtlinien, die auf der Grundlage der primärrechtlichen Kompetenznorm des Art. 114 AEUV ergehen.[80] Demnach erlassen das Europäische Parlament und der Rat gemäß dem ordentlichen Gesetzgebungsverfahren und nach Anhörung

---

77 Vgl. dazu *Frenz*, Handbuch Europarecht Bd. 3, Rn. 314. Zur beihilferechtlichen Relevanz der (nicht im Rahmen eines Vergabeverfahrens erfolgenden) Erteilung einer Genehmigung an ein Unternehmen zur Erbringung von Dienstleistungen des öffentlichen Personennahverkehrs, wenn dieses Unternehmen für die Erfüllung der sich aus der Genehmigung ergebenden gemeinwirtschaftlichen Verpflichtungen öffentliche Zuschüsse benötigt, vgl. EuGH v. 24.7.2003, Rs. C-280/00 – *Altmark Trans GmbH*, Slg. 2003, I-7747 = NJW 2003, 2515 = NVwZ 2003, 1101 = DVBl 2003, 1206.

78 So auch *Thüsing/Forst* in: Thüsing, Europäisches Vergabe- und Kartellrecht, S. 17 ff.

79 Vgl. *Crass*, Der öffentliche Auftraggeber, S. 20.

80 Vgl. auch *Werner* in: Byok/Jaeger, Vergaberecht, GWB, § 98 Rn. 2.

des Wirtschafts- und Sozialausschusses die Maßnahmen zur Angleichung der Rechts- und Verwaltungsvorschriften der Mitgliedstaaten, welche die Errichtung und das Funktionieren des Binnenmarkts zum Gegenstand haben.[81]

Ergänzt wird das europäische Richtlinienprogramm zur Regulierung des öffentlichen Beschaffungswesens im Übrigen durch drei Verordnungen (VO).[82] Es sind dies die VO Nr. 1370/2007 (ÖPNV-VO), die ein für den Personenverkehr spezifiziertes Beihilfen- und Vergaberegime schafft, sowie die VO Nr. 2195/2002 (CPV-VO) und die Durchführungsverordnung Nr. 842/2011, die beide auf die Erleichterung grenzüberschreitender Vergaben abzielen. Der Regelungsgehalt der Verordnungen hat für die vorliegende Untersuchung allerdings keine weitere Relevanz.[83]

Allen Vorschriften des europäischen Sekundärrechts zur öffentlichen Auftrags- und Konzessionsvergabe gemeinsam ist das übergeordnete Hauptziel der Öffnung der (historisch bedingt national ausgeprägten) Beschaffungsmärkte für einen unverfälschten und diskriminierungsfreien Wettbewerb potentieller Auftragnehmer um öffentliche Aufträge und Dienstleistungskonzessionen in allen Mitgliedstaaten.[84]

Wegen der angesprochenen Präzisierungsfunktion der Vergaberichtlinien bleibt auch in ihrem Anwendungsbereich das Primärrecht der Maßstab für die Auslegung der Vergaberichtlinien sowie für das mitgliedstaatliche Recht. Das gilt insbesondere dort, wo das mitgliedstaatliche Recht Regelungslücken lässt.[85]

---

81 Art. 114 Abs. 1 Satz 2 AEUV. Zur unmittelbaren Anwendbarkeit von Richtlinien bei mangelhafter Umsetzung durch die Mitgliedstaaten vgl. EuGH v. 19.1.1982, Rs. C-8/81 – *Becker*, Slg. 1982, 53 = NJW 1982, 499 = DVBl 1982, 294.

82 Die Verordnungen sind in allen ihren Teilen verbindlich und gelten (wie alle Rechtsquellen des Unionsrechts) unmittelbar in jedem Mitgliedstaat, vgl. Art. 288 Abs. 2 AEUV; s. dazu etwa *Schroeder* in Streinz, EUV/AEUV, § 288, Rn. 52 ff.

83 Näher zu den EU-Verordnungen im Bereich des öffentlichen Beschaffungswesens *Dreher* in: Immenga/Mestmäcker, GWB, Vor §§ 97 ff. Rn. 27 ff. m.w.N.

84 Vgl. nur EuGH v. 11.1.2005, Rs. C-26/03 – *Stadt Halle*, Rn. 54, 61, Slg. 2005, I-1 = NVwZ 2005, 187 = EuZW 2005, 86; s. auch *Crass*, Der öffentliche Auftraggeber, S. 20; *Dreher* in: Immenga/Mestmäcker, GWB, Vor §§ 97 ff. Rn. 2 und 52; *Sormani-Bastian*, Vergaberecht und Sozialrecht, S. 15 f.

85 *Barth*, Das Vergaberecht außerhalb des Anwendungsbereichs der EG-Vergaberichtlinien, S. 14.

b) Zu Umsetzungspflicht und unmittelbarer Anwendbarkeit der EU-Richtlinien

Die europäischen Vergaberichtlinien sind – wie alle EU-Richtlinien – gemäß Art. 288 Abs. 3 AEUV für die adressierten EU-Mitgliedstaaten zunächst lediglich hinsichtlich des zu erreichenden Ziels verbindlich, überlassen jedoch den innerstaatlichen Stellen die Wahl der Form und der Mittel. EU-Richtlinien bedürfen daher regelmäßig noch der Umsetzung in mitgliedstaatliches Recht. Nur ausnahmsweise, nämlich bei fehlender oder unzulänglicher Umsetzung innerhalb vorgegebener Frist, kommt eine unmittelbare Wirkung der EU-Vergaberichtlinien in den Mitgliedsstaaten überhaupt in Betracht.[86]

II. Entwicklung des europäischen Vergaberechts

Die EG hat bereits 1969 eine Richtlinie zu öffentlichen Lieferaufträgen erlassen[87], mit der die damals noch einzelstaatlichen Beschaffungsmärkte zur Verwirklichung des freien Warenverkehrs innerhalb des angestrebten Gemeinsamen Marktes geöffnet werden sollten.[88] Diese Richtlinie markiert den Beginn eines umfangreichen Richtlinienprogramms zur Regelung der Vergabe öffentlicher Aufträge: Es folgten die Baukoordinierungsrichtlinie[89] sowie die Lieferkoordinierungsrichtlinie[90], mit denen für die jeweiligen Anwendungsbereiche erstmals ein einheitlicher Vergabemarkt geschaffen wurde, indem die Vergabeverfahren in den einzelnen Mitgliedsstaaten angeglichen und überall die gleichen Bedingungen herge-

---

86 Vgl. *Sormani-Bastian*, Vergaberecht und Sozialrecht, S. 227 f. Zu Bedeutung, Voraussetzungen und Rechtsfolgen der unmittelbaren Anwendbarkeit europäischer Richtlinien vgl. nur *Schroeder* in Streinz, EUV/AEUV, Art. 288 Rn. 102 ff., der aber insoweit differenziert und von „*unmittelbarer Wirkung*“ von Richtlinien als Fall der „*unmittelbaren Anwendbarkeit von Unionsrecht*“ spricht.

87 Richtlinie 70/32/EWG der Kommission vom 17. Dezember 1969 über die Lieferungen von Waren an den Staat, seine Gebietskörperschaften und die sonstigen juristischen Personen des öffentlichen Rechts, ABlEG 1970, L 13, S. 1.

88 Vgl. auch *Crass*, Der öffentliche Auftraggeber, S. 3.

89 Richtlinie 71/305/EWG des Rates vom 26.7.1971 über die Koordinierung der Verfahren zur Vergabe öffentlicher Bauaufträge, ABlEG 1971, L 185, S. 5.

90 Richtlinie 77/62/EWG des Rates vom 21.12. 1976 über die Koordinierung der Verfahren zur Vergabe öffentlicher Lieferaufträge, ABlEG 1977, L 13, S. 1.

stellt wurden.[91] Diese Richtlinien wurden im Laufe der Jahre fortentwickelt und in der bis 2004 gültigen Baukoordinierungsrichtlinie[92] bzw. Lieferkoordinierungsrichtlinie[93] völlig neu gefasst. Hinzu kamen zwischenzeitlich die Dienstleistungskoordinierungsrichtlinie[94] sowie die Sektorenkoordinierungsrichtlinie[95], die für den jeweiligen Anwendungsbereich ebenfalls Vorgaben zur Auftragsvergabe enthielten und im Laufe der Jahre Anpassungen und Änderungen erfuhren. Insbesondere wegen der (erstmaligen) Einbeziehung gewisser privater Auftraggeber in den Sektorenbereichen Wasser-, Energie- und Verkehrsversorgung sowie Telekommunikation hatte die bereits im Jahr 1993 neu gefasste Sektorenkoordinierungsrichtlinie[96] große Bedeutung für die Entwicklung des Vergaberechts.[97]

Die Kontrolle über die Einhaltung der Vorschriften sollten die Rechtsmittelrichtlinie[98] und für den Sektorenbereich die Sektorenrechtsmittel-

---

91 *Crass*, Der öffentliche Auftraggeber, S. 21.

92 Richtlinie 93/37/EWG des Rates vom 14.7.1993 über die Koordinierung der Verfahren zur Vergabe öffentlicher Bauaufträge (BKR), ABlEG 1993, L 199, S. 54.

93 Richtlinie 93/36/EWG des Rates vom 14.7.1993 über die Koordinierung der Verfahren zur Vergabe öffentlicher Lieferaufträge (LKR), ABlEG 1993, L 199, S. 1.

94 Richtlinie 92/50/EWG des Rates vom 18.6.1992 über die Koordinierung der Verfahren zur Vergabe öffentlicher Dienstleistungsaufträge (DKR), ABlEG 1992, L 209, S. 1.

95 Richtlinie 90/531/EWG des Rates vom 17.9.1990 betreffend die Auftragsvergabe durch Auftraggeber im Bereich der Wasser-, Energie- und Verkehrsversorgung sowie im Telekommunikationssektor, ABlEG 1990, L 297, S. 1.

96 Richtlinie 93/38/EWG des Rates vom 14.6.1993 zur Koordinierung der Auftragsvergabe durch Auftraggeber im Bereich der Wasser-, Energie- und Verkehrsversorgung sowie im Telekommunikationssektor, ABlEG 1993, L 199, S. 84 (SKR). In ihren persönlichen Anwendungsbereich fallen nach Art. 2 auch Auftraggeber, die – unabhängig von ihrer Rechtsform – die dort genannten Tätigkeiten aufgrund von besonderen oder ausschließlichen Rechten ausüben, die ihnen von einer zuständigen Behörde gewährt wurden.

97 *Dreher* in: Immenga/Mestmäcker, GWB, Vor §§ 97 ff. Rn. 7.

98 Richtlinie 89/665/EWG des Rates vom 21.12.1989 über die Koordinierung der Rechts- und Verwaltungsvorschriften für die Anwendung der Nachprüfungsverfahren im Rahmen der Vergabe öffentlicher Liefer- und Bauaufträge, ABlEG 1989, L 395, S. 33 (RMR).

richtlinie[99] gewährleisten[100], die damit wesentlich zur Begründung effektiven Vergaberechtsschutzes beitrugen.[101]

Diese unübersichtliche Regelungslage bestand bis zum 31.1.2006, als mit Ablauf der in Art. 80 Abs. 1 der VKR[102] geregelten Umsetzungsfrist das bis dahin gültige materielle EU-Vergaberecht, namentlich die drei Richtlinien BKR, LKR und DKR, in einer Richtlinie – der seither sog. „klassischen" Richtlinie im Bereich der öffentlichen Auftragsvergabe – zusammengeführt wurde.[103] Die SKR wurde im gleichen Zuge neugefasst[104], während die beiden Rechtsmittelrichtlinien RMR[105] und SRMR vorerst unverändert weitergalten, bis auch sie im Jahr 2007 reformiert wurden.[106]

Das von der Kommission vorgeschlagene Legislativpaket 2004 zielte in erster Linie auf eine Vereinfachung der als unübersichtlich erkannten Regelungssituation durch Zusammenfassung der drei materiell-rechtlichen Basisrichtlinien in einer einzigen Vergabekoordinierungsrichtlinie.[107] Inhaltlich wurde dabei auch neuen tatsächlichen, insbesondere technischen Entwicklungen Rechnung getragen, z.B. durch Zulassung der elektroni-

99 Richtlinie 92/13/EWG des Rates vom 25.2.1992 über die Koordinierung der Rechts- und Verwaltungsvorschriften für die Anwendung der Gemeinschaftsvorschriften über die Auftragsvergabe durch Auftraggeber im Bereich der Wasser-, Energie – und Verkehrsversorgung sowie im Telekommunikationssektor, ABlEG 1992, L 76, S. 14 (SRMR).

100 Vgl. etwa *Crass*, Der öffentliche Auftraggeber, S. 4.

101 Vgl. nur *Dreher* in: Immenga/Mestmäcker, GWB, Vor §§ 97 ff. Rn. 7.

102 Fn. 11.

103 Sog. EU-Legislativpaket 2004, vgl. dazu ausführlich z.B. *Steinberg*, NZBau 2005, 85 ff. (85); *Ruthig*, NZBau 2006, 137 ff. und 208 ff.

104 Richtlinie 2004/17/EG des Europäischen Parlaments und des Rates vom 31.3.2004 zur Koordinierung der Zuschlagserteilung durch Auftraggeber im Bereich der Wasser-, Energie-und Verkehrsversorgung sowie der Postdienste, ABlEU 2004, L 134, S. 1.

105 Eine hier nicht näher darzustellende Änderung (Neufassung des Art. 1 Abs. 1) erfuhr die RMR bereits durch die DKR im Jahr 1992.

106 Erfolgt ist dies durch die Richtlinie 2007/66/EG des Europäischen Parlaments und des Rates vom 11.12.2007 zur Änderung der Richtlinien 89/665/EWG und 92/13/EWG des Rates im Hinblick auf die Verbesserung der Wirksamkeit der Nachprüfungsverfahren bezüglich der Vergabe öffentlicher Aufträge, ABlEU 2007, L 335, S. 31; vgl. dazu *Köster*, BauR 2007, 840 ff.

107 Vgl. *Dreher* in: Immenga/Mestmäcker, GWB, Vor §§ 97 ff. Rn. 22.

schen Angebotsabgabe[108], und damit das materielle Vergaberecht flexibilisiert.

Im Jahr 2009 kam zu diesem Richtlinienprogramm noch die verteidigungs- und sicherheitsspezifische Richtlinie 2009/81/EG.[109] Mit ihr soll auch der Verteidigungssektor für den Vergabebinnenmarkt zugänglich werden, ohne dass dabei die spezifischen Sicherheitsanforderungen der Mitgliedstaaten unberücksichtigt bleiben.[110]

Im Zuge einer erneuten Modernisierung des Europäischen Vergaberechts[111], die Anfang 2011 mit einem Grünbuch[112] der Kommission ihren Lauf nahm, traten im Jahr 2014 mit der Vergaberichtlinie[113] und der Sektorenrichtlinie[114] neue Rechtsgrundlagen in Kraft, die die VKR bzw. die SKR mit Wirkung zum 18.4.2016 aufgehoben haben und seitdem ersetzen; neu geschaffen wurde zudem die Konzessionsrichtlinie[115], mit der auch eine aufgrund Fehlens klarer Bestimmungen zur Vergabe von Konzessionen auf Unionsebene bestehende Rechtsunsicherheit[116] beseitigt werden soll. Alle drei Richtlinien[117] waren bis zum 18.4.2016 in nationales Recht umzusetzen.[118] Ihre Regelungen bilden seitdem die maßgeblichen sekundärrechtlichen europäischen Vorgaben im Bereich der öffentlichen Auftragsvergabe.

---

108 Näher dazu *Dreher* in: Immenga/Mestmäcker, GWB, Vor §§ 97 ff. Rn. 22 m.w.N.

109 Richtlinie 2009/81/EG des Europäischen Parlaments und des Rates vom 13.7.2009 über die Koordinierung der Verfahren zur Vergabe bestimmter Bau-, Liefer- und Dienstleistungsaufträge in den Bereichen Verteidigung und Sicherheit (VSR), ABlEU 2009, L 216, S. 76.

110 *Dreher* in: Immenga/Mestmäcker, GWB, Vor §§ 97 ff. Rn. 23.

111 Zu der weiteren Modernisierungsinitiative s. auch *Dreher* in: Immenga/Mestmäcker, GWB, Vor §§ 97 ff. Rn. 25 f.

112 Grünbuch der EU-Kommission v. 27.1.2011 über die Modernisierung der europäischen Politik im Bereich des öffentlichen Auftragswesens KOM(2011) 15 endgültig, im Internet veröffentlicht unter: http://eur-lex.europa.eu/LexUriServ/LexUriServ.do?uri=COM:2011:0015:FIN:DE:PDF.

113 Fn. 11.

114 Fn. 11.

115 Fn. 11.

116 Vgl. Erwägungsgrund 1 der Konzessionsrichtlinie.

117 Im Folgenden auch unter dem Oberbegriff „Vergaberichtlinien" zusammengefasst.

118 Vgl. Art. 90 Abs. 1 der Vergaberichtlinie, Art. 106 Abs. 1 der Sektorenrichtlinie sowie Art. 51 der Konzessionsrichtlinie. Die Umsetzungstätigkeit des deutschen Gesetzgebers wird unter IV. im Rahmen der Entwicklung des nationalen Vergaberechts näher dargestellt.

III. Strukturmerkmale und Anwendungsbereich der neuen EU-Vergaberichtlinien

1. Gegenstand der EU-Vergaberechtsreform 2014

Die im Jahr 2014 mit dem Inkrafttreten der neuen Vergaberichtlinien abgeschlossene EU-Vergaberechtsmodernisierung sollte das Regelwerk für die Auftragsvergaben entsprechend den aktuellen Bedürfnissen des Binnenmarktes weiterentwickeln und innerhalb der EU stärker vereinheitlichen.[119] Die Vergabeverfahren sollen effizienter, einfacher und flexibler gestaltet – hierzu sollen beispielsweise die Möglichkeiten der elektronischen Beschaffung ausgebaut werden – und die Teilnahme kleiner und mittlerer Unternehmen (KMU) an Vergabeverfahren erleichtert werden.[120]

Gleichzeitig soll der neue Rechtsrahmen den Vergabestellen ermöglichen, die öffentliche Auftragsvergabe stärker zur Unterstützung strategischer Ziele zu nutzen; dazu gehören vor allem soziale, umweltbezogene und innovative Aspekte.[121] Das neue Regelwerk ermöglicht es ferner, den Anliegen von Menschen mit Behinderungen besser Rechnung zu tragen. Schließlich kann ein erleichtertes Vergabeverfahren bei sozialen und anderen besonderen Dienstleistungen zur Anwendung gelangen.[122]

2. Gliederungssystematik der neuen Vergaberichtlinien

Alle drei neuen Vergaberichtlinien folgen einer ähnlichen Gliederungssystematik.[123] Nach dem jeweils ersten Titel zu Gegenstand (Begriffsbestimmungen) und Anwendungsbereich folgt ein zweiter Titel mit den Vorschriften für die Auftrags- bzw. Konzessionsvergabe. In der neuen Vergaberichtlinie und der neuen Sektorenrichtlinie knüpft daran jeweils ein Titel

---

119 S. die Ausführungen auf S. 1 der BT-Drs. 18/7318 v. 20.1.2016, die als Anlage 1 die im Zuge der Umsetzung der neuen EU-Richtlinien erlassene Verordnung der Bundesregierung zur Modernisierung des Vergaberechts (Vergaberechtsmodernisierungsverordnung) enthält.

120 BT-Drs. 18/7318, S. 1; vgl. auch *Dreher* in Immenga/Mestmäcker, GWB, Vor §§ 97 ff. Rn. 25.

121 BT-Drs. 18/7318, S. 1.

122 S. zu alledem auch die Ausführungen in BT-Drs. 18/7318, S. 1; dazu noch näher unten 3.b)dd).

123 *Neun/Otting*, EuZW 2014, 446 ff. (446).

III zu besonderen Beschaffungsregelungen – bspw. für soziale und andere besondere Dienstleistungen – an, in der neuen Konzessionsrichtlinie enthält der Titel III die Bestimmungen über die Durchführung von Konzessionen. Der jeweilige Titel IV der Vergabe- und der Sektorenrichtlinie befasst sich mit den neuen Governance-Vorgaben. Der jeweils letzte Titel aller drei Richtlinien enthält neben bestimmten Befugnisübertragungen an die Kommission weitere Schlussbestimmungen, zu denen auch die Regelungen über das Inkrafttreten sowie die Festlegung der Umsetzungsfrist gehören.[124]

3. Zum Anwendungsbereich der relevanten Vergaberichtlinie 2014/24/EU

Zunächst ist ganz allgemein festzuhalten, dass die neuen Vergaberichtlinien an den schon bestehenden Begriffsdefinitionen des europäischen Vergaberechts, die für die Bestimmung des jeweiligen Anwendungsbereichs maßgebend sind, inhaltlich kaum etwas ändern.[125] Die folgenden Ausführungen beschränken sich im Wesentlichen auf die Skizzierung des Anwendungsbereichs der „klassischen" Vergaberichtlinie 2014/24/EU, da für die Kassenärztlichen Vereinigungen die Eröffnung des sachlichen Anwendungsbereichs der Sektorenrichtlinie offensichtlich von vornherein ausscheidet und sich die Regelungen über den persönlichen Anwendungsbereich der Konzessionsrichtlinie, soweit sie für die Kassenärztlichen Vereinigungen von Relevanz sein können, mit denjenigen über den persönlichen Anwendungsbereich der Vergaberichtlinie decken (vgl. Art. 6 und 7 der Konzessionsrichtlinie).

a) Persönlicher Anwendungsbereich der Vergaberichtlinie

Für die vorliegende Untersuchung von wesentlicher Bedeutung ist in diesem Zusammenhang ganz konkret die Feststellung, dass der den persönlichen Anwendungsbereich der Vergaberichtlinie prägende Begriff des öffentlichen Auftraggebers im Vergleich zur bisherigen Rechtslage inhaltlich nicht modifiziert wird. Es bleibt vielmehr bei der schon durch die VKR geschaffenen und in der Zwischenzeit durch einige Entscheidungen des

124 Ausführlich zum Ganzen auch *Neun/Otting*, EuZW 2014, 446 ff. (446).
125 S. auch dazu *Neun/Otting*, EuZW 2014, 446 ff. (447).

EuGH konkretisierten Rechtslage. Soweit der Wortlaut der insoweit maßgeblichen Regelungen der Vergaberichtlinie vom Wortlaut der VKR abweicht, dient dies ausschließlich der Klarstellung mit Blick auf zwischenzeitlich ergangene Entscheidungen des EuGH zur Auslegung des Begriffs des öffentlichen Auftraggebers. Dies stellt auch Erwägungsgrund 10 der Vergaberichtlinie explizit klar.[126]

Nach Art. 2 Abs. 1 Nr. 1 der Vergaberichtlinie bezeichnet der Begriff „öffentliche Auftraggeber" – wie schon bislang – den Staat, die Gebietskörperschaften, die Einrichtungen des öffentlichen Rechts oder die Verbände, die aus einer oder mehreren dieser Körperschaften oder Einrichtungen des öffentlichen Rechts bestehen. Art. 2 Abs. 1 Nr. 2 der Vergaberichtlinie führt nun „zentrale Regierungsbehörden" als diejenigen öffentlichen Auftraggeber an, die in Anhang I der Vergaberichtlinie aufgeführt sind, und, soweit auf innerstaatlicher Ebene Berichtigungen oder Änderungen vorgenommen wurden, die Stellen, die ihre Nachfolger sind; Art. 2 Abs. 1 Nr. 3 der Vergaberichtlinie nennt als weitere neu in den Richtlinientext aufgenommene Gruppe „subzentrale öffentliche Auftraggeber" und definiert diese als alle öffentlichen Auftraggeber, die keine zentralen Regierungsbehörden sind. Schließlich werden in Art. 2 Abs. 1 Nr. 4 der Vergaberichtlinie die „Einrichtungen des öffentlichen Rechts" weiterhin – ohne wesentliche textliche Abweichung von der entsprechenden Regelung in der VKR – als Einrichtungen mit sämtlichen der folgenden Merkmale beschrieben:

---

126 Erwägungsgrund 10 der Vergaberichtlinie im Wortlaut: „Der Begriff `öffentliche Auftraggeber` und insbesondere der Begriff `Einrichtungen des öffentlichen Rechts` sind wiederholt im Rahmen der Rechtsprechung des Gerichtshofs der Europäischen Union überprüft worden. Um klarzustellen, dass der persönliche Geltungsbereich dieser Richtlinie unverändert bleiben sollte, ist es angezeigt, die Begriffsbestimmung beizubehalten, auf die sich der Gerichtshof selbst stützt, und einige Erläuterungen, die im Rahmen dieser Rechtsprechung gegeben wurden, als Schlüssel zum Verständnis der Begriffsbestimmung selbst aufzunehmen, ohne dass damit beabsichtigt wird, das Verständnis des Begriffs, so wie es in der Rechtsprechung dargelegt wurde, zu ändern. Zu diesem Zweck sollte daher klargestellt werden, dass eine Einrichtung, die unter marktüblichen Bedingungen arbeitet, gewinnorientiert ist und die mit der Ausübung ihrer Tätigkeit einhergehenden Verluste trägt, nicht als `Einrichtung des öffentlichen Rechts` angesehen werden sollte, da die im Allgemeininteresse liegenden Aufgaben, zu deren Erfüllung sie geschaffen oder mit deren Erfüllung sie beauftragt worden ist, als von gewerblicher Art anzusehen sind.".

„a) Sie wurden zu dem besonderen Zweck gegründet, im Allgemeininteresse liegende Aufgaben nicht gewerblicher Art zu erfüllen,
b) sie besitzen Rechtspersönlichkeit und
c) sie werden überwiegend vom Staat, von Gebietskörperschaften oder von anderen Einrichtungen des öffentlichen Rechts finanziert oder unterstehen hinsichtlich ihrer Leitung der Aufsicht dieser Gebietskörperschaften oder Einrichtungen, oder sie haben ein Verwaltungs-, Leitungs- beziehungsweise Aufsichtsorgan, das mehrheitlich aus Mitgliedern besteht, die vom Staat, von Gebietskörperschaften oder von anderen Einrichtungen des öffentlichen Rechts ernannt worden sind;"

Zum Begriff der „Einrichtungen des öffentlichen Rechts" ist schließlich bemerkenswert, dass der europäische Normgeber in der neuen Vergaberichtlinie auf Verzeichnisse solcher Einrichtungen und Verzeichnisse von Kategorien solcher Einrichtungen, wie sie noch die VKR als Anhang III enthielt, verzichtet hat. Das ist ausdrücklich zu begrüßen, da diesen nicht abschließenden Verzeichnissen ohnehin keine konstitutive Bedeutung beizumessen war.[127]

b) Sachlicher Anwendungsbereich der Vergaberichtlinie

In sachlicher Hinsicht ist der Anwendungsbereich der Vergaberichtlinie eröffnet, wenn es sich bei dem zu vergebenden Auftrag um einen öffentlichen Auftrag im Richtliniensinne handelt, der den sogenannten Schwellenwert erreicht oder übersteigt und keine der in Art. 7 bis 12 der Vergaberichtlinie geregelten Ausnahmen greift. Zudem sind für soziale und andere besondere Dienstleistungen, die in den Anwendungsbereich der Vergaberichtlinie fallen, nach Art. 74 ff. der Vergaberichtlinie spezielle, vor allem erleichternde Beschaffungsregelungen vorgesehen.

aa) Auftragsbegriff

Nach Art. 2 Abs. 1 Nr. 5 der Vergaberichtlinie sind öffentliche Aufträge zwischen einem oder mehreren Wirtschaftsteilnehmern und einem oder mehreren öffentlichen Auftraggebern schriftlich geschlossene entgeltliche Verträge über die Ausführung von Bauleistungen, die Lieferung von Waren oder die Erbringung von Dienstleistungen. Trotz dieser Definition und

127 S. bereits die Nachweise oben bei Fn. 19.

trotz der Fülle der zwischenzeitlich ergangenen EuGH-Rechtsprechung zur Auslegung des Auftragsbegriffs wird die Frage, ob ein öffentlicher Auftrag im Richtliniensinn vorliegt, im Einzelfall häufig noch immer kontrovers diskutiert und ist daher oft Gegenstand gerichtlicher Auseinandersetzungen. Gerade (aber nicht nur) auf den Bereich der krankenversicherungsrechtlichen Leistungserbringung trifft dies zu.[128] Es bleibt abzuwarten, ob Art. 1 Abs. 2 der Vergaberichtlinie hier zur Schlichtung beitragen wird. Immerhin aber stellt die Regelung erstmals klar, dass der Anwendungsbereich des EU-Vergaberechts nur dort eröffnet ist, wo öffentliche Auftraggeber eine Auswahlentscheidung zugunsten eines oder mehrerer Wirtschaftsteilnehmer treffen.[129] Damit ist (auch) auf europarechtlich-normativer Ebene klargestellt, dass das sogenannte Open-House-Modell keinen öffentlichen Auftrag im Sinne der Vergaberichtlinie darstellt.[130]

---

128 Umfassend zu diesem Problemkreis etwa *Sormani-Bastian*, Vergaberecht und Sozialrecht.

129 Erwägungsgrund 13 der Konzessionsrichtlinie 2014/23/EU stellt damit korrespondierend klar, dass Regelungen, nach denen ohne eine gezielte Auswahl alle Wirtschaftsteilnehmer, die bestimmte Voraussetzungen erfüllen, berechtigt sind, eine bestimmte Aufgabe wahrzunehmen, nicht als Konzessionen gelten sollen.

130 Erst kürzlich hat der EuGH in einem Vorabentscheidungsverfahren diese bislang höchst umstrittene Frage auch für die Rechtslage unter Geltung der VKR 2004/18/EG so entschieden, vgl. EuGH v. 2.6.2016, Rs. C-410/14 – *Falk Pharma*, Rn. 38: „*Die Auswahl eines Angebots und somit eines Auftragnehmers stellt daher ein Element dar, das mit dem durch diese Richtlinie geschaffenen Rahmen für öffentliche Aufträge und folglich mit dem Begriff „öffentlicher Auftrag" im Sinne von Art. 1 Abs. 2 Buchst. a der Richtlinie untrennbar verbunden ist.*"; zum dieser Entscheidung vorangehenden Vorabentscheidungsersuchen s. OLG Düsseldorf v. 13.8.2014, VII-Verg 13/14; kritisch zu dieser Entscheidung *Gaßner/Strömer*, NZS 2014, 811 ff.; das Erfordernis einer Auswahlentscheidung bejahend auch BSG v. 25.3.2015, B 6 KA 9/14 R, Rn. 88, BSGE 118, 164 = GesR 2016, 27, das dieses Erfordernis bei einem Vertrag über die hausarztzentrierte Versorgung nach § 73 b SGBV V als nicht gegeben ansieht (s. dazu bereits oben, Einleitung bei Fn. 29); ebenso bereits LSG Nordrhein-Westfalen v. 3.11.2010, L 21 SF 208/10 Verg, Rn. 34; kritisch zu dieser Entscheidung *Csaki/Freundt*, NZS 2011, 766 ff; vgl. zum Ganzen auch *Neun/Otting*, EuZW, 446 ff. (447); *Höfer/Nolte*, NZS 2015, 441 ff. (443); *Gerner*, NZS 2016, 492 ff.

bb) Schwellenwertregelungen

Auch die Vergaberichtlinie gilt nur für Aufträge, deren geschätzter (Netto-)Wert bestimmte, nunmehr in Art. 4 Buchst. a bis c der Vergaberichtlinie festgelegte Schwellenwerte erreicht.[131] Gemäß Art. 4 Buchst. d der Vergaberichtlinie wird außerdem ein besonderer Schwellenwert von 750.000 Euro für öffentliche Dienstleistungsaufträge betreffend soziale und andere besondere Dienstleistungen (vgl. Art. 74 ff. der Vergaberichtlinie) eingeführt.[132]

Bestand hat die bisherige Regelungslage, wonach die EU-Kommission diese Schwellenwerte alle zwei Jahre (ab dem 30.6.2013) auf Übereinstimmung mit dem GPA der WTO[133] überprüft und ggf. neu festsetzt.[134] Rechtsgrundlage hierfür bilden nun die Art. 6 und 87 der neuen Vergaberichtlinie. Die letzte Anpassung erfolgte mit Wirkung zum 1.1.2016 durch die Delegierte Verordnung (EU) 2015/2170 vom 24.11.2015.[135] Danach beträgt der Schwellenwert nach Art. 4 Buchst. a der Vergaberichtlinie (betrifft öffentliche Bauaufträge) 5.225.000 Euro, nach Art. 4 Buchst. b (betrifft insbesondere öffentliche Liefer- und Dienstleistungsaufträge, die von zentralen Regierungsbehörden vergeben werden) 135.000 Euro und nach Art. 4 Buchst. c (betrifft insbesondere öffentliche Liefer- und Dienstleistungsaufträge, die von subzentralen öffentlichen Auftraggebern vergeben werden) 209.000 Euro.

Hintergrund der Schwellenwertregelung ist die Überlegung, dass erst ab einem gewissen Auftragsvolumen ein Interesse potentieller Auftragnehmer aus anderen Mitgliedstaaten an der Auftragsvergabe überhaupt relaistisch zu erwarten ist.[136]

131 Vgl. dazu auch *Neun/Otting*, EuZW 2014, 446 ff. (447).

132 S. dazu noch näher unter dd); vgl. dazu auch *Neun/Otting*, EuZW 2014, 446 ff. (447).

133 Fn. 57.

134 *Neun/Otting*, EuZW 2014, 446 ff. (447).

135 ABlEU 2015, L 307, S. 5.

136 Die Schwellenwerte sind aber nicht etwa gleichzusetzen mit der bereits angesprochenen Binnenmarktrelevanz. Letztere ist nämlich nicht von vornherein bei Unterschwellenvergaben ausgeschlossen; s. etwa EuGH v. 10.5.2012, verb. Rs. C-357/10 u.a. – *Duomo Gpa*, NZBau 2012, 714; BGH v. 20.8.2011, X ZR 55/10, NZBau 2012, 46 = MDR 2011, 1415; zutreffend auch *Dreher* in: Immenga/Mestmäcker, GWB, Vor §§ 97 ff. Rn. 49, 81 bei Fn. 174.

Das Erfordernis des Erreichens der Schwellenwerte führt zu einer erheblichen Einschränkung des Anwendungsbereichs der europäischen Vergaberichtlinien: Etwa 90% der Auftragsvergaben mit einem geschätzten Gesamtvergabevolumen von 40% im Liefer- bis 89% im Baubereich sowie zum Beispiel Vergaben im Baubereich in Höhe von immerhin gut 5 Millionen Euro Auftragswert erfolgen unterhalb der genannten Schwellenwerte und bleiben damit weitgehend vergaberechtsfrei.[137]

cc) Ausnahmen vom Anwendungsbereich der Vergaberichtlinie

Neben der in Art. 7 der Vergaberichtlinie geregelten Bereichsausnahme für die Aufträge, deren Vergabe in der Sektoren- bzw. der Konzessionsrichtlinie gesondert geregelt sind, nimmt Art. 8 Vergaberichtlinie Aufträge zur Einrichtung eines elektronischen Kommunikationsdienstes für die Öffentlichkeit aus. Nach ihrem Art. 9 gilt die Vergaberichtlinie auch nicht für Aufträge, die nach bestimmten anderen, internationalen Regeln vergeben werden. Besondere Ausnahmen statuiert Art. 10 zudem für bestimmte Dienstleistungsaufträge. Klarstellend regelt nunmehr Art. 10 Buchst. f der Vergaberichtlinie, dass die Aufnahme von Krediten und Darlehen vom Anwendungsbereich der Richtlinie ausgenommen wird.[138] Auch unterfallen nach Artikel 10 Buchst. h der Vergaberichtlinie bestimmte Dienstleistungen des Katastrophenschutzes, des Zivilschutzes und der Gefahrenabwehr, die von gemeinnützigen Organisationen oder Vereinigungen erbracht werden, nicht dem Vergaberecht.[139]

Hinzu kommt, dass sich der Richtliniengeber dafür entschieden hat, die in der VKR angelegte Differenzierung zwischen prioritären (sog. A-) und nicht-prioritären (sog. B-) Dienstleistungen aufzugeben; daraus ergab sich die Notwendigkeit, diejenigen Aufträge, die sich nach wie vor der Natur der Sache nach der Ausschreibung in einem europaweiten Verfahren entziehen, vom Anwendungsbereich der Vergaberichtlinie auszunehmen.[140]

---

137 Vgl. *Dreher* in: Immenga/Mestmäcker, GWB, Vor §§ 97 ff. Rn. 75 unter Berufung auf das Diskussionspapier des BMWi v. 15.6.2010: „Rechtsschutz unterhalb der EU-Schwellenwerte".

138 S. dazu auch *Neun/Otting*, EuZW 2014, 446 ff. (447).

139 S. dazu auch die Begründung zum Regierungsentwurf des VergRModG, BT-Drs. 18/6281, S. 114.

140 *Neun/Otting*, EuZW 2014, 446 ff. (447).

Als Beispiel seien Rechtsdienstleistungen genannt, die vom Anwendungsbereich insoweit ausgenommen sind, als sie im Zusammenhang mit einem forensischen Verfahren stehen oder hoheitliche Aufgaben umfassen (vgl. Art. 10 Buchst. d der Vergaberichtlinie).[141]

dd) Besonderheiten für soziale und andere besondere Dienstleistungen

Der Wegfall der Differenzierung zwischen prioritären und nicht-prioritären Dienstleistungen führt darüber hinaus zu durchaus gravierenden Änderungen mit Blick auf die vormals als nicht-prioritäre Dienstleistungen im Anhang II B der VKR angeführten Dienstleistungen. Die Artikel 74 ff. der Vergaberichtlinie unterstellen soziale und andere besondere Dienstleistungen nunmehr besonderen erleichterten Beschaffungsregelungen (Sonderregime).[142] Die davon erfassten Dienstleistungen sind im Einzelnen im Anhang XIV der Richtlinie 2014/24/EU aufgeführt. Genannt sind dort neben bestimmten juristischen Dienstleistungen und Dienstleistungen des Sozial- und Gesundheitswesens auch bestimmte Rettungsdienste, Bildungs- und kulturelle Dienstleistungen, kommunale Dienstleistungen und Postdienste.[143] Wie bereits erwähnt[144], werden öffentliche Aufträge über solche Dienstleistungen vom Anwendungsbereich der Vergaberichtlinie nur erfasst, wenn ihr geschätzter Nettoauftragswert 750.000 Euro erreicht (vgl. Art. 4 Buchst. d Vergaberichtlinie).[145] Soweit dieser besondere Schwellenwert für soziale und andere besondere Dienstleistungen erreicht ist, sind die öffentlichen Auftraggeber gemäß Artikel 76 Absatz 1 Satz 1 der Vergaberichtlinie lediglich verpflichtet, im Vergabeverfahren die Grundsätze der Transparenz und der Gleichbehandlung der Unternehmen einzuhalten. Darüber hinaus sind gemäß Artikel 75 der Vergaberichtlinie die beabsichtigte Vergabe sowie die Ergebnisse des Vergabeverfahrens EU-weit bekannt zu machen. Grund für den erhöhten Schwellenwert und die Vereinfachungen des Vergabeverfahrens ist, dass die angesprochenen Dienstleis-

141 *Neun/Otting*, EuZW 2014, 446 ff. (447).

142 Vgl. näher dazu auch die Begründung zum Regierungsentwurf des VergRModG, BT-Drs. 18/6281, S. 114; ausführlich dazu auch *Höfer/Nolte*, NZS 2015, 441 ff. (445, 446).

143 S. dazu wiederum *Neun/Otting*, EuZW 2014, 446 ff. (452).

144 S. oben bb).

145 Vgl. dazu auch näher die Begründung zum Regierungsentwurf des VergRModG, BT-Drs. 18/6281, S. 115.

tungen oftmals personen- oder ortsgebunden sind und ihnen deswegen nur eingeschränkt eine grenzüberschreitende Dimension beigemessen wird.[146]

4. Zweiteilung des europäischen Vergaberechts

Die hier bislang nur skizzierten Regelungen zum Anwendungsbereich der Vergaberichtlinien in persönlicher und sachlicher Hinsicht teilen das europäische Vergaberecht in zwei Bereiche. Öffentliche Auftragsvergaben, die die Anwendungsvoraussetzungen der Vergaberichtlinien nicht erfüllen, bleiben von den Harmonisierungsbemühungen des europäischen Sekundärrechts von vorneherein unberührt.[147] Dort bleibt aus europarechtlicher Sicht regelmäßig – bei Bejahung der Binnenmarktrelevanz – nur der Rückgriff auf für die Auftragsvergabe relevante Regelungen und Grundsätze des europäischen Primärrechts.

IV. Entwicklung des nationalen Vergaberechts

Das nationale Vergaberecht kann nur bedingt losgelöst vom europäischen Vergaberecht betrachtet werden – nämlich nur insofern, als es von europäischen Vorgaben unbeeinflusst zur Geltung gelangt.[148] Wie soeben gezeigt, hat die große Bedeutung der öffentlichen Auftragsvergabe für den europäischen Binnenmarkt zu einer intensiven Rechtssetzungstätigkeit der EU-Organe auf diesem Gebiet und wegen der damit verbundenen Pflicht zur Richtlinienumsetzung auch zu weit fortgeschrittener Europäisierung des mitgliedstaatlichen Vergaberechts geführt. Als Folge des u.a. durch die Schwellenwertregelungen beschränkten Anwendungsbereichs der EU-Vergaberichtlinien wird aber ein beachtlicher Teil des Vergaberechts nach wie vor von nationalen Bestimmungen geprägt, die von europarechtlichen Vorgaben unbeeinflusst geblieben sind.

---

146 S. Erwägungsgründe 114 ff. der Vergaberichtlinie sowie die Begründung zum Regierungsentwurf des VergRModG, BT-Drs. 18/6281, S. 115, dort auch unter Nennung der Gesundheitsdienstleistungen; Entsprechendes gilt natürlich auch für soziale und andere besondere Dienstleistungen betreffende Konzessionen, vgl. dazu Art. 19 der Konzessionsrichtlinie sowie umsetzend § 153 GWB.

147 Vgl. *Breloer*, Europäische Vorgaben und das deutsche Vergaberecht, S. 25.

148 Näher zum Verhältnis zwischen europäischem und nationalem Vergaberecht s. noch unten 2.a)dd).

1. Rechtsquellen und ihre Entwicklung

Die nationalen vergaberechtlichen Bestimmungen sind demgemäß zunächst nach ihrem Ursprung zu unterscheiden in einerseits solche Rechtsquellen, die unbeeinflusst von europarechtlicher Initiative (autonom-national) ergangen sind und andererseits jene Rechtsquellen, die in Umsetzung europarechtlichen Vorgaben geschaffen wurden. An diesen (mittelbar) unterschiedlichen Ursprung knüpfen weitere Unterschiede der jeweiligen Regelungsbereiche in materiell-rechtlicher Hinsicht an.

a) Ausgewählte autonom-nationale Regelungen und ihre Entwicklung im Überblick

Der Ausgangspunkt der Regulierung der öffentlichen Auftragsvergabe in Deutschland ist ungefähr in der Mitte des 19. Jahrhunderts anzusiedeln[149], als Gewerbetreibende die Initiative ergriffen und sich durch Ausschreibungsverfahren vor der Abgabe unüberlegter und zu niedriger Angebote schützen wollten.[150] Allerdings kam es auch in der Folgezeit nicht zu einer gesetzlichen Regelung des Vergabewesens, weil Bauverwaltung und Gewerbestände sich auf eine in einem Vertrauensverhältnis zwischen den beiden Lagern gewachsene „Gemeinschaftsarbeit“ verständigten.[151]

Nach dem Ersten Weltkrieg drängte vor allem der Mittelstand auf eine reichseinheitliche Regelung des Verdingungswesens.[152] Dies führte immerhin zur Gründung des Reichsverdingungsausschusses, einer Sachverständigenkommission, die im Jahr 1926 schließlich die Verdingungsordnung für Bauleistungen (VOB) vorlegte. 10 Jahre später folgte die ebenfalls vom Reichsverdingungsausschuss ausgearbeitete Verdingungsordnung für Leistungen ausgenommen Bauleistungen (VOL).[153] Im Dritten

---

149 Vgl. dazu und insgesamt zur frühen Geschichte des Vergaberechts *Dreher* in: Immenga/Mestmäcker, GWB, Vor §§ 97 ff. Rn. 82 m.w.N.; *Crass*, Der öffentliche Auftraggeber, S. 34.

150 *Dreher* in: Immenga/Mestmäcker, GWB, Vor §§ 97 ff. Rn. 82.

151 *Lampe-Helbig* in: FS für Korbion, S. 250.

152 *Crass*, Der öffentlicher Auftraggeber, S. 34.

153 Die 1997 in Kraft getretene Verdingungsordnung (inzwischen Vergabeordnung) für freiberufliche Leistungen (VOF) wird mit dem Hauptausschuss zur Erarbeitung der Vergabeordnung für freiberufliche Leistungen ebenfalls von einem Fachgremium ausgearbeitet. Dieses Regelwerk ist aber gleichfalls europarecht-

Reich wurden die Verdingungsordnungen nach dem Preisstopp im Jahr 1936 faktisch außer Kraft gesetzt und durch ein Selbstkostenpreissystem abgelöst.[154] Ab 1947 wurden die wieder geltenden Verdingungsordnungen von Ausschüssen weiterentwickelt, die nach dem Vorbild des Reichsverdingungsausschusses zusammengesetzt sind und bis heute ihre Tätigkeit ausüben.[155] Dabei handelt es sich um den 1947 gegründeten Deutschen Verdingungsausschuss für Bauleistungen und den 1974 gegründeten Deutschen Verdingungsausschuss für Leistungen ausgenommen Bauleistungen.[156] Im Oktober 2000 wurden diese Verdingungsausschüsse in Deutscher Vergabe- und Vertragsausschuss für Bauleistungen (DVA) bzw. Deutscher Vergabe- und Vertragsausschuss für Lieferungen und Dienstleistungen (DVAL) umgetauft.[157] Analog hierzu sind inzwischen auch die Verdingungsordnungen in Vergabe- und Vertragsordnung für Bauleistungen (VOB) bzw. Vergabe- und Vertragsordnung für Lieferungen und Dienstleistungen (VOL) umbenannt. Die Vergabe- und Vertragsausschüsse sind als nicht rechtsfähige Vereine organisiert; den Vergabe- und Vertragsordnungen kommt folglich grundsätzlich keine Rechtsnormqualität zu.[158] Es handelt sich vielmehr um Musterbedingungen, die zu ihrer Geltung grundsätzlich besonderer Vereinbarung zwischen Auftraggeber und Unternehmer bedürfen.[159] Ihre Verbindlichkeit für den ausschreibenden Auftraggeber bedarf besonderer Anordnung.[160] Mit der Haushaltsreform 1969 und der dem Bund erteilten Grundsatzgesetzgebungskompetenz für das Haushaltsrecht (heute verankert in Art. 109 Abs. 4 GG) fand das nationale Vergaberecht eine gesetzliche Verankerung im öffentlichen Haushaltsrecht. § 6 Abs. 1 HGrG verpflichtet den Bund und die Länder sowie die in § 48 HGrG genannten bundes- oder landesunmittelbaren juristischen Personen des öffentlichen Rechts auf die Grundsätze der Sparsamkeit und Wirtschaftlichkeit (vgl. § 7 Abs. 1 BHO); § 30 HGrG normiert die Pflicht zur öffentlichen Ausschreibung, sofern nicht die Natur des Geschäfts oder besondere Umstände eine Ausnahme rechtfertigen. Die Haushaltsgesetze

---

lich initiiert und in seinem Anwendungsbereich ausschließlich auf Auftragsvergaben oberhalb der Schwellenwerte beschränkt.

154 *Rittner*, Rechtsgrundlagen, S. 32 f; *Crass*, Der öffentliche Auftraggeber, S. 34.

155 *Crass*, Der öffentliche Auftraggeber, S. 34.

156 *Crass*, Der öffentlicher Auftraggeber, S. 34.

157 *Dreher* in: Immenga/Mestmäcker, GWB, Vor §§ 97 ff. Rn. 83.

158 S. im Einzelnen aber noch unten 2.b)bb)(1)(c) bei Fn. 335.

159 *Otting* in: Bechtold, GWB, Vor § 97 Rn. 13.

160 *Otting* in: Bechtold, GWB, Vor § 97 Rn. 13.

des Bundes und der Länder müssen diesen grundsätzlichen Vorgaben nachkommen (vgl. § 1 HGrG). So ist die Pflicht zur öffentlichen Ausschreibung, wie sie § 30 HGrG formuliert, gleichlautend etwa in § 55 Abs. 1 BHO oder für Bayern in Art. 55 Abs. 1 BayHO geregelt. Darüber hinaus verlangt § 55 Abs. 2 BHO beim Abschluss von Verträgen zwingend ein Vorgehen nach „einheitlichen Richtlinien"; die entsprechende Regelung beispielsweise in Bayern (Art. 55 Abs. 2 BayHO) ist als Soll-Vorschrift ausgestaltet. An den genannten haushaltrechtlichen Regelungen orientieren sich auch die für weitere juristische Personen des öffentlichen Rechts (auch der mittelbaren Staatsverwaltung) geltenden bereichsspezifischen Bestimmungen, wie z.B. der für die Sozialversicherungsträger über die Verordnungsermächtigung in § 78 SGB IV geltende § 22 SVHV[161].

Jenseits der haushaltsrechtlichen Bestimmungen hat der Gesetzgeber gerade auch im Sozialrecht weitere Tatbestände normiert, die mehr oder weniger stark dem Vergaberecht der §§ 97 ff. GWB angenähert sind (vgl. § 25 Abs. 5 Satz 3 SGB V[162]) oder auf dieses verweisen (vgl. § 45 Abs. 3 SGB III).[163]

Zwischenzeitlich haben 15 Bundesländer[164] länderspezifische „Vergabegesetze" erlassen, die Regelungen über die Auftragsvergabe außerhalb des Anwendungsbereichs des im GWB verankerten Vergaberechts enthalten. Kompetenzrechtlich lassen sich die landesrechtlichen Vergabevorschriften auf die Gesetzgebungskompetenz der Länder nach Art. 70 i.V.m. Art. 72 Abs. 1 GG stützen, da die Regelungsmaterie dem Wirtschaftsrecht zuzuordnen ist und damit in die konkurrierende Zuständigkeit nach Art. 74 Abs. 1 Nr. 11 GG fällt und der Bund nicht abschließend von seinem Gesetzgebungsrecht Gebrauch gemacht hat.[165]

---

161 Verordnung über das Haushaltswesen und in der Sozialversicherung vom 21.12.1977, BGBl. 1977-I, S. 3147, zuletzt geändert durch die Verordnung vom 17.7.2009, BGBl. 2009-I, S. 2100.

162 Dazu noch näher unten 2.a)dd)(5).

163 Vgl. *Thüsing/Forst* in Thüsing, Europäisches Vergabe- und Kartellrecht, S. 21 f.

164 Nur in Bayern gibt es derzeit kein eigenständiges Landesvergabegesetz.

165 So BVerfG v. 11.7.2006, 1 BvL 4/00, BVerfGE 116, 202 (215) = NJW 2007, 51 = NZBau 2007, 53; vgl. dazu auch *Röstel*, Vergaberechtsschutz, S. 56 ff.; *Barth*, Das Vergaberecht außerhalb des Anwendungsbereichs der EG-Vergaberichtlinien, S. 22.; zur fehlenden Gesetzgebungskompetenz der Bundesländer zum Erlass von Vergabeverfahrensregelungen im Anwendungsbereich des GWB-Vergaberechts vgl. nur *Dreher* in: Immenga/Mestmäcker, GWB, § 97 Rn. 273 sowie § 115 a Rn. 9 ff.

Neben diesen nationalen, von europäischen Vorgaben unbeeinflussten Vergaberegelungen im engeren Sinn zählen auch verfassungsrechtliche Vorschriften zum autonom-nationalen Vergaberecht im weiteren Sinn, soweit aus ihnen Bindungen für die öffentliche Auftragsvergabe herzuleiten sind. Dies trifft namentlich auf das Grundrecht auf Gleichbehandlung des Art. 3 Abs. 1 GG sowie die Berufsausübungsfreiheit des Art. 12 Abs. 1 GG zu, die es einer staatlichen Stelle, die einen öffentlichen Auftrag vergibt, verwehren, „*das Verfahren oder die Kriterien der Vergabe willkürlich zu bestimmen*“[166].

b) Regelungen in Umsetzung der europäischen Richtlinienvorgaben

Der Anstoß zur gesetzlichen Umstrukturierung von Teilen des nationalen Vergaberechts kam von den Vergaberichtlinien der EU.[167] Die gesetzgeberische Umsetzung der europäischen Richtlinienvorgaben in deutsches Recht lässt sich im Wesentlichen in vier – nicht immer ganz freiwillig eintretende – Entwicklungsstufen einteilen.[168]

aa) Integration in die Verdingungsordnungen

Zunächst begnügte sich der deutsche Gesetzgeber damit, die Vorgaben der europäischen Richtlinien[169] in die Verdingungsordnungen zu integrieren. Hierfür wurden diese um sog. a-Paragraphen ergänzt, in die die nicht bereits zuvor enthaltenen Richtlinienanforderungen eingearbeitet wurden.[170]

---

166 BVerfG v. 13.6.2006, 1 BvR 1160/03, BVerfGE 116, 135 (153) = NJW 2006, 3701 = NVwZ 2006, 1396; dazu noch näher unten 2.b)bb)(2)(a)(cc) sowie 2.b)bb)(2)(b)(cc).

167 Vgl. auch *Dreher* in: Immenga/Mestmäcker, GWB, Vor §§ 97 ff. Rn. 85.

168 Ausführlich dazu etwa *Crass*, Der öffentliche Auftraggeber, S. 35 ff.

169 Namentlich die Richtlinie 88/295/EWG des Rates vom 22.3.1988 zur Änderung der Richtlinie 77/62/EWG über die Koordinierung der Verfahren zur Vergabe öffentlicher Lieferaufträge und zur Aufhebung einiger Bestimmungen der Richtlinie 80/767/EWG, ABlEG 1988, L 127, S. 1 und die Richtlinie 89/440/EWG des Rates vom 18.7.1989 zur Änderung der Richtlinie 71/305/EWG über die Koordination der Verfahren zur Vergabe öffentlicher Bauaufträge, ABlEG 1988, L 210, S. 1.

170 *Crass*, Der öffentliche Auftraggeber, S. 36.

Der deutsche Gesetzgeber wie die interessierten Kreise wollten das jahrzehntelang praktizierte und aus ihrer Sicht bewährte System der privaten Regelbildung möglichst unangetastet lassen.[171] Folgerichtig verwies die öffentliche Hand (auch weiterhin) lediglich durch haushaltsrechtliche Verwaltungsvorschriften auf die Verdingungsordnungen.[172] Die Integration der EG-Richtlinien in die Verdingungsordnungen wurde vom EuGH – schon aus damaliger Sicht wenig überraschend – für europarechtswidrig gehalten. Demgemäß hat der EuGH einen Verstoß der Bundesrepublik Deutschland gegen ihre Verpflichtungen aus dem EG-Vertrag in einem von der damaligen EG-Kommission eingeleiteten Vertragsverletzungsverfahren[173] festgestellt.[174] Der EuGH bekräftigte hier seine ständige Rechtsprechung, dass die Vergaberichtlinien den Bieter vor der Willkür des öffentlichen Auftraggebers schützen sollen.[175] Ein solcher Schutz könne nicht wirksam werden, wenn der Bieter sich nicht gegenüber dem Auftraggeber auf diese Vorschriften berufen und gegebenenfalls deren Verletzung vor den nationalen Gerichten geltend machen kann.[176] Eine Umsetzung der Richtlinienvorgaben durch bloße Verwaltungsvorschriften entspreche nicht den Anforderungen einer effektiven Richtlinienumsetzung, da die Vergaberichtlinien Ansprüche des Einzelnen begründen.[177]

bb) Die haushaltsrechtliche Lösung: §§ 57 a – 57 c HGrG

Noch während des gerade angesprochenen Vertragsverletzungsverfahrens bemühte sich der deutsche Gesetzgeber um eine den Anforderungen des Europarechts gerecht werdende Regelung des öffentlichen Auftragswe-

---

171 Vgl. *Dreher* in: Immenga/Mestmäcker, GWB, Vor §§ 97 ff. Rn. 85.

172 Vgl. *Dreher* in: Immenga/Mestmäcker, GWB, Vor §§ 97 ff. Rn. 84.

173 S. dazu nunmehr die Art. 258–260 AEUV.

174 EuGH, v. 11.8.1995, Rs. C-433/93 – *Kommission/Deutschland*, Slg. 1995, I-2303 = NVwZ 1996, 367 = EuZW 1995, 635; vgl. dazu auch *Crass*, Der öffentliche Auftraggeber, S. 36.

175 Ständige Rechtsprechung des EuGH seit Urt. v. 20.9.1988, Rs. C-31/87 – *Beentjes*, Slg. 1988, I-4635 = NVwZ 1990, 353.

176 EuGH v. 11.8.1995, Rs. C-433/93 – *Kommission/Deutschland*, Slg. 1995, I-2303 = NVwZ 1996, 367 = EuZW 1995, 635; vgl. auch *Dreher* in: Immenga/Mestmäcker, GWB, Vor §§ 97 ff. Rn. 86.

177 EuGH v. 11.8.1995, Rs. C-433/93 – *Kommission/Deutschland*, Slg. 1995, I-2303 = NVwZ 1996, 367 = EuZW 1995, 635.

sens. Ergebnis war eine als haushaltsrechtliche Lösung bezeichnete Reform des Rechts der öffentlichen Auftragsvergabe. Hierzu nahm der Gesetzgeber mit dem Zweiten Gesetz zur Änderung des HGrG vom 26.11.1993[178] die §§ 57 a bis 57 c in das HGrG auf. Auch dabei hat er den Versuch unternommen, eine korrekte Umsetzung der EG-Vorgaben durchzuführen, ohne die traditionelle systematische Verankerung des Vergaberechts im Haushaltsrecht aufzugeben, und damit die nationalen Grundstrukturen beizubehalten.[179] Einen gerichtlichen Rechtsschutz sah auch diese Lösung nicht vor; vielmehr war der Rechtsschutz beschränkt auf ein Verfahren vor einer behördlichen Nachprüfungsstelle du einem gerichtsähnlichen Vergabeüberwachungsausschuss des Bundes oder der Länder. Jenseits der Bestimmung der Auftraggebereigenschaft in § 57 a HGrG enthielten die Vorschriften auch keine materiellen Vergabegrundsätze.[180] Zu den wenigen haushaltsrechtlichen Bestimmungen kamen die Verordnung über die Vergabebestimmungen für öffentliche Aufträge von 1994[181] und eine Nachprüfungsverordnung[182] hinzu.[183]

Auch die haushaltsrechtliche Lösung genügte den europarechtlichen Anforderungen jedoch nicht, wie die EU-Kommission in ihrer Stellungnahme vom 4.8.1994, die in ein weiteres Vertragsverletzungsverfahren gegen die Bundesrepublik Deutschland mündete, ausführte.[184] Sie war vielmehr „*ein von vornherein zum Scheitern verurteilter, ein aussichtsloser Versuch eines Spagates zwischen der Bewahrung deutscher Vergaberechtstradition und der Erfüllung europäischer Anforderungen*".[185] Zwar wurde mit der neu geschaffenen gesetzlichen Grundlage ein bis dahin bestehender wesentlicher Mangel behoben und auch inhaltlich brachten die neuen Vergabebestimmungen durchaus nennenswerte positive Veränderungen, wie beispielsweise die Erweiterung des Kreises der öffentlichen

---

178 Zweites HGrG-Änderungsgesetz, BGBl. 1993-I, S. 1928.

179 *Crass*, Der öffentliche Auftraggeber, S. 37.

180 Vgl. dazu auch etwa *Dreher* in: Immenga/Mestmäcker, GWB, Vor §§ 97 ff. Rn. 85.

181 BGBl. 1994-I, S. 321, geändert durch BGBl. 1997-I, S. 2384.

182 Verordnung über das Nachprüfungsverfahren für öffentliche Aufträge v. 22.2.1994, BGBl. 1994-I, S. 324.

183 S. zu alledem *Dreher* in: Immenga/Mestmäcker, GWB, Vor §§ 97 ff. Rn. 85 m.w.N.

184 EuGH v. 2.5.1996, Rs. C-253/95 – Kommission/Deutschland, Slg. 1996, I-2423 = NVwZ 1996, 991.

185 So wörtlich *Breloer*, Europäische Vorgaben und das deutsche Vergaberecht, S. 20.

Auftraggeber in § 57 a HGrG auch um Unternehmen in Privatrechtsform.[186] Zudem wurde erstmalig ein spezielles Nachprüfungssystem geschaffen, innerhalb dessen gerichtsähnliche Vergabeüberwachungsausschüsse (§ 57 c HGrG) im Anschluss an ein behördeninternes Prüfungsverfahren durch sog. Vergabeprüfstellen (§ 57 b HGrG) die Vergabe auf ihre Rechtmäßigkeit hin untersuchten.[187] Aber: Auch wenn dieses Rechtsschutzsystem die Bieter in gewissem Grad vor der Willkür des öffentlichen Auftraggebers schützen wollte, war es doch als rein verwaltungsinternes, also außergerichtliches Nachprüfungsverfahren ausgestaltet.[188] Damit nicht genug, stellte die Begründung zum Regierungsentwurf des Zweiten HGrG-Änderungsgesetzes sogar expressis verbis klar, dass individuelle, einklagbare Rechtsansprüche durch die Gesetzesänderungen nicht entstehen sollten.[189] Dies sprach weiterhin entscheidend gegen die ordnungsgemäße Umsetzung der europäischen Richtlinienvorgaben, zumal in Ansehung der dazu bereits ergangenen eindeutigen Rechtsprechung des EuGH. Diese rechtlich zwingende Kritik, die parallel von der EG-Kommission getroffene Ankündigung, ein weiteres Vertragsverletzungsverfahren gegen Deutschland wegen mangelhafter Umsetzung der Vergaberichtlinien durch die haushaltsrechtliche Lösung anzustrengen[190] sowie politischer Druck seitens der USA nach erfolglosen Vergaberechtsstreiten von Tochtergesellschaften US-amerikanischer Unternehmen in Deutschland führten schließlich zur überfälligen Aufgabe der haushaltsrechtlichen Lösung.[191]

---

186 *Breloer*, Europäische Vorgaben und das deutsche Vergaberecht, S. 21.

187 *Breloer*, Europäische Vorgaben und das deutsche Vergaberecht, S. 21.

188 *Breloer*, Europäische Vorgaben und das deutsche Vergaberecht, S. 21.

189 BT-Drs. 12/4636 S. 12; vgl. auch *Dreher* in: Immenga/Mestmäcker, GWB, Vor §§ 97 ff., Rn. 86.

190 S. das Beanstandungsschreiben der Kommission v. 31.10.1995, abgedruckt in: ZIP 1995, 1940 ff.

191 Vgl. *Dreher* in: Immenga/Mestmäcker, GWB, Vor §§ 97 ff. Rn. 87 m.w.N.; näher zum politischen Druck aus Übersee etwa *Breloer*, Europäische Vorgaben und das deutsche Vergaberecht, S, 22 f.

cc) Die kartellrechtliche Lösung: §§ 97 ff. GWB, Vergabeverordnung, Vergabe- und Vertragsordnungen

Aus dieser unbefriedigenden Regelungssituation heraus entsprang eine bis heute fundamentale Entwicklungsstufe der Umsetzungstätigkeit des deutschen Gesetzgebers: Die Bestimmungen zu den öffentlichen Aufträgen traten als neuer Sechster Teil des GWB – begleitet von zum Teil heftiger Kritik in der Literatur[192] – mit dem am 2.9.1998 verkündeten Vergaberechtsänderungsgesetz[193] mit Wirkung zum 1.1.1999 in Kraft.[194] Die Einführung von Ansprüchen der Bieter gegenüber den Vergabestellen auf Einhaltung des Vergaberechts stand in dem Gesetzgebungsverfahren aufgrund der erfolglosen Vorgeschichte, derartige Ansprüche den Beteiligten vorzuenthalten, im Ergebnis außer Streit.[195] Mit § 98 Abs. 1 des Sechsten Gesetzes zur Änderung des GWB vom 26.8.1998[196] wurde die alte Fassung des GWB einschließlich der mit Gesetz vom gleichen Tag aufgenommenen Vergaberechtsvorschriften aufgehoben, um durch die Bekanntmachung der Neufassung des GWB vom immer noch gleichen Tag[197] in neuer und dem GWB angepasster Paragraphenzählung sowie als dessen Vierter Teil wieder Gültigkeit zu erlangen.[198] Dieser nunmehr unter der hier bevorzugten Bezeichnung „GWB-Vergaberecht" oder aber unter der Bezeichnung „Kartellvergaberecht"[199] geläufige Regelungsbereich wurde im Jahr 2001

192 Nachweise etwa bei *Crass*, Der öffentliche Auftraggeber, S. 39, vgl. auch *Breloer*, Europäische Vorgaben und das deutsche Vergaberecht, S. 29 ff.; *Otting* in Bechtold, GWB, Vor § 97 Rn. 10; kritisiert wurde vor allem die Beibehaltung der Zersplitterung und Übersichtlichkeit des Rechtsgebietes und die Gefahr der Überladung des GWB mit Detailregelungen. Aber auch wegen der damals z.T. angenommenen unterschiedlichen Schutzrichtungen des GWB (Schutz des Wettbewerbs) und des Vergaberechts (Schutz vor allem der Wettbewerber) standen Teile der Literatur der Einfügung des Vergaberechts in das GWB ablehnend gegenüber.

193 BGBl. 1998-I, S. 2512.

194 Gleichzeitig wurden die §§ 57 a bis 57 c HGrG und die Nachprüfungsverordnung aufgehoben, vgl. Art. 3 des Vergaberechtsänderungsgesetzes.

195 *Dreher* in: Immenga/Mestmäcker, GWB, Vor §§ 97 ff. Rn. 89; vgl. auch die Begründung zum Regierungsentwurf des Vergaberechtsänderungsgesetzes, BT-Drs. 13/9340 v. 3.12.1997, S. 12.

196 BGBl. 1998-I, S. 2521.

197 BGBl. 1998-I, S. 2546.

198 *Dreher* in: Immenga/Mestmäcker, GWB, Vor §§ 97 ff. Rn. 89 m.w.N., auch zu dieser Gesetzgebungstechnik.

199 Zur Etablierung dieses Begriffs s. ebenfalls *Dreher* in: Immenga/Mestmäcker, GWB, Vor §§ 97 ff. Rn. 64 m.w.N.

durch die – zwischenzeitlich mehrfach überarbeitete – Vergabeverordnung (VgV)[200] ergänzt.[201]

Im Jahr 2005 hat das GWB-Vergaberecht schließlich durch das ÖPP-Beschleunigungsgesetz[202] seine erste Novellierung erfahren, mit der vor allem das neue Vergabeverfahren des wettbewerblichen Dialogs (§ 101 Abs. 1 und 4 GWB) eingeführt wurde.[203]

Mit dem Gesetz zur Modernisierung des Vergaberechts[204] erfolgte im Jahr 2009 partiell eine Abkehr vom traditionell dreistufen Aufbau (GWB, VgV, Vergabe- und Vertragsordnungen)[205] des GWB-Vergaberechts, indem für den Sektorenbereich die Vergabe- und Vertragsordnungen wegfielen und stattdessen in die Sektorenverordnung[206] ausgegliedert wurden.[207] Zudem wurden die Bestimmungen über das Nachprüfungsverfahren in das GWB verlagert, was die VgV erheblich verschlankte und auf ihre eigentliche Funktion als Bindeglied zwischen der ersten Ebene des GWB-Vergaberechts (GWB) und der dritten Ebene, den Vergabe- und Vertragsordnungen reduzierte.[208] Die VgV regelte nunmehr vor allem die Schwellenwerte (§ 2 VgV i.V.m. § 100 Abs. 1 GWB) und verwies in ihren §§ 4 bis 6 auf die je nach zu vergebender Auftragsart für die einzelnen Auftraggeber

---

200 BGBl. 2001-I, S. 110.

201 Vgl. auch dazu *Dreher* in: Immenga/Mestmäcker, GWB, Vor §§ 97 ff. Rn. 89.

202 Gesetz zur Beschleunigung der Umsetzung von Öffentlich Privaten Partnerschaften und zur Verbesserung gesetzlicher Rahmenbedingungen für Öffentlich Private Partnerschaften v. 1.9.2005, BGBl. 2005-I, S. 2676.

203 *Dreher* in: Immenga/Mestmäcker, GWB, Vor §§ 97 ff. Rn. 65, 89.

204 Gesetz zur Modernisierung des Vergaberechts v. 20.4.2009, BGBl. 2009-I, S. 790; teilweise wird davon ausgegangen, dass erst mit seinem Inkrafttreten die damals geltenden EU-Richtlinien vollständig umgesetzt worden seien; vgl. etwa *Schwab* in: Heuvels u.a., Vergaberecht, Einleitung, Rn. 19 m.w.N.

205 Für diese Regelungsweise hat sich der Begriff „Kaskadenprinzip" durchgesetzt.

206 Verordnung über die Vergabe von Aufträgen im Bereich des Verkehrs, der Trinkwasserversorgung und der Energieversorgung v. 23.9.2009, BGBl. 2009-I, S. 3110. Sie hat für den weiteren Verlauf der Arbeit ebenso keine Relevanz wie die Verordnung im Sicherheits- und Verteidigungsbereich (VgVSV), angesprochen wird daher nur die VgV.

207 *Dreher* in: Immenga/Mestmäcker, GWB, Vor §§ 97 ff. Rn. 67 f, 90.

208 *Dreher* in: Immenga/Mestmäcker, GWB, Vor §§ 97 ff. Rn. 67 f. Erreicht wird diese Scharnierfunktion durch den in der VgV enthaltenen Anwendungsbefehl bezüglich einzelner Teile der Vergabe- und Vertragsordnungen für bestimmte Auftraggeber.

nach § 98 Nr. 1 bis 3, 5 und 6 GWB anzuwendenden Abschnitte und Einzelvorschriften der Vergabe- und Vertragsordnungen.[209]

dd) Reform 2016: Vergaberechtsmodernisierungsgesetz und Vergaberechtsmodernisierungsverordnung

Die Bundesregierung[210] sah in der Umsetzung des europäischen Richtlinienpakets 2014 von Anfang an die Chance, ein anwenderfreundliches und modernes Vergaberecht zu schaffen, das rechtssichere Vergaben im Wettbewerb und die wirtschaftliche Verwendung öffentlicher Haushaltsmittel ermöglicht.[211]

Der von der Bundesregierung eingebrachte Entwurf eines (nach 2009 zweiten) Gesetzes zur Modernisierung des Vergaberechts[212] (Vergaberechtsmodernisierungsgesetz 2016 – VergRModG) wurde im Bundestag mit nur einigen wenigen, vom Bundestagsausschuss für Wirtschaft und Energie empfohlenen Änderungen[213] angenommen.[214] Der Bundesrat stimmte dem Gesetz am 18.12.2015 zu.[215] Es wurde am 23.2.2016 im Bundesgesetzblatt verkündet[216] und trat am 18.4.2016, also exakt mit Ablauf der Umsetzungsfrist, in seinen wesentlichen Teilen[217] in Kraft.

---

209 *Dreher* in: Immenga/Mestmäcker, GWB, Vor §§ 97 ff. Rn. 68.

210 Das Vergaberecht betrifft als Teil des Rechts der Wirtschaft (Art. 74 Abs. 1 Nr. 11 GG) die konkurrierende Gesetzgebung des Bundes; demgemäß hat das BMWi die Federführung für die Erarbeitung der Änderungen des GWB und der weiteren Vergabebestimmungen übernommen; vgl. dazu *Oberndörfer/Lehmann*, BB 2015, 1027 ff. (1031).

211 S. dazu bereits den Beschluss des Bundeskabinetts vom 7.1.2015 über „Eckpunkte zur Reform des Vergaberechts, abrufbar unter: https://www.bmwi.de/BMWi/Redaktion/PDF/E/eckpunkte-zur-reform-des-vergaberechts,property=pdf,bereich=bmwi2012,sprache=de,rwb=true.pdf (zuletzt abgerufen am 30.8.2016).

212 BT-Drs. 18/6281.

213 BT-Drs. 18/7086; erwähnenswert ist dabei vor allem die Einführung eines Parlamentsvorbehalts bezüglich der in § 113 GWB in der Fassung des Vergaberechtsmodernisierungsgesetzes enthaltenen Verordnungsermächtigung (dazu näher sogleich).

214 BR-Drs. 596/15.

215 BR-Drs. 596/15 (Beschluss).

216 VergRModG vom 17.2.2016, BGBl. 2016-I, S. 203.

217 Sonderbestimmungen zum Inkrafttreten betreffen etwa die sog. E-Vergabe, für die verlängerte Übergangszeiträume bis zum 18.10.2018 gelten (vgl. Art. 90 Abs. 2 Vergaberichtlinie 2014/24/EU).

Mit der Novellierung des Teils 4 des GWB steht zwar der wesentliche Rahmen für das neue GWB-Vergaberecht, die weitere Ausgestaltung erfolgt jedoch in insgesamt fünf Verordnungen: Die Bundesregierung hat am 20.1.2016 mit der Vergaberechtsmodernisierungsverordnung (VergRModVO)[218] eine Mantelverordnung vorgelegt und dem Bundestag am selben Tag gemäß der in § 113 GWB in der Fassung des VergRModG enthaltenen Verordnungsermächtigung mit Parlamentsvorbehalt zur Beschlussfassung zugeleitet.[219] Ebenso wie das VergRModG ist die VergRModVO in ihren wesentlichen Teilen zum 18.4.2016 in Kraft getreten.[220] Die Mantelverordnung enthält überarbeitete Fassungen der Vergabeverordnung (Art. 1 VergRModVO), der Sektorenverordnung (Art. 2 VergRModVO) und der Vergabeverordnung Verteidigung und Sicherheit (Art. 5 VergRModVO). Zudem sind mit ihr die Konzessionsvergabeverordnung (Art. 3 VergRModVO) und die Vergabestatistikverordnung (Art. 4 VergRModVO) geschaffen worden.

ee) Struktur des reformierten GWB-Vergaberechts

Diese Umsetzungstätigkeiten zeigen zunächst, dass der Gesetzgeber an der kartellrechtlichen Lösung nicht gerüttelt hat. Die Reform wurde aber zur Fortführung der Abkehr vom dreistufigen Kaskadenprinzip hin zu einer zweistufigen Struktur des europäisierten GWB-Vergaberechts genutzt.[221] Daneben bringen das VergRModG und die flankierenden (Änderungen der) Verordnungen weitreichende strukturelle Veränderungen mit sich, die im Folgenden in ihren Grundzügen skizziert werden sollen.

---

218 BT-Drs. 18/7318.

219 Das Vergaberechtsmodernisierungsgesetz war allerdings zum Zeitpunkt der Zuleitung an den Bundestag noch nicht im BGBl. veröffentlicht, weshalb auch die in § 113 GWB in der Fassung dieses Gesetzes enthaltene Verordnungsermächtigung, die nach der abweichenden Inkrafttretensregelung in Art. 3 Satz 1 des VergRModG am Tag nach dessen Verkündung (also am 24.2.2016) in Kraft trat, zum fraglichen Zeitpunkt allenfalls Vorwirkung entfalten konnte.

220 Vgl. Art. 7 der Vergaberechtsmodernisierungsverordnung vom 12.4.2016, BGBl. 2016-I, S. 624.

221 Vgl. BT-Drs. 18/6281, S. 149 (Stellungnahme des Normenkontrollrats zum VergRModG).

(1) Regelungen in Teil 4 des GWB

Der neu gefasste Teil 4 des GWB umfasst nunmehr – neben den schon bislang dort enthaltenen Regelungen zum persönlichen und sachlichen Anwendungsbereich und dem Rechtsschutz der Bieter – auch die wesentlichen Vorgaben zur Vergabe von öffentlichen Aufträgen und von Konzessionen.[222] Damit wird der Ablauf eines Vergabeverfahrens erstmals im Gesetz vorgezeichnet. Weiterhin nicht im Gesetz enthalten sind die detaillierten Verfahrensregeln für die Vergabe von öffentlichen Aufträgen und Konzessionen in den einzelnen Phasen des Vergabeverfahrens. Ebenso wenig regelt das Gesetz die Einzelheiten zur Datensammlung für die neue Vergabestatistik.[223]

(2) Regelungen auf Verordnungsebene

Mit den Neuregelungen auf Verordnungsebene verbindet die initiierende Bundesregierung die Hoffnung, dem Rechtsanwender ein möglichst übersichtliches und leicht handhabbares Regelwerk zur Vergabe von öffentlichen Aufträgen und Konzessionen zur Verfügung zu stellen. Eine stärkere Gliederung und Strukturierung der Regelungen auf Verordnungsebene soll es einfacher machen, die für den jeweiligen Verfahrensschritt im Vergabeprozess anzuwendenden Vorschriften zu ermitteln. Die jeweiligen Verordnungen zur Vergabe öffentlicher Aufträge und von Konzessionen spiegeln daher in ihrer Struktur den jeweiligen Ablauf der Vergabeverfahren wider.[224]

Die Verordnungen konkretisieren die im GWB nur angelegten Verfahrensschritte und präzisieren die Möglichkeiten, die das neue europäische Vergaberecht für die Durchführung von Vergabeverfahren bieten. Sie ergänzen zudem die bereits im GWB getroffenen Erleichterungen für die Vergabe sozialer und anderer besonderer Dienstleistungen. Schließlich regeln die Verordnungen die Rahmenbedingungen für die Nutzung elektronischer Kommunikationsmittel.[225]

---

222 Vgl. auch die einleitenden Ausführungen der Bundesregierung zur VergRModVO, BT-Drs. 18/7318, S. 1.
223 BT-Drs. 18/7318, S. 1.
224 BT-Drs. 18/7318, S. 2.
225 BT-Drs. 18/7318, S. 2.

Die Verfahren zur Vergabe öffentlicher Aufträge ergeben sich aus der Verordnung über die Vergabe öffentlicher Aufträge (VgV, Art. 1 der VergRModVO), in der die bisherigen Regelungen des 2. Abschnitts der Vergabe- und Vertragsordnung für Lieferungen und Dienstleistungen (VOL/A EG) sowie die bisherige Vergabeordnung für freiberufliche Leistungen (VOF) neben den schon bisher in der Vergabeverordnung geregelten Bereichen aufgehen. Den Besonderheiten der Vergabe von Bauleistungen wird durch den Erhalt der Vergabe- und Vertragsordnung für Bauleistungen Rechnung getragen, deren Teil A Abschnitt 2 § 2 der VgV für anwendbar erklärt.[226] Mit der Verordnung über die Vergabe von Konzessionen (Konzessionsvergabeverordnung, Artikel 3 der VergRModVO) werden erstmals die Verfahrensregeln zur Vergabe von Konzessionen, Dienstleistungs- und Baukonzessionen, in einer Rechtsverordnung zusammengeführt.[227]

2. Zur Zweiteilung des nationalen Vergaberechts

Auch die skizzierte Vergaberechtsreform 2016 ändert an der Zweiteilung des nationalen Vergaberechts nichts Grundlegendes, wie etwa der Blick § 1 Abs. 1 der neuen VgV zeigt.[228] Insbesondere bleibt es für Auftragsvergaben außerhalb des von Teil 4 des GWB erfassten Anwendungsbereichs bei der (bloßen) Geltung der jeweiligen (bisherigen) ersten Abschnitte der VOL/A bzw. VOB/A.

Das nationale Vergaberecht bleibt damit in ein außerhalb des Anwendungsbereichs der EU-Vergaberichtlinien liegendes und ein innerhalb dieses Anwendungsbereichs liegendes Regelungsgebiet, namentlich das GWB-Vergaberecht, geteilt. Vor dem Hintergrund, dass die gemeinschaftsrechtlichen Vergaberichtlinien nach wie vor ihren Anwendungsbereich einschränken (und damit das europäische Vergaberecht ebenfalls in zwei Teilbereiche aufspalten[229]), ist auch der nationale Gesetzgeber nur gezwungen, diese Anwendungsgrenze insofern zu berücksichtigen, als er

226 BT-Drs. 18/7318, S. 140 f.

227 BT-Drs. 18/7318, S. 3. Auf die Darstellung der weiteren Verordnungsregelungen etwa für den Sektorenbereich wird hier mangels Relevanz für die vorliegende Arbeit verzichtet.

228 Vgl. auch BT-Drs. 18/7318, S. 146.

229 S. oben III.4.

keine strengeren Anwendungsvoraussetzungen als das Gemeinschaftsrecht normieren darf. Mangels eines zwingend abschließenden Charakters der EU-Vergaberichtlinien stand und steht es ihm jedoch frei, den Anwendungsbereich des europäisierten GWB-Vergaberechts in Deutschland zu erweitern.[230] Von dieser Möglichkeit einer überschießenden Umsetzung wollte der deutsche Gesetzgeber indes keinen Gebrauch machen.[231] Vielmehr hat die die Umsetzungstätigkeit initiierende Bundesregierung an verschiedener Stelle betont, dass die europäischen Richtlinienvorgaben, die auch den persönlichen und sachlichen Anwendungsbereich regeln, möglichst „Eins zu Eins“ in das GWB-Vergaberecht übernommen werden sollen.[232]

Im nationalen Vergaberecht ist demzufolge auch künftig danach zu differenzieren, ob der Anwendungsbereich des in Umsetzung der europäischen Vorgaben ergangenen GWB-Vergaberechts eröffnet ist oder nicht.[233] Ist dies zu bejahen, kommen die auf den europäischen Richtlinieneinfluss zurückgehenden vergaberechtlichen Vorschriften der §§ 97–184 GWB und die dort mit der Ermächtigungsregelung des § 113 GWB in Bezug genommenen Verordnungsregelungen zum Tragen. Andernfalls kommen ggf. – bei entsprechender gesetzlicher Anordnung – die vom europäischen Recht unbeeinflussten nationalen Vergaberegelungen, die vor allem im Haushaltsrecht verankert sind, zur Anwendung.

Diese Zweiteilung in ein europäisiertes nationales und ein „autonomnationales“ vergaberechtliches Regelungsgebiet ist nicht neu; schon die haushaltsrechtliche Lösung sah sie vor. Allerdings stand damals die Frage

---

230 Vgl. etwa *Heyne*, NVwZ 2014, 621 ff. (625); *Pielow/Booz*, GewArch 2015, 12 ff.; *Breloer*, Europäische Vorgaben und das deutsche Vergaberecht, S. 26; die europarechtliche Grenze für solche überschießenden nationalen Regelungen bildet das europäische Primärrecht, vgl. dazu *Otting* in: Bechtold, GWB, Vor § 97 Rn. 17.

231 Zur Rechtslage unter Geltung der Richtlinie 2004/18/EG vgl. etwa *Sormani-Bastian*, Vergaberecht und Sozialrecht, S. 43. *Breloer*, Europäische Vorgaben und das deutsche Vergaberecht, S. 38; *Otting/Sormani-Bastian*, ZMGR 2005, 243 ff. (245).

232 Vgl. BT-Drs. 18/7318, S. 140 ff.; BT-Drs. 18/6281, S. 80. Ob die Umsetzungstätigkeit des deutschen Gesetzgebers dennoch auch (zulässige) materiell-rechtliche Abweichungen von den Vorgaben der neuen europäischen Vergaberichtlinien – im Sinne einer überschießenden Umsetzung – mit sich bringt, wird in Bezug auf den persönlichen Anwendungsbereich des GWB-Vergaberechts noch zu prüfen sein.

233 Im Einzelnen zum persönlichen Anwendungsbereich des GWB-Vergaberechts s. unten Teil 2.

der fehlenden Umsetzung der europäischen Vorgaben auch oberhalb der Schwellenwerte im Fokus.[234] Letztlich war die Ausprägung der Zweiteilung damals kaum bemerkbar, da weder oberhalb noch unterhalb der Schwellenwerte ein subjektiver Bieterschutz bestand.[235]

Heute dagegen hat diese Zweiteilung des deutschen Vergaberechts wegen der erheblichen Unterschiede zwischen den beiden Regelungsgebieten in ihren Anwendungsfolgen außerordentlich hohe Bedeutung, weshalb im Folgenden näher auf ihre Systematik und wesentlichen Ausprägungen eingegangen werden soll.[236]

a) Zu Systematik und Struktur der Zweiteilung

aa) GWB-Vergaberecht

Als Folge der Übernahme der Anwendungsvoraussetzungen der europäischen Vergaberichtlinien übertragen das GWB und die VgV die Zweiteilung des europäischen Vergaberechts in das nationale Vergaberecht. Nur für den in Teil 4, Kapitel 1 Abschnitt 1 des GWB geregelten Anwendungsbereich sind die europarechtlich initiierten Vergaberegelungen des Teils 4 des GWB und die aufgrund der in § 113 GWB enthaltenen Ermächtigung erlassenen Verordnungsregelungen, die ihrerseits teilweise auf bestimmte Regelungen der Vergabe- und Vertragsordnungen verweisen, anzuwenden.

---

234 *Breloer*, Europäische Vorgaben und das deutsche Vergaberecht, S. 27.

235 *Breloer*, Europäische Vorgaben und das deutsche Vergaberecht, S. 27.

236 Im vergaberechtlichen Schrifttum wird oft verkürzend von einer Zweiteilung entlang der europarechtlich vorgegebenen Schwellenwerte gesprochen, vgl. etwa *Dreher* in: Immenga/Mestmäcker, GWB, Vor §§ 97 ff. Rn. 75. Das ist insoweit missverständlich, als das Erreichen der Schwellenwerte nur eine Voraussetzung (von dreien) für die Anwendung des europäisierten GWB-Vergaberechts bildet. Die Zweiteilung vollzieht sich daher entlang aller Anwendungsvoraussetzungen des GWB-Vergaberechts. In diesem Sinne wohl auch *Haratsch u.a.*, Europarecht, S. 659 Rn. 1280.

bb) Vergabespezifische Regulierung außerhalb des Anwendungsbereichs des GWB-Vergaberechts

Teil 4 des GWB enthält dagegen keine Aussage dazu, welche Regelungen für Auftragsvergaben außerhalb seines europäisierten Anwendungsbereichs gelten sollen. Die Regulierung dieses von europäischen Richtlinienvorgaben unbeeinflussten Bereichs bleibt – wie es in der Zeit vor der europarechtlichen Einflussnahme auf das damals einheitliche Rechtsgebiet der Fall war – vor allem dem Haushaltsrecht überlassen. Folge davon ist, dass einheitliche Regelungen zur Bestimmung des (persönlichen und sachlichen) Anwendungsbereichs eines „Vergaberechts außerhalb des GWB-Vergaberechts“ fehlen. Damit kann in diesem Bereich auch nicht von einem eigenständigen Rechtsgebiet „Vergaberecht“ im eigentlichen Sinn gesprochen werden. Mit Recht stellt daher auch der Normenkontrollrat in seiner Stellungnahme zum VergRModG fest, dass für den sog. Unterschwellenbereich weiterhin das haushaltsrechtlich geprägte „*Vergaberecht von Bund und sechzehn Bundesländern*“ gilt.[237]

(1) (Bereichsspezifische) Haushaltsrechtliche Regelungen

Insbesondere das Haushaltsrecht im eigentlichen Sinn, also die BHO und die einzelnen LHO enthalten Normen, die den in den jeweiligen Geltungsbereich fallenden Einrichtungen als Normadressaten auch außerhalb des Anwendungsbereichs des GWB-Vergaberechts vorschreiben, vor Vertragsschlüssen grundsätzlich öffentliche Ausschreibungen durchzuführen und sich dabei an einheitlichen Richtlinien zu orientieren (vgl. bspw. § 30 HGrG, § 55 Abs. 1 BHO oder Art. 55 Abs. 1 BayHO).[238] Eben solche Richtlinien finden sich wiederum in den Vergabe- und Vertragsordnungen, auf die teilweise explizit in zu den Bestimmungen der Haushaltsordnungen ergangenen Verwaltungsvorschriften verwiesen wird.[239] Daneben hat

---

237 BT-Drs. 18/6281, S. 150. .

238 S. bereits oben 1.a).

239 Auf Bundesebene folgt die Anwendung der Vergabe- und Vertragsordnungen im Unterschwellenbereich aus den Allgemeinen Verwaltungsvorschriften zur BHO vom 14. März 2001 (GMBl. 2001, S. 307) in der Fassung des BMF-Rundschreibens vom 10. Februar 2016 (GMBl. 2016 Nr. 10, S. 204) zu § 55 BHO, auf Landesebene teilweise aus den Verwaltungsvorschriften der zuständigen Landesministerien. Auch Gemeindehaushaltsverordnungen enthalten teilweise entspre-

der Sozialgesetzgeber spezielle haushaltsrechtliche Vergabebestimmungen im Bereich des Sozialversicherungsrechts normiert. Damit korrespondieren die in § 112 Abs. 1 BHO bzw. der jeweils entsprechenden Regelung in den LHO (vgl. bspw. Art. 112 Abs. 1 Satz 2 BayHO) enthaltenen Ausschlüsse, wonach die Vorschriften der Haushaltsordnungen auf bundesunmittelbare oder landesunmittelbare Sozialversicherungsträger sowie „sonstige Vereinigungen auf dem Gebiet der Sozialversicherung" nur sehr eingeschränkt bzw. gar keine Anwendung finden.

Die Pflicht zur Ausschreibung ergibt sich in dem angesprochenen sozialversicherungs-haushaltsrechtlichen Bereich in erster Linie aus § 22 SVHV, der von der Bundesregierung auf der Grundlage des § 78 SGB IV erlassen wurde. § 78 SGB IV gilt über § 78 Abs. 6 SGB V auch für das Haushalts- und Rechnungswesen der Kassenärztlichen Vereinigungen entsprechend. Im Regelungsansatz mit § 30 HGrG, § 55 Abs. 1 BHO und Art. 55 Abs. 1 BayHO vergleichbar bestimmt § 22 Abs. 1 SVHV, dass dem Abschluss von Verträgen über Lieferungen und Leistungen mit Ausnahme der Verträge, die der Erbringung gesetzlicher oder satzungsmäßiger Versicherungsleistungen dienen, eine öffentliche Ausschreibung vorausgehen muss. Hiervon kann abgesehen werden, sofern die Natur des Geschäfts oder besondere Umstände dies rechtfertigen. In ihrem Absatz 2 führt die unmittelbar für die Sozialversicherungsträger aller Sparten geltende Vorschrift die jeweils geltenden „Verdingungsordnungen" als Regelbeispiel „einheitlicher Richtlinien" an, nach denen beim Abschluss der Verträge zu verfahren ist.[240]

(2) Landesvergabegesetze

Wie bereits erwähnt, haben inzwischen sukzessive alle Bundesländer bis auf Bayern eigenständige Vergabegesetze erlassen.[241] Die meisten Landesvergabegesetze[242] zeichnen sich dadurch aus, dass sie für einen näher defi-

---

chende Verweise; vgl. dazu auch *Schneider* in: Kapellmann/Messerschmidt, VOB/A, Einleitung Rn. 23.

240 Vgl. dazu auch etwa *Sormani-Bastian*, Vergaberecht und Sozialrecht, S. 19 f.; *Thüsing/Forst* in: Thüsing, Europäisches Vergabe- und Kartellrecht, S. 23.

241 S. oben 1.a).

242 S. dazu eingehend etwa *Wagner/Pfohl*, VergabeR 2015, 389 ff.; *Bungenberg* in: Loewenheim u.a., GWB, Vor §§ 97 ff Rn. 35 ff.; *Barth*, Das Vergaberecht außerhalb des Anwendungsbereichs der EG-Vergaberichtlinien, S. 22.

nierten Anwendungsbereich unterhalb der europarechtlich vorgegebenen Schwellenwerte und damit außerhalb des Anwendungsbereichs des GWB-Vergaberechts die Auftragsvergabe im jeweiligen Bundesland regeln und dabei überwiegend zumindest auch einen wettbewerbsschützenden Zweck verfolgen. Ob damit der Abschied der haushaltsrechtlichen Prägung des Vergaberechts außerhalb des Anwendungsbereichs des GWB-Vergaberechts eingeleitet ist, soll hier nicht näher erörtert werden. An der überkommenen Zweiteilung des nationalen Vergaberechts vermögen die bislang in Kraft getretenen Landesvergabegesetze jedenfalls nichts Grundlegendes zu ändern, da sie allesamt nur für Auftragsvergaben unterhalb der Schwellenwerte und damit außerhalb des Anwendungsbereichs des GWB-Vergaberechts gelten (dürfen[243]) und für diesen Bereich – wenn überhaupt – den Vergabeverfahrensvorschriften der Abschnitte 1 der VOB/A und der VOL/A[244] nachgebildete Verfahrensanforderungen aufstellen sowie mitunter daneben einige weitere spezifische Vergabebestimmungen enthalten. Die Landesvergabegesetze ordnen sich also zum einen in die herrschende zweigeteilte Struktur des Vergaberechts ein und führen darüber hinaus aufgrund ihrer länderspezifisch unterschiedlichen Regelungen sogar zu einer weiteren Zersplitterung des nationalen Vergaberechts.

Einige dieser Landesvergabegesetze ordnen auch für ihren Anwendungsbereich die Anwendung bestimmter Regelungen der Vergabe- und Vertragsordnungen an.[245] Letzteren kommt damit für die Durchdringung

---

243 Im Anwendungsbereich des GWB-Vergaberechts dürften die Landesvergabegesetze dagegen keine von den bundesgesetzlichen Regelungen abweichenden Vorschriften erlassen, weil der Gesetzgeber insoweit von seiner Kompetenz zur konkurrierenden Gesetzgebung gemäß Art. 74 Abs. 1 Nr. 11 GG (Recht der Wirtschaft) und Nr. 16 GG (Verhütung des Missbrauchs wirtschaftlicher Machtstellung) sowie Art. 74 Abs. 1 Nr. 1 GG (gerichtliches Verfahren) Gebrauch gemacht hat und hiervon abweichende Regelungen der Länder mit Blick auf Art. 72 Abs. 1 GG nicht möglich sind. Vgl. dazu *Reidt* in: ders. u.a., Vergaberecht, GWB, § 115 a Rn. 9.

244 Dazu näher sogleich unter cc).

245 Vgl. §§ 2, 3 Niedersächsisches Tariftreue- und Vergabegesetz (NdsGVBl. 2013, S. 259, zuletzt geändert durch Gesetz v. 8.6.2016, NdsGVBl. 2016, S. 103), wobei dieses auch für seinen persönlichen und sachlichen Anwendungsbereich auf die Regelungen des GWB verweist; ähnlich die Regelungen anderer Landesvergabegesetze, vgl. etwa § 1 Abs. 1, Abs. 4 Landesvergabegesetz Sachsen-Anhalt (GVBl. LSA 2012, S. 536); § 1 Abs. 1 Sächsisches Vergabegesetz (SächsGVBl. 2013, S. 109), § 14 Abs. 3 Mittelstandsförderungs- und Vergabegesetz Schleswig-Holstein (GVBl. Schleswig-Holstein 2011, S. 244).

der Systematik der Zweiteilung des Vergaberechts eine zentrale Rolle zu, da nicht nur das europäisierte GWB-Vergaberecht, sondern mit den Landesvergabegesetzen auch autonom-nationale Vergaberegelungen außerhalb des Anwendungsbereichs des GWB-Vergaberechts auf sie verweisen.

cc) Rolle der Vergabe- und Vertragsordnungen

Der vergaberechtlichen Zweiteilung folgend, enthielten die VOB/A und die VOL/A bis vor kurzem zwei nach den unterschiedlichen Regelungsbereichen voneinander getrennte Regelungsabschnitte (sog. Schubladenprinzip[246]). Diese Systematik wurde im Zuge der Vergaberechtsmodernisierung 2016 weitgehend aufgegeben, indem der zweite Abschnitt der VOL/A in die Vergabeverordnung integriert wurde[247] – allerdings ohne dass die VOL/A in ihrer bislang geltenden Fassung erkennbar geändert worden wäre.[248] Immer noch kommt aber jedenfalls der VOB/A die durch die Teilung in zwei[249] Regelungsabschnitte gekennzeichnete Doppelrolle zu. Die Spaltung des nationalen Vergaberechts in zwei unterschiedliche Regelungsbereiche bleibt damit an der VOB/A[250] als verbliebener dritter Ebene der Rechtskaskade besonders gut sichtbar.

dd) Zum Verhältnis von krankenversicherungsrechtlicher Leistungserbringung und GWB-Vergaberecht

In der jüngeren Vergangenheit wurden zwar grundlegende Fragen zur Anwendung des (europäischen bzw. europäisierten) Vergaberechts auf die

246 Vgl. dazu *Dreher* in: Immenga/Mestmäcker, GWB, Vor §§ 97 ff. Rn. 74.

247 Vgl. dazu nur die Begründung zur VergRModVO, BT-Drs. 18/7318, S. 2 sowie S. 140 zu Artikel 1. Die ebenfalls in der neuen Vergabeverordnung aufgehende VOF war im Übrigen schon bislang nur im Oberschwellenbereich anzuwenden.

248 Eine derartige Änderung ist nicht etwa aus Rechtsgründen nötig, weil die Vergabe- und Vertragsordnungen als private Regelungswerke ohnehin nur über eine entsprechende Anordnung des Normgebers zur Anwendung gelangen. Zur zwischenzeitlich veröffentlichten „Unterschwellenvergabeordnung (UVgO)“, die auch den ersten Abschnitt der VOL/A ersetzen soll, s. unten Fn. 339.

249 Die VOB/A enthält in einem dritten Abschnitt hier nicht weiter interessierende Regelungen zur Vergabe von Bauaufträgen im Verteidigungs- und Sicherheitsbereich.

250 In der Fassung der Bekanntmachung vom 19.1.2016, BAnz AT 19.1.2016 B3.

Bereitstellung von Sozialleistungen und die gezielte Beschaffung von Sozialleistungen sowohl durch Rechtsprechung als auch Normsetzung weitgehend geklärt.[251] Davor wurde in Deutschland jahrelang um die Frage gerungen, ob der Anwendungsbereich des europäisierten GWB-Vergaberechts im Bereich des Leistungserbringungsrechts der gesetzlichen Krankenversicherung überhaupt eröffnet ist.[252] Zum umfassenden Verständnis der Materie lohnt ein kurzer Blick auf diese turbulente Vergangenheit.

(1) Zur Rechtslage vor Inkrafttreten des GKV-OrgWG

Vor dem Inkrafttreten des § 69 SGB V i.d.F. des GKV-OrgWG zum 18.12.2008[253] wurde die Anwendbarkeit[254] des GWB-Vergaberechts im Bereich des Leistungserbringungsrechts der gesetzlichen Krankenversicherung, also insbesondere auf Versorgungsverträge, die die gesetzlichen Krankenkassen als „Einkäufer" abschließen, vielfach angezweifelt und abgelehnt.[255] Zur Begründung wurden vor allem zwei Aspekte angeführt: Zum einen der europäisch-kompetenzrechtliche Ansatz, der EU fehle es mit Blick auf Art. 152 Abs. 5 Satz 1 EG (jetzt: Art. 168 Abs. 7 AEUV) schon an ihrer Regelungszuständigkeit.[256] Zum anderen das allein in der deutschen Rechtsordnung wurzelnde Argument, dass der Gesetzgeber mit dem zum 1.1.2000 in Kraft getretenen GKV-Gesundheitsreformgesetz

---

251 Grundlegend EuGH v. 11.6.2009, Rs. C-300/07 – *Oymanns*, Slg. 2009, I-4779 = EuZW 2009, 612 = DVBl 2009, 974; vgl. dazu auch etwa *Höfer/Nolte*, NZS 2015, 441 ff. (442).

252 Vgl. den Überblick von *Gassner*, ZVersWiss 2008, 414 ff.

253 Fn. 7; zum Inkrafttreten des § 69 SGB V in dieser Gesetzesfassung s. Art. 7 Abs. 5 GKV-OrgWG.

254 Bei Verneinung der *Anwendbarkeit* des GWB-Vergaberechts wären auch die §§ 98 ff GWB mit ihren Bestimmungen über den persönlichen und sachlichen Anwendungsbereich des GWB-Vergaberechts nicht zu prüfen, die Vorschriften des Teils 4 des GWB also auch insoweit nicht anzuwenden.

255 S. etwa *Engelmann* in: Ebsen, Vergaberecht und Vertragswettbewerb, S. 137 ff.; allgemein zu den Zweifeln s. auch die Ausführungen in der Beschlussempfehlung und dem Bericht des Ausschusses für Gesundheit zum Regierungsentwurf des GKV-OrgWG, BT-Drs. 16/10609, S. 52.

256 So etwa LSG Baden-Württemberg, Beschluss v. 27.2.2008, L 5 KR 507/08 ER-B, ZMGR 2008, 154-167 = MedR 2008, 309-320; ebenso *Engelmann*, SGb 2008, 133 ff. (141; 144): *„primärrechtlich geforderte Ausnahme"*; a.A. dagegen etwa *Rixen* in: Ebsen, Vergaberecht und Vertragswettbewerb, S. 37 f.

2000[257] in § 69 SGB V die abschließende Regelung der Rechtsbeziehungen zwischen Krankenkassen und Leistungserbringern im Sozialrecht angeordnet habe[258] und eine sozialgesetzliche Vorschrift fehle, die die Anwendung des GWB-Vergaberechts anordne.

Beide Ansätze zur Ablehnung der Anwendbarkeit des GWB-Vergaberechts haben sich indes zu Recht nicht durchgesetzt. Seit dem Vertrag von Maastricht 1992 ist die Kompetenz der Mitgliedstaaten zur Regelung ihrer Sozialversicherungssysteme ausdrücklich primärrechtlich kodifiziert. Die EU-Kompetenz beschränkt sich insoweit grundsätzlich auf gesundheitspolitische Teilaspekte wie Maßnahmen zur Krankheitsverhütung, Aufklärungskampagnen und Gesundheitsschutz der Arbeitswelt.[259] Das bedeutet allerdings nicht, dass sich die Leistungserbringung innerhalb der nationalen Sozialversicherungs- und Gesundheitssysteme in einem europarechtsfreien Raum vollzöge. Dies hat der EuGH in zwei Grundsatzurteilen aus dem Jahr 1998 unmissverständlich klargestellt.[260] Alle Arten medizinischer Versorgung fallen trotz des Umstands, dass sie innerhalb eines nationalen Sozialversicherungssystems erbracht werden, in den Anwendungsbereich des AEUV und sind damit grundsätzlich auch dem Ziel der Binnenmarktvollendung durch die Grundfreiheiten – und den sie konkretisierenden EU-Richtlinien – unterworfen.[261] Die Mitgliedstaaten müssen also bei der Ausübung ihrer Befugnis zur Gestaltung der Systeme der sozialen Sicherheit das Gemeinschaftsrecht beachten.[262] Daran ändert auch der Umstand nichts, dass Art. 168 Abs. 7 AEUV die Ausgestaltung der nationalen sozialen Sicherungssysteme – zu diesen zählt zweifellos das deutsche Recht der gesetzlichen Krankenversicherung – der Zuständigkeit der

---

257 Gesetz zur Reform der gesetzlichen Krankenversicherung ab dem Jahr 2000 vom 22.12.1999 (GKV-GRG 2000), BGBl. 1999-I, S. 2626.

258 Vgl. *Becker/Schweitzer*, Gutachten zum 69. Deutschen Juristentag 2012, S. 53 f. m.w.N.

259 *Hernekamp/Jäger-Lindemann*, ZESAR 2011, 403 ff. (403).

260 EuGH v. 28.4.1998, Rs. C-158/96 – *Kohll*, Slg. 1998, I-1931 = NJW 1998, 1771 = ZIP 1998, 841; v. 28.4.1998, Rs. C-120/95 – *Decker*, Slg. 1998, I-1831 = NJW 1998 1769 = ZIP 1998, 844; weiterentwickelnd für die stationäre Versorgung bzw. Krankenversicherungssysteme, die dem Sachleistungsprinzip folgen: EuGH v. 12.7.2001, Rs. C-157/99 – *Smits/Peerbooms*, Slg. 2001, I-5473 = NJW 2001, 3391 = EuZW 2001, 464, sowie EuGH v. 13.5.2003, Rs. C-385/99 – *Müller-Fauré und van Riet*, Slg. 2003, I-4509 = NJW 2003, 2298 = NVwZ 2003, 968.

261 *Hernekamp/Jäger-Lindemann*, ZESAR 2011, 403 ff. (403).

262 EuGH v. 28.4.1998, Rs. C-158/96 – *Kohll*, Rn. 19, Slg. 1998, I-1931 = NJW 1998, 1771 = ZIP 1998, 841.

Mitgliedstaaten überlässt. Die den Mitgliedstaaten bleibende Kompetenz zur Regelung ihrer sozialen Sicherungssysteme bedeutet nämlich nicht, dass sie von der Beachtung europäischen Sekundär- oder Primärrechts befreit wären, soweit dieses seinerseits rechtmäßig ergangen ist. Die Norm schließt es nicht aus, dass sich primärrechtliche oder sekundärrechtliche Vorschriften, die auf der Grundlage anderer Kompetenznormen ergangen sind, auf die nationalen Sozialsysteme auswirken.[263] Da die europarechtlichen Vorgaben zum Vergaberecht zur Verwirklichung des Binnenmarktes beitragen[264], wurden sie innerhalb des Rahmens der Regelungskompetenzen der EU erlassen. Sie sind nach der zustimmungswürdigen Rechtsprechung des EuGH auch im Bereich der gesetzlichen Krankenversicherung zu beachten.[265] Kurzum: Art. 168 Abs. 7 AEUV ist im Lichte der europäischen Grundfreiheiten auszulegen – und nicht umgekehrt.

Dem innerhalb dieses kompetenzrechtlichen Rahmens erlassenen europäischen Recht, hier namentlich in Gestalt der europäischen Vergaberichtlinien, kommt Anwendungsvorrang vor (autonomem) nationalem Recht zu, das dem Gemeinschaftsrecht oder dem dieses umsetzenden nationalen Recht entgegensteht.[266] Nationales Recht, hier namentlich § 69 SGB V, kann demnach nicht über den Anwendungsbereich des GWB-Ver-

---

263 Vgl. EuGH, Rs. C-372/04 – *Watts*, Rn. 7, Slg. 2006, I-4325 = DVBl 2006, 965; *Hensel*, Selektivverträge im vertragsärztlichen Leistungserbringungsrecht, S. 235; zur (unbestrittenen) Zuständigkeit des deutschen Gesetzgebers, die Anforderungen an die Qualifikation der zur Leistungserbringung im Rahmen der Sozialversicherungssysteme berechtigten Ärzte zu normieren, vgl. etwa auch BSG v. 11.10.2006, B 6 KA 1/05 R, Rn. 26 ff, BSGE 97, 158 = GesR 2007, 209.

264 Vgl. auch *Gassner* in: Ebsen, Vergaberecht und Vertragswettbewerb, S. 131, der zutreffend auf den zweiten Erwägungsgrund der früheren Richtlinie 2004/18/EG verweist, dem zu entnehmen ist, dass die Vergaberichtlinien allgemeine, aus den Grundfreiheiten abzuleitende Grundsätze konkretisieren.

265 S. dazu etwa *Becker/Walser*, NZS 2005, 449 ff (452); *Esch*, MPR 2009, 149 ff. (152); *Prieß*, Handbuch des Europäischen Vergaberechts, S. 6 ff.; *Schenke*, WiVerw 2006, 34 ff. (61); *Ebsen,* Harmonisierende Rechtsetzungskompetenzen, S. 13 ff.; *Gassner* in: Ebsen, Vergaberecht und Vertragswettbewerb S. 115 ff (128); *Burgi*, NZBau 2008, 480 ff. (482 f.); vgl. zur Regelungszuständigkeit der Mitgliedstaaten für die Organisation des Gesundheitswesens auch etwa *Baier*, MedR 2011, 345 ff. (347) sowie *Puth*, NJOZ 2011, 1593 ff. (1594).

266 Ständige Rechtsprechung seit EuGH v. 15.7.1964, Rs. 6/64 – *Costa/ENEL,* Slg. 1964, 1141 = NJW 1964, 2371; s. dazu etwa *Goodarzi/Junker*, NZS 2007, 632 ff. (633); zutreffend auch *Gassner* in: Ebsen, Vergaberecht und Vertragswettbewerb, S. 128 ff. Dagegen sieht *Sormani-Bastian*, Vergaberecht und Sozialrecht, S. 100 f., mit Blick auf § 69 SGB V i.d.F. des GKV-GRG 2000 (Fn. 257) nicht

gaberechts disponieren, soweit dieses – wie die Anwendungsvoraussetzungen in den §§ 97 ff. GWB – europäische Vorgaben umsetzt.[267] Entscheidend ist daher auch im Bereich der sozialrechtlichen Leistungserbringung, ob die Tatbestandsmerkmale der europäisierten Vorschriften der §§ 98 ff. GWB erfüllt sind, was ggf. im Wege richtlinienkonformer Auslegung zu ermitteln ist. Ist das der Fall, sind die einschlägigen (Verfahrens-)Regelungen des GWB-Vergaberechts auch im Sozialrecht zwingend zu beachten.[268]

Die überwiegenden Stimmen in der Literatur und auch Teile der Rechtsprechung gingen daher schon vor der (stufenweisen) gesetzlichen Klarstellung in § 69 SGB V und vor dem Urteil des EuGH in der Rechtssache *Oymanns* zu Recht von der Anwendbarkeit des die europäischen Vergaberichtlinien umsetzenden GWB-Vergaberechts auf die nach dem SGB V möglichen Auftragsarten aus.[269]

(2) Rechtsentwicklung nach Inkrafttreten des GKV-OrgWG

Mit Inkrafttreten des § 69 Abs. 2 Satz 1, 2. Halbsatz SGB V i.d.F. des GKV-OrgWG mit Wirkung zum 18.12.2008 wurde die Anwendung des materiellen GWB-Vergaberechts auch auf Verträge der gesetzlichen Kran-

---

den Grundsatz des Anwendungsvorrangs des Europarechts berührt, sondern die Umsetzungspflicht durch den deutschen Gesetzgeber verletzt und zeigt für den Fall der Unmöglichkeit richtlinienkonformer Auslegung folgerichtig den Weg der unmittelbaren Wirkung der seinerzeit gültigen VKR auf.

267 In diesem Sinne schon zu § 69 SGB V in der Fassung des GKV-GRG, der noch keinen Verweis auf das GWB-Vergaberecht enthielt, *Kingreen,* SGb 2004, 659 ff. (661).

268 Vgl. auch *Burgi*, NZBau 2008, 480 ff. (482); s. dazu auch *Becker/Schweitzer*, Gutachten zum 69. Deutschen Juristentag 2012, S. 50, die zutreffend auf die unter Geltung der VKR 2004/18/EG für soziale und Gesundheitsdienstleistungen als sog. nicht-prioritäre Dienstleistungen im Sinne der Vergaberichtlinien noch niedrigeren Anforderungen im Vergabeverfahren verweisen: *„Nur die allgemeinen Grundsätze der Nichtdiskriminierung und Transparenz sowie einige spezielle Richtlinienvorschriften (technische Spezifikationen; Veröffentlichung der Ergebnisse des Vergabeverfahrens) finden Anwendung.*“ Zur Rechtslage unter Geltung der neuen Vergaberichtlinie 2014/24/EU, insbesondere zum Sonderregime für soziale Dienstleistungen s. bereits oben III.3.b)dd).

269 Vgl. dazu etwa OLG Düsseldorf, NZBau 2008, 194, 198; aus der Literatur Byok, GesR 2007, 553 ff; Gassner in: Ebsen, Vergaberecht und Vertragswettbewerb, S. 115 ff. (128);.

kenkassen, die der Versorgung der Versicherten dienen, erstmals gesetzlich normiert – mit dem Zusatz: „soweit die dort genannten Voraussetzungen erfüllt sind".[270] Dies galt nach § 69 Abs. 2 Satz 2 SGB V in der Fassung des GKV-OrgWG jedoch „nicht für Verträge von Krankenkassen oder deren Verbänden mit Leistungserbringern, zu deren Abschluss die Krankenkassen oder deren Verbände gesetzlich verpflichtet sind und bei deren Nichtzustandekommen eine Schiedsamtsregelung gilt".[271] Außerdem bestimmte § 69 Abs. 2 Satz 3 SGB V in der damaligen Fassung, dass die von § 69 Abs. 2 Satz 1 SGB V in Bezug genommenen Vorschriften des GWB mit der Maßgabe gelten, „dass der Versorgungsauftrag der gesetzlichen Krankenkassen besonders zu berücksichtigen ist".

Durch das AMNOG[272] wurde § 69 Abs. 2 SGB V mit Wirkung ab dem 1.1.2011 neugefasst. § 69 Abs. 2 Satz 4 SGB V bestimmte ab diesem Zeitpunkt, dass Teil 4 des GWB, also das gesamte GWB-Vergaberecht auf die Rechtsbeziehungen zwischen den Krankenkassen und den Leistungserbringern bzw. ihren jeweiligen Verbänden anzuwenden ist.[273] Der nach § 69 SGB V in der Fassung des GKV-OrgWG bestehende Geltungsausschluss wettbewerbsrechtlicher Bestimmungen auf für gesetzlich verpflichtende und einer Schiedsamtsregelung unterliegende Vertragsabschlüsse bezog sich nach Inkrafttreten des § 69 Abs. 2 in der Fassung des AMNOG nicht mehr auf die Vorschriften des Teils 4 des GWB.[274] Nichts anderes gilt nach Inkrafttreten der Änderung des § 69 Abs. 3 SGB V durch das Zweite Gesetz zur Änderung des Buchpreisbindungsgesetzes.[275] Rechtstechnisch enthält die Vorschrift weiterhin einen Rechtsgrundver-

---

270 Vgl. dazu etwa *Engelmann* in: jurisPK–SGB V, § 69 Rn. 124 f.

271 S. dazu auch BSG v. 25.3.2015, B 6 KA 9/14 R, Rn. 88, BSGE 118, 164 = GesR 2016, 27.

272 Gesetz zur Neuordnung des Arzneimittelmarktes vom 22.12.2010, BGBl. 2010-I, S. 2262.

273 Vgl. zum Ganzen auch *Schiller/Rückeshäuser* in: HK-AKM, Selektivverträge Nr. 4835 Rn. 46 ff. (Stand: April 2011); *Fischer* in: HK-AKM, Vergaberecht Nr. 5290 Rn. 13 ff (Stand: Juli 2011).

274 Vgl. BSG v. 25.3.2015, B 6 KA 9/14 R, Rn. 88, BSGE 118, 164 = GesR 2016, 27. Vgl. zur wechselvollen Geschichte des § 69 SGB V vgl. auch *Thüsing/Forst* in: Thüsing, Europäisches Vergabe- und Kartellrecht, S. 52 ff. sowie *Roth* in: Wallrabenstein, Braucht das Gesundheitswesen ein eigenes Regulierungsrecht?, S. 113 ff., dort allerdings mit dem Fokus auf die Anwendung des Kartellrechts.

275 BGBl. 2016-I, S. 1937. Erst während des Gesetzgebungsverfahrens hat der Bundestagsausschuss für Wirtschaft und Energie (9. Ausschuss) eine Änderung des § 69 SGB V als Art. 1 a des von der Bundesregierung zuvor eingebrachten Ge-

weis auf das GWB-Vergaberecht, auch wenn der Zusatz „soweit die dort genannten Voraussetzungen erfüllt sind“ längst weggefallen ist. Denn zu den Vorschriften des Teils 4 des GWB, dessen Anwendung § 69 Abs. 3 SGB V anordnet, zählen eben auch die Regelungen der §§ 98 ff GWB über den Anwendungsbereich des GWB-Vergaberechts.[276]

Nach den obigen Ausführungen zu den Auswirkungen rechtmäßig ergangenen EU-Rechts auch auf den Bereich der mitgliedstaatlichen Sozialversicherungssysteme ist es aber irrig anzunehmen, dass die in § 69 Abs. 3 SGB V enthaltene Anordnung konstitutive Wirkung mit Blick auf die Anwendbarkeit des GWB-Vergaberechts im Leistungserbringungsrecht der gesetzlichen Krankenversicherung entfalte. Derartiges wäre mit Blick auf § 69 Abs. 3 SGB V nur anzunehmen, wenn und soweit der nationale Anwendungsbefehl eine (zulässige) überschießende Umsetzung europäischer Vorgaben bewirken würde[277], etwa wenn § 69 Abs. 3 SGB V als Rechtsfolgenverweis ausgestaltet wäre und die Anwendung nur der Vergabe- und Nachprüfungsverfahrensvorschriften des Teils 4 des GWB anordnen würde, ohne dass die ebenfalls in Teil 4 des GWB geregelten Voraussetzungen für die Eröffnung des persönlichen und sachlichen Anwendungsbereichs des GWB-Vergaberechts vorliegen müssten. Das ist aber gerade nicht der Fall, da § 69 Abs. 3 SGB V, wie gesagt, die Anwendung des Teils 4 des GWB uneingeschränkt anordnet und damit als Rechtsgrundverweis ausge-

---

setzentwurfs (BT-Drs. 18/8043) empfohlen (BT-Drs. 18/8260). In seiner neuen Fassung ordnet § 69 SGB V die Anwendung der Vorschriften des Teils 4 des GWB auf „öffentliche Aufträge nach diesem Buch“ nicht mehr im (aufgehobenen) Abs. 2 Satz 4 an, sondern in Abs. 3. Im Übrigen sieht der ebenfalls neue § 69 Abs. 4 SGB V im Wesentlichen vor, dass der jeweilige öffentliche Auftraggeber (im Regelfall also die Krankenkasse) für die Vergabe öffentlicher Dienstleistungsaufträge nach den §§ 63 und 140 a SGB V abweichend von § 119 Abs. 1 und § 130 Abs. 1 Satz 1 GWB sowie von § 14 Abs. 1 bis 3 VgV „andere Verfahren vorsehen“ kann, „die die Grundsätze der Transparenz und der Gleichbehandlung gewährleisten.“; näher zu diesen sog. hauseigenen Verfahren *Hansen*, NZS 2016, 814 ff. (819 f.).

276 Vgl. zur Vorgängervorschrift des § 69 Abs. 2 Satz 4 SGB V etwa *Engelmann* in: Schlegel/Voelzke, jurisPK–SGB V, § 69 Rn. 124; *Bäune* in Eichenhofer/Wenner, SGB V, § 69 Rn. 37 f.; *Becker/Schweitzer*, Gutachten zum 69. Deutschen Juristentag 2012, S. 45; vgl. auch *Otting*, NZBau 2010, 734 ff.; *Roth* in: Thüsing, Europäisches Vergabe- und Kartellrecht, S. 59 f.; *Kaltenborn* in: SDSRV 60, S. 47 f.; *Kingreen/Temizel*, ZMGR 2009, 134 ff. (138).

277 S. dazu bereits oben bei Fn. 230; vgl. dazu etwa auch *Heyne*, NVwZ 2014, 621 ff. (625); *Pielow/Booz*, GewArch 2015, 12 ff.

staltet ist. Als solcher kommt ihm aber allenfalls deklaratorische Bedeutung zu.[278]

Wer sich dagegen auch heute noch gegen die Rechtsprechung des EuGH seit der *Oymanns*-Entscheidung im Jahr 2009 stellen und der Auffassung folgen möchte, dass die kompetenzrechtliche Norm des Art. 168 Abs. 7 AEUV die Anwendbarkeit des auf europäischem Sekundärrecht basierenden Teils 4 des GWB auf Auftragsvergaben im Bereich der gesetzlichen Krankenversicherung ausschließe, muss konsequenterweise dem inzwischen geltenden Anwendungsbefehl in § 69 Abs. 3 SGB V konstitutive Wirkung beimessen und käme auf diesem (Um-)Weg ebenfalls zu dem richtigen Ergebnis der Anwendbarkeit des GWB-Vergaberechts im Bereich der Leistungserbringung in der gesetzlichen Krankenversicherung.[279]

Eine weitere, sich erst an die grundsätzliche Bejahung des in den – anwendbaren – §§ 98 ff. GWB geregelten Anwendungsbereichs des GWB-Vergaberechts anschließende Frage ist es, welche Verfahrensvorgaben bei der Vergabe sozialer Dienstleistungsaufträge einzuhalten sind. Insoweit haben die Art. 74 ff. Vergaberichtlinie einige Neuerungen mit sich gebracht, die skizzenartig bereits dargestellt wurden.[280] Die damit für mit-

---

278 Streng genommen ist die Verweisungsnorm dogmatisch seit jeher, praktisch seit der EuGH-Entscheidung vom 11.6.2009 in der Rechtssache *Oymanns* überflüssig. Rückblickend konnte die zunächst in § 69 Abs. 2 SGB V a.F. enthaltene Verweisung aber immerhin die seinerzeit bestehenden Zweifel an der Anwendbarkeit des GWB-Vergaberechts im Leistungserbringungsrecht des SGB V schon gut ein halbes Jahr vor der Entscheidung des EuGH in der Rechtssache *Oymanns* beseitigen.

279 Offen bleiben kann, ob der Gesetzgeber diesen kompetenzrechtlichen Ansatz bei der Einführung des Verweises auf das GWB-Vergaberecht im Blick hatte (in den Gesetzesmaterialien jedenfalls deutet nichts darauf hin). Die unterschiedlichen Ansätze haben keine Wirkungsunterschiede zur Folge, weil § 69 Abs. 3 SGB V (wie zuvor § 69 Abs. 2 Satz 4 SGB V a.F.) einen – nach hier vertretener Auffassung allenfalls deklaratorischen – Rechtsgrundverweis auf das GWB-Vergaberecht enthält. Sowohl nach der hier (in Übereinstimmung mit der Rechtsprechung des EuGH) vertretenen Auffassung des Bestehens der EU-Regelungskompetenz als auch bei Annahme des Erfordernisses einer „konstitutiv-autonomen" Entscheidung des nationalen Gesetzgeber zur Anwendbarkeit des Teils 4 des GWB im Leistungserbringungsrecht der gesetzlichen Krankenversicherung muss also geprüft werden, ob die in den §§ 98 ff. GWB enthaltenen und – soweit sie die europäischen Richtlinienvorgaben umsetzen: – europarechtlich-autonom auszulegenden Voraussetzungen für die Anwendung des GWB-Vergaberechts erfüllt sind.

280 S. oben III.3.b)dd).

gliedstaatliche Regelungen geschaffene Flexibilität wird im GWB-Vergaberecht – auf gesetzlicher Ebene in § 130 GWB – nunmehr aufgegriffen.[281] Weitere Verfahrenserleichterungen können auf Verordnungsebene im Rahmen der Ermächtigung des § 113 GWB eingeführt werden, was die Begründung zum Regierungsentwurf des VergRModG ausdrücklich hervorhebt.[282]

Schließlich hat der Gesetzgeber mit Inkrafttreten des AMNOG die Frage der Rechtswegzuständigkeit für vergaberechtliche Streitigkeiten im Anwendungsbereich des SGB V neu beantwortet: Für Streitigkeiten, die sich aus der Anwendung der §§ 97 ff. GWB auf die Rechtsbeziehungen der Krankenkassen zu den Leistungserbringern ergeben, ist der Rechtsweg von der Sozial- auf die Zivilgerichtsbarkeit (rück-)übertragen worden. Nach § 51 Abs. 3 SGG sind seither nämlich von der Zuständigkeit der Gerichte der Sozialgerichtsbarkeit nach § 51 Abs. 1 und 2 SGG Streitigkeiten in Verfahren nach dem Gesetz gegen Wettbewerbsbeschränkungen, die Rechtsbeziehungen nach § 69 SGB V betreffen, ausgenommen.[283] Als Übergangsvorschrift bestimmt der mit Art. 2 Nr. 5 des AMNOG entsprechend geänderte § 207 SGG, dass die bei den Landessozialgerichten anhängigen Verfahren in dem Stadium, in dem sie sich nach dem Tag der Verkündung des AMNOG befinden, auf das jeweils zuständige OLG übergehen.[284] Damit wurde die durch das GKV-OrgWG begründete Zuständigkeit der Sozialgerichtsbarkeit (zumindest als Rechtsmittelinstanz gegen Entscheidungen der Vergabekammern, vgl. § 29 Abs. 5 SGG, § 116 Abs. 3 Satz 1 GWB, jeweils in der Fassung des GKV-OrgWG[285]) auch für verga-

---

281 S. dazu BT-Drs. 18/6281, S. 115 ff; ausführlich dazu auch *Luthe*, SGb 2016, 489 ff.

282 Vgl. BT-Drs. 18/6281, S. 115. In der Literatur wird demgegenüber vorgeschlagen, das Verfahren für die Vergabe sozialer Dienstleistungen statt im GWB im SGB zu regeln, s. dazu *Höfer/Nolte*, NZS 2015, 441 ff. (445).

283 *Engelmann* in: Schlegel/Voelzke, jurisPK–SGB V, § 69 Rn. 137, dort auch zur Kritik der Bundesrates an der Rückübertragung, die erneute Abgrenzungsschwierigkeiten und damit widersprechende Urteile befürchten lasse und die mit der stringenten Rechtsprechung der Sozialgerichte erreichten Rechtssicherheit in Frage stellen werde (Stellungnahme des Bundesrates zur Regierungsentwurf des AMNOG, BT-Drs. 17/3116, S. 12).

284 Vgl. *Engelmann* in: Schlegel/Voelzke, jurisPK–SGB V, § 69 Rn. 137.

285 Vgl. Art. 2 b und 2 c des GKV-OrgWG; ausführlich dazu etwa *Schickert/Schulz*, MPR 2009, 1 ff. (11).

berechtliche Streitigkeiten, die die Rechtsbeziehungen zwischen Krankenkassen und Leistungserbringern betrafen, wieder aufgehoben.[286]

(3) Zwischenergebnis

Das europäisierte GWB-Vergaberecht ist auch im Leistungserbringungssystem der gesetzlichen Krankenversicherung anwendbar, was aber nach hier vertretener Auffassung nicht erst aus entsprechenden Verweisen im SGB V folgt.[287]

Ob das GWB-Vergaberecht zur Anwendung gelangt, hängt auch hier allein davon ab, ob die im GWB-Vergaberecht selbst geregelten und europäisches Recht umsetzenden Anwendungsvoraussetzungen im konkreten Einzelfall erfüllt sind.[288] Ist das der Fall, kommen möglicherweise die weniger strengen Vergabeverfahrensregelungen für soziale Dienstleistungen gemäß Art. 74 ff. Vergaberichtlinie, § 130 GWB zum Tragen (Sonderregime).

Damit korrespondierend muss sich der Anwendungsbereich der europarechtlich unbeeinflussten und nicht europarechtskonform auslegbaren nationalen Vergaberegelungen auch im Bereich der gesetzlichen Krankenversicherung (vgl. bspw. § 22 SVHV) auf Sachverhalte beschränken, in denen die europäisierten Anwendungsvoraussetzungen des GWB-Vergaberechts nicht erfüllt sind. Nur soweit dies der Fall ist, bleiben die autonom-national ergangenen Vergabevorschriften also anwendbar und können ihrerseits zu vergaberechtlichen Bindungen führen.[289] Für die in § 22 Abs. 1 Satz 1 SVHV normierte Ausnahme von der Ausschreibungspflicht für „Verträge, die der Erbringung gesetzlicher oder satzungsmäßiger Versi-

---

286 *Engelmann* in: Schlegel/Voelzke, jurisPK–SGB V, § 69 Rn. 137.

287 Neben § 69 Abs. 3 SGB V verweist etwa auch § 291 b Abs. 1 c Satz 3 SGB V auf Teil 4 des GWB.

288 Zum Streitstand im Jahr 2012 betreffend die Eröffnung des sachlichen Anwendungsbereichs des GWB-Vergaberechts für selektive Versorgungsverträge im vertragsärztlichen Leistungserbringungsrecht *Bogan*, SGb 2012, 433 ff. (435 m.w.N); zur „*Geltung des Vergaberechts im Leistungserbringerrecht der gesetzlichen Krankenversicherung*" s. auch *von Langsdorff* in: Sodan, Handbuch des Krankenversicherungsrechts, § 15 Rn. 1 ff.

289 Vgl. auch *Thüsing/Forst* in: Thüsing, Europäisches Vergabe- und Kartellrecht, S. 33, 36; *Gabriel*, NZS 2007, 344 ff. (345).

cherungsleistungen dienen“[290] bedeutet dies, dass sie ausschließlich außerhalb des Anwendungsbereichs des GWB-Vergaberechts (also etwa bei Nichterreichen der Schwellenwerte) anwendbar bleibt – wobei sich insoweit die Frage nach der Vereinbarkeit der Regelung mit den auch in diesem Bereich anzuwendenden Grundsätzen des europäischen Primärrechts stellt.[291]

(4) Zur möglichen Relevanz des GWB-Vergaberechts für die krankenversicherungsrechtlich geregelte Tätigkeit der Kassenärztlichen Vereinigungen

Die gerade dargestellten Erwägungen zum Verhältnis von Krankenversicherungsrecht und GWB-Vergaberecht veranlassen unmittelbar zu einer weiteren Überlegung, die die praktische Relevanz der vorliegenden Untersuchung veranschaulichen kann: Gemäß § 75 Abs. 1 b Satz 2 SGB V sollen die Kassenärztlichen Vereinigungen den Notdienst auch durch Kooperation und eine organisatorische Verknüpfung mit zugelassenen Krankenhäusern sicherstellen; hierzu sollen sie entweder Notdienstpraxen in oder an Krankenhäusern einrichten oder Notfallambulanzen der Krankenhäuser unmittelbar in den Notdienst einbinden. Stuft man diese Kooperation im Einzelfall als öffentlichen Auftrag im Sinne des § 103 Abs. 1 GWB ein – was auf den ersten Blick nicht abwegig erscheint –, unterläge die Vergabe eines entsprechenden Auftrags grundsätzlich den jeweils anwendbaren Vorgaben des europäisierten GWB-Vergaberechts, wenn auch sein persönlicher Anwendungsbereich eröffnet wäre, die Kassenärztlichen Vereinigungen also als öffentliche Auftraggeber im Sinne der §§ 98, 99 GWB anzusehen wären.

---

290 Hierunter fallen nach zutreffender h.M. auch die Versorgungsverträge zwischen gesetzlichen Krankenkassen und Leistungserbringern, vgl. eingehend *Thüsing/Forst* in: Thüsing, Europäisches Vergabe- und Kartellrecht, S. 23 f.

291 Vgl. dazu etwa ebenfalls *Thüsing/Forst* in: Thüsing, Europäisches Vergabe- und Kartellrecht, S. 33, dort allerdings wohl nur mit Blick auf die Unionsrechtswidrigkeit wegen Unvereinbarkeit mit den Vergaberichtlinien; weil dies den sachlichen Anwendungsbereich des (GWB-)Vergaberechts betrifft, wird auf vertiefende Ausführungen hierzu verzichtet.

(5) Exkurs: Zur Anwendbarkeit des GWB-Vergaberechts auf durch Verwaltungsakt gewährte Begünstigungen mit Auswahlcharakter

Im Kontext der soeben dargelegten Überlegungen zur Anwendbarkeit des GWB-Vergaberechts im Bereich des Rechts der gesetzlichen Krankenversicherung ist auch zu erwähnen, dass das Leistungs- und Leistungserbringungsrecht im SGB V Regelungen enthält, die mehr oder weniger stark einer vergaberechtlichen Bestimmung angenähert sind und vom jeweiligen Normadressaten – darunter auch die Kassenärztlichen Vereinigungen (vgl. etwa § 25 Abs. 5 SGB V) – eine Auswahlentscheidung zwischen mehreren Bewerbern unter Durchführung eines Ausschreibungsverfahrens verlangen. So können wegen der durch die bedarfsplanerische Regulierung[292] gesetzlich geschaffenen Möglichkeit zur Anordnung von Zulassungsbeschränkungen in Planungsbereichen, in denen Überversorgung festgestellt worden ist (vgl. § 103 Abs. 1, Abs. 2 SGB V), dort nicht alle Ärzte, die bestimmte Voraussetzungen erfüllen, auf entsprechenden Antrag eine Zulassung zur Teilnahme an der vertragsärztlichen Versorgung gemäß § 95 SGB V erhalten.[293] Vielmehr bestehen in diesem Fall nur noch bei Vorliegen bestimmter Ausnahmetatbestände weitere Zulassungsmöglichkeiten. Zu diesen zählt zum Beispiel die Möglichkeit zur Nachbesetzung eines Vertragsarztsitzes in einem überversorgten Planungsbereich, wofür das Gesetz ein besonderes Verfahren zur Auswahl eines Bewerbers regelt, das mit der Ausschreibung des Vertragsarztsitzes beginnt (vgl. § 103 Abs. 4 Satz 1 SGB V).[294]

---

292 S. dazu §§ 99 ff. SGB V; zur Verfassungsmäßigkeit der maßgeblichen Bedarfsplanungs- und Zulassungsbeschränkungsregelungen vgl. etwa BSG v. 15.8.2012, B 6 KA 48/11 R, SozR 4-2500 § 101 Nr. 13, MedR 2013, 749; zu Entstehungs- und Entwicklungsgeschichte der vertragsarztrechtlichen Bedarfsplanung und insbesondere der Regulierung von Überversorgungssituationen s. etwa auch *Flint* in: Hauck/Noftz, SGB V, § 101 Rn. 19 ff.; zum Bedarfsplanungsverfahren s. *Frehse* in: Schnapp/Wigge, § 5, C. Rn. 9 ff.

293 Über die Erteilung der Zulassung entscheiden gemäß §§ 96, 97 SGB V von den Kassenärztlichen Vereinigungen und den Landesverbänden der Krankenkassen und den Ersatzkassen gemeinsam getragene Zulassungsgremien (Zulassungsausschuss und Berufungsausschuss) durch Verwaltungsakt im Sinne des § 31 SGB X.

294 Weitere Ausnahmetatbestände, auch mit Blick auf die Möglichkeit zur Anstellung eines Arztes in Planungsbereichen mit angeordneten Zulassungsbeschränkungen enthalten § 101 Abs. 1 Satz 1 Nr. 3, Nr. 4, Nr. 5, Abs. 4 sowie § 103 Abs. 4 a Satz 2 und 3 und Abs. 7 SGB V.

Soweit ersichtlich, werden für die hier angesprochenen Auswahlentscheidungen betreffend die Teilnahme oder Teilhabe an der vertragsärztlichen Versorgung weder in der Rechtsprechung noch in der Literatur Anleihen beim Vergaberecht im engeren Sinne erwogen[295], wobei die zur Begründung dieses zustimmungswürdigen Ergebnisses angeführten Argumente teilweise an der Sache vorbeigehen.[296]

Die Eröffnung des sachlichen Anwendungsbereichs des europäisierten GWB-Vergaberechts ist nämlich zweifellos jedenfalls dann und schon allein deshalb zu verneinen, wenn bzw. weil die in Rede stehenden „Vergabeentscheidungen" durch Verwaltungsakt getroffen werden.[297] Denn sowohl für die Bejahung eines öffentlichen Auftrags (vgl. Art. 2 Abs. 1 Nr. 5 der Vergaberichtlinie, § 103 Abs. 1 GWB) als auch für die Annahme einer Dienstleistungskonzession (vgl. nunmehr Art. 5 Nr. 1 Buchst. b) der Konzessionsrichtlinie, § 105 Abs. 1 GWB) ist das Vorliegen eines entgeltlichen Vertrags Voraussetzung. Daran fehlt es nach der zustimmungswürdigen Rechtsprechung des EuGH, wenn die jeweilige Begünstigung in Form eines einseitigen Verwaltungsakts „vergeben" wird, der Verpflichtungen allein für den jeweiligen Begünstigten vorsieht.[298] Dementsprechend führt Erwägungsgrund 14 der Konzessionsrichtlinie aus, dass „bestimmte Handlungen der Mitgliedstaaten, wie die Erteilung von Genehmigungen oder Lizenzen, durch die der Mitgliedstaat oder eine seiner Behörden die Be-

---

295 Vgl. zuletzt etwa für die Vergabe von Zulassungen zur vertragspsychotherapeutischen Behandlung von Kindern und Jugendlichen BSG v. 15.7.2015, B 6 KA 32/14 R, SozR 4-2500 § 101 Nr. 17, GesR 2016, 104; vgl. auch BKartA, 2. Vergabekammer des Bundes v. 23.11.2015, VK 2-103/15, VPR 2016, 42 = GuP 2016, 114-116, wo zwar ein Vertrag über die spezialisierte ambulante Palliativversorgung gemäß § 132 d SGB V als öffentlicher Auftrag qualifiziert wird, zugleich aber auf seine grundlegenden Unterschiede zur vertragsärztlichen Zulassung eingegangen wird; vgl. auch schon *Rixen*, GesR 2006, 49 ff. (57).

296 Vgl. etwa *Rixen*, GesR 2006, 49 ff. (57), der den Fall der Ausschreibung des nachzubesetzenden Vertragsarztsitzes gemäß § 103 Abs. 4 Satz 1 SGB V aus den gleichen Gründen dem Anwendungsbereich des GWB-Vergaberechts entzogen sieht wie den Fall der Ausschreibung eines – nunmehr in § 140 a SGB V geregelten – Vertrags zur besonderen ambulanten Versorgung.

297 Teilweise wird in diesem Zusammenhang auch von „Verwaltungsvergaberecht" gesprochen.

298 S. dazu etwa EuGH v. 18.12.2007, Rs. C-220/06 – *Asociación Profesional de Empresas de Reparto y Manipulado de Correspondencia*, Rn. 54 und 85, Slg. 2007, I-12175 = NJW 2008, 633; aus der nationalen Rechtsprechung BVerwG v. 20.12.2012, 3 B 35.12, NZBau 2013, 182.

dingungen für die Ausübung einer Wirtschaftstätigkeit festlegt – einschließlich der Bedingung der Durchführung einer bestimmten Tätigkeit –, die üblicherweise auf Antrag des Wirtschaftsteilnehmers und nicht vom öffentlichen Auftraggeber erteilt wird und bei der der Wirtschaftsteilnehmer das Recht hat, sich von der Erbringung von Dienstleistungen zurückzuziehen“, nicht als Konzessionen gelten.[299] Diese europarechtliche Einordnung erfasst etwa jede denkbare Art der Zulassung zur Teilnahme an der vertragsärztlichen Versorgung bei angeordneten Zulassungsbeschränkungen, die ausnahmslos auf entsprechenden Antrag eines Zulassungswilligen in der Form eines Verwaltungsaktes im Sinne des § 31 SGB X erteilt werden kann, der nur den jeweiligen Zulassungsinhaber berechtigt und verpflichtet (vgl. § 95 Abs. 3 SGB V). Auf die Zulassung kann der jeweilige Inhaber ohne Weiteres (individuell) verzichten (vgl. § 95 Abs. 7 SGB V), wobei dieser Verzicht gemäß § 28 Abs. 1 Satz 1 der Zulassungsverordnung für Vertragsärzte[300] am Ende des auf den Zugang der Verzichtserklärung beim Zulassungsausschuss folgenden Quartals wirksam wird.

Allein das Vorliegen einer Auswahlentscheidung kann damit weder die Annahme eines öffentlichen Auftrags gemäß § 103 Abs. 1 GWB noch die Annahme einer Dienstleistungskonzession im Sinne des § 105 Abs. 1 Nr. 2 GWB begründen. Eine Auswahlentscheidung ist damit zwar eine notwendige, aber keinesfalls hinreichende Voraussetzung für die Eröffnung des (nunmehr auch Dienstleistungskonzessionen erfassenden) sachlichen Anwendungsbereichs des GWB-Vergaberechts.

---

299 A.A. noch *Sormani-Bastian*, Vergaberecht und Sozialrecht, S. 122, die die Zulassung zur Teilnahme an der vertragsärztlichen Versorgung nach § 95 SGB V ausdrücklich als Dienstleistungskonzession qualifiziert, allerdings auf Basis der Rechtslage unter der damals geltenden VKR, wonach Dienstleistungskonzessionen anders als heute nicht vom europäischen Sekundärrecht zur öffentlichen Auftragsvergabe erfasst waren.

300 Zulassungsverordnung für Vertragsärzte in der im Bundesgesetzblatt Teil III, Gliederungsnummer 8230-25, veröffentlichten bereinigten Fassung, zuletzt geändert durch Art. 4 der Verordnung vom 24. Oktober 2015, BGBl. 2015-I, S. 1789.

b) Wesentliche Ausprägungen der Zweiteilung des nationalen Vergaberechts

Um die Bedeutung der Zweiteilung des Vergaberechts in Deutschland zu erfassen, sollen die wesentlichen Ausprägungen der Zweiteilung im Folgenden aufgezeigt werden. Hierfür werden Unterschiede der zweigeteilten Regelungsbereiche mit Blick auf die jeweiligen Zielsetzungen, Inhalt und Wirkung von Vergabeverfahrensbindungen, den für Bieter zu erlangenden Rechtsschutz sowie Unterschiede mit Blick auf die maßgeblichen Auslegungsgrundsätze untersucht.

aa) Zielsetzung

Mit dem unterschiedlichen Regelungsursprung der beiden vergaberechtlichen Teilbereiche – das durch europäische Richtlinien initiierte GWB-Vergaberecht einerseits und das auf autonom-nationalen Regelungen basierende haushaltsrechtlich geprägte Vergaberecht andererseits – gehen unterschiedliche Regelungsziele einher, die im Folgenden dargestellt werden sollen. Die Kenntnis der unterschiedlichen Regelungsziele ist Voraussetzung für das Verständnis weiterer Unterschiede der zweigeteilten Regelungsbereiche.

(1) Regelungsziele des GWB-Vergaberechts

Wettbewerb lebt von Voraussetzungen, die er selbst nicht garantieren kann.[301] Ausgehend von dieser Prämisse ist es seit jeher materiell-rechtliches Hauptziel[302] der europäischen Vergaberichtlinien, durch Verfahrens-

---

301 Vgl. etwa *Gassner*, Grundzüge des Kartellrechts, S. 1, in Abwandlung des als „Böckenförde-Diktum" berühmt gewordenen Satzes: *„Der freiheitliche, säkularisierte Staat lebt von Voraussetzungen, die er selbst nicht garantieren kann"*, *Böckenförde*, Staat, Gesellschaft, Freiheit, S. 60.

302 Zwar will das europäisierte Vergaberecht auch eine effiziente Beschaffung ermöglichen und dient insoweit auch hauswirtschaftlichen Zielen; auch andere wettbewerbsfremde Zielsetzungen wie etwa die Unterstützung gemeinsamer gesellschaftspolitischer Ziele werden inzwischen mit den EU-Vergaberichtlinien verfolgt und sind in nationales Recht umzusetzen, wie etwa Erwägungsgrund 2 Richtlinie 2014/24/EU explizit klarstellt; vorrangig ist und bleibt jedoch die wett-

vorgaben einen offenen, unverfälschten Wettbewerb um öffentliche Aufträge in allen Mitgliedstaaten unter Bedingungen der Gleichbehandlung und der Transparenz sicherzustellen und damit Herstellung und Aufrechterhaltung des Binnenmarktes zu befördern.[303] Die strikte Verfahrensregulierung soll in erster Linie den chancengleichen Zugang zum Vergabewettbewerb und damit zu den Beschaffungsmärkten der öffentlichen Hand schaffen und gewährleisten.[304] Diskriminierungspotentiale sollen durch Vorgaben zur Art und Weise der Veröffentlichung von Ausschreibungen, zu technischen Spezifikationen, zur Eignungsprüfung und zur Zuschlagserteilung ausgeschlossen werden.[305] Diesen wettbewerblichen Schutzzweck hat das die europäischen Vorgaben umsetzende GWB-Vergaberecht übernommen.[306] Der dargestellte Zweck des Wettbewerbsschutzes war sogar mit ausschlaggebend dafür, dass sich der Gesetzgeber für eine Umsetzung der europäischen Richtlinienvorgaben im Gesetz gegen Wettbewerbsbeschränkungen entschieden hat.[307]

---

bewerbliche Zielsetzung des GWB-Vergaberechts; s. dazu auch EuGH v. 12.7.2001, Rs. C-399/98 – *Ordine degli Architetti* u.a., Rn. 75, Slg. 2001, I-5409 = EuZW 2001, 532 = NZBau 2001, 512; v. 27.11.2001, verb. Rs. C-285 und C-286/99 – *Impresa Lombardini und Mantovani*, Rn. 35, Slg. 2001, I-9233 = EuZW 2002, 58 = NZBau 2002, 101; vgl. auch *Dreher* in: Immenga/Mestmäcker, GWB, Vor §§ 97 ff. Rn. 111; a.A. in Bezug auf BKR, LKR und DKR *Crass*, Der öffentliche Auftraggeber, S. 4.

303 Vgl. nur EuGH v. 11.1.2005, Rs. C-26/03 – *Stadt Halle*, Slg. 2005, I-1 = NVwZ 2005, 187 = EuZW 2005, 86; vgl. dazu auch *Bulla/Schneider*, ZMGR 2012, 406 ff. (413); *Hensel*, Selektivverträge im vertragsärztlichen Leistungserbringungsrecht, S. 233.

304 Vgl. *Becker/Schweitzer*, Gutachten zum 69. Deutschen Juristentag 2012, S. 49.

305 *Becker/Schweitzer*, Gutachten zum 69. Deutschen Juristentag 2012, S. 49; s. zu Nachweisen für die wettbewerbsschützenden Zielsetzung des europäischen Vergaberechts auch *Pruns*, Kartell- und vergaberechtliche Probleme des selektiven Kontrahierens, S. 329 f., Fn. 1889 ff.; vgl. auch *Crass*, Der öffentliche Auftraggeber, S. 20.

306 Das war zunächst allerdings nicht unbestritten. Der Gesetzgeber des Vergaberechtsänderungsgesetzes (Fn. 193) hat jedoch deutlich gemacht, dass er den Wettbewerbsaspekt des Vergaberechts für besonders wichtig hält; s. dazu etwa auch *Otting* in: Bechtold, GWB, Vor § 97 Rn. 10.

307 An dieser primär wettbewerbsschützenden Zielsetzung ändert auch nichts, dass gemäß der Vergaberichtlinie (vgl. Art. 67 Abs. 2 und Art. 70) und dem GWB (vgl. §§ 97 Abs. 3, 127 Abs. 1 Satz 3) auch sog. politische Sekundärziele, insbesondere sozialer, umweltbezogener und innovativer Art, im Rahmen der öffentlichen Auftragsvergabe verfolgt werden dürfen. Nur am Rande erwähnt sei, dass die Zulässigkeit von Tariftreueregelungen als Instrument zur Verfolgung solcher

(2) Regelungsziele außerhalb des Anwendungsbereichs des GWB-Vergaberechts

Bei den Zielsetzungen der Regelungen außerhalb des Anwendungsbereichs des GWB-Vergaberechts ist zunächst weiter zu differenzieren zwischen haushaltsrechtlichen Regelungen und den Regelungen der Landesvergabegesetze, soweit sie in den Bundesländern gelten.

(a) (Bereichsspezifische) Haushaltsrechtliche Regelungen

Die im Haushaltsrecht verankerten Vergaberegelungen sollen vor allem die sparsame Mittelverwendung sicherstellen und dienen damit in erster Linie dem Ziel der Wirtschaftlichkeit und Sparsamkeit, das auf den Grundsatz der allgemeinen wirtschaftlichen Vernunft zurückgeht und sich vor allem in der Verpflichtung der öffentlichen Auftraggeber zur wirtschaftlichen und sparsamen Haushaltsführung äußert, wie sie ebenfalls in haushaltsrechtlichen Vorschriften normiert ist.[308] Dass im staatlichen Bereich unter dem Aspekt der sparsamen Mittelverwendung ein – mehr oder weniger formalisiertes – wettbewerbliches Verfahren zur Auswahl des Auftragnehmers erforderlich ist, lässt sich mit den bereits eingangs erwähnten strukturellen Defiziten staatlicher Institutionen erklären: Mecha-

---

Sekundärziele ihre Grenze in der Vereinbarkeit mit dem (primären) Gemeinschaftsrecht findet; zum Verstoß gegen die jetzt in Art. 56 ff. AEUV geregelte Dienstleistungsfreiheit einer Tariftreueregelung des Niedersächsischen Vergabegesetzes (und damit einer Regelung außerhalb des Anwendungsbereichs des GWB-Vergaberechts), die noch vor Inkrafttreten der VKR getroffen wurde, s. EuGH v. 3.4.2008, Rs. C-346/06 – *Rüffert*, Slg. 2008, I-1989 = NJW 2008, 3485 = EuZW 2008, 306; s. zu diesem Problemkreis auch EuGH v. 18.9.2014, Rs. C-549/13 – *Bundesdruckerei*, NJW 2014, 3769 = NVwZ 2014, 1505; Vergabekammer Düsseldorf v. 9.1.2013, VK-29/2012, ZfBR 2013, 301; zwischenzeitlich ist auf Bundesebene das Mindestlohngesetz (MiLoG) in Kraft getreten (BGBl. 2014-I, S. 1348), dessen – nicht nur für den Bereich der öffentlichen Auftragsvergabe geltende – Vorgaben zum Mindestentgelt nach § 128 Abs. 1 GWB, der Art. 18 Abs. 2 der Vergaberichtlinie umsetzt, bei der Auftragsausführung beachtet werden müssen.

308 Vgl. *Pruns*, Kartell- und vergaberechtliche Probleme des selektiven Kontrahierens, S. 331 m.w.N.; eingehend zum (haushaltsrechtlichen) Begriff der Wirtschaftlichkeit vgl. nur *v. Armin*, Wirtschaftlichkeit als Rechtsprinzip; näher dazu noch unten Teil 3 D.III.2.b)dd)(3)(c).

nismen, die auf einem freien Markt zu einer effizienten Allokation von Ressourcen führen, sind häufig bei einer wirtschaftlichen Betätigung des Staates ganz oder teilweise außer Kraft gesetzt. Denn staatliche oder staatsnahe (öffentlich-rechtliche) Organisationen sind regelmäßig wegen des Zugangs zu öffentlichen Mitteln oder einer Monopolstellung im Bereich der Daseinsvorsorge nicht dem freien Spiel der Kräfte des Marktes ausgesetzt und daher nicht schon von Haus aus gezwungen, Aufträge primär nach dem Kriterium der Wirtschaftlichkeit zu vergeben.[309] Dem soll die Verpflichtung dieser Institutionen auf die Wirtschaftlichkeit und Sparsamkeit begegnen.[310]

Zwar stehen sich die unterschiedlichen Zielsetzungen des GWB-Vergaberechts und der haushaltsrechtlichen Regelungen nicht zwangsläufig gegensätzlich gegenüber, sondern können einander durchaus ergänzen und sogar parallel verlaufen.[311] So ist es beispielsweise regelmäßig auch im Sinne der Wirtschaftlichkeit[312], Aufträge in einem wettbewerblichen Verfahren durch öffentliche Ausschreibung zu vergeben. Umgekehrt ist dem diskriminierungsfreien Wettbewerb durchaus gedient, wenn die Wirtschaftlichkeit eines Angebots als objektives und transparentes Kriterium für die Auftragsvergabe herangezogen wird. Andererseits kann es durch die alleinige Verpflichtung auf Wirtschaftlichkeit – ohne nähere wettbewerbs-, transparenz- und gleichheitsschützende Vorgaben für den Ablauf der öffentlichen Ausschreibung – zu wettbewerbswidrigen Diskriminierungen kommen, beispielsweise bei der Abgabe eines ungewöhnlich niedrigen Angebots. Die haushaltsrechtliche Verpflichtung zur Wirtschaftlichkeit als allein maßgebliches Vertragsabschlusskriterium ohne einen näher

---

309 EuGH v. 10.11.1998, Rs. C-360/96 – *BFI Holding*, Slg. 1998, I-6821 = NVwZ 1999, 397 = DVBl 1999, 160.

310 *Pruns*, Kartell- und vergaberechtliche Probleme des selektiven Kontrahierens, S. 331 f. m.w.N.

311 Vgl. *Breloer*, Europäische Vorgaben und das deutsche Vergaberecht, S. 3.

312 Die Bundesregierung stellte bereits in der Begründung zum Regierungsentwurf des Vergaberechtsänderungsgesetzes (BT-Drs. 13/9340, S. 48) zu Recht klar, dass der in Art. 30 Abs. 1 Buchst. b) BKR und Art. 36 Abs. 1 Buchst. a) DKR verwendete Begriff „wirtschaftlich günstig" dem im deutschen Recht (damals) in § 25 VOL/A festgeschriebenen Begriff des „wirtschaftlichsten Angebots" und dem in Art. 114 Abs. 2 GG und § 6 HGrG eingeführten Begriff der „Wirtschaftlichkeit" entspricht. Die Begriffe stellen nicht auf den niedrigsten Preis, sondern auf die günstigste Relation zwischen dem verfolgten Zweck und dem einzusetzenden Mittel ab; s. nunmehr § 127 Abs. 1 GWB.

vorgegebenen Verfahrensrahmen für die Auftragsvergabe kann schon wegen fehlender Transparenz ein den Zielen des GWB-Vergaberechts gegenläufiges Wettbewerbshindernis darstellen. Und wiederum umgekehrt kann es für Auftraggeber oftmals mit erheblichem und im Einzelfall auch unwirtschaftlichem Aufwand verbunden sein, für eine geplante Investition die bürokratischen Hürden eines streng formalisierten Vergabeverfahrens zu überspringen.[313]

Die haushaltsrechtliche Zielsetzung der Wirtschaftlichkeit mag also zwar Parallelen mit der kartellrechtlichen Zielsetzung des diskriminierungsfreien Wettbewerbs aufweisen. Dies gilt aber aus haushaltsrechtlicher Sicht nur, solange der Wettbewerb zugleich zu (mehr) Wirtschaftlichkeit führt. Aus GWB-vergaberechtlicher Sicht ist die Abgabe des wirtschaftlichsten Angebots[314] grundsätzlich der maßgebliche Wettbewerbsparameter, also diejenige „Kenngröße", anhand derer der Sieger des diskriminierungsfrei zu gestaltenden Wettbewerbs ermittelt werden soll. Mit anderen Worten: Während Wettbewerb ein erklärtes Hauptziel des GWB-Vergaberechts ist, wird der Wettbewerb im Haushaltsvergaberecht nur als „Mittel" – in Form der Pflicht zur öffentlichen Ausschreibung vor Vertragsschlüssen – eingesetzt, um das Ziel der sparsamen Mittelverwendung zu erreichen, ohne dass Wettbewerb selbst ein Zweck haushaltsrechtlicher Normen ist.[315] Die im Idealfall erreichte Gleichbehandlung der Bieter ist dort im Ergebnis nur ein Nebenprodukt der Vergaberegeln, nicht aber beabsichtigte Wirkung.[316]

(b) Landesvergabegesetze

Mit den inzwischen in allen Bundesländern außer Bayern erlassenen Landesvergabegesetzen lässt sich ein Wandel in der Zielsetzung der außerhalb

---

313 Vgl. *Breloer*, Europäische Vorgaben und das deutsche Vergaberecht, S. 3.

314 Damit ist grundsätzlich auch heute noch das beste Preis-Leistungs-Verhältnis gemeint, s. dazu nur etwa Erwägungsgrund 89 der Vergaberichtlinie 2014/24/EU und § 127 Abs. 1 GWB.

315 Vgl. BVerfG v. 13.6.2006, 1 BvR 1160/03, BVerfGE 116, 135 = NJW 2006, 3701 = NVwZ 2006, 1396; ebenso BVerwG v. 2.5.2007, 6 B 10/07, Rn. 11, BVerwGE 129, 9, BVerwGE 129, 9, NJW 2007, 2275 = ZIP 2007, 1832 = NVwZ 2007, 820.

316 So bereits *Pietzcker*, DÖV 1981, 539 (540); ebenso *Crass*, Der öffentliche Auftraggeber, S. 35.

des GWB-Vergaberechts anwendbaren Vergaberegelungen erkennen: Weg von der primär hauswirtschaftlich ausgerichteten Zielsetzung hin zu einem wettbewerblichen und mittelstandschützenden Zielansatz.[317]

Damit übereinstimmend hat etwa auch die Vergabekammer Düsseldorf in einem Nachprüfungsverfahren den dort entscheidungserheblichen landesrechtlichen Vorschriften[318] zur Einhaltung der Tariftreue wettbewerbsschützenden Charakter beigemessen.[319] Daneben treten auch hier mit den von Bundesland und Bundesland unterschiedlich ausgestalteten Tariftreueregelungen in den Landesvergabegesetzen weitere, nicht primär wettbewerbsschützende Zielsetzungen zu Tage. Die Vereinbarkeit solcher Regelungen mit dem Unionsrecht, insbesondere mit der Dienstleistungsfreiheit gemäß Art. 56 ff. AEUV, ist je nach Ausgestaltung kritisch zu hinterfragen.[320]

(c) Zwischenergebnis

Seit Inkrafttreten der Landesvergabegesetze in den meisten Bundesländern kann nicht mehr behauptet werden, alle Vergaberegelungen außerhalb des GWB-Vergaberechts verfolgten einheitlich primär haushaltsrechtliche Ziele. Nach den obigen Darstellungen gehört auch die Schaffung eines fairen Wettbewerbs zu den Zielen der meisten Landesvergabegesetze. Insoweit kann immerhin von einer Annäherung der Zielsetzungen der Regelungen des GWB-Vergaberechts und der außerhalb dieses Bereichs anzuwendenden Vergaberegelungen und damit von einer Lockerung der Zweiteilung des nationalen Vergaberechts gesprochen werden.

---

317 Vgl. etwa § 1 Niedersächsisches Tariftreue- und Vergabegesetz (Fn. 245), das demnach eine fairen Wettbewerb bei der Vergabe öffentlicher Aufträge gewährleisten und die umwelt- und sozialverträgliche Beschaffung durch die öffentliche Hand gewährleisten soll.

318 Insbesondere § 4 des Gesetzes über die Sicherung von Tariftreue und Sozialstandards sowie fairen Wettbewerb bei der Vergabe öffentlicher Aufträge (Tariftreue- und Vergabegesetz Nordrhein-Westfalen) vom 10.1.2012, GVBl. NRW 2012, S. 15.

319 Vergabekammer Düsseldorf v. 9.1.2013, VK-29/2012, ZfBR 2013, 301.

320 S. dazu oben Fn. 307; an der Europarechtskonformität landesrechtlicher Regelungen, die Tariftreue nur für den Bereich der öffentlichen Auftragsvergabe fordern, zweifelnd *Csaki*, NZBau 2013, 342 ff. (346); vgl. auch *Dreher* in: Immenga/Mestmäcker, GWB, § 97 Rn. 276 m.w.N.

bb) Geltung, Inhalt und Rechtswirkung der Vergabeverfahrensbindungen

Weitere Unterschiede zwischen dem GWB-Vergaberecht und den außerhalb dessen Anwendungsbereichs liegenden Vergaberegelungen ergeben sich mit Blick auf Geltung, Inhalt und Rechtswirkung der jeweiligen Vorgaben.

(1) Im Anwendungsbereich des GWB-Vergaberechts

(a) Geltung und Anwendung der Vergabeverfahrensregelungen

Die Regelungen über das einzuhaltende Vergabeverfahren im Anwendungsbereich des GWB-Vergaberechts sind mit dem VergRModG[321] stärker im GWB selbst verankert worden (vgl. dazu insbesondere die §§ 119 ff. GWB). Daneben stellt § 113 GWB in Verbindung mit den auf seiner Grundlage erlassenen Verordnungen die Geltung und verbindliche Anwendung der detaillierten Verfahrensvorschriften für alle öffentlichen Auftraggeber sicher, für die das GWB-Vergaberecht nach seinen Vorschriften (§§ 98 ff GWB) gilt. Im Übrigen wären die europäischen Richtlinienvorgaben bei nicht ordnungsgemäßer Umsetzung in nationales Recht unmittelbar anzuwenden, so dass auch in diesem Fall sichergestellt wäre, dass die entsprechenden Verfahrensvorgaben zur Anwendung gelangen.

(b) Überblick über die Vergabeverfahrensregelungen (Verfahrensarten)

Kapitel 1 des Teils 4 des GWB, das die §§ 97 bis 154 GWB umfasst, trägt die Überschrift „Vergabeverfahren“. In Abschnitt 1 dieses Kapitels führt wie schon bisher § 97 GWB die wesentlichen Vergabegrundätze ein. Die Regelung entspricht in Absatz 1 zu „Wettbewerb und Transparenz“ der bisherigen Regelung und wurde zum Zwecke der Klarstellung um den Grundsatz der Wirtschaftlichkeit und Verhältnismäßigkeit ergänzt.[322] Neu

321 Fn. 216.

322 Vgl. die Begründung zum Regierungsentwurf des VergRmodG, BT-Drs. 18/6281, S. 67. Das GWB kann sich mit Blick auf diese ergänzende Klarstellung auf Art. 41 der Richtlinie 2014/23/EU, Art. Art. 67 der Richtlinie 2014/24/EU und Art. 82 der Richtlinie 2014/25/EU stützen, die jeweils im Zusammenhang mit

aufgenommen wurden in § 97 Abs. 3 GWB die Aspekte der Qualität und der Innovation sowie soziale und umweltbezogene Aspekte. Die stärkere Einbeziehung dieser strategischen Sekundärziele bei der Beschaffung lassen die neuen europäischen Vergaberichtlinien zu.[323] In jeder Phase eines Verfahrens, von der Definition der Leistung über die Festlegung von Eignungs- und Zuschlagskriterien bis hin zur Vorgabe von Ausführungsbedingungen, können qualitative, soziale, umweltbezogene oder innovative (nachhaltige) Aspekte einbezogen werden.[324] In Bezug auf die Beschaffung energieverbrauchsrelevanter Waren oder die Berücksichtigung der Belange von Menschen mit Behinderung bei der Definition der Leistung sind vom öffentlichen Auftraggeber sogar zwingende Vorgaben zu machen.[325]

§ 119 Abs. 1 GWB enthält in Übereinstimmung mit den europäischen Richtlinienvorgaben abschließend die vorgesehenen fünf unterschiedlichen Vergabeverfahrensarten: Das offene Verfahren, das nicht offene Verfahren, das Verhandlungsverfahren, den wettbewerblichen Dialog und – neu – die Innovationspartnerschaft. Nach § 119 Abs. 3 GWB ist Wesensmerkmal des offenen Verfahrens, dass eine unbeschränkte Anzahl von Unternehmen öffentlich zur Abgabe von Angeboten aufgefordert wird. Weitere Details enthält § 15 VgV für Liefer- und Dienstleistungen bzw. freiberufliche Leistungen sowie § 3 EU Nr. 1 VOB/A für Bauleistungen. Das offene Verfahren steht grundsätzlich der öffentlichen Ausschreibung, wie sie auch die haushaltsrechtlichen Bestimmungen, die VOB/A und die VOL/A vorschreiben, gleich.[326]

Das nicht offene Verfahren ist vergleichbar mit der (früher in Deutschland so bezeichneten) beschränkten Ausschreibung nach vorhergehendem öffentlichen Teilnahmewettbewerb (§ 119 Abs. 4 GWB, § 16 VgV bzw.

---

dem Zuschlag auf das wirtschaftlich günstigste Angebot bzw. den wirtschaftlichen Gesamtvorteil abstellen. Der Grundsatz der Verhältnismäßigkeit wird ausdrücklich in Art. 3 Abs. 1 der Richtlinie 2014/23/EU, Art. 18 Abs. 1 der Richtlinie 2014/24/EU und Art. 36 der Richtlinie 2014/25/EU erwähnt. Auch darauf wird in der BT-Drs. 18/6281, S. 67, hingewiesen.

323 S. dazu bereits oben Fn. 307.

324 BT-Drs. 18/6281, S. 68; s. dazu auch etwa Erwägungsgrund 97 der Vergaberichtlinie 2014/24/EU, aus dem sich aber zugleich ergibt, dass es öffentlichen Auftraggebern nicht gestattet sein soll, von Bietern eine bestimmte Politik der sozialen oder ökologischen Verantwortung zu verlangen.

325 Vgl. BT-Drs. 18/6281, S. 68.

326 Vgl. etwa *Dreher* in: Immenga/Mestmäcker, GWB, § 101 Rn. 11.

§ 3 EU Nr. 2 VOB/A). Bei diesem Verfahren wählt der öffentliche Auftraggeber nach vorheriger öffentlicher Aufforderung zur Teilnahme eine beschränkte Anzahl von Unternehmen nach objektiven, transparenten und nichtdiskriminierenden Kriterien aus (Teilnahmewettbewerb), die er zur Abgabe von Angeboten auswählt.

Das Verhandlungsverfahren (§ 119 Abs. 5 GWB, § 17 VgV bzw. § 3 EU Nr. 3VOB/A) stimmt grundsätzlich mit der freihändigen Vergabe nach früherer deutscher Terminologie überein. Darunter ist ein Verfahren zu verstehen, bei dem sich der öffentliche Auftraggeber an Unternehmen seiner Wahl wendet und mit mehreren oder einem davon Verhandlungen über die Angebote führt, die letztlich in die Zuschlagsentscheidung münden.

Der wettbewerbliche Dialog (§ 119 Abs. 6 GWB, § 18 VgV bzw. § 3 EU Nr. 4VOB/A) wurde durch das ÖPP-Beschleunigungsgesetz[327] mit Wirkung zum 8.9.2005 in das GWB und in die ihm hierarchisch nachstehenden Vergaberegelungen eingefügt.[328] Dies erfolgte in Umsetzung der entsprechenden Option der Mitgliedstaaten in Art. 29 Abs. 1 VKR. Der wettbewerbliche Dialog wurde in Art. 1 Abs. 11 Buchst. c) VKR legaldefiniert. Danach ist der wettbewerbliche Dialog „ein Verfahren, bei dem sich alle Wirtschaftsteilnehmer um die Teilnahme bewerben können und bei dem der öffentliche Auftraggeber einen Dialog mit den zu diesem Verfahren zugelassenen Bewerbern führt, um eine oder mehrere seinen Bedürfnissen entsprechende Lösungen herauszuarbeiten, auf deren Grundlage bzw. Grundlagen die ausgewählten Bewerber zur Angebotsabgabe aufgefordert werden". Der wettbewerbliche Dialog ist nunmehr in Art. 30 der Vergaberichtlinie europarechtlich detailliert geregelt. Diese Vorgaben werden mit § 18 der neuen VgV umgesetzt.

Als echte Neuheit ist die Innovationspartnerschaft mit Art. 31 der neuen Vergaberichtlinie 2014/24/EU eingeführt und mit § 119 Abs. 7 GWB, § 19 VgV, § 3 EU Nr. 5 VOB/A in nationales Recht umgesetzt worden. Die Verfahrensart zeichnet sich unter anderem dadurch aus, dass der öffentliche Auftraggeber in den Auftragsunterlagen die Nachfrage nach einem innovativen Produkt beziehungsweise innovativen Dienstleistungen oder Bauleistungen angibt, die nicht durch den Erwerb von bereits auf dem Markt verfügbaren Produkten, Dienstleistungen oder Bauleistungen befriedigt werden kann (vgl. Art. 31 Abs. 1, UAbs. 2 der Vergaberichtlinie).

---

327 Fn. 202.

328 Vgl. dazu ebenfalls *Dreher* in: Immenga/Mestmäcker, GWB, § 101 Rn. 14.

Die Innovationspartnerschaft stützt sich im Kern auf die Verfahrensregeln, die für das Verhandlungsverfahren gelten, da dies für den Vergleich von Angeboten für innovative Lösungen am besten geeignet ist.[329]

Das Verhältnis der verschiedenen Verfahrensarten zueinander ist nun in § 119 Abs. 2 GWB geregelt. Wesentliche Neuerung im Vergleich zur bisherigen Regelung des § 101 Abs. 7 GWB ist die grundsätzliche Wahlfreiheit für öffentliche Auftraggeber zwischen dem offenen und dem nicht offenen Verfahren. Diese Wahlfreiheit entspricht der Intention des Unionsgesetzgebers in Art. 26 Abs. 2 der Vergaberichtlinie.[330] Entscheidend für die Wahlfreiheit ist, dass das nicht offene Verfahren zwingend einen vorgeschalteten Teilnahmewettbewerb erfordert.[331]

Neben der Leistungsbeschreibung (§ 121 GWB), der Vorgabe von Eignungskriterien (§ 122 GWB) und ggf. Ausführungsbedingungen (§ 128 Absatz 2 GWB) stellt die Festlegung von Zuschlagskriterien ein zentrales Element der Planung und Durchführung eines jeden Vergabefahrens dar. Denn nach den Zuschlagskriterien bestimmt sich letztlich, welches Angebot aus dem Kreis der geeigneten Bieter den Zuschlag erhält. Gemäß § 127 Abs. 1 GWB wird der Zuschlag wie schon nach bisheriger Rechtslage auf das wirtschaftlichste Angebot erteilt; die Wirtschaftlichkeit stellt also auch künftig den Maßstab für die Angebotswertung durch den öffentlichen Auftraggeber dar. Das wirtschaftlichste Angebot bestimmt sich gemäß § 127 Abs. 1 Satz 3 GWB nach dem besten Preis-Leistungs-Verhältnis. Zu dessen Ermittlung können gemäß § 127 Abs. 1 Satz 4 GWB neben dem Preis oder den Kosten auch qualitative, umweltbezogene oder soziale Aspekte als Zuschlagskriterien berücksichtigt werden.[332] Der Angebotspreis oder die (unter Einbeziehung weiterer Faktoren, wie z. B. dem finanziellen Aufwand für Betrieb und Wartung der Leistung, errechneten) Kosten müssen ins Verhältnis gesetzt werden zur Leistung, die im Rahmen des

---

329 Vgl. BT-Drs. 18/6281, S. 98.

330 Auch die VKR 2004/18/EG kannte allerdings keinen Vorrang des offenen Verfahrens; nach ihrem Wortlaut standen vielmehr das offene und das nicht offene Verfahren gleichrangig nebeneinander; so auch *Dreher* in: Immenga/Mestmäcker, GWB, § 101 Rn. 21 in Fn. 41.

331 Vgl. die Begründung zum Regierungsentwurf des VergRModG, BT-Drs. 18/6281, S. 97.

332 Zu dieser erstmaligen gesetzlichen Klarstellung vgl. ebenfalls BT-Drs. 18/6281, S. 111.

öffentlichen Auftrages erbracht werden soll. Preis oder Kosten müssen bei der Angebotsbewertung zwingend berücksichtigt werden.[333]

Auf die weiteren Regelungen zu Ausgestaltung und Ablauf des jeweils anzuwendenden Verfahrens, wie etwa umfangreiche Publizitäts- und Informationsvorschriften, formale Leistungsbeschreibungen oder Regelungen zur Geheimhaltung der Namen der Bieter und Angebotsinhalte bis zum Eröffnungstermin, soll hier nicht näher eingegangen werden. Für die Zwecke der vorliegenden Arbeit genügt die Erkenntnis, dass alle Verfahrensablaufregelungen nach ihrem Regelungsinhalt offensichtlich das Ziel der Verhinderung von Wettbewerbsverzerrungen im Verlauf des Vergabeverfahrens verfolgen.[334]

(c) Rechtswirkung der Vergabeverfahrensregelungen

Den Verfahrensregelungen im Anwendungsbereich des GWB-Vergaberechts kommt Rechtsnormqualität, d.h. Allgemeinverbindlichkeit und Außenwirkung zu.[335] In Verbindung mit § 97 Abs. 6 GWB, der den Verfah-

---

333 Vgl. BT-Drs. 18/6281, S. 111.

334 Vgl. *Sormani-Bastian*, Vergaberecht und Sozialrecht, S. 40 f.

335 Vgl. schon zur alten Rechtslage noch vor Inkrafttreten des Vergaberechtsänderungsgesetzes mit der „kartellrechtlichen Lösung“ OLG Düsseldorf v. 29.7.1998, U (Kart) 24/98, MDR 1998, 1220 = BauR 1999, 241. Trotzdem war die Rechtsnormqualität auch nach Inkrafttreten des Vergaberechtsänderungsgesetzes nicht unumstritten. Kritisiert wurde die in der damaligen VgV enthaltene Verweisung auf die Vergabe- und Vertragsordnungen mit der Begründung, der Gesetz- bzw. Verordnungsgeber übertrage so seine Normsetzungsbefugnis auf demokratisch nicht legitimierte Verdingungsausschüsse; vgl. dazu etwa *Dreher* in: Immenga/ Mestmäcker, Vor §§ 97 ff. Rn. 74. Dieser Kritik wurde allerdings zu Recht entgegengehalten, dass der Verordnungsgeber in der VgV (vgl. §§ 4 bis 6 VgV a.F.) für Auftragsvergaben im Anwendungsbereich des GWB-Vergaberechts *statisch* auf die – nach ihrer Rechtsnatur tatsächlich nur privaten – Regelwerke der Vergabe- und Vertragsordnungen verwies. Damit übertrug der Verordnungsgeber seine Normsetzungsbefugnis gerade nicht den Verdingungsausschüssen. Denn im Gegensatz zur dynamischen Verweisung, bei der das Gesetz bzw. die Verordnung auf die Normsetzung einer anderen Stelle in ihrer jeweiligen Fassung verweisen und sich damit eines Teils ihrer Entscheidungskompetenz begeben, wird im Fall der statischen Verweisung durch das Gesetz bzw. die Verordnung auf einen feststehenden, abgeschlossenen Text verwiesen; vgl. *Breloer*, Europäische Vorgaben und das deutsche Vergaberecht, S. 30. Zum Unterschied zwischen einer dynamischen und einer statischen Verweisung vgl. auch *Pietzcker*, NZBau 2000, 64 ff.

rensteilnehmern ein subjektives Recht auf Einhaltung der Bestimmungen des Vergabeverfahrens vermittelt[336], und mit den noch näher zu beleuchtenden Rechtsschutzregelungen bilden die individualschützenden Regelungen über das Vergabeverfahren den Kern des individualschützenden Charakters des GWB-Vergaberechts.[337] Auch die Vorschriften über die Auswahl der richtigen Verfahrensart zählen zu den bieterschützenden Regelungen und begründen damit subjektive Rechte im Sinne des § 97 Abs. 6 GWB.[338]

(2) Außerhalb des Anwendungsbereichs des GWB-Vergaberechts

Den inhaltlich detaillierten und umfangreichen Verfahrensvorschriften des GWB-Vergaberechts, mit denen das oben beschriebene Hauptziel der Sicherstellung eines unverfälschten Wettbewerbs erreicht werden soll, stehen die außerhalb des Anwendungsbereichs des GWB-Vergaberechts ggf. anzuwendenden Vergabeverfahrensregelungen gegenüber, die sich im Bereich der Vergabe von Bau- sowie Liefer- und Dienstleistungsaufträgen

---

(65). Vgl. in diesem Zusammenhang auch BVerfG v. 16.10.1984, 1 BvL 17/80, BVerfGE 67, 348 (363) = NJW 1985, 1329 = MDR 1985, 642, wonach eine statische Verweisung in einem Bundesgesetz auf eine landesrechtliche Vorschrift letztere zu partiellem Bunderecht erhebt; vgl. dazu *Pruns*, Kartell- und vergaberechtliche Probleme des selektiven Kontrahierens, S. 343; *Otting* in Bechtold, GWB, Vor § 97 Rn. 13; Die angesprochene Kritik an der Regelungstechnik dürfte nach der Neustrukturierung des GWB-Vergaberechts mit dem VergRModG zumindest leiser werden.

336 Vgl. BT-Drs. 18/6281, S. 69.

337 Vgl. *Hensel*, Selektivverträge im vertragsärztlichen Leistungserbringungsrecht, S. 233.

338 Vgl. nur BGH v. 10.11.2009, X ZB 8/09, BGHZ 183, 95, NZBau 2010, 124 = VergabeR 2010, 210; BKartA, 1. Vergabekammer des Bundes v. 20.7.2004, VK 1-75/04; *Groß* in: Gröpl, BHO/LHO, § 55 Rn. 85. Wie weit die individualschützende Funktion im Einzelnen reicht, ist allerdings unklar. Neben den Vorgaben über die Arten der Vergabe und die Verfahrensgestaltung dürften zudem alle Bestimmungen, von denen die Anwendbarkeit des Vergaberechts abhängt, subjektive Rechte vermitteln. Dies gilt für die Vorschriften über die öffentlichen Auftraggeber, die erfassten Aufträge/Konzessionen sowie die Schwellenwerte; s. dazu *Pünder* in: Ehlers u.a., Öffentliches Wirtschaftsrecht, § 17 Rn. 76; vgl. auch *Crass*, Der öffentliche Auftraggeber, S. 53.

nach wie vor aus den jeweiligen „Basis-Abschnitten“ der VOB/A bzw. der VOL/A ergeben.[339]

(a) Geltung und Anwendung von Vergabeverfahrensregelungen

(aa) (Bereichsspezifische) Haushaltsrechtliche Regelungen

Im Gegensatz zu den §§ 98–101 GWB enthält das haushaltsrechtlich geprägte Vergaberecht schon keine klaren Bestimmungen zur Eröffnung seines persönlichen Anwendungsbereichs, insbesondere zum Begriff des adressierten Auftraggebers.[340] Die Auftraggebereigenschaft ergibt sich hier aus der Bindung an die für die jeweilige Einrichtung geltenden haushaltsrechtlichen Bestimmungen, in Bayern also bspw. Art. 55 Abs. 1 BayHO bzw. die kommunalen Haushaltsvorschriften.[341]

In diesem Bereich gilt der „klassische“, d.h. rein institutionelle Auftraggeberbegriff: Danach ist das haushaltsrechtliche Vergaberecht vom Staat, seinen Gebiets- und sonstigen Körperschaften, Anstalten, Stiftungen und Einrichtungen des öffentlichen Rechts anzuwenden, soweit für sie das Haushaltsrecht gilt.[342] Dazu zählen namentlich die Bundesrepublik Deutschland, die Länder, die Bezirke, die Landkreise, die Gemeinden, die kommunalen Verbände sowie die kommunalen und kommunal verwalteten Stiftungen.[343] Staatlich beherrschte Einrichtungen, die privatrechtlich organisiert sind, müssen in diesem vom GWB nicht erfassten Bereich nach wie vor grundsätzlich kaum vergaberechtliche Verfahrensregeln bei ihrer

---

339 Nicht unterschlagen werden soll, dass inzwischen die Finalfassung der vom BMWi erarbeiteten „Verfahrensordnung für die Vergabe öffentlicher Liefer- und Dienstleistungsaufträge unterhalb der EU-Schwellenwerte (Unterschwellenvergabeordnung – UVgO)“ veröffentlicht ist (BAnz AT 7.2.2017 B1), die auch den ersten Abschnitt der VOL/A ersetzen soll. Dennoch wird die UVgO in die vorliegende Untersuchung nicht näher einbezogen, weil sie zu ihrer Geltung erst noch in haushaltsrechtlicher Weise für den jeweiligen Bereich in Kraft gesetzt werden muss, bspw. durch Neufassung der Allgemeinen Verwaltungsvorschriften zu § 55 BHO, der entsprechenden landesrechtlichen Regelungen oder durch Änderung des § 22 SVHV.

340 Vgl. *Groß* in: Gröpl, BHO/LHO, § 55 Rn. 42.

341 *Groß* in: Gröpl BHO/LHO, § 55 Rn. 42.

342 *Wagner/Steinkemper*, NZBau 2006, 550 ff. (551); *Groß* in: Gröpl, BHO/LHO, § 55 Rn. 42.

343 *Schneider* in: Kapellmann/Messerschmidt, VOB/A, Einleitung Rn. 23.

Auftragsvergabe beachten.[344] Ausnahmen können sich im Einzelfall etwa durch die Verpflichtung des privatrechtlich organisierten Unternehmens zur Anwendung vergaberechtlicher Regelungen in Nebenbestimmungen zu einem Bewilligungsbescheid über einen Investitionszuschuss ergeben.[345]

Soweit sie Anwendung finden, enthalten die haushaltsrechtlichen Regelungen selbst regelmäßig nur die allgemeine Pflicht zur öffentlichen Ausschreibung vor Vertragsabschluss, vgl. etwa § 55 Abs. 1 BHO.[346] Damit ist natürlich über die konkrete Verfahrensgestaltung und den Ablauf des Vergabeverfahrens kaum etwas ausgesagt. Zusätzlich enthalten haushaltsrechtliche Regelungen aber im Regelfall immerhin auch die an die jeweiligen Auftraggeber gerichtete Verpflichtung, beim Vertragsabschluss nach „einheitlichen Richtlinien" zu verfahren. Diese werden im Haushaltsrecht vom jeweiligen Finanzministerium in Form von Haushaltserlassen oder der Verwaltungsvorschriften zu § 55 BHO/LHO erlassen. Dort werden wiederum insbesondere die Vergabe- und Vertragsordnungen in Bezug genommen und für anwendbar erklärt.[347]

Was den Bereich des Sozialversicherungsrechts anbelangt, ist daran zu erinnern, dass sich die bereichsspezifisch-haushaltsrechtliche Pflicht zur Ausschreibung insbesondere aus § 78 SGB IV i.V.m. § 22 SVHV ergibt.[348] Wie ebenfalls bereits erwähnt, führt die Vorschrift des § 22 Abs. 2 SVHV die jeweils geltenden „Verdingungsordnungen" als Regelbeispiel „einheitlicher Richtlinien" an, nach denen beim Abschluss der Verträge zu verfahren ist. Damit ist die Anwendung der (nicht europäisierten Abschnitte der) Vergabeverfahrensbestimmungen der Vergabe- und Vertragsordnungen in diesem sozialversicherungs-haushaltsrechtlichen Bereich zwar nicht zwingend angeordnet. Soweit die in den Anwendungsbereich des § 22 SVHV fallenden Einrichtungen[349] eigene Richtlinien für ihre Beschaffungstätigkeit aufstellen, müssen diese dem Regelungsgehalt der einschlägigen Be-

---

344 Vgl. *Breloer*, Europäische Vorgaben und das deutsche Vergaberecht, S. 34.

345 Vgl. *Breloer*, Europäische Vorgaben und das deutsche Vergaberecht, S 35.

346 S. dazu bereits oben a)bb)(1).

347 *Groß* in: Gröpl, BHO/LHO, § 55 Rn. 2.

348 S. bereits oben a)bb)(1).

349 Dies sind – neben den Sozialversicherungsträgern aller Sparten – nach § 34 SVHV auch die Verbände und die sonstigen Vereinigungen auf dem Gebiet der Sozialversicherung, die Körperschaften des öffentlichen Rechts sind.

stimmungen der Vergabe- und Vertragsordnungen zumindest vergleichbar sein.

(bb) Landesvergabegesetze

Auch die Landesvergabegesetze führen jedenfalls nicht zu einer bundesweiten Pflicht zur Anwendung der Vergabe- und Vertragsordnungen außerhalb des GWB-Vergaberechts. In Bayern existiert ohnehin nach wie vor kein eigenständiges Landesvergabegesetz. In den übrigen Bundesländern existieren zwar Landesvergabegesetze, von denen aber ebenfalls nicht alle die Anwendung der Abschnitte 1 der VOB/A und der VOL/A für ihren Anwendungsbereich anordnen. Die Mehrzahl der Landesvergabegesetze enthält für ihren jeweiligen Anwendungsbereich eigene Vergabeverfahrensregelungen.

Zudem ist der persönliche Anwendungsbereich in vielen Landesvergabegesetzen begrenzt auf bestimmte Auftraggeber, nämlich auf solche, die den Regelungen der jeweiligen Landeshaushaltsordnung unterworfen sind. Demnach bleibt es im Wesentlichen auch dort – wie bei den haushaltsrechtlichen Regelungen – beim institutionellen Auftraggeberbegriff.

(cc) Anforderungen der Grundrechte und des primären Gemeinschaftsrechts

Der Staat hat nirgends wie ein Privater das Recht zur Beliebigkeit.[350] Er muss auch bei der Auftragsvergabe grundgesetzliche Bindungen beachten.[351] Die insoweit primär in Betracht zu ziehende grundrechtliche Bestimmung des Art. 3 Abs. 1 GG ist zwar keine spezifische Vergaberegelung. Sie stellt sich auch nicht als unmittelbare Ausprägung der Zweiteilung des Vergaberechts dar, weil sie selbstverständlich auch im Anwen-

350 *Hesse*, Grundzüge des Verfassungsrechts der Bundesrepublik Deutschland, Rn. 348; vgl. auch *Dreher* in: Immenga/Mestmäcker, GWB, Vor §§ 97 ff. Rn. 150 m.w.N.

351 Vgl. dazu ausführlich BVerfG v. 13.6.2006, 1 BvR 1160/03, BVerfGE 116, 135 (153) = NJW 2006, 3701 = NVwZ 2006, 1396; zur Grundrechtsrelevanz der öffentlichen Auftragsvergabe vgl. auch *Breloer*, Europäische Vorgaben und das deutsche Vergaberecht, S. 122 ff.

dungsbereich des GWB-Vergaberechts anwendbar bleibt; die Anwendung des GWB-Vergaberechts ersetzt jedoch regelmäßig die eigenständige Grundrechtskontrolle.[352] Da – wie gezeigt – gerade außerhalb des Anwendungsbereichs des GWB-Vergaberechts spezifische Vergabeverfahrensregelungen nur sehr lückenhaft anwendbar sind, erlangen die grundrechtlichen Bestimmungen gerade in diesem Bereich große Bedeutung. Sie stellen eine Art Auffangordnung für den Bereich außerhalb des GWB-Vergaberechts dar.[353] Von den einschlägigen grundgesetzlichen Bestimmungen gehen insoweit „vergaberechtsähnliche" Bindungen aus.[354]

Hinzu kommt, dass sich nach der Rechtsprechung des EuGH direkt aus dem primären Gemeinschaftsrecht Anforderungen an staatliche Akte ableiten lassen, die Wirtschaftsleistungen oder Lieferungen von Gütern zum Gegenstand haben. Die hierzu vom EuGH entwickelten Grundsätze gelten prinzipiell für alle Fälle einer Auftragsvergabe durch den öffentlichen Auftraggeber, also auch und gerade für solche außerhalb des Anwendungsbereichs des auf den europäischen Vergaberichtlinien basierenden GWB-Vergaberechts.[355] So formulierte auch schon der Regierungsentwurf zum Vergaberechtsänderungsgesetz: „Auch unterhalb der Schwellenwerte haben alle Auftraggeber die Vorschriften des sonstigen EU-Rechts, insbesondere das Diskriminierungsverbot zu beachten."[356]

(dd) Zwischenergebnis

Anders als im Anwendungsbereich des GWB-Vergaberechts fehlen klare gesetzliche Bestimmungen zum persönlichen Anwendungsbereich der haushaltsrechtlich geprägten Vergabevorschriften. Auch die Anwendbarkeit der Verfahrensvorgaben, die der jeweilige Auftraggeber bei der Auftragsvergabe außerhalb des Anwendungsbereichs des GWB-Vergaberechts beachten muss, ist nicht einheitlich ausgestaltet, sondern divergiert je nach dem anzuwendenden vergaberechtlichen Bindungsrahmen. So ist etwa die

---

352 Vgl. *Becker/Schweitzer*, Gutachten zum 69. Deutschen Juristentag 2012, S. 61.

353 Vgl. *Barth*, Das Vergaberecht außerhalb des Anwendungsbereichs der EG-Vergaberichtlinien, S. 106 m.w.N.

354 So etwa auch *Sormani-Bastian*, Vergaberecht und Sozialrecht, S. 233.

355 Vgl. *Sormani-Bastian*, Vergaberecht und Sozialrecht, S. 234 f.

356 BT-Drs. 13/9340, S. 15; s. auch dazu *Dreher* in: Immenga/Mestmäcker, GWB, Vor §§ 97 ff. Rn. 51.

Anwendung der („Basisabschnitte" der) Vergabe- und Vertragsordnungen mit ihren Regelungen zum Vergabeverfahren außerhalb des Anwendungsbereichs des GWB-Vergaberechts nur teilweise verpflichtend vorgeschrieben.

(b) Überblick über die Vergabeverfahrensregelungen (Verfahrensarten)

Der folgende Überblick soll nur die Grundzüge der Vergaberegime in diesem Bereich skizzieren. Grundsätzlich gilt, dass die verfahrensrechtlichen Anforderungen außerhalb des Anwendungsbereichs des GWB-Vergaberechts weniger streng sind.[357]

(aa) Vergabe- und Vertragsordnungen

Die – auch nach Inkrafttreten des VergRModG Gültigkeit behaltenden – Abschnitte 1 der VOB/A und der VOL/A kennen drei Verfahrensarten, die auch in ihrer begrifflichen Bestimmung vom europäischen Vergaberecht unbeeinflusst geblieben sind: Die öffentliche Ausschreibung, die beschränkte Ausschreibung und die freihändige Vergabe.[358] Ebenso wie im Anwendungsbereich des GWB-Vergaberechts orientieren sich die verschiedenen Vergabearten auch hier an den einheitlichen Vergabegrundsätzen des Wettbewerbs (§ 2 Abs. 1 Nr. 2 VOB/A; § 2 Abs. 1 und 2 VOL/A), der Gleichbehandlung (§ 2 Abs. 2 VOB/A; § 2 Abs. 1 Satz 2 VOL/A) und der Transparenz (§ 2 Abs. 1 Nr. 1 VOB/A; § 2 Abs. 1Satz 1 VOL/A).[359]

Inhaltlich sind auch in den jeweiligen Abschnitten 1 der Vergabe- und Vertragsordnungen durchaus detaillierte Vorgaben zum Vergabeverfahren und den Vergabekriterien enthalten, die sich in ihrem Aufbau am Ablauf der jeweiligen Verfahrensart orientieren und ebenso wie die (früheren) EG-Paragraphen bzw. nunmehr die Regelungender VgV Bestimmungen enthalten über die Erstellung der Vergabeunterlagen mit Leistungsbeschreibung, ihre Bekanntmachung, die Versendung an die Teilnehmer am

357 Ebenso *Pruns*, Kartell- und vergaberechtliche Probleme des selektiven Kontrahierens, S. 367 m.w.N.

358 Vgl. § 3 VOB/A.

359 Umfassend zum Verfahrensablauf etwa *Stickler* in: Kapellmann/Messerschmidt, VOB/A, § 3 Rn. 8.

Wettbewerb, Fristen und Grundsätze der Informationsübermittlung, Form und Inhalt der Angebote, Geheimhaltung bis zum Eröffnungstermin, über die Prüfung und Wertung der Angebote und schließlich über den Zuschlag und die Benachrichtigung der Bieter.[360]

(bb) Landesvergabegesetze

Die Strukturen der Verfahrensregelungen der derzeit geltenden Landesvergabegesetze sind uneinheitlich. Mehr als die Hälfte dieser inzwischen fünfzehn Landesgesetze enthalten eigenständige Verfahrensvorgaben, sieben Landesvergabegesetze ordnen dagegen die Anwendung der ersten Abschnitte der VOB/A und der VOL/A an. Soweit die Landesvergabegesetze eigene Verfahrensregelungen enthalten, sind diese wiederum zum Teil an die Verfahrensregelungen der Vergabe- und Vertragsordnungen angelehnt. Völlig neue inhaltliche Regelungsansätze enthalten die Vergabeverfahrensvorschriften in den Landesvergabegesetzen jedenfalls nicht.

(cc) Verfassungs- und gemeinschaftsrechtliche Bestimmungen

Soweit mangels Anwendbarkeit spezieller Verfahrensvorgaben auf die übergeordneten Vorgaben des Grundgesetzes sowie die Vorgaben des primären Gemeinschaftsrechts zurückzugreifen ist, ergeben sich aus dem Wortlaut der insoweit einschlägigen Bestimmungen natürlich keine spezifischen Regelungen zum Ablauf des Vergabeverfahrens. Die Rechtsprechung hat hieraus aber über die Jahre bestimmte Anforderungen an Vergabeverfahren herausgearbeitet.[361] Wie aus dem europäischen Primärrecht lassen sich auch aus dem deutschen Verfassungsrecht, insbesondere aus dem allgemeinen Gleichbehandlungsgrundsatz des Art. 3 Abs. 1 GG, solche Anforderungen ableiten.[362] Diese Bindungen verlangen die Durchfüh-

---

360 Vgl. *Barth*, Das Vergaberecht außerhalb des Anwendungsbereichs der EG-Vergaberichtlinien, S. 25.

361 Vgl. dazu nur etwa BVerfG v. 27.9.1978, 1 BvR 361/78, BVerfGE 49, 220 = NJW 1979, 534; BVerfG v. 13.11.1979, 1 BvR 1022/78, BVerfGE 52, 380 = NJW 1980, 1153; vgl. dazu umfassend und m.w.N. aus der Rechtsprechung *Sormani-Bastian*, Vergaberecht und Sozialrecht, S. 235; s. auch bereits oben (a)(cc).

362 Vgl. *Pruns*, Kartell- und vergaberechtliche Probleme des selektiven Kontrahierens, S. 365 f.

rung eines transparenten und diskriminierungsfreien Auswahlverfahrens.[363] Jeder Mitbewerber muss eine faire Chance erhalten, nach Maßgabe der für den spezifischen Auftrag wesentlichen Kriterien und des vorgesehenen Verfahrens berücksichtigt zu werden.

Die Verfahrensrelevanz der Grundrechte betont auch das BSG immer wieder, sei es in Bezug auf Aufklärungspflichten[364], Zuständigkeitszweifel[365], behördlichen Sachaufklärungspflichten[366] oder auch die Bedarfsplanung[367].

Entsprechendes gilt für die nach der Rechtsprechung des EuGH aus dem Primärrecht abzuleitenden Anforderungen, die den öffentlichen Auftraggeber ebenfalls insbesondere zu Transparenz und Nichtdiskriminierung verpflichten.[368]

Insgesamt aber lassen sich sowohl aus dem Grundgesetz als auch aus dem primären Gemeinschaftsrecht allenfalls wenig konkrete Mindestanforderungen ableiten, die in keiner Weise dazu geeignet sind, die die Zweiteilung des deutschen Vergaberechts prägenden Unterschiede zu beseitigen.[369]

---

363 Vgl. im Einzelnen zu den verfassungsrechtlichen und gemeinschaftsrechtlichen Anforderungen an Inhalt und Ablauf des Vergabeverfahrens *Barth*, Das Vergaberecht außerhalb des Anwendungsbereichs der EG-Vergaberichtlinien, S. 29 ff.; *Sormani-Bastian*, Vergaberecht und Sozialrecht, S. 233 ff.

364 BSG v. 14.2.2001, B 9 V 9/00 R, BSGE 87, 280 = NZS 2001, 599 = SGb 2002, 52.

365 BSG v. 29.11.1995, 3 RK 25/94, BSGE 77, 108 = NJW 1997, 822 = GewArch 1997, 320.

366 BSG v. 21.9.2000, B 11 AL 7/00 R, BSGE 87, 132 = SozR 3-4100 § 128 Nr. 10.

367 BSG v. 19.11.1997, 3 RK 1/97, BSGE 81, 189 = SozR 3-2500 § 111 Nr. 1 = NZS 1998, 429.

368 Vgl. nur EuGH v. 21.7.2005, Rs. C-231/03 – *Coname*, Slg. 2005, I-7287 = NVwZ 2005, 1052 = EuZW 2005, 529; v. 13.10.2005, Rs. C-458/03 – *Parking Brixen*, Slg. 2005, I-8585 = NVwZ 2005, 1407 = EuZW 2005, 727; v. 27.10.2005, Rs. C-234/03 – *Contse u.a.*, Slg. 2005, I-9315 = NVwZ 2006, 187 = EuZW 2006, 153; s. ausführlich dazu auch *Barth*, Das Vergaberecht außerhalb des Anwendungsbereichs der EG-Vergaberichtlinien, S. 29 ff.

369 Ausführlich zum Inhalt dieser Mindestvorgaben etwa *Barth*, Das Vergaberecht außerhalb des Anwendungsbereichs der EG-Vergaberichtlinien, S. 29 ff.

(c) Rechtswirkung der Vergabeverfahrensregelungen: Subjektive Bieterrechte?

Mit Blick auf den Anwendungsbereich des GWB-Vergaberechts wurde bereits festgestellt, dass Bieter die Einhaltung der Vorschriften über das Vergabeverfahren verlangen können, ihnen mithin ein subjektives Recht zusteht.[370] Ob und ggf. inwieweit den Vergabeverfahrensbestimmungen außerhalb dieses Anwendungsbereichs eine damit vergleichbare rechtliche Wirkung zukommt und sich Bieter auch dort auf subjektive Rechtspositionen stützen können, soll im Folgenden untersucht werden.

(aa) (Bereichsspezifische) Haushaltsrechtliche Regelungen

Auch soweit die Regelungen der Vergabe- und Vertragsordnungen durch (bereichsspezifische) haushaltsrechtliche Regelungen für anwendbar erklärt werden, kommt ihnen grundsätzlich keine Außenrechtswirkung zu. Durch die Verweisung auf sie in Verwaltungsvorschriften oder Rechtsverordnungen des Haushaltsrechts erlangen die Vergabe- und Vertragsordnungen selbst auch nur die Qualität des Haushaltsrechts.[371] Als reines Innenrecht der Verwaltung erzeugen sie im Verhältnis zum Bieter grundsätzlich keine Außenwirkung.[372] Damit korrespondiert das Fehlen einer dem § 97 Abs. 6 GWB vergleichbaren Anspruchsgrundlage auf Einhaltung der Bestimmungen über das Vergabeverfahren in diesem Bereich. Die haushaltsrechtlichen Vorschriften gewähren demnach kein Recht auf Ausschreibung eines Auftrags.[373] Denn sie sind allein auf die Gewährleistung eines spar-

---

370 S. oben (1)(c).

371 S. dazu näher bspw. *Sormani-Bastian*, Vergaberecht und Sozialrecht, S. 20; *Breloer*, Europäische Vorgaben und das deutsche Vergaberecht, S. 27.

372 Vgl. BVerwG v. 2.5.2007, 6 B 10/07, Rn. 11, BVerwGE 129, 9, NJW 2007, 2275 = ZIP 2007, 1832; aus der Literatur bspw. *Breloer*, Europäische Vorgaben und das deutsche Vergaberecht, S. 27 f.; mittelbar kann jedoch eine Außenrechtswirkung über Art. 3 Abs. 1 GG durch in der Anwendung der Vergabe- und Vertragsordnung in der Verwaltungspraxis öffentlicher Auftraggeber liegende Selbstbindung der Verwaltung entstehen; s. dazu etwa *Sormani-Bastian*, Vergaberecht und Sozialrecht, S. 20 f; *Breloer*, Europäische Vorgaben und das deutsche Vergaberecht, S. 130 f.

373 Vgl. *Werner* in: Byok/Jaeger, Vergaberecht, GWB, § 98 Rn. 12; *Barth*, Das Vergaberecht außerhalb des Anwendungsbereichs der EG-Vergaberichtlinien, S. 109.

samen staatlichen Einkaufs gerichtet und wollen das öffentliche Budget schützen, nicht jedoch die Bieter.[374] Dahin ging auch der ausdrückliche gesetzgeberische Wille noch im Zuge der Umsetzung der Vergaberichtlinien.[375]

(bb) Unterwerfung unter die Vergaberegelungen der Vergabe- und Vertragsordnungen

In Praxi kommt es mitunter vor, dass sich ein Auftraggeber im Rahmen einer von ihm haushaltsrechtlich verlangten öffentlichen Ausschreibung (freiwillig) unter (bestimmte) vergaberechtliche Regelungen unterwirft. In solchen Fällen ist den in Bezug genommenen Vergabe- und Vertragsordnungen Außenwirkung zu attestieren. Insoweit wird konsequenterweise auch angenommen, dass bieterschützende Rechtspositionen entstehen können. Denn durch eine Ausschreibung, in der der Auftraggeber die Einhaltung bestimmter Regelungen bei der Auftragsvergabe – insbesondere der VOB/A und der VOL/A – verspricht oder zumindest ankündigt, kommt ein schuldrechtliches (vorvertragliches) Verhältnis zwischen dem Auftraggeber und dem interessierten Unternehmen mit diesen Regelungen zustande.[376] Die Unterwerfung kann demnach zu einem Anspruch auf Unterlassung rechtswidriger Handlungen führen.[377]

(cc) Rechtswirkung der Vergabeverfahrensregelungen im Anwendungsbereich der Landesvergabegesetze

Soweit in den derzeit gültigen Landesvergabegesetzen lediglich mit dynamischen Verweisen auf die Abschnitte 1 der Vergabe- und Vertragsordnungen VOB/A und VOL/A verwiesen wird, kann den grundsätzlich als pri-

---

374 *Breloer*, Europäische Vorgaben und das deutsche Vergaberecht, S. 60.

375 Vgl. die Begründung zum Regierungsentwurf des Vergaberechtsänderungsgesetzes, BT-Drs. 13/9340, S. 12; s. auch *Barth*, Das Vergaberecht außerhalb des Anwendungsbereichs der EG-Vergaberichtlinien, S. 110.

376 Vgl. dazu etwa BGH v. 9.6.2011 – X ZR 143/10, BGHZ 190, 89, ZIP 2011, 2026 = NZBau 2011, 498; OLG Düsseldorf v. 13.1.2010, I-27 U 1/09, VergabeR 2010, 531 = NZBau 2010, 328.

377 Vgl. etwa OLG Düsseldorf v. 13.1.2010, I-27 U 1/09, VergabeR 2010, 531 = NZBau 2010, 328.

vatrechtlich zu qualifizierenden Regelungen der Vergabe- und Vertragsordnungen mangels Außenwirkung keine Rechtsnormqualität beigemessen werden. Solche dynamischen Verweise genügen demnach nicht, um eigenständige bieterschützende Rechtspositionen aus den – per se ohnehin nicht dem Individualschutz der Bieter dienenden – Vergabe- und Vertragsordnungen im Anwendungsbereich der Landesvergabegesetze herzuleiten.[378] Zwar wird zu Recht darauf hingewiesen, dass einige Landesvergabegesetze wettbewerbsschützende Zwecke verfolgen.[379] Mit Blick auf den Zweck des Tariftreue- und Vergabegesetzes Nordrhein-Westfalen[380], nämlich zu vermeiden, dass Unternehmen bei der Ausführung öffentlicher Aufträge untertariflich entlohnte Beschäftigte einsetzen und sich damit ungerechtfertigte Wettbewerbsvorteile verschaffen, hat die Vergabekammer Düsseldorf etwa der in § 10 Tariftreue- und Vergabegesetz Nordrhein-Westfalen enthaltenen Prüfpflicht drittschützenden Charakter zugesprochen.[381] Eine darüber hinaus gehende Frage ist es jedoch, ob den jeweiligen Vergabeverfahrensvorschriften aller Landesvergabegesetze bieterschützender Charakter im Sinne subjektiver Rechtspositionen auf Einhaltung zu entnehmen ist. Jedenfalls soweit Landesvergabegesetze entweder gar kein Nachprüfungsverfahren vorsehen oder aber ausdrücklich regeln, dass ein Anspruch der Bieter auf Tätigwerden der Nachprüfungsbehörde nicht besteht[382], dürfte dies zu verneinen sein.

(dd) Subjektive Bieterrechte aus verfassungs- und europarechtlicher Herleitung

Unabhängig von den haushaltsrechtlichen oder landesrechtlichen Vorgaben lassen sich – wie gezeigt – bestimmte (Mindest-)Anforderungen an das Vergabeverfahren aus dem nationalen Verfassungsrecht und dem primären Gemeinschaftsrecht herleiten.[383] Das Bundesverfassungsgericht

---

378 S. dazu bereits oben Fn. 335; vgl. zum Ganzen auch etwa *Martlreiter*, Europäisierung des vergaberechtlichen Primärrechtsschutzes, S. 129 f.

379 Vgl. dazu bereits oben aa)(2)(b).

380 Fn. 318.

381 Vergabekammer Düsseldorf v. 9.1.2013, VK-29/2012, ZfBR 2013, 301; vgl. zum Ganzen auch Vergabekammer Sachsen-Anhalt v. 6.9.2013, 3 VK LSA 35/13.

382 Vgl. etwa § 8 Abs. 2 Satz 3 Sächsisches Vergabegesetz (Fn. 245); § 19 Abs. 2 Satz 4 Vergabegesetz Thüringen (GVBl. Thüringen 2011, 69).

383 S. oben (b)(cc).

(BVerfG) stellt dabei allerdings hohe Anforderungen an eine denkbare Verletzung des Art. 3 Abs. 1 GG: Diese sei erst anzunehmen, wenn „*die Rechtsanwendung oder das Verfahren unter keinem denkbaren Aspekt mehr rechtlich vertretbar sind und sich daher der Schluss aufdrängt, dass sie auf sachfremden und damit willkürlichen Erwägungen beruhen*“[384].

Solche Rechtsverstöße dürften bei Vorliegen der Binnenmarktrelevanz regelmäßig zugleich auch eine Verletzung des europäischen Primärrechts darstellen. Die Vergabe von Aufträgen unterliegt nämlich auch außerhalb des Anwendungsbereichs der europäischen Vergaberichtlinien den Grundregeln und den allgemeinen Grundsätzen des AEUV, insbesondere den Grundsätzen der Gleichbehandlung und der Nichtdiskriminierung aus Gründen der Staatsangehörigkeit sowie der daraus folgenden Pflicht zur Transparenz, sofern an diesen Aufträgen angesichts bestimmter objektiver Kriterien ein eindeutiges grenzüberschreitendes Interesse besteht.[385] Konkrete, detaillierte Vorgaben über die Art und Weise des Verfahrensgangs enthalten die von der Rechtsprechung in Auslegung von verfassungs- bzw. primärrechtliche Bestimmungen entwickelten Anforderungen freilich nicht, so dass insoweit nur von in ihrer Reichweite schwer fassbaren vergaberechtlichen „Mindeststandards“ die Rede sein kann[386], die in ihrer Wirkung keinesfalls dem engmaschigen Vergaberegime und dem damit

384 BVerfG v. 27.2.2008, 1 BvR 437/08, BauR 2009, 294 = VergabeR 2008, 924, mit Verweis auf BVerfG v. 7.4.1992, 1 BvR 1772/91, BVerfGE 86, 59 (63) = NJW 1992, 1675 = MDR 1992, 870; vgl. dazu auch *Noch* in: Byok/Jaeger, Vergaberecht, GWB, § 102 Rn. 7. Vgl. auch *Finke/Hangebrauck*, VergabeR 2010, 539 ff. (541).

385 Ständige Rechtsprechung des EuGH mit Blick auf Aufträge, die mangels Erreichen der Schwellenwerte nicht in den Anwendungsbereich der Vergaberichtlinien fallen: vgl. etwa EuGH v. 21.2.2008, Rs. C-412/04 – *Kommission/Italien*, Slg. 2008, I-619 = NVwZ 2008, 397 = BauR 2008, 1196; v. 10.9.2009, Rs. C-206/08 – *Eurawasser*, Slg. 2009, I-8377 = EuZW 2009, 810 = NZBau 2009, 729; v. 15.10.2009, Rs. C-196/08 – *Acoset*, Slg. 2009, I-9913 = EuZW 2009, 849 = NZBau 2009, 804; v. 23.12.2009, Rs. C-376/08 – *Serrantoni und Consorzio stabile edili*, Slg. 2009, I-12169 = EuZW 2010, 150 = NZBau 2010, 261 sowie aus jüngerer Zeit EuGH v. 16.4.2015, Rs. C-278/14 – *Enterprise Focused Solutions*, Rn. 16, NZBau 2015, 383; s. dazu auch bereits oben I.2.a), Fn. 66.

386 So etwa *Pruns*, Kartell- und vergaberechtliche Probleme des selektiven Kontrahierens, S. 348.

verbundenen Bieterschutz im Anwendungsbereich des GWB-Vergaberechts gleichkommen.[387]

(3) Zwischenergebnis

Zusammenfassend lässt sich feststellen, dass zwar auch außerhalb des GWB-Vergaberechts mit den jeweiligen Abschnitten 1 der (noch geltenden) Vergabe- und Vertragsordnungen durchaus detaillierte Vergabeverfahrensregelungen existieren.[388] Ihre Geltung und Anwendung muss jedoch gesondert angeordnet werden, was regelmäßig (aber eben nicht immer) über haushaltsrechtliche Verweise oder aus der Anwendung der entsprechenden Bestimmungen der Landesvergabegesetze erfolgt.

Im Bereich des (spezifischen) Haushaltsrechts sind die anwendbaren vergabespezifischen Regelungen grundsätzlich nicht mit Außenwirkung ausgestattet. Sie können den Bietern insoweit keine subjektiven Rechtspositionen verschaffen. Die klassischen haushaltsrechtlichen Regelungen kommen damit weder in ihrer Geltung (lückenhafte Geltungsanordnungen) noch in ihrer Wirkung (grundsätzlich keine Außenwirkung, mithin keine Wirkung im Verhältnis zum Bieter; grundsätzlich kein drittschützender Charakter) den Regelungen im Anwendungsbereich des GWB-Vergaberechts gleich. Was die auf Landesebene eingeführten Vergabegesetze betrifft, so ist zu differenzieren. Hier dürfte nunmehr zumindest teilweise von drittschützendem Charakter bestimmter vergabespezifischer Verfahrensvorschriften auszugehen sein. Soweit dies der Fall ist, können die Gräben zwischen den Vergaberechtsgebieten innerhalb und außerhalb des GWB-Vergaberechts zumindest mit Blick auf die Rechtswirkungen der jeweiligen Verfahrensvorschriften überwunden werden. Allerdings bestehen auch hier erhebliche Geltungs- und Anwendungslücken. So hat etwa das mit Blick auf das bundesweite Volumen der öffentlichen Auftragsvergabe sicher nicht zu vernachlässigende Bundesland Bayern nach wie vor kein eigenständiges Vergabegesetz.

Von wesentlicher Bedeutung für die Zweiteilung des nationalen Vergaberechts sind die Unterschiede zwischen den im Anwendungsbereich des

---

387 Vgl. *Barth*, Das Vergaberecht außerhalb des Anwendungsbereichs der EG-Vergaberichtlinien, S. 33, 62.

388 Vgl. *Barth*, Das Vergaberecht außerhalb des Anwendungsbereichs der EG-Vergaberichtlinien, S. 27.

GWB-Vergaberechts geltenden Verfahrensvorgaben und den außerhalb dieses Bereichs anwendbaren Verfahrensbestimmungen mit Blick auf ihre jeweilige rechtliche Wirkung: Außerhalb des GWB-Vergaberechts bleibt es in weiten Teilen bei der „haushaltsrechtlichen Regelungslage", in deren Rahmen den Vergabeverfahrensvorschriften der Vergabe- und Vertragsordnungen die Rolle eines bloßen Innenrechts der Verwaltung zukommt.[389] Sie binden den öffentlichen Auftraggeber grundsätzlich lediglich im Innenverhältnis, nicht jedoch im Außenrechtsverhältnis gegenüber dem Bieter.[390] Eine dem § 97 Abs. 6 GWB vergleichbare Regelung, die den Bietern explizit einen Anspruch auf Einhaltung der Bestimmungen des Vergabeverfahrens einräumen würde, fehlt. Die geltenden Landesvergabegesetze können diese Unterschiede nur teilweise entschärfen – nämlich nur insoweit, als sie Vergabeverfahrensregelungen mit Außenwirkung enthalten und dabei auch subjektive Rechtspositionen einräumen. Dies ist jedoch in den einzelnen Bundesländern wiederum unterschiedlich geregelt und führt zu einer weiteren Verkomplizierung des nationalen Vergaberechts.

Auch die im Auftragsvergabebereich außerhalb des GWB-Vergaberechts weiterhin anwendbaren, höherrangigen (und natürlich Außenwirkung besitzenden) grundrechtlichen Bestimmungen sowie primär-gemeinschaftsrechtlichen Grundsätze wie etwa das Gleichbehandlungsgebot, Diskriminierungsverbot, Transparenzgebot und das Wettbewerbsprinzip können den fehlenden subjektivrechtlichen Charakter außerhalb des GWB-Vergaberechts nicht kompensieren. Aus ihnen können nämlich lediglich Mindestanforderungen abgeleitet werden, deren Nichteinhaltung regelmäßig nur in krass gelagerten Fällen rechtliche Konsequenzen nach sich zieht.

cc) Rechtsschutzsystem und Rechtsschutzniveau

Die unterschiedlichen Wirkungen der jeweils anwendbaren Vergabeverfahrensvorschriften – reines Innenrecht auf der einen, Anspruch auf Ein-

---

389 Vgl. *Barth*, Das Vergaberecht außerhalb des Anwendungsbereichs der EG-Vergaberichtlinien, S. 27. Zu den Konsequenzen für den Rechtsschutz der Bieter in diesem Bereich s. sogleich unter cc).

390 BVerwG v. 2.5.2007, 6 B 10/07, Rn. 11, BVerwGE 129, 9 = NJW 2007, 2275 = ZIP 2007, 1832; vgl. auch *Barth*, Das Vergaberecht außerhalb des Anwendungsbereichs der EG-Vergaberichtlinien, S. 29.

haltung der Verfahrensvorschriften auf der anderen Seite des zweigeteilten Vergaberechts – lassen eine weitere, ebenso bedeutsame Ausprägung der Zweiteilung der beiden Regelungsbereiche unmittelbar folgen: Die Ausgestaltung des Rechtsschutzes im jeweiligen Regelungsbereich.

(1) Rechtsschutz im Anwendungsbereich des GWB-Vergaberechts

Die individualschützende Funktion des GWB-Vergaberechts äußert sich vor allem in der Präsentation eines detaillierten, mit den europäischen Richtlinienvorgaben übereinstimmenden Rechtsschutzsystems. Ausgangspunkt für den Rechtsschutz ist der in § 97 Abs. 6 GWB verankerte Anspruch der bietenden Unternehmen darauf, dass der öffentliche Auftraggeber die Bestimmungen über das Vergabeverfahren einhält. Damit werden den Bietern subjektive Rechtspositionen verliehen.[391] Da subjektive Rechte nach Art. 19 Abs. 4 GG gerichtlich durchsetzbar sein müssen, wurde mit der Einführung des subjektiven Rechts auf Einhaltung der Vergabeverfahrensvorschriften ein besonderes Rechtsschutzsystem eingeführt, mit dessen Hilfe unterlegene Bieter seither das Vergabeverfahren gerichtlich überprüfen lassen können.[392] Das seit Inkrafttreten des VergRModG am 18.4.2016 in drei Abschnitte unterteilte Kapitel 2 des Teils 4 des GWB (§§ 155 bis 184) stellt unter der Überschrift „Nachprüfungsverfahren" ein zweistufiges Rechtsschutzsystem zur Verfügung. Unterliegende Bieter können demnach auf Antrag (vgl. § 160 Abs. 1 GWB) die Vergabe öffentlicher Aufträge und – nunmehr auch – von Dienstleistungskonzessionen[393] zunächst in einem gerichtsähnlich ausgestalteten Verwaltungsverfahren vor den Vergabekammern des Bundes und der Länder (§ 156 GWB), die durch Verwaltungsakt entscheiden (§ 168 Abs. 3 GWB), sowie in zweiter Instanz vor den zuständigen Vergabesenaten der OLG nachprüfen lassen. Antragsbefugt ist gemäß § 160 Abs. 2 GWB jedes Unternehmen, das ein Interesse an dem öffentlichen Auftrag oder der Konzession hat und eine

391 S. dazu bereits oben bb)(1)(c); ausführlich dazu etwa *Breloer*, Europäische Vorgaben und das deutsche Vergaberecht, S. 28.

392 Vgl. die Begründung zum Regierungsentwurf des Vergaberechtsänderungsgesetzes, BT-Drs. 13/9340, S. 12; s. dazu auch etwa *Breloer*, Europäische Vorgaben und das deutsche Vergaberecht, S. 64.

393 Vgl. §§ 155, 156 Abs. 1 GWB, mit denen Artikel 46, 47 der Konzessionsrichtlinie umgesetzt worden sind.

Verletzung in seinen Rechten nach § 97 Abs. 6 GWB durch Nichtbeachtung von Vergabevorschriften geltend macht. Dabei ist darzulegen, dass dem Unternehmen durch die behauptete Verletzung der Vergabevorschriften ein Schaden entstanden ist oder zu entstehen droht. Die Vergabekammer erforscht den Sachverhalt von Amts wegen, kann sich dabei aber auf das beschränken, was von den Beteiligten vorgebracht wird oder ihr sonst bekannt sein muss (§ 163 Abs. 1 GWB). Die Entscheidungen der Vergabekammern können mittels sofortiger Beschwerde der Überprüfung durch die zweite Instanz zugeführt werden (§§ 171-184 GWB). Über die sofortige Beschwerde entscheidet im Regelfall der bei dem zuständigen OLG gebildete Vergabesenat (§ 171 GWB).

(a) Zum Primärrechtsschutz

Informiert die Vergabekammer den Auftraggeber über den eingegangenen Antrag auf Nachprüfung, darf dieser vor einer Entscheidung der Vergabekammer und dem Ablauf der Beschwerdefrist nach § 172 Abs. 1 GWB den Zuschlag grundsätzlich nicht erteilen (§ 169 Abs. 1 GWB). Die Vergabekammer entscheidet, ob der Antragsteller in seinen Rechten verletzt ist und trifft die geeigneten Maßnahmen, um eine Rechtsverletzung zu beseitigen und eine Schädigung der betroffenen Interessen zu verhindern (§ 168 Abs. 1 Satz 1 GWB). Einen bereits wirksam erteilten Zuschlag kann die Vergabekammer jedoch nicht aufheben (§ 168 Abs. 2 Satz 1 GWB).

Nach § 135 Abs. 1 GWB ist ein öffentlicher Auftrag von vornherein unwirksam, wenn der öffentliche Auftraggeber den Auftrag entweder unter Verstoß gegen die in § 134 GWB geregelte Informations- und Wartepflicht oder aber trotz nicht gestattetem Absehen von der vorherigen Veröffentlichung einer Bekanntmachung im Amtsblatt der Europäischen Union vergeben hat und der jeweilige Verstoß in einem Nachprüfungsverfahren festgestellt worden ist. Die Unwirksamkeit kann dabei nur festgestellt werden, wenn sie gemäß den Vorgaben des § 135 Abs. 2 GWB rechtzeitig in dem Nachprüfungsverfahren geltend gemacht worden ist. Diese Regelungen sind für die Gewährung des Primärrechtsschutzes essentiell, da die nicht berücksichtigten Bieter in diesem Rahmen noch die Möglichkeit haben, vor Zuschlagserteilung einen Nachprüfungsantrag zu stellen. Denn vor Ablauf der in § 134 Abs. 2 GWB geregelten Wartefrist darf der Vertrag nicht geschlossen werden; wird er das dennoch, ist er unter den Voraussetzungen des § 135 GWB von Anfang an unwirksam.[394]

Die Vergabekammer (vgl. § 169 Abs. 2 GWB) und das Beschwerdegericht (vgl. § 176 Abs. 1 GWB) können dem Auftraggeber auf Antrag die Zuschlagserteilung bzw. den weiteren Fortgang des Vergabeverfahrens und die Zuschlagserteilung gestatten (wobei dies im Verfahren vor der Vergabekammer erst nach Ablauf von zwei Wochen seit Bekanntgabe der Entscheidung möglich ist, um nicht die Beschwerdemöglichkeit ins Leere laufen zu lassen), wenn unter Berücksichtigung aller möglicherweise geschädigten Interessen sowie des Interesses der Allgemeinheit an einem raschen Abschluss des Vergabeverfahrens die nachteiligen Folgen einer Verzögerung der Vergabe bis zum Abschluss der Nachprüfung bzw. bis zur Entscheidung über die Beschwerde die damit verbundenen Vorteile überwiegen. Bei der dabei jeweils vorzunehmenden Abwägung ist das Interesse der Allgemeinheit an einer wirtschaftlichen Erfüllung der Aufgaben des Auftraggebers zu berücksichtigen. Das Beschwerdegericht kann auf Antrag die von der Vergabekammer in Anwendung des § 169 Abs. 2 GWB vorgenommene Gestattung rückgängig machen und das Verbot des Zuschlags nach § 169 Abs. 1 GWB wiederherstellen (§ 169 Abs. 2 Satz 5 GWB). Umgekehrt kann das Beschwerdegericht, wenn die Vergabekammer den Zuschlag nicht gestattet hat, auf Antrag des Auftraggebers den sofortigen Zuschlag gestatten (§ 169 Abs. 2 Satz 6 GWB).

(b) Zum Sekundärrechtsschutz

Daneben besteht für unberücksichtigte Bieter die Möglichkeit, sekundärrechtlichen Schutz in Form von Schadensersatz vor den Zivilgerichten geltend zu machen. In Betracht kommt zum einen der Ersatz des Vertrauensschadens (negatives Interesse) nach § 181 Satz 1 GWB, wenn dem Bieter der Nachweis gelingt, dass er ohne den Verstoß gegen eine auch den Bieter schützende Vergabeverfahrensvorschrift eine echte Chance auf den Zuschlag gehabt hätte. Die Annahme einer solchen echten Chance setzt aber voraus, dass ein Angebot vorliegt, das den Zuschlag hätte erhalten können. Daran fehlt es, wenn bereits die Wertungsmöglichkeit nicht besteht, weil

394 S. zur insoweit vergleichbaren Rechtslage vor Inkrafttreten des VergRModG auch etwa *Otting* in: Bechtold, GWB, § 114 Rn. 7.

eine nicht hinreichend spezifizierte und daher unklare Ausschreibung zu sachlich unterschiedlichen Geboten führt, zwischen denen eine Vergleichbarkeit nicht hergestellt werden kann. Nur über einen solchen Vergleich ist das Bestehen einer echten Chance festzustellen.[395]

Nach § 181 Satz 2 GWB bleiben weiterreichende Schadensersatzansprüche unberührt. Als solche sind insbesondere die in §§ 311 Abs. 2, 241 Abs. 2 und § 280 Abs. 1 BGB normierten Ersatzansprüche (culpa in contrahendo) anzusehen, die nach neuerer Rechtsprechung auch auf Ersatz des positiven Interesses gerichtet sein können und daher in der Praxis von großer Bedeutung sind. Ein derartiger auf das positive (Erfüllungs-)Interesse gerichteter Anspruch kommt etwa in Betracht, wenn dem Bieter der Nachweis gelingt, dass er bei rechtmäßigem Verlauf des Vergabeverfahrens den Zuschlag hätte erhalten müssen.[396] Dieser Nachweis dürfte allerdings regelmäßig schwer zu erbringen sein. Gerade deswegen ist der in § 181 Satz 1 GWB geregelte, wenn auch nur auf das negative Interesse gerichtete Schadensersatzanspruch, dessen Anforderungen an den Nachweis der Kausalität zwischen dem Rechtsverstoß des öffentlichen Auftraggebers und der auf Seiten des Bieters eingetretenen Beeinträchtigung der echten Chance im Verhältnis zu einer Haftung aus §§ 311 Abs. 2, 241 Abs. 2 und § 280 Abs. 1 BGB immerhin abgeschwächt sind, von großer praktischer Bedeutung.[397]

Daneben können auch weitere, etwa deliktische Ansprüche nach §§ 823 ff. BGB geltend gemacht werden.[398]

Wird wegen eines Verstoßes gegen Vergabevorschriften Schadensersatz begehrt und hat ein Verfahren vor der Vergabekammer stattgefunden, ist gemäß § 179 Abs. 1 GWB das ordentliche Gericht an die bestandskräftige Entscheidung der Vergabekammer und die Entscheidung des Oberlandesgerichts sowie gegebenenfalls des nach § 179 Abs. 2 GWB angerufenen Bundesgerichtshofs über die Beschwerde gebunden.

---

395 So BGH v. 1.8.2006, X ZR 146/03, NZBau 2007, 58 = BauR 2007, 120.

396 Näher dazu *Stockmann* in: Immenga/Mestmäcker, GWB, § 126 Rn. 25 ff; *Noch* in: Byok/Jaeger, Vergaberecht, GWB, § 102 Rn. 70.

397 Ebenso *Breloer*, Europäische Vorgaben und das deutsche Vergaberecht, S. 68.

398 Vgl. dazu etwa *Noch* in: Byok/Jaeger, Vergaberecht, GWB, § 102 Rn. 6 ff.;.

(2) Rechtsschutz außerhalb des Anwendungsbereichs des GWB-Vergaberechts

Die für Bieter bestehenden Rechtsschutzmöglichkeiten außerhalb des Anwendungsbereichs des GWB-Vergaberechts sollen im Folgenden in ihren Grundzügen dar- und den gerade skizzierten Möglichkeiten im GWB-Vergaberecht gegenübergestellt werden.

(a) Vergabespezifischer Primärrechtsschutz?

(aa) (Bereichsspezifische) Haushaltsrechtliche Regelungen

Wie bereits festgestellt, unterscheidet sich das „Haushaltsvergaberecht" schon in seiner Zielsetzung grundlegend vom GWB-Vergaberecht.[399] Anders als dieses dient es nicht dem Wettbewerbsschutz, sondern unterwirft das staatliche Haushaltsgebaren einem objektiv-rechtlich geprägten Ordnungsrahmen. Es dient vor allem den Geboten der Sparsamkeit und Wirtschaftlichkeit und statuiert zu diesem Zweck eine allgemeine Ausschreibungspflicht. Das haushaltsrechtlich geprägte Vergaberecht ist demgemäß *„objektives Innenrecht, auf dessen Einhaltung grundsätzlich kein subjektiver Rechtsanspruch besteht"*.[400] Im Haushaltsrecht existieren konsequenterweise keine vergabespezifischen Rechtsschutzregeln, die einen dem im Anwendungsbereich des GWB-Vergaberechts vorgehaltenen vergleichbaren Primärrechtsschutz gewähren.[401] Der Gesetzgeber hat sogar ausdrücklich davon abgesehen, den Primärrechtsschutz bei Auftragsvergaben in diesem Bereich zu regeln und dabei darauf verwiesen, es sei kein spezieller Rechtsschutz notwendig, vielmehr reichten die allgemeinen Regeln des Zivilrechts und des Zivilprozessrechts aus.[402]

Das BVerfG hat diese die Zweiteilung des in Deutschland anwendbaren Vergaberechts prägende „Rechtsschutzungleichheit" grundsätzlich gebil-

---

399 S. oben aa)(2)(a).

400 *Burgi*, VergabeR 2010, 403 ff. (404).

401 Umfassend zum Rechtsschutz in Deutschland außerhalb des GWB-Vergaberechts s. auch *Barth*, Das Vergaberecht außerhalb des Anwendungsbereichs der EG-Vergaberichtlinien, S. 107 ff.

402 Vgl. die Begründung zum Regierungsentwurf des Gesetzes zur Modernisierung des Vergaberechts, BT-Drs. 16/10117, S. 14; vgl. auch OLG Düsseldorf v. 13.1.2010, I-U 27 1/09, VergabeR 2010, 531 = NZBau 2010, 328.

ligt.[403] Zunächst ist in diesem Zusammenhang von Bedeutung, dass die Vergabe öffentlicher Aufträge regelmäßig dann keinen Akt öffentlicher Gewalt darstellt, sondern dem Privatrecht zuzuordnen ist, wenn der Auftraggeber vergleichbar anderen (privaten) Marktteilnehmern als Nachfrager am Markt tätig wird, um einen Bedarf an bestimmten Gütern und Dienstleistungen zu decken.[404] Insoweit gebietet auch nicht Art. 19 Abs. 4 GG einen Anspruch auf effektiven Rechtsschutz im Bereich außerhalb des GWB-Vergaberechts.[405]

Darüber hinaus genügen die in der Rechtsordnung dem übergangenen Konkurrenten eingeräumten Möglichkeiten des Rechtsschutzes gegen Entscheidungen über die Vergabe öffentlicher Aufträge mit Auftragssummen unterhalb der Schwellenwerte den Anforderungen des aus dem Rechtsstaatsprinzip nach Art. 20 Abs. 3 GG abgeleiteten Justizgewährleistungsanspruchs.

Schließlich verletzt es auch nicht den Gleichheitssatz (Art. 3 Abs. 1 GG), dass der Gesetzgeber den Rechtsschutz gegen Vergabeentscheidungen unterhalb der Schwellenwerte anders gestaltet hat als den gegen Vergabeentscheidungen, die die Schwellenwerte übersteigen.[406] Vielmehr liege es *„im Hinblick auf Vergabeentscheidungen im gesetzgeberischen Gestaltungsspielraum, das Interesse des Auftraggebers an einer zügigen Ausführung der Maßnahmen und das des erfolgreichen Bewerbers an alsbaldiger Rechtssicherheit dem Interesse des erfolglosen Bieters an Primärrechtsschutz vorzuziehen und Letzteren regelmäßig auf Sekundärrechtsschutz zu beschränken. Der Gesetzgeber ist verfassungsrechtlich nicht da-*

---

403 BVerfG v. 13.6.2006, 1 BvR 1160/03, BVerfGE 116, 135 (149) = NJW 2006, 3701 = NVwZ 2006, 1396; vgl. dazu etwa *Stockmann* in: Immenga/Mestmäcker, GWB, § 102 Rn. 19 f.; *Röstel*, Vergaberechtsschutz, S. 25.

404 BVerfG v. 13.6.2006, 1 BvR 1160/03, Rn. 50 ff, BVerfGE 116, 135 = NJW 2006, 3701 = NVwZ 2006, 1396; vgl. auch BVerwG v. 2.5.2007, 6 B 10/07, BVerwGE 129, 9, NJW 2007, 2275 = ZIP 2007, 1832.

405 Vgl. dazu *Dreher* in: Immenga/Mestmäcker, GWB, Vor §§ 97 ff., Rn. 77; der Schutz durch Art. 3 Abs. 1 GG kommt aber selbstverständlich unabhängig davon in Betracht, dass es sich beim Zuschlag um eine privatrechtliche Handlung des öffentlichen Auftraggebers handelt; s. dazu auch etwa *Sormani-Bastian*, Vergaberecht und Sozialrecht, S. 22 ff.; s. auch bereits oben bb)(2)(a)(cc).

406 So der Leitsatz 3 des Beschlusses des BVerfG v. 13.6.2006, 1 BvR 1160/03, BVerfGE 116, 135 = NJW 2006, 3701 = NVwZ 2006, 1396.

zu verpflichtet, eine auch faktisch realisierbare Möglichkeit eines Primärrechtsschutzes im Vergaberecht zu schaffen.“[407]

(bb) Landesvergabegesetze

Den Befund eines (rechtmäßigerweise) ungleich ausgeprägten Rechtsschutzes in den zweigeteilten Vergaberechtsbereichen vermögen auch die landesrechtlichen Vergabegesetze nicht entscheidend abzumildern. Die Suche nach Primärrechtsschutzregelungen endet auch in diesen Landesgesetzen überwiegend vergeblich. So enthalten nur einige wenige Landesvergabegesetze eine dem § 134 GWB im Ansatz vergleichbare Vorschrift, die – oberhalb bestimmter Bagatellgrenzen (die deutlich unter den Schwellenwerten der Vergaberichtlinien liegen) – eine Pflicht zur Information der unterliegenden Bewerber und eine Pflicht zur Einhaltung einer bestimmten Wartezeit vor Zuschlagserteilung enthält und so überhaupt erst die praktische Möglichkeit eines Primärrechtsschutzes eröffnet (vgl. etwa § 19 Landesvergabegesetz Sachsen-Anhalt, § 8 Sächsisches Vergabegesetz[408] und § 19 Vergabegesetz Thüringen[409]).

Aber selbst soweit solche Regelungen existieren, sind sie den Regelungen des GWB-Vergaberechts jedenfalls nicht gleichwertig. So schließen einige Landesregelungen ausdrücklich einen Anspruch des Bieters auf Tätigwerden der Nachprüfungsbehörde aus.[410] Auch fehlen jedenfalls dem § 135 GWB vergleichbare Vorschriften, die die Unwirksamkeit eines unter Verstoß gegen die Informations- und Wartepflicht zustande gekommenen Vertrages vorsehen würden, so dass die Rechtsfolge eines solchen Verstoßes unklar bleibt.[411] Schließlich bleibt mangels entsprechender Regelungen unklar, ob und, wenn ja, in welchem Rechtsweg eine (eventuelle) Ent-

---

407 BVerfG v. 13.6.2006, 1 BvR 1160/03, BVerfGE 116, 135 = NJW 2006, 3701 = NVwZ 2006, 1396, bestätigt durch BVerfG v. 27.2.2008, 1 BvR 437/08, ZfBR 2008, 816 = VergabeR 2008, 924.

408 Fn. 245.

409 Fn. 382.

410 S. oben bb)(2)(c)(cc) bei Fn. 382.

411 Die Nichtigkeit (§ 134 BGB) eines unter Verstoß gegen die in § 19 Landesvergabegesetz Sachsen-Anhalt geregelte Informations- und Wartepflicht geschlossenen Vertrages bejahend Vergabekammer Sachsen-Anhalt v. 6.9.2013, 3 VK LSA 35/13; ausführlich zum Ganzen etwa *Conrad*, ZfBR 2016, 124 ff. (126).

scheidung der Nachprüfungsbehörde der gerichtlichen Überprüfung unterliegt.[412]

(b) Rückgriff auf allgemeine Bestimmungen zum Primärrechtsschutz

In Ermangelung eines bundesweit einheitlichen, in allen Belangen effektiven vergabespezifischen Primärrechtsschutzsystems bleibt Bietern regelmäßig nur der –auch unabhängig von den gerade skizzierten landesrechtlichen Regelungen mögliche – Rückgriff auf die von der Rechtsordnung vorgehaltenen allgemeinen Rechtsschutzbestimmungen.

(aa) Der Rechtsweg und seine Bedeutung für die Reichweite des Primärrechtsschutzes

Die tatsächlichen Rechtsschutzmöglichkeiten außerhalb des GWB-Vergaberechts hängen dabei zunächst davon ab, welcher Rechtsweg für Vergabestreitigkeiten in diesem Bereich eröffnet ist. Das liegt daran, dass sich Zivilprozess und Verwaltungsprozess in ihren jeweiligen Verfahrensgrundsätzen wesentlich voneinander unterscheiden. Gemäß § 81 Absatz 1 Satz 1 VwGO hat das Verwaltungsgericht den Sachverhalt von Amts wegen zu erforschen (Untersuchungsgrundsatz).[413] Vergleichbares gilt im GWB-vergaberechtlichen Nachprüfungsverfahren[414], wo gemäß § 163 Absatz 1 Satz 1 GWB die Vergabekammer den Sachverhalt ebenfalls von Amts wegen untersucht. Im Gegensatz hierzu steht der Beibringungs- oder Verhandlungsgrundsatz, der das Zivilprozessrecht charakterisiert. Die Anwendbarkeit des Amtsermittlungsgrundsatzes spielt für den klagenden Bieter eine mitunter herausragende Rolle, schließlich ist der Kläger oder Antragsteller im Zivilprozess, insbesondere im einstweiligen Rechts-

---

412 Vgl. auch dazu *Conrad*, ZfBR 2016, 124 ff. (127).

413 Vgl. Wissenschaftlicher Dienst des Bundestages, Rechtsschutz im Vergabeverfahren unterhalb des Schwellenwerte, S. 14; zu weiteren Vorteilen des Verwaltungsprozessrechts vgl. *Özfirat-Skubinn*, DÖV 2010, 1005 ff. (1011).

414 Regelungen zum Untersuchungsgrundsatz fehlen hingegen auch in denjenigen Landesvergabegesetzen, die ein Nachprüfungsverfahren vorsehen.

schutzverfahren gemäß den §§ 935, 940 ZPO, nach dem dort geltenden Beibringungsgrundsatz grundsätzlich darlegungs- und beweisbelastet.[415]

Die Rechtswegzuständigkeit im Bereich außerhalb des GWB-Vergaberechts hat der Gesetzgeber bislang offen gelassen – obwohl sich gut 90% aller Vergabevorgänge in diesem Bereich vollziehen.[416] Das BVerwG ist im Fall einer Vergaberechtsstreitigkeit unterhalb der europarechtlich determinierten Schwellenwerte zur Eröffnung des Zivilrechtsweges gelangt.[417] Das BVerwG hat diese richtungsweisende Entscheidung vor allem mit der oben angesprochenen, auch vom BVerfG angenommenen Zuordnung des gesamten, als einheitlich anzusehenden Vergabevorgangs zum Privatrecht begründet.[418] Sowohl die Vergabeentscheidung selbst als auch das vorangehende Vergabeverfahren seien also dem Privatrecht zuzuordnen, so dass prinzipiell auch die auf die Auswahlphase (vor Erteilung des Zuschlags) bezogenen Streitigkeiten vor die ordentlichen Gerichte gehörten. Dies gelte jedenfalls dann, wenn bei der Entscheidung über die Vergabe eines öffentlichen Auftrags keine gesetzliche Verpflichtung zu bevorzugter Berücksichtigung eines bestimmten Personenkreises zu beachten ist.[419] Seit dieser Entscheidung des BVerwG für die Eröffnung des Zivilrechtswegs bei Rechtsstreiten über die Auftragsvergabe außerhalb des Anwendungsbereichs des GWB-Vergaberechts sind die damit verbundenen und gerade beschriebenen Auswirkungen auf die Beweis- und Darlegungslast der um Rechtsschutz ersuchenden Bieter regelmäßig Realität.[420]

---

415 Ausführlich zu alledem vgl. Wissenschaftlicher Dienst des Bundestages, Rechtsschutz im Vergabeverfahren unterhalb des Schwellenwerte, S. 14.

416 Wissenschaftlicher Dienst des Bundestages, Rechtsschutz im Vergabeverfahren unterhalb des Schwellenwerte, S. 4; *Burgi*, NVwZ 2007, 737 ff. (738).

417 BVerwG v. 2.5.2007, 6 B 10/07, BVerwGE 129, 9, NJW 2007, 2275 = ZIP 2007, 1832.

418 S. oben (a)(aa).

419 A.A. dagegen etwa *Burgi*, NVwZ 2007, 737 ff. (738), der meint, dass die Verwaltung bei der Vergabe öffentlicher Aufträge nicht wie ein Privater als Nachfrager am Markt teilnehme; den Zivilrechtsweg ebenfalls ablehnend *Özfirat-Skubinn*, DÖV 2010, 1005 ff.

420 Die Entscheidung des BVerwG hat allerdings nach § 83 Satz 1 VwGO i.V.m. § 17 a Abs. 1, Abs. 2 Satz 2 GVG nur das Landgericht gebunden, an das der Rechtsstreit verwiesen wurde, nicht aber andere Zivilgerichte; es kann also durchaus noch vorkommen, dass Zivilgerichte ihrerseits die Rechtswegzuständigkeit verneinen; s. dazu etwa *Özfirat-Skubinn*, DÖV 2010, 2005 ff. (1009).

(bb) Zu Herleitung und Voraussetzungen des Primärrechtsschutzes

In Anwendung der zivilprozessualen Bestimmungen gewährt die instanzgerichtliche Rechtsprechung teilweise in bestimmten Konstellationen den Bietern auch außerhalb des GWB-Vergaberechts Primärrechtsschutz im Wege einer einstweiligen Verfügung nach §§ 935 ff. ZPO, mit der dem Auftraggeber die Zuschlagerteilung untersagt wird.[421] Für die Anerkennung eines solchen Primärrechtsschutzes auch im Bereich außerhalb des GWB-Vergaberechts sprechen nach Auffassung des OLG Düsseldorf auch europarechtliche Gründe.[422]

In materiell-rechtlicher Hinsicht hängt es aber von der jeweiligen Sachverhaltskonstellation im Einzelfall ab, ob überhaupt ein subjektives Bieterrecht, das nach § 935 ZPO Voraussetzung für den Erlass einer einstweiligen Verfügung ist, anzunehmen ist. Dieses kann sich zwar nicht nur aus Art. 3 Abs. 1 GG[423], sondern auch aus einfachrechtlichen Bestimmungen ergeben. Die den Primärrechtsschutz auch außerhalb des Anwendungsbereichs des GWB-Vergaberechts anerkennende Rechtsprechung zieht insoweit vor allem einen Anspruch auf Unterlassung rechtswidrigen Handelns aus §§ 311 Abs. 2, 241 Abs. 2 BGB (teilweise i.V.m. § 280 Abs. 1 und § 1004 BGB analog) heran.[424] Ein solcher Anspruch setzt aber jedenfalls

---

421 Vgl. dazu grundlegend etwa OLG Düsseldorf v. 13.1.2010, I-27 U 1/09, VergabeR 2010, 531 = NZBau 2010, 328; OLG Jena v. 8.12.2008, 9 U 431/08, BauR 2009, 1023 = VergabeR 2009, 524; vgl. zum Ganzen auch OLG Saarbrücken v. 13.6.2012, 1 U 357/11, NZBau 2012, 654 = ZfBR 2012, 799; aus jüngerer Zeit auch OLG Stuttgart v. 21.7.2015, 10 W 31/15, NJW-RR 2016, 187 = MDR 2015, 1096; vgl. dazu auch *Burgi*, VergabeR 2010, 403 ff. (406).

422 OLG Düsseldorf v. 13.1.2010, I-27 U 1/09, Rn. 41 f., VergabeR 2010, 531 = NZBau 2010, 328.

423 Das BVerfG verlangt für eine Verletzung des Art. 3 Abs. 1 GG, dass die Rechtsanwendung oder das Verfahren unter keinem denkbaren Aspekt mehr rechtlich vertretbar sind und sich daher der Schluss aufdrängt, dass sie auf sachfremden und damit willkürlichen Erwägungen beruhen (BVerfG v. 27.2.2008, 1 BvR 437/08, BauR 2009, 294 = VergabeR 2008, 924); insoweit verfügt jeder Mitbewerber über ein subjektives Recht, für das effektiver Rechtsschutz (ggf. auch als Sekundärrechtsschutz) gewährleistet werden muss (BVerfG v. 13.6.2006, 1 BvR 1160/03, Rn. 65, 82, BVerfGE 116, 135 = NJW 2006, 3701 = NVwZ 2006, 1396); s. dazu auch bereits oben bb)(2)(c)(dd).

424 Vgl. OLG Saarbrücken v. 13.6.2012, 1 U 357/11 sowie insb. OLG Düsseldorf v. 13.1.2010, I-27 U 1/09, Rn. 30 ff., VergabeR 2010, 531 = NZBau 2010, 328; daneben kommt theoretisch auch ein Anspruch aus §§ 3, 3 a, 8 UWG (Unlauterkeit qua Rechtsbruch) in Betracht; s. dazu etwa *Burgi*, NVwZ 2007, 737 ff. (741).

ein vorvertragliches Schuldverhältnis voraus, das (nur) entstehen kann, wenn der Auftraggeber (verbindlich) ankündigt, die Vergabe auf der Grundlage bestimmter Vergaberegeln durchzuführen.[425]

Allerdings besteht die rechtliche Möglichkeit, im Wege des einstweiligen Rechtsschutzes den Zuschlag zu verhindern, vielfach nur theoretisch. Denn ein unterliegender Bieter wird – von den sich aus wenigen Landesvergabegesetzen ergebenden Informations- und Wartepflichten abgesehen[426] – nur selten rechtzeitig von der beabsichtigten Vergabeentscheidung erfahren, um ein derartiges Verfahren anstrengen zu können.[427]

Trotz der Ansätze in Rechtsprechung und (seit jüngerer Zeit) einigen Landesvergabegesetzen bleibt es dabei: Qualität und Reichweite des Primärrechtsschutzes außerhalb des Anwendungsbereichs des GWB-Vergaberechts sind überaus uneinheitlich ausgeprägt und von einer Gleichwertigkeit mit den speziellen Rechtsschutzvorgaben im GWB-Vergaberecht weit entfernt.[428]

(c) Sekundärrechtsschutz

Infolge des nach den obigen Darstellungen im Bereich außerhalb des GWB-Vergaberechts großteils fehlenden, zumindest aber unsicheren Primärrechtsschutzes kommt den rechtlichen Grundlagen für einen Schadensersatzanspruch als regelmäßig allein in Betracht kommende Rechtsschutzmöglichkeit große Bedeutung zu. Auch insoweit fehlen zwar spezielle, auf den Regelungsbereich zugeschnittene Anspruchsgrundlagen, so dass wiederum auf allgemeine (zivilrechtliche) Anspruchsgrundlagen zurückzugreifen ist, die sich auch hier in erster Linie aus §§ 241 Abs. 2, 311 Abs. 2, 280 Abs. 1 BGB ergeben können.[429] Wohl weniger von Bedeutung, gleichwohl als Anspruchsgrundlagen für Schadensersatz in Betracht zu

---

425 Vgl. BGH v. 9.6.2011 – X ZR 143/10, BGHZ 190, 89, ZIP 2011, 2026 = NZBau 2011, 498, dort allerdings zu einem Sekundäranspruch auf Erstattung aufgewendeter Rechtsanwaltskosten.

426 S. dazu oben (a)(bb).

427 BVerfG v. 13.6.2006, 1 BvR 1160/03, Rn. 72, BVerfGE 116, 135 = NJW 2006, 3701 = NVwZ 2006, 1396.

428 Vgl. umfassend dazu *Zeiss*, Sichere Vergabe unterhalb der Schwellenwerte, S. 414 ff.

429 Vgl. dazu etwa BGH v. 9.6.2011 – X ZR 143/10, BGHZ 190, 89, ZIP 2011, 2026 = NZBau 2011, 498; s. dazu bereits oben bb)(2)(c)(bb).

ziehen sind die §§ 823 ff. BGB, wobei als Schutzgesetze im Sinne des § 823 Abs. 2 BGB auch die europäischen Grundfreiheiten anzusehen sind.[430] Was die Erlangung von Rechtsschutz bezogen auf die denkbaren Schadensersatzansprüche angeht, sind die Unterschiede zum GWB-Vergaberecht – von der Bindungswirkung des ordentlichen Gerichts an die Entscheidung der Nachprüfungsinstanzen abgesehen[431] – zu vernachlässigen.

(d) Fazit zum Rechtsschutz außerhalb des GWB-Vergaberechts

In der Rechtspraxis wird den Bewerbern um einen Auftrag außerhalb des Anwendungsbereichs des GWB-Vergaberechts nach wie vor ein unbefriedigender, weil insbesondere mit Blick auf das Fehlen effektiver vergabespezifischer Primärrechtsschutzregelungen defizitärer, Rechtsschutz geboten.[432] Daran ändern auch diejenigen landesrechtlichen Vergaberegelungen, die auch in diesem Bereich ein Nachprüfungsverfahren vorsehen, nichts Grundlegendes. Sie mögen zwar den Rechtsschutz außerhalb des GWB-Vergaberechts theoretisch erweitern, indem die Bieter eine zusätzliche Instanz gewinnen können[433] – auf deren Tätigwerden jedoch in aller Regel kein Anspruch besteht.

Solange vergabespezifische, bundesweit einheitlich geltende Rechtsschutzregelungen außerhalb des GWB-Vergaberechts fehlen, bleibt die Gewährung wirksamen Primärrechtsschutzes in mehrfacher Hinsicht eine Einzelfallentscheidung. So hängt die Bejahung eines – gemäß den bestehenden allgemeinen (zivilrechtlichen) Bestimmungen in Betracht kommenden und vom betroffenen Bieter im Wege der einstweiligen Verfügung gerichtlich durchzusetzenden – Unterlassungsanspruchs etwa davon ab, dass sich der Auftraggeber bestimmten Vergaberegelungen unterworfen hat. Aber auch soweit Primärrechtsschutz im Einzelfall bejaht wird, bleibt dessen Qualität gerade mit Blick auf den infolge der Eröffnung des Zivilrechtswegs anzuwendenden Beibringungsgrundsatz hinter der Qualität des

---

430 Vgl. dazu etwa *Roth* in: Thüsing, Europäisches Vergabe- und Kartellrecht, S. 81.

431 S. oben (1)(b).

432 A.A. *Sormani-Bastian*, Vergaberecht und Sozialrecht, S. 24 f., die unter der unbestrittenen Prämisse, dass die Grundrechte die Verwaltung auch bei ihren Bedarfsdeckungsgeschäften binden, in der Rechtmäßigkeitskontrolle über Art. 3 Abs. 1 GG i.V.m. Art. 12 Abs. 1 GG einen „*umfassenden Primär- und Sekundärrechtsschutz außerhalb des GWB*“ erkennt.

433 Vgl. *Conrad*, ZfBR 2016, 124 ff. (128).

im GWB-Vergaberecht vorgesehenen Rechtsschutzes zurück. Vor diesem Hintergrund ist die auf Untersagung der Zuschlagserteilung zielende Rechtsverfolgung im Bereich außerhalb des GWB-Vergaberechts weiterhin zumindest mit erheblicher Rechtsunsicherheit für rechtsschutzsuchende Bieter verbunden. Die Unterschiede in der Ausprägung des Primärrechtsschutzes stellen damit ein weiteres Charakteristikum der Zweiteilung des nationalen Vergaberechts dar.[434]

dd) Auslegung

Zuletzt offenbart sich die Zweiteilung des nationalen Vergaberechts in der unterschiedlichen Auslegung der in den Vorschriften des jeweiligen Regelungsbereichs enthaltenen Rechtsbegriffe. Denn während die vom europäischen Recht unbeeinflussten nationalen Regelungen allein mit den bekannten Auslegungsmethoden des deutschen Rechts ausgelegt werden[435], hat die Auslegung der Bestimmungen des GWB-Vergaberechts, die europäisches (Sekundär-)Recht in deutsches Recht umsetzen, europarechtlich-autonom und einheitlich zu erfolgen.[436] Das bedeutet, dass die aus dem Gemeinschaftsrecht übernommenen Begriffe in den einschlägigen GWB-Regelungen nach den Grundsätzen des Gemeinschaftsrechts auszulegen sind. Dabei ist erforderlichenfalls von national geprägtem Begriffsverständnis zu Gunsten einer europarechtlich determinierten Auslegung abzurücken.[437] Der Grundsatz der autonomen und einheitlichen unionsrechtlichen, von einem etwaigen mitgliedstaatlichen Rechtsverständnis losgelösten Auslegung der unionsrechtlich eingeführten Begriffe gilt auch für den Fall, dass Rechtsbegriffe bereits im deutschen Recht verwendet wurden

---

434 *Dreher* in: Immenga/Mestmäcker, GWB, Vor §§ 97 ff. Rn. 75, spricht insbesondere wegen dieser Unterschiede von der „*hellen Welt*“ des GWB-Vergaberechts und der „*dunklen Welt*“ des haushaltsrechtlich geprägten Vergaberechts mit seinen Rechtsschutzdefiziten.

435 Soweit aber einige Landesvergabegesetze auch für ihren Anwendungsbereich außerhalb des GWB-Vergaberechts auf die Bestimmungen des GWB-Vergaberechts – insbesondere dessen Anwendungsvoraussetzungen – verweisen, kommt das europäische Begriffsverständnis (mittelbar) auch dort zum Tragen.

436 Vgl. nur *Crass*, Der öffentliche Auftraggeber, S. 58 m.w.N.

437 Ausführlich zum Ganzen *Crass*, Der öffentliche Auftraggeber, S. 53 ff.

und etwa auch in der Rechtsprechung der deutschen Gerichte inhaltliche Prägung erhielten.[438]

Für das Gelingen der europarechtlichen Auslegung ist die Kenntnis der zugrunde zu legenden Auslegungsmethoden erste Voraussetzung.[439] Im Verlauf der jahrzehntelangen Praxis des EuGH, der gemäß Art. 19 Abs. 1 Satz 2 EU[440] das autoritative Auslegungsorgan des europäischen Gemeinschaftsrechts ist, hat sich im Zusammenwirken völkerrechtlicher und national-verfassungsrechtlicher Auslegungsmaximen eine eigenständige gemeinschaftsrechtliche Interpretation mit selbstständigen Grundsätzen entwickelt.[441] Zwar sind dabei die auch im deutschen Recht maßgeblichen Grundsätze der wörtlichen, systematischen, teleologischen und historischen[442] Auslegung heranzuziehen. Allerdings werden diese Grundsätze in einer spezifisch gemeinschaftsrechtlichen Weise gewichtet; teilweise werden auch neuartige Begründungselemente mit eingebracht.[443] So nimmt die teleologische Auslegung eine herausragende Stellung in der Rechtsprechung des EuGH ein.[444] Sie besteht in der Darlegung, dass eine bestimmte Entscheidung förderlich ist, einen normativ gesetzten Zielzustand zu erreichen.[445] Die teleologische Auslegung wird dem dynamischen Charakter der Verträge als Rahmen eines vorwärts schreitenden Integrationsprozesses besonders gerecht.[446] Baustein der teleologischen Argumen-

---

438 Vgl. *Dreher* in: Immenga/Mestmäcker, GWB, Vor §§ 97 ff., Rn. 131.

439 Vgl. *Crass*, Der öffentliche Auftraggeber, S. 54.

440 ,2012, it om.

441 *Crass*, Der öffentliche Auftraggeber, S. 54; *Oppermann/Classen/Nettesheim*, Europarecht, S. 142 Rn. 168.

442 Die historische Auslegung nimmt dabei allerdings eher die Rolle eines untergeordneten Hilfsmittels ein; so zutreffend *Crass*, Der öffentliche Auftraggeber, S. 56 m.w.N.

443 *Crass*, Der öffentliche Auftraggeber, S. 54; *Oppermann/Classen/Nettesheim*, Europarecht, S. 142 Rn. 168.

444 Vgl. nur EuGH v. 27.2.2003, Rs. C-373/00– *Adolf Truley*, Rn. 35, Slg. 2003, I-1931 = EuZW 2003, 315 = NZBau 2003, 287; *Oppermann/Classen/Nettesheim*, S. 144 Rn. 176; *Crass*, Der öffentliche Auftraggeber, S. 55; demgegenüber meint etwa *Pieper* in: Dauses, EU-Wirtschaftrecht, B.I.3. Rn. 11 ff., der EuGH gehe wohl eher von einem Vorrang der Wortlautinterpretation aus; eine Ausnahme, so *Pieper* a.a.O. Rn. 16, bestehe aber für die teleologische Reduktion, die der EuGH „*nicht selten*“ namentlich im sekundären Unionsrecht vornehme.

445 *Oppermann/Classen/Nettesheim*, Europarecht, S. 144 Rn. 176.

446 EuGH v. 5.2.1963, Rs. 26/62 – *van Gend & Loos*, Slg. 1963, 3 = NJW 1963, 1751; *Oppermann/Classen/Nettesheim*, Europarecht, S. 144 Rn. 176; vgl. dazu

tation ist auch der Effektivitätsgrundsatz („effet utile"), demgemäß eine Norm so auszulegen ist, dass sie größtmögliche Wirkkraft entfaltet.[447]

Bei der Auslegung des Begriffs „im Allgemeininteresse liegende Aufgaben" im Sinne des Art. 2 Abs. 1 Nr. 4 Buchst. a) der Vergaberichtlinie hat der EuGH allgemein die ihn leitenden Maximen wie folgt formuliert: *„Nach ständiger Rechtsprechung verlangen die einheitliche Anwendung des Gemeinschaftsrechts und der Gleichheitssatz, dass Begriffe einer Vorschrift des Gemeinschaftsrechts, die für die Ermittlung ihres Sinnes und ihrer Bedeutung nicht ausdrücklich auf das Recht der Mitgliedstaaten verweist, in der Regel in der gesamten Gemeinschaft autonom und einheitlich ausgelegt werden, wobei diese Auslegung unter Berücksichtigung des Regelungszusammenhangs und des mit der Regelung verfolgten Zweckes zu ermitteln ist (...).*"[448]

Auf der Ebene des Sekundärrechts, das grundsätzlich mit denselben Methoden wie primäres Gemeinschaftsrecht ausgelegt wird, ist zudem das Prinzip der primärrechtskonformen Auslegung zu beachten, wonach bei verschiedenen Auslegungsmöglichkeiten im konkreten Fall derjenigen der Vorzug zu geben ist, bei der die Bestimmung des Sekundärrechts mit dem höherrangigen Recht als vereinbar angesehen werden kann.[449]

Schließlich ist das Erfordernis der richtlinienkonformen Auslegung des nationalen Rechts zu erwähnen. Sie ist als Besonderheit im Zusammenhang mit dem zweiaktigen Verfahren des Richtlinienerlasses zu sehen[450] und beinhaltet die Pflicht aller Behörden und Gerichte, im Rahmen ihrer Zuständigkeit bei der Anwendung des nationalen Rechts dieses im Lichte des Wortlauts und des Zwecks der EU-Richtlinien auszulegen, um das ge-

---

auch *Crass*, Der öffentliche Auftraggeber, S. 56 m.w.N., der zutreffend darauf verweist, dass der teleologischen Auslegung selbstverständlich Grenzen gesetzt sind. So dürfen der Wortlaut und die Systematik von Normen nicht etwa beliebig zurechtgelegt oder in ihr Gegenteil verkehrt werden.

447 Vgl. *Oppermann/Classen/Nettesheim*, Europarecht, S. 145 Rn. 178; *Pieper* in: Dauses, EU-Wirtschaftsrecht, B.I.3. Rn. 30 und 37, dort auch zum völkerrechtlichen Verständnis des Begriffs „effet utile"; s. auch *Potacs*, EuR 2009, 465 ff. (469), der zutreffend feststellt, dass die Auslegung nach dem effet utile danach fragt, wie eine bereits festgestellte ratio verwirklicht werden kann.

448 EuGH v. 27.2.2003, Rs. C-373/00– *Adolf Truley*, Rn. 35, Slg. 2003, I-1931 = EuZW 2003, 315 = NZBau 2003, 287.

449 Vgl. EuGH v. 13.12.1983, Rs. 218/82 – *Kommission/Rat*, Rn. 15, Slg. 1983, 4063; *Crass*, Der öffentliche Auftraggeber, S. 56.

450 Vgl. *Crass*, Der öffentliche Auftraggeber, S. 57 m.w.N.

mäß Art. 288 AEUV für die Mitgliedstaaten verbindliche Ziel zu erreichen.[451] Diese Pflicht umfasst auch das nationale Privatrecht in vollem Umfang und ist nicht beschränkt auf die Normen, die zur Umsetzung der betreffenden Richtlinie erlassen wurden.[452] Die Grenzen der richtlinienkonformen Auslegung sind dort zu ziehen, wo der Wortlaut des nationalen Rechts dem Gemeinschaftsrecht eindeutig entgegensteht oder wo das nationale Recht in seiner deutlichen Intention dem Gemeinschaftsrecht entgegensteht, wo es also an der Interpretationsfähigkeit des nationalen Rechts fehlt.[453] Besteht ein nicht durch richtlinienkonforme Auslegung behebbarer Widerspruch zwischen nationalem und europäischem Recht, ist das Europarecht vorrangig und unter Umständen auch unmittelbar anzuwenden.[454] Auf der anderen Seite bestehen für die richtlinienkonforme Auslegung immanente Grenzen des Gemeinschaftsrechts, wenn sich aus allgemeinen Rechtsgrundsätzen, die Teil des Gemeinschaftsrechts sind, wie Rechtssicherheit, Vertrauensschutz oder Rückwirkungsverbot, eine richtlinienkonforme Auslegung der Norm verbietet.[455]

c) Zwischenergebnisse

1.) Das europäisierte GWB-Vergaberecht und der vom Europarecht unbeeinflusste Normenbestand mit vergaberechtlichen Bindungen außerhalb des Anwendungsbereichs des GWB-Vergaberechts bilden das zweigeteilte nationale Vergaberecht. Außerhalb des Anwendungsbereichs des GWB-Vergaberechts ist zudem zu unterscheiden zwischen Haushaltsrecht und Landesvergaberecht; letzteres ist in Landesvergabegesetzen geregelt, die inzwischen bis auf Bayern alle Bundesländer erlassen haben.

---

451 Vgl. aus der vergaberechtlichen Rechtsprechung EuGH v. 17.9.1997, Rs. C-54/96 – *Dorsch Consult*, Rn. 45, Slg. 1997, I-4961 = NJW 1997, 3365 = ZIP 1997, 1749; *Crass*, Der öffentliche Auftraggeber, S. 57.

452 Vgl. EuGH v. 13.11.1990, Rs. C-106/89 – *Marleasing/Comercial Internacional de Alimentación*, Rn. 8, Slg. 1990, I-4135; *Crass*, Der öffentliche Auftraggeber, S. 57.

453 Vgl. *Zacker/Wernicke*, Examinatorium Europarecht, S. 89; *Crass*, Der öffentliche Auftraggeber, S. 57.

454 Vgl. *Crass*, Der öffentliche Auftraggeber, S. 58 m.w.N.

455 Vgl. EuGH v. 8.10.1987, Rs. 80/86 – *Kolpinghuis Nijmegen*, Slg. 1987, 3969; *Crass*, Der öffentliche Auftraggeber, S. 58 m.w.N.

2.) Anders als oft verkürzend dargestellt, vollzieht sich die Zweiteilung nicht nur entlang der sog. Schwellenwerte, sondern auch entlang der weiteren Anwendungsvoraussetzungen des europäisierten GWB-Vergaberechts.
3.) Das GWB-Vergaberecht ist vorrangig vor den europarechtlich unbeeinflussten nationalen Vergaberegelungen anwendbar, soweit es (rechtmäßiges) europäisches Recht umsetzt. Dies ist insbesondere für die Regelungen der (persönlichen und sachlichen) Anwendungsvoraussetzungen des GWB-Vergaberechts zu bejahen. Die Anwendung des GWB-Vergaberechts hängt deswegen allein von den dort vorgegebenen, ggf. richtlinienkonform auszulegenden Anwendungsvoraussetzungen ab (vgl. etwa die §§ 99, 103, 115 ff. GWB), nicht aber von Verweisen im nationalen Recht auf das GWB-Vergaberecht. Davon zu trennen ist die Frage, ob das GWB-Vergaberecht selbst ein besonderes, erleichtertes Vergabeverfahrensregime für bestimmte Auftragsbereiche, wie bspw. Aufträge über soziale Dienstleistungen, vorhält.
4.) Unterschiede zwischen nationalem und europäisiertem Vergaberecht bestehen in mehrfacher Hinsicht, so etwa auch im Hinblick auf die jeweiligen Regelungsziele. Während das GWB-Vergaberecht primär wettbewerbsschützende Ziele verfolgt, geht es dem haushaltsrechtlich geprägten Vergaberecht allein um die Verwirklichung der Grundsätze der Wirtschaftlichkeit und Sparsamkeit. In der Praxis besonders bedeutsam ist die ungleiche Ausgestaltung der Möglichkeiten zur Verwirklichung eines Primärrechtsschutzes gegen Vergabeverfahrensverstöße. Die insoweit bestehenden Unterschiede haben ihren Ausgangspunkt insbesondere in der nur im Anwendungsbereich des GWB-Vergaberechts ausdrücklich geregelten subjektiven Bieterrechtsposition, die einen Anspruch auf Einhaltung der Bestimmungen über das Vergabeverfahren enthält (§ 97 Abs. 6 GWB).
5.) Diese die Zweiteilung ausmachenden Unterschiede bestehen im Grundsatz nach der Vergaberechtsreform 2016 fort, wenn auch – abhängig insbesondere von (zukünftigen) Regelungen der Landesvergabegesetze – womöglich in abgemilderter Form.
6.) Für die Auslegung der Bestimmungen und Rechtsbegriffe des GWB-Vergaberechts, die ihren Ursprung in den europäischen Vergaberichtlinien haben, ist ein autonomer, einheitlich europarechtlicher Auslegungsansatz maßgeblich. Dies gilt auch für den Begriff des öffentlichen Auftraggebers gemäß § 99 GWB.

Teil 2: Der Begriff des öffentlichen Auftraggebers gemäß §§ 98, 99 GWB und seine Merkmale

A. Entstehung und Entwicklung des Begriffs des öffentlichen Auftraggebers im europäischen und im deutschen Recht

I. Vom mitgliedstaatlich bestimmten institutionellen zum autonom-europarechtlich bestimmten funktionalen Auftraggeberbegriff

Die Europäisierung des Vergaberechts führte zu einem tiefgreifenden Wandel des Vergaberechts mit Blick auf die Normadressaten.[456] Ursprünglich bestimmte jeder Mitgliedstaat der EU selbstständig, welche staatlichen Stellen bei ihren Beschaffungsvorgängen die nationalen Regelungen über die Vergabe öffentlicher Aufträge anzuwenden hatten.[457] In Deutschland war der Begriff des öffentlichen Auftraggebers traditionell sowohl formal als auch institutionell zu verstehen.[458] Ihn zeichneten nämlich zum einen das formale Kriterium der Zugehörigkeit des Auftraggebers zum Bereich des öffentlichen Rechts aus und zum anderen das institutionelle Kriterium der Erfassung lediglich des Staates und seiner Untergliederungen.[459] Vor der Umsetzung der europäischen Vergaberichtlinien in nationales Recht waren in Deutschland demnach nur der Bund, die Länder, die Gemeinden, Sondervermögen des Bundes und der Länder sowie die meisten[460] bundes- und landesunmittelbaren juristischen Personen des öffentlichen Rechts als Adressaten des (allgemeinen) öffentlichen Haushaltsrechts – über die dort in § 55 Abs. 2 BHO bzw. LHO enthaltene Pflicht zur Anwendung einheitlicher Richtlinien und den auf dieser Grundlage erlassenen Verwaltungsvorschriften – verpflichtet, Vergabevorschriften zu beach-

---

456 *Dreher* in: Immenga/Mestmäcker, GWB, Vor §§ 97 ff. Rn. 103.

457 *Prieß*, Handbuch des europäischen Vergaberechts, S. 147.

458 *Dreher* in: Immenga/Mestmäcker, GWB, Vor §§ 97 ff. Rn. 103.

459 *Dreher* in: Immenga/Mestmäcker, GWB, Vor §§ 97 ff. Rn. 103.

460 Vom Anwendungsbereich der BHO und LHO weitestgehend bzw. vollständig ausgenommen sind nach § 112 Abs. 1 BHO bzw. LHO etwa die Sozialversicherungsträger sowie sonstige Vereinigungen auf dem Gebiet der Sozialversicherung; s. dazu bereits oben Teil 1 B.IV.2.a)bb)(1).

ten.[461] Abgrenzungs- und Rechtsanwendungsschwierigkeiten bei diesem formal konzipierten Begriff des öffentlichen Auftraggebers waren in dieser Zeit fremd.[462]

Aus dieser mitgliedstaatlichen Eigenständigkeit ergaben sich große Unterschiede im Hinblick auf den Anwendungsbereich der einzelnen mitgliedstaatlichen Vergabesysteme, die im Zuge der europaweiten Öffnung und Angleichung der nationalen Vergabevorschriften nicht bestehen bleiben durften.[463] Eine bloße Regelung zur Erstreckung des Anwendungsbereichs gemeinschaftsrechtlich geschaffenen Vergaberechts auf die nach mitgliedstaatlichem Recht öffentlich-rechtlich und damit als Normadressaten des Vergaberechts zu qualifizierenden Stellen hätte dazu geführt, dass die Mitgliedstaaten über den Anwendungsbereich des gemeinschaftsrechtlichen Vergaberechts nach Belieben disponieren hätten können. Im Ergebnis hätte ein nicht harmonisierter persönlicher Anwendungsbereich der angeglichenen Regelungen über das Vergabeverfahren zu unvertretbaren Verzerrungen der Wettbewerbsbedingungen zwischen den einzelnen Mitgliedstaaten geführt. Aus diesen Gründen war eine einheitliche, autonome gemeinschaftsrechtliche Begriffsdefinition des öffentlichen Auftraggebers geboten, die inzwischen allen drei materiellen Vergaberichtlinien der EU zugrunde liegt.[464]

In den ursprünglichen Fassungen der Baukoordinierungs- und der Lieferkoordinierungsrichtlinie[465] orientierte sich der Begriff des öffentlichen Auftraggebers allerdings noch am tradierten institutionellen und formalen Verständnis des öffentlichen Auftraggebers. Art 1 b dieser Richtlinienfassungen bestimmte als öffentlichen Auftraggeber den Staat, die Gebietskörperschaften und die in einem Anhang aufgeführten juristischen Personen des öffentlichen Rechts. Für die Bundesrepublik Deutschland waren dies die bundesunmittelbaren Körperschaften, Anstalten und Stiftungen des öffentlichen Rechts. In privater Rechtsform organisierte, aber staatlich be-

---

461 *Crass*, Der öffentliche Auftraggeber, S. 50, der richtigerweise auf die §§ 30 HGrG, 55 BHO und LHO sowie die dazu erlassenen Verwaltungsvorschriften und die Gemeindehaushaltsverordnungen verweist.

462 Vgl. *Werner* in: Byok/Jaeger, Vergaberecht, GWB, § 98 Rn. 1.

463 *Prieß*, Handbuch des Europäischen Vergaberechts, S. 147.

464 Lehrreich zum Ganzen *Prieß*, Handbuch des Europäischen Vergaberechts, S. 148; vgl. derzeit Art. 2 Abs. 1 Nr. 1 bis 4 der Vergaberichtlinie 2014/24/EU, Art. 6 und 7 der Konzessionsrichtlinie 2014/23/EU sowie Art. 3 und 4 der Sektorenrichtlinie 2014/25/EU.

465 S. oben Fn. 89 bzw. 90.

herrschte Unternehmen fielen damals also noch nicht unter den Begriff des öffentlichen Auftraggebers. Durch diese formale Betrachtungsweise wurden diejenigen Mitgliedsstaaten benachteiligt, die sich zur Erfüllung öffentlicher Aufgaben nicht privatrechtlicher Gestaltungsformen bedienten.[466] Dabei stellt die Gleichstellung aller Unternehmen bei der Auftragsvergabe wegen ihrer Bedeutung für die Verwirklichung des Binnenmarktes ein Unionsziel im Sinne des (jetzigen) Art. 26 AEUV dar.[467] Besonders stark ausgeprägt wäre diese Benachteiligung in den sog. Sektorenbereichen gewesen, also der Auftragsvergabe im Bereich der Wasser-, Energie- und Verkehrsversorgung sowie im Telekommunikationsbereich.[468] Konsequenterweise waren diese Bereiche vom Anwendungsbereich der ursprünglichen Fassungen der Baukoordinierungs- und der Lieferkoordinierungsrichtlinie ausgenommen.[469]

Erst ein grundlegendes Urteil des EuGH brachte Klarheit für die – wegen der mit dem engen formalen Begriffsverständnis zusammenhängenden Probleme notwendigen – Entwicklung des Auftraggeberbegriffs hin zu einem funktionalen[470] Verständnis. In der Rechtssache *Beentjes* führte der EuGH zu der damals gültigen Bestimmung des Art. 1 Buchst. b) BKR aus: „*Der in dieser Bestimmung verwendete Begriff des Staates ist im funktionalen Sinne zu verstehen. Das Ziel der Richtlinie, die die tatsächliche Verwirklichung der Niederlassungsfreiheit und des freien Dienstleistungsverkehrs auf dem Gebiet der öffentlichen Bauaufträge anstrebt, wäre gefährdet, wenn sie allein deswegen unanwendbar wäre, weil ein öffentlicher Bauauftrag von einer Einrichtung vergeben würde, die geschaffen wurde, um ihr durch Gesetz zugewiesene Aufgaben zu erfüllen, die jedoch nicht förmlich in die staatliche Verwaltung eingegliedert ist.*“[471]

---

466 Vgl. dazu nur etwa *Werner* in: Byok/Jaeger, Vergaberecht, GWB, § 98 Rn. 4.

467 Vgl. etwa *Dreher* in: Immenga/Mestmäcker, GWB, Vor §§ 97 ff. Rn. 6; *Werner* in: Byok/Jaeger, Vergaberecht, GWB, § 98 Rn. 2.

468 So zutreffend *Werner* in: Byok/Jaeger, Vergaberecht, GWB, § 98 Rn. 4.

469 *Werner* in: Byok/Jaeger, Vergaberecht, GWB, § 98 Rn. 4.

470 Während der EuGH inzwischen meist vom „funktionellen“ Auftraggeberbegriff spricht, ist in Deutschland mitunter auch vom „funktionalen“ Auftraggeberbegriff die Rede, ohne dass damit Bedeutungsunterschiede verbunden sind. Beides bringt zum Ausdruck, dass der Begriff des öffentlichen Auftraggebers „auf seine Funktion bezogen“ zu interpretieren ist.

471 EuGH v. 20.9.1988, Rs. C-31/87 – *Beentjes*, Rn. 11, Slg. 1988, I-4635 = NVwZ 1990, 353; vgl. auch EuGH v. 10.11.1998, Rs. C-360/96 – *BFI Holding*, Rn. 62,

Später formulierte der EuGH noch knapper wie folgt: „*Im Licht dieser Ziele ist der Begriff des öffentlichen Auftraggebers einschließlich des Begriffes der Einrichtung des öffentlichen Rechts funktionell zu verstehen*".[472] Daraus folgt, dass die privatrechtliche Rechtsform einer Einrichtung kein Kriterium darstellt, das für sich allein deren Einstufung als öffentlicher Auftraggeber im Sinne dieser Richtlinien ausschließen könnte.[473]

Der so verstandene Auftraggeberbegriff berücksichtigt also die Gefahr, dass eine Beschränkung des Vergaberechts auf die sogenannten klassischen Auftraggeber zu einer Flucht in das Privatrecht führen könnte.[474]

Zunächst griffen die Änderungsrichtlinien zur Lieferkoordinierungsrichtlinie und zur Baukoordinierungsrichtlinie[475] die Ansicht des EuGH auf und erweiterten den – erstmals in ihren ursprünglichen Fassungen verwendeten – Begriff des „öffentlichen Auftraggebers" um die „Einrichtungen des öffentlichen Rechts".[476] Entgegen diesem missverständlichen Wortlaut sollten damit gerade auch juristische Personen des Privatrechts erfasst werden, die der staatlichen Kontrolle unterliegen und eine im Allgemeininteresse liegende Aufgabe nichtgewerblicher Art erfüllen.[477]

In der Folgezeit wurde dieser funktionale Auftraggeberbegriff neben der BKR und der LKR in ihren Neufassungen[478] auch der 1992 neu erlassenen DKR[479] identisch zugrunde gelegt.[480]

Slg. 1998, I-6821 = NVwZ 1999, 397 = DVBl 1999, 160; EuGH v. 17.9.1998, Rs. C-323/96 – *Kommission/Belgien*, Rn. 28, Slg. 1998, I-5063.

472 Vgl. etwa EuGH v. 1.2.2001, Rs. C-237/99, – *Kommission/Frankreich*, Rn. 43, Slg. 2001, I-939 = EuZW 2001, 184 = NZBau 2001, 215.

473 EuGH v. 13.1.2005, Rs. C-84/03 – *Kommission/Spanien*, Rn. 28, Slg. 2005, I-139 = NVwZ 2005, 431 = EuZW 2005, 222; *Dreher* in: Immenga/Mestmäcker, GWB, § 98 Rn. 24.

474 So zutreffend *Dreher* in: Immenga/Mestmäcker, GWB, § 98 Rn. 6.

475 Fn. 169.

476 Vgl. *Werner* in: Byok/Jaeger, Vergaberecht, GWB, § 98, Rn. 6 f., dort auch zur (nur noch akademisch relevanten) Frage, ob nicht bereits die ursprünglichen Fassungen der beiden Richtlinien ein solch funktionales Begriffsverständnis zugrunde gelegt hatten oder ob dies tatsächlich erst durch die *Beentjes*-Entscheidung des EuGH erfolgte.

477 *Werner* in: Byok/Jaeger, Vergaberecht, GWB, § 98 Rn. 6 m.w.N.

478 Fn. 92 bzw. 93.

479 Fn. 94.

480 *Werner* in: Byok/Jaeger, Vergaberecht, GWB, § 98 Rn. 7.

Eine weitere Entwicklungsstufe hin zum funktionalen Auftraggeberbegriff bedeutete der Erlass der neugefassten SKR[481]. Sie erweiterte in ihrem Art. 1 Nr. 2 den Auftraggeberbegriff erstmals über die Einrichtungen des öffentlichen Rechts hinaus um den Begriff „öffentliches Unternehmen". Inhaltlich nach wie vor unverändert findet sich die Definition nunmehr auch in Art. 3 Abs. 2 der Sektorenrichtlinie 2014/25/EU und Art. 7 Abs. 4 der Konzessionsrichtlinie 2014/23/EU. Öffentliches Unternehmen ist demnach ein Unternehmen, auf das öffentliche Auftraggeber aufgrund der Eigentumsverhältnisse, der finanziellen Beteiligung oder der für das Unternehmen geltenden Bestimmungen direkt oder indirekt einen beherrschenden Einfluss ausüben können.

II. Umsetzung in der haushaltsrechtlichen Lösung: § 57 a HGrG

Der mit dem Zweiten HGrG-Änderungsgesetz[482] eingefügte § 57 a HGrG definierte in Umsetzung der europäischen Richtlinienvorgaben erstmals im deutschen Recht einen Begriff des öffentlichen Auftraggebers, der über den bis dahin aus dem Haushaltsrecht bekannten Begriff des Auftraggebers hinaus ging. Es wurden nunmehr die der öffentlichen Daseinsvorsorge zugeordneten, aber staatlich beherrschten Unternehmen erfasst sowie die in Sektorenbereichen tätigen Unternehmen, die ihre Tätigkeit auf der Grundlage von besonderen oder ausschließlichen Rechten ausübten.[483] Der systematische Aufbau des § 57 a HGrG mit seiner Gliederung der einbezogenen Auftraggebergruppen in acht Nummern bildete die entsprechenden Vorgaben der verschiedenen EG-Vergaberichtlinien ab.[484]

---

481 Fn. 96.

482 Fn. 178.

483 Vgl. dazu etwa *Crass*, Der öffentliche Auftraggeber, S. 52.

484 S. die Begründung zum Regierungsentwurf des Zweiten Gesetzes zur Änderung des HGRG, BT-Drs. 12/4636, S. 13 zu B. Nr. 5 Buchst. a); vgl. auch *Crass*, Der öffentliche Auftraggeber, S. 51.

III. Beibehaltung in der kartellrechtlichen Lösung: § 98 GWB

Die 1998 mit dem Vergaberechtsänderungsgesetz[485] an rechtssystematisch korrekter Stelle[486] eingeführte Regelung des § 98 GWB änderte die zuvor in § 57 a HGrG enthaltene Bestimmung zum Begriff des öffentlichen Auftraggebers nur mit Blick auf eine textliche Vereinfachung. In materieller Hinsicht dagegen blieb der Kreis der öffentlichen Auftraggeber unverändert.[487]

Mit Inkrafttreten des Gesetzes zur Modernisierung des Vergaberechts[488] am 24.4.2009 kam es zu einigen Änderungen des § 98 GWB, die allesamt europarechtlich initiiert waren und der Anpassung des nationalen Rechts insbesondere mit Blick auf die Sektorentätigkeiten dienten.[489] So wurde bspw. der Telekommunikationssektor – wie von der SKR aufgrund der vollständigen Liberalisierung des Sektors vorgegeben[490] – aus § 98 Nr. 4 GWB herausgenommen mit der Folge, dass dieser Sektor seitdem nicht mehr in den Anwendungsbereich des GWB-Vergaberechts fällt.

Im Sektorenbereich tätige, privatrechtlich organisierte oder privat beherrschte Unternehmen unterfallen seither nur noch dem Anwendungsbereich des GWB-Vergaberechts, wenn sie bei der Ausübung der Sektorentätigkeit durch besondere oder ausschließliche Rechte privilegiert sind.[491] Und schließlich wurde die Aufzählung in § 98 Nr. 5 GWB – in Umsetzung des Art. 8 der VKR – um juristische Personen des öffentlichen Rechts erweitert sowie die bis zu diesem Zeitpunkt dort ebenfalls enthaltene Definition der „Baukonzession" herausgenommen und in § 99 Abs. 6 GWB überführt.[492]

---

485 Fn. 193.

486 So etwa auch *Werner* in: Byok/Jaeger, Vergaberecht, GWB, § 98 Rn. 14.

487 S. dazu die Begründung zum Regierungsentwurf des Vergaberechtsänderungsgesetzes, BT-Drs. 13/9340, S. 15 zu § 107 zu Art. 1.

488 Fn. 204.

489 *Werner* in: Byok/Jaeger, Vergaberecht, GWB, § 98 Rn. 10.

490 Vgl. nur die Erwägungsgründe 5 ff. der SKR; dazu etwa *Dreher* in: Immenga/Mestmäcker, GWB, § 98 Rn. 3.

491 S. dazu die Begründung zum Regierungsentwurf des Gesetzes zur Modernisierung des Vergaberechts, BT-Drs. 16/10117, S. 17; *Dreher* in: Immenga/Mestmäcker, GWB, § 98 Rn. 3.

492 S. dazu die Begründung zum Regierungsentwurf des Gesetzes zur Modernisierung des Vergaberechts, BT-Drs. 16/10117, S. 17; vgl. zum Ganzen auch *Werner* in: Byok/Jaeger, Vergaberecht, GWB, § 98 Rn. 10.

IV. Änderungen durch das Richtlinienpaket 2014 und das umsetzende VergRModG[493]

Bereits Erwägungsgrund 10 der Vergaberichtlinie[494] stellt klar, dass an dem bislang in der VKR niedergelegten Begriff des öffentlichen Auftraggebers nicht gerüttelt wird, sondern dieser Begriff im Lauf der Zeit vor allem durch die mittlerweile ergangene Rechtsprechung des EuGH schärfere Konturen erhalten hat, die nun – zur Präzisierung – ebenfalls kodifiziert werden.[495] Daran will auch der deutsche Gesetzgeber mit seiner Umsetzungstätigkeit im VergRModG nichts ändern.[496] Bezogen auf die Regelungen zum persönlichen Anwendungsbereich will er vielmehr erkennbar seine Linie der „Eins-zu-Eins-Umsetzung“ der europäischen Richtlinienvorgaben fortsetzen.[497] Dass der Gesetzentwurf unabhängig davon die in den neuen Vergaberichtlinien an verschiedener Stelle eingeräumten Handlungsspielräume für die Mitgliedstaaten[498] nutzt, ist zum einen europarechtlich legitim und betrifft zum anderen gerade nicht die Vorschriften über den persönlichen Anwendungsbereich, sondern die Vorgaben über das Vergabeverfahren.

Wie bereits angesprochen, sind (auch) die Regelungen zum persönlichen Anwendungsbereich des GWB-Vergaberechts mit dem Inkrafttreten des VergRModG am 18. April 2016 allerdings neu strukturiert worden.[499] Die Neustrukturierung der Definitionen des öffentlichen Auftraggebers verbessert – so die Begründung zum Regierungsentwurf des VergRModG

493 Fn. 216.

494 Zur Erinnerung: Gemeint ist damit die Richtlinie 2014/24/EU.

495 S. dazu bereits oben Teil 1 B.III.3.a).

496 S. BT-Drs. 18/6281, S. 67.

497 S. BT-Drs. 18/6281, S. 80.

498 S. etwa BT-Drs. 18/6281, S. 56: „Die Vergabeverfahren sollen effizienter und flexibler gestaltet und die Teilnahme kleiner und mittlerer Unternehmen an Vergabeverfahren erleichtert werden. Gleichzeitig ermöglicht es der neue Rechtsrahmen den Vergabestellen, die öffentliche Auftragsvergabe stärker zur Unterstützung strategischer Ziele zu nutzen. Dazu gehören vor allem soziale, umweltbezogene und innovative Aspekte. Dies kommt auch Unternehmen zugute, die ihrer Verantwortung bis hinein in die Produktions- und Lieferketten nachkommen, und setzt Anreize für Unternehmen, internationale Standards zur Unternehmensverantwortung einzuhalten. Das neue Regelwerk ermöglicht es ferner, den Anliegen von Menschen mit Behinderung besser Rechnung zu tragen.“.

499 S. oben Teil 1 B.IV.1.b)ee).

– die Übersichtlichkeit und Lesbarkeit für den Rechtsanwender.[500] Im Sinne einer übersichtlichen und klar strukturierten Regelung sei die Trennung zwischen den Begriffen des öffentlichen Auftraggebers nach § 99 GWB und des Sektorenauftraggebers nach § 100 GWB angezeigt.

Diese Neustrukturierung dient aber auch und vor allem zur Umsetzung der Konzessionsrichtlinie 2014/23/EU sowie der Sektorenrichtlinie 2014/25/EU. Die beiden Regelwerke unterscheiden in ihren Art. 6 und 7 bzw. Art. 3 und 4 zwischen öffentlichen Auftraggebern einerseits und Auftraggebern, die einer Sektorentätigkeit nachgehen, andererseits. Diese Systematik wird im nationalen Recht durch die Trennung zwischen diesen beiden Kategorien von Auftraggebern nachvollzogen.[501]

Daneben wurde insbesondere § 99 Nr. 2 GWB besser strukturiert, wie schon rein optisch der Blick auf die nunmehr durch Gliederung in einzelne Buchstaben entzerrten Merkmale in § 99 Nr. 2, 1. Halbsatz Buchst. a) bis c) GWB zeigt.

Zudem ist mit Inkrafttreten des VergRModG der bisherige § 98 Nummer 6 GWB entfallen. Die Regelung setzte Artikel 63 Absatz 1 der VKR[502] um. Wie in der Begründung zum Regierungsentwurf des VergRModG zutreffend dargestellt, ist eine vergleichbare Regelung weder in der Vergaberichtlinie noch in der Konzessionsrichtlinie enthalten.[503]

B. Gesetzeswortlaut der §§ 98, 99 GWB[504]

„§ 98 Auftraggeber

Auftraggeber im Sinne dieses Teils sind öffentliche Auftraggeber im Sinne des § 99, Sektorenauftraggeber im Sinne des § 100 und Konzessionsgeber im Sinne des § 101.

---

500 BT-Drs. 18/6281, S. 69.

501 S. zu alledem BT-Drs. 18/6281, S. 69.

502 Art. 63 Abs. 1 der VKR erstreckte den Anwendungsbereich der Vorschriften über die Bekanntmachung der Absicht, einen Bauauftrag an Dritte zu vergeben, auf „öffentliche Baukonzessionäre, die nicht öffentliche Auftraggeber sind“.

503 S. BT-Drs. 18/6281, S. 69 f.

504 Gesetz gegen Wettbewerbsbeschränkungen in der Fassung der Bekanntmachung vom 26. Juni 2013 (BGBl. 2013-I, S. 1750, 3245), zuletzt geändert durch Art. 5 des Gesetzes vom 13. Oktober 2016 (BGBl. 2016-I, S. 2258).

§ 99 Öffentliche Auftraggeber

Öffentliche Auftraggeber sind
1. Gebietskörperschaften sowie deren Sondervermögen,
2. andere juristische Personen des öffentlichen und des privaten Rechts, die zu dem besonderen Zweck gegründet wurden, im Allgemeininteresse liegende Aufgaben nichtgewerblicher Art zu erfüllen, sofern
a) sie überwiegend von Stellen nach Nummer 1 oder 3 einzeln oder gemeinsam durch Beteiligung oder auf sonstige Weise finanziert werden,
b) ihre Leitung der Aufsicht durch Stellen nach Nummer 1 oder 3 unterliegt oder
c) mehr als die Hälfte der Mitglieder eines ihrer zur Geschäftsführung oder zur Aufsicht berufenen Organe durch Stellen nach Nummer 1 oder 3 bestimmt worden sind; dasselbe gilt, wenn diese juristische Person einer anderen juristischen Person des öffentlichen oder privaten Rechts einzeln oder gemeinsam mit anderen die überwiegende Finanzierung gewährt, über deren Leitung die Aufsicht ausübt oder die Mehrheit der Mitglieder eines zur Geschäftsführung oder Aufsicht berufenen Organs bestimmt hat,
3. Verbände, deren Mitglieder unter Nummer 1 oder 2 fallen,
4. natürliche oder juristische Personen des privaten Rechts sowie juristische Personen des öffentlichen Rechts, soweit sie nicht unter Nummer 2 fallen, in den Fällen, in denen sie für Tiefbaumaßnahmen, für die Errichtung von Krankenhäusern, Sport-, Erholungs- oder Freizeiteinrichtungen, Schul-, Hochschul- oder Verwaltungsgebäuden oder für damit in Verbindung stehende Dienstleistungen und Wettbewerbe von Stellen, die unter die Nummern 1, 2 oder 3 fallen, Mittel erhalten, mit denen diese Vorhaben zu mehr als 50 Prozent subventioniert werden."

C. Zur Bedeutung des Begriffs des öffentlichen Auftraggebers

Die Tragweite des Begriffs des öffentlichen Auftraggebers und seiner Auslegung ist auch in Ansehung der Kassenärztlichen Vereinigungen[505]

505 Kassenärztliche Vereinigungen üben ganz offensichtlich keine Sektorentätigkeit aus, so dass sie weder als Sektorenauftraggeber nach § 100 GWB noch als Konzessionsgeber im Sektorenbereich nach § 101 Abs. 1 Nr. 2 und 3 GWB in Betracht kommen. Daher muss nicht näher auf diese Regelungen eingegangen werden.

kaum zu überschätzen und liegt in der mit ihr verbundenen Weichenstellung.[506] Die §§ 98 ff. GWB enthalten die maßgeblichen Voraussetzungen für die Eröffnung des Anwendungsbereichs des GWB-Vergaberechts in persönlicher Hinsicht, und zwar als abschließende Aufzählung und nähere Beschreibung derjenigen Auftraggebergruppen, die Adressaten der (Verfahrens-)Bestimmungen des GWB-Vergaberechts sind.[507]

Von der – europarechtlich-autonomen – Interpretation des Begriffs des öffentlichen Auftraggebers hängt es also ab, ob etwa auch die Kassenärztlichen Vereinigungen in den persönlichen Anwendungsbereich des wettbewerbsorientierten GWB-Vergaberechts fallen, ob sie also bei der Vergabe eines öffentlichen Auftrags oder einer Dienstleistungskonzession an seine Vergabevorschriften gebunden sind oder nicht.[508]

Verkennt ein öffentlicher Auftraggeber seine Auftraggebereigenschaft und damit die Anwendbarkeit der GWB-vergaberechtlichen Vorgaben, hat er mit erheblichen Konsequenzen zu rechnen, denn im Ergebnis ist ein solcher Rechtsirrtum regelmäßig unbeachtlich.[509] So kommt etwa im Nachprüfungsverfahren die Feststellung der Unwirksamkeit gemäß § 135 GWB in Betracht. Außerdem können diverse Schadensersatzansprüche geltend gemacht werden (vgl. § 181 GWB). Schließlich ist denkbar, dass sich die Bundesrepublik Deutschland die Fehleinschätzung des öffentlichen Auftraggebers zurechnen lassen muss und dies in einem Vertragsverletzungsverfahren vor dem EuGH sinngemäß und mit den in Art. 260 AEUV genannten Folgen festgestellt wird.[510]

D. Zur Anwendungsreichweite der §§ 98, 99 GWB

Der in den §§ 98, 99 GWB normierte, europarechtlich determinierte Auftraggeberbegriff kommt primär natürlich im Anwendungsbereich des GWB-Vergaberechts zum Tragen.[511] Jedoch beschränkt sich seine Rele-

---

506 Vgl. *Crass*, Der öffentliche Auftraggeber, S. 53.

507 Vgl. *Werner* in: Byok/Jaeger, Vergaberecht, GWB, § 98 Rn. 14.

508 Vgl. auch dazu *Crass*, Der öffentlicher Auftraggeber, S. 53.

509 Vgl. *Dreher* in: Immenga/Mestmäcker, GWB, § 98, Rn. 15.

510 Vgl. dazu etwa EuGH v. 18.7.2007, Rs. C-503/04 – *Kommission/Deutschland*, Slg. 2007, I-6153 = ZIP 2008, 474 sowie v. 10.4.2003, verb. Rechtssachen C-20/01 und C-28/01 – *Kommission/Deutschland*, Slg. 2003, I-3609 = NVwZ 2003, 1231; s. zum Ganzen auch *Crass*, Der öffentliche Auftraggeber, S. 53.

511 Vgl. nur *Werner* in: Byok/Jaeger, Vergaberecht, GWB, § 98 Rn. 11.

vanz nicht auf diesen Bereich. Wie bereits in Teil 1 erörtert, haben inzwischen fast alle Bundesländer Vergabegesetze erlassen, die insbesondere auf Auftragsvergaben unterhalb der europarechtlichen Schwellenwerte, mithin außerhalb des Anwendungsbereichs des GWB-Vergaberechts zur Anwendung kommen. Einige dieser Landesvergabegesetze verweisen zur Bestimmung ihres Anwendungsbereichs in persönlicher Hinsicht ausdrücklich auf die entsprechenden Vorschriften des GWB.[512] Über diese Verweise in den Landesvergabegesetzen gelangt somit der im GWB verankerte, europarechtlich determinierte funktionale Auftraggeberbegriff auch auf Sachverhalte außerhalb des (sachlichen) Anwendungsbereichs des GWB-Vergaberechts zur Anwendung. Dies ist aus rechtlicher Sicht unbedenklich, denn eine Erweiterung des (Mindest-)Anwendungsbereichs des Europarechts durch nationalen Anwendungsbefehl steht den Mitgliedstaaten und ihren Untergliederungen regelmäßig frei.[513] Die Auswirkungen des so erweiterten Anwendungsbereichs insbesondere der §§ 98–100 GWB werden allerdings nicht allzu erheblich sein, solange nur wenige Landesvergabegesetze in ihrem Anwendungsbereich auch bieterschützende subjektive Rechtspositionen einräumen.[514]

E. Konkretisierung der maßgeblichen Auftraggebervarianten und Eingrenzung des Untersuchungsgegenstands

I. Abgrenzung und Relevanz der einzelnen Varianten des § 99 GWB

Die in den verschiedenen Nummern des § 99 GWB enthaltenen Gruppen öffentlicher Auftraggeber und ihre Varianten sind zunächst abzugrenzen und auf die Relevanz für die Untersuchung der Auftraggebereigenschaft Kassenärztlicher Vereinigungen zu überprüfen. So können offensichtlich als irrelevant anzusehende Gruppen und Varianten aussortiert werden.

---

512 Vgl. etwa § 2 Abs. 5 des Niedersächsischen Tariftreue- und Vergabegesetzes (Fn. 245).

513 S. bereits oben Teil 1 B.IV.2. bei Fn. 230; vgl. auch etwa *Heyne*, NVwZ 2014, 621 ff. (625); *Pielow/Booz*, GewArch 2015, 12 ff.

514 S. dazu oben Teil 1 B.IV.2.b)bb)(2)(c)(cc).

1. Zu § 99 Nr. 1 GWB

§ 99 Nr. 1 GWB erfasst die sog. klassischen Auftraggeber, also die Gebietskörperschaften und deren Sondervermögen. Zu den Gebietskörperschaften im Sinne dieser Vorschrift, die bislang in vergaberechtlicher Rechtsprechung und Literatur allerdings nicht exakt definiert sind[515], gehören insbesondere Bund, Länder, Landkreise und Gemeinden.[516] Zu ihren Sondervermögen[517] zählen rechtlich unselbständige Vermögensbestandteile der Gebietskörperschaften, die einem besonderen Zweck gewidmet und zumindest rechnungsmäßig vom übrigen, allgemeinen Vermögen der Gebietskörperschaften abgesondert sind.[518]

Kassenärztliche Vereinigungen fallen zweifellos nicht unter die Gebietskörperschaften bzw. deren Sondervermögen im Sinne des § 99 Nr. 1 GWB.

2. Zu § 99 Nr. 3 GWB

Nach § 99 Nr. 3 GWB zählen zu öffentlichen Auftraggebern auch Verbände, „deren Mitglieder unter Nr. 1 oder Nr. 2 fallen". Ohne dass die in § 99 Nr. 3 GWB enthaltenen Begriffe „Verbände" und „Mitglieder" näher untersucht werden müssten, kann festgestellt werden, dass die Auftraggebereigenschaft Kassenärztlicher Vereinigungen nicht nach dieser Vorschrift

---

515 S. dazu ausführlich *Puhl*, Grundfragen des kartellvergaberechtlichen Auftraggeberbegriffs, S. 37 m.w.N. aus der Literatur; für die Rechtlage unter Geltung der neuen Vergaberichtlinien stellt auf europäischer Ebene Art. 2 Abs. 2 der Vergaberichtlinie 2014/24/EU immerhin klar, dass der Begriff der Gebietskörperschaften alle Behörden umfasst, „die nicht erschöpfend gemäß der Bezugnahme der Verordnung (EG) Nr. 1059/2003 des Europäischen Parlaments und des Rates unter NUTS 1 und 2 aufgeführt sind, und sämtliche Behörden der Verwaltungseinheiten, die unter NUTS 3 fallen, sowie kleinere Verwaltungseinheiten im Sinne der Verordnung (EG) Nr. 1059/2003".

516 Vgl. etwa *Boesen*, Vergaberecht, GWB, § 98 Rn. 23; *Diehr* in: Reidt u.a., Vergaberecht, GWB, § 98 GWB Rn. 12; *Puhl*, Grundfragen des kartellvergaberechtlichen Auftraggeberbegriffs, S. 37 f.

517 Auch für diesen Begriff existiert keine exakte Definition; s. dazu ebenfalls *Puhl*, Grundfragen des kartellvergaberechtlichen Auftraggeberbegriffs, S. 38.

518 Vgl. *Puhl*, Grundfragen des kartellvergaberechtlichen Auftraggeberbegriffs, S. 38 mit dem Hinweis, dass das Merkmal der rechtlichen Unselbständigkeit im vergaberechtlichen Schrifttum unstreitig ist.

begründet werden kann. Denn ihre Mitglieder sind allesamt Vertragsärzte bzw. Vertragspsychotherapeuten und damit natürliche Personen, die ihrerseits selbstverständlich nicht unter § 99 Nr. 1 oder Nr. 2 GWB fallen können.

3. Zu § 99 Nr. 2 GWB

Nicht mehr § 98 Nr. 2 GWB, sondern § 99 Nr. 2 GWB enthält nunmehr die Definition des öffentlichen Auftraggebers, die als Ergebnis der Hinwendung zu einem funktionalen Auftraggeberbegriff bezeichnet werden kann.[519] Die Vorschrift stellt eine zentrale und weitreichende normative Umsetzung des funktional verstandenen Begriffs des öffentlichen Auftraggebers im deutschen Recht dar, indem der Kreis der Auftraggeber auf privatrechtlich organisierte Einheiten des Staates erweitert wird.[520]

Die Schwierigkeiten bei der Anwendung des § 99 Nr. 2 GWB entstehen vor allem aus der Vielzahl seiner Tatbestandsmerkmale.[521] Diese Schwierigkeiten bleiben bestehen, auch wenn § 99 Nr. 2 GWB in seinem Wortlaut klarer als seine Vorgängervorschrift (§ 98 Nr. 2 GWB a.F.) an die europäischen Vorgaben angeglichen ist.[522]

Die einzelnen, auf europäischer Ebene in Art. 2 Abs. 1 Nr. 4 der Vergaberichtlinie 2014/24/EU normierten Merkmale, die ein Auftraggeber nach § 99 Nr. 2 GWB erfüllen muss, lassen sich wie folgt untergliedern: (1) Eigene Rechtspersönlichkeit, (2) besonderer Gründungszweck, im Allgemeininteresse liegende Aufgaben nichtgewerblicher Art zu erfüllen sowie (3) besondere Staatsgebundenheit. Alle drei Merkmale müssen kumulativ erfüllt sein, um als öffentlicher Auftraggeber im Sinne dieser Vorschrift qualifiziert zu werden.[523] Das letztgenannte Merkmal der besonderen Staatsgebundenheit – das auch als einflussbezogenes Merkmal bezeichnet

---

519 Vgl. *Crass*, Der öffentliche Auftraggeber, S. 112.

520 Vgl. *Crass*, Der öffentliche Auftraggeber, S. 63.

521 Vgl. *Crass*, Der öffentliche Auftraggeber, S. 64.

522 Die Verbesserung der Struktur und Verständlichkeit gilt auch für den von § 99 Nr. 2, 2. Halbsatz GWB erfassten Fall der sog. vermittelten Staatsgebundenheit; dazu sogleich; s. insgesamt dazu auch die Begründung zum Regierungsentwurf des VergRModG, BT-Drs. 18/6281, S. 70.

523 Vgl. dazu nur EuGH v. 27.2.2003, Rs. C-373/00 – *Adolf Truley*, Slg. 2003, I-1931 = EuZW 2003, 315 = NZBau 2003, 287; *Eschenbruch* in Kulartz u.a., GWB-Vergaberecht, § 99 Rn. 26.

werden kann[524] – enthält seinerseits drei in § 99 Nr. 2, 1. Halbsatz Buchst. a), b) und c) GWB näher beschriebene „Unter-Merkmale“ (Zurechnungskriterien), von denen alternativ eines vorliegen muss, um das Merkmal der besonderen Staatsgebundenheit zu erfüllen.

Anders als bei der Prüfung des § 99 Nr. 1 und 3 GWB kann keines der Merkmale des § 99 Nr. 2 GWB auf Anhieb, d.h. ohne nähere Untersuchung, eindeutig als auf Kassenärztliche Vereinigungen nicht zutreffend abgetan werden.

Sollte die Untersuchung zu dem Ergebnis führen, dass Kassenärztliche Vereinigungen öffentliche Auftraggeber nach § 99 Nr. 2, 1. Halbsatz GWB sind, so ist darüber hinaus zu beachten, dass sie (ggf. gemeinsam mit anderen) wegen § 99 Nr. 2, 2. Halbsatz GWB einer anderen juristischen Person des öffentlichen oder privaten Rechts ihre Staatsgebundenheit vermitteln, wenn in dem Verhältnis zu dieser anderen juristischen Person die Merkmale der besonderen Staatsgebundenheit gemäß § 99 Nr. 2, 2. Halbsatz GWB vorliegen. § 99 Nr. 2, 2. Halbsatz GWB erfasst damit den Fall, dass ein funktionaler Auftraggeber nach § 99 Nr. 2, 1 Halbsatz GWB seinerseits den erforderlichen Einfluss auf einen weiteren Auftraggeber ausüben kann.[525] Diese weitere juristische Person wird dadurch ebenfalls als öffentlicher Auftraggeber nach § 99 Nr. 2, 2. Halbsatz GWB qualifiziert. Sollten Kassenärztliche Vereinigungen unter § 99 Nr. 2 GWB fallen – was noch im Einzelnen untersucht wird –, so wären etwa von ihnen gegründete und bspw. zu 100 Prozent getragene Tochtergesellschaften nach § 99 Nr. 2, 2. Halbsatz GWB wohl ohne weiteres ebenfalls als öffentliche Auftraggeber zu qualifizieren.

4. Zu § 99 Nr. 4 GWB

§ 99 Nr. 4 GWB erfasst natürliche und juristische Personen des privaten Rechts sowie juristische Personen des öffentlichen Rechts, soweit sie nicht

---

524 So *Eschenbruch* in Kulartz u.a., GWB-Vergaberecht, § 99 Rn. 26; *Crass*, Der öffentliche Auftraggeber, S. 64.

525 § 99 Nr. 2, 2. Halbsatz GWB bezieht sich nunmehr ausdrücklich auch auf die Alternative der Aufsicht über die Leitung. Dieses Merkmal war vom Wortlaut des § 98 Nr. 2 Satz 2 GWB a.F. nicht erfasst. Dennoch wurde die Vorschrift auch damals richtlinienkonform dahingehend ausgelegt, dass auch die Aufsicht über die Leitung die Gebundenheit an den Auftraggeber nach § 98 Nr. 2 GWB a.F. vermitteln konnte.

nach § 99 Nr. 2 GWB als öffentliche Auftraggeber zu qualifizieren sind und nur für die darin abschließend angeführten Baumaßnahmen, die überwiegend von öffentlichen Auftraggebern gemäß § 99 Nummer 1 bis 3 GWB subventioniert werden.[526]

Der abschließende Katalog[527] der genannten Bauleistungen schränkt den Anwendungsbereich des § 99 Nr. 4 GWB in sachlicher Hinsicht bereits erheblich ein. Für Kassenärztliche Vereinigungen können angesichts ihrer gesetzlichen Aufgabenstellung von vornherein allenfalls zwei der in dem Katalog konkretisierten Fallgruppen von Baumaßnahmen bzw. damit in Verbindung stehenden Dienstleistungen und Wettbewerbe von Bedeutung sein: Die Errichtung von Verwaltungsgebäuden und – bei entsprechend weiter Auslegung – die Errichtung von Krankenhäusern.[528]

Nach der derzeitigen gesetzlichen Konzeption des im SGB V geregelten Leistungserbringungsrechts dürfte es aber im absoluten Regelfall jedenfalls an der weiteren Voraussetzung des § 99 Nr. 4 GWB fehlen, dass eine Kassenärztliche Vereinigung für solche Baumaßnahmen bzw. damit verbundende Dienstleistungen Mittel von öffentlichen Auftraggebern im Sinne des § 99 Nr. 1, 2 oder 3 GWB erhält, mit denen das jeweilige Vorhaben zu mehr als 50 Prozent subventioniert wird.[529]

---

526 Damit entspricht § 99 Nummer 4 GWB im Wesentlichen dem bisherigen § 98 Nummer 5 GWB; vgl. dazu auch die Begründung zum Regierungsentwurf des VergRmodG, BT-Drs. 18/6281, S. 70; von „partiellen" Auftraggebern spricht in diesem Zusammenhang etwa *Puhl*, Grundfragen des kartellvergaberechtlichen Auftraggeberbegriffs, S. 41.

527 Vgl. dazu auch Art. 13 der Vergaberichtlinie 2014/24/EU.

528 Dass die Errichtung von Krankenhäusern in diesem Zusammenhang nicht völlig abwegig erscheint, zeigt der Blick auf § 105 Abs. 1 Satz 2 SGB V, der den Kassenärztlichen Vereinigungen das Betreiben von Eigeneinrichtungen zur unmittelbaren medizinischen Versorgung gesetzlicher Versicherter erlaubt. Bereits an dieser Stelle sei außerdem darauf hingewiesen, dass die Errichtung, Erweiterung oder der Umbau von Gebäuden durch Kassenärztliche Vereinigungen der vorherigen Zustimmung der Aufsichtsbehörde bedürfen, vgl. § 78 Abs. 6 SGB V i.V.m. § 85 Abs. 1 Satz 1 SGB IV; hierauf wird noch zurückzukommen sein.

529 Das bisher in § 98 Nr. 5 GWB a.F. enthaltene Verb „finanzieren" wird in § 99 Nr. 4 GWB i.d.F. des VergRModG durch „subventionieren" ersetzt. Die Vorschrift wird damit an den Wortlaut von Art. 13 der Vergaberichtlinie angeglichen und ist weiter zu verstehen als der bisherige § 98 Nr. 5 GWB. Insbesondere muss nicht notwendigerweise eine direkte Finanzierung des jeweiligen Vorhabens durch einen öffentlichen Auftraggeber vorliegen. Es kommt vielmehr entscheidend darauf an, ob die Leistung als Subvention angesehen werden kann; vgl. dazu die Begründung zum Regierungsentwurf des VergRModG, BT-Drs. 18/6281,

Dies gilt auch in Ansehung der nach § 105 Abs. 1 a SGB V möglichen Bildung eines Strukturfonds zur Finanzierung von Fördermaßnahmen zur Sicherstellung der vertragsärztlichen Versorgung.[530] Nach § 105 Abs. 1 a Satz 2 SGB V wird der von einer Kassenärztlichen Vereinigung gebildete Strukturfonds zusätzlich aus von den Landesverbänden der Krankenkassen und den Ersatzkassen in gleicher Höhe hierfür entrichteten Finanzmitteln gespeist. Sollten mit Mitteln des Strukturfonds tatsächlich einmal Baumaßnahmen finanziert werden, die die Sicherstellung der vertragsärztlichen Versorgung fördern sollen[531], ist also eine Subventionierung des Vorhabens aus Mitteln der – nach der Rechtsprechung des EuGH als öffentliche Auftraggeber im Sinne des § 99 Nr. 2 bzw. Nr. 3 GWB zu qualifizierenden[532] – Landesverbände der Krankenkassen und der Ersatzkassen zu mehr als 50 Prozent gerade ausgeschlossen.

5. Zwischenergebnis

Von den in § 99 GWB geregelten Varianten kommt nur § 99 Nr. 2 GWB ernsthaft für eine mögliche Qualifikation Kassenärztlicher Vereinigungen als öffentliche Auftraggeber in Betracht. Alle sonstigen Gruppen des § 99 GWB können ohne große Auslegungsschwierigkeiten durch negative Abgrenzung ausgeschlossen werden.

Wie bei den seinerzeit vom OLG Düsseldorf dem EuGH vorgelegten Fragen zur Auslegung des – damals noch in § 98 Nr. 2 GWB a.F. enthaltenen – Begriffs des öffentlichen Auftraggebers in Ansehung gesetzlicher

---

S. 70. Das gerade beschriebene Verständnis war dem Wortlaut des bisherigen § 98 Nr. 5 GWB im Wege der richtlinienkonformen Auslegung aber auch schon vor Inkrafttreten des VergRModG zugrunde zu legen; vgl. dazu etwa auch *Crass*, Der öffentliche Auftraggeber, S. 133 m.w.N.

530 Zu solchen Fördermaßnahmen dürfte die in Fn. 528 erwähnte Errichtung von Eigeneinrichtungen ohne weiteres zählen.

531 Ob hierin noch eine rechtmäßige Verwendung von Strukturfondsmitteln gesehen werden könnte, hängt sicher von den Umständen des Einzelfalls ab; unabhängig davon erscheint das Szenario der Finanzierung von Baumaßnahmen mit diesen Strukturfondsmitteln doch eher theoretischer Natur.

532 Vgl. EuGH v. 11.6.2009, Rs. C-300/07 – *Oymanns*, Slg. 2009, I-4779 = EuZW 2009, 612 = NZBau 2009, 520; s. dazu bereits oben, Einleitung A.

Krankenkassen[533] und Ärztekammern[534] ist der dem damaligen § 98 Nr. 2 GWB inhaltlich entsprechende § 99 Nr. 2 GWB auch für die Untersuchung der öffentlichen Auftraggebereigenschaft der Kassenärztlichen Vereinigungen die maßgebliche Norm.

II. Eingrenzung des Untersuchungsgegenstands

Einige der dargestellten Auftraggebervarianten des § 99 GWB können womöglich für Einrichtungen oder Kooperationsformen Bedeutung erlangen, an denen die Kassenärztlichen Vereinigungen in unterschiedlicher Art und Weise beteiligt sind oder sein können. Es bedarf deswegen zunächst der Klarstellung, dass Gegenstand der weiteren Untersuchung allein die Frage ist, ob die Kassenärztlichen Vereinigungen im Sinne des § 77 Abs. 1 SGB V als öffentliche Auftraggeber im Sinne des als insofern maßgeblich erkannten § 99 Nr. 2 GWB zu qualifizieren sind. Trotz dieser Klarstellung sollen zum Zweck der Abgrenzung im Folgenden die angesprochenen Einrichtungen und Kooperationsformen auch mit Blick auf die zumindest nicht von vorneherein abwegige Relevanz des § 99 GWB kurz dargestellt werden.

1. Kassenärztliche Bundesvereinigung

Gemäß § 77 Abs. 4 Satz 1 SGB V bilden die Kassenärztlichen Vereinigungen die Kassenärztliche Bundesvereinigung. Letztere könnte ebenfalls die Eigenschaft des öffentlichen Auftraggebers aufweisen, wenn sie selbst die Voraussetzungen des § 99 Nr. 2 GWB erfüllt oder aber wenn sie als Verband im Sinne des § 99 Nr. 3 GWB anzusehen ist und die Kassenärztlichen Vereinigungen als ihre Mitglieder als öffentlicher Auftraggeber nach § 99 Nr. 2 GWB zu qualifizieren sind; gerade und nur Letzteres ist Gegen-

---

533 OLG Düsseldorf v. 23.5.2007, VII Verg 50/06, NZBau 2007, 525 = BauR 2007, 1945; EuGH v. 11.6.2009, Rs. C-300/07 – *Oymanns*, Slg. 2009, I-4779 = EuZW 2009, 612 = DVBl 2009, 974.

534 OLG Düsseldorf v. 5.10.2011, VII Verg 38/11, NZBau 2012, 188; EuGH v. 12.9.2013, Rs. C-526/11 – *IVD*, NVwZ 2014, 59 = EuZW 2013, 860.

stand der vorliegenden Arbeit.[535] Die scharfe Abgrenzung von der Kassenärztlichen Bundesvereinigung erfolgt im Übrigen auch vor dem Hintergrund der am 01. März 2017 in Kraft getretenen gesetzlichen Verschärfungen der staatlichen Aufsicht über die Kassenärztlichen Bundesvereinigungen.[536]

2. Vertragsärztliche Gremien der gemeinsamen Selbstverwaltung

Sowohl auf Landes- als auch auf Bundesebene arbeiten Ärzte, Zahnärzte und Psychotherapeuten als Leistungserbringer mit den Krankenkassen und ihren Verbänden als Kostenträger in verschiedenen Formen und Strukturen zusammen.[537] Diese Kooperation vollzieht sich insbesondere in den durch das oder aufgrund des SGB V vorgegebenen gemeinsamen Gremien, die von Ärzte- und Krankenkassenseite besetzt werden und deren Entscheidungen für beide Seiten verbindlich sind.[538] Auch für diese Kooperationsformen stellt sich in gleicher Weise zunächst die Frage, ob die Gremien die Voraussetzungen des § 99 Nr. 2 GWB selbst erfüllen. Hierzu müssten

---

535 Es kommt deshalb hier nicht auf die umstrittene Frage an, ob § 99 Nr. 3 GWB überhaupt rechtsfähige Einrichtungen wie die Kassenärztliche Bundesvereinigung erfasst, oder ob § 99 Nr. 3 GWB im Wege einer systematisch-teleologischen Reduktion nur auf nicht (voll-)rechtsfähige Einrichtungen mit „Verbandscharakter“ anzuwenden ist. Selbst wenn man § 99 Nr. 3 GWB grundsätzlich auch auf „Verbände“ mit Rechtspersönlichkeit anwendet, käme dieser Auffangnorm für den Fall, dass die Kassenärztliche Bundesvereinigung die Voraussetzungen des § 99 Nr. 1 oder Nr. 2 GWB selbst erfüllen würde, keine eigenständige Bedeutung zu. S. zu diesem Problemkreis etwa *Puhl*, Grundfragen des kartellvergaberechtlichen Auftraggeberbegriffs, S. 44 ff.

536 S. dazu das „Gesetz zur Verbesserung der Handlungsfähigkeit der Selbstverwaltung der Spitzenorganisationen in der gesetzlichen Krankenversicherung sowie zur Stärkung der über sie geführten Aufsicht (GKV-Selbstverwaltungsstärkungsgesetz)“ vom 21.2.2017, BGBl. 2017-I, S. 265.

537 Ausführlich dazu etwa *Wenner*, Das Vertragsarztrecht nach der Gesundheitsreform, S. 54 ff.

538 Vgl. nur *Wenner*, Das Vertragsarztrecht nach der Gesundheitsreform, S. 54 Rn. 25; beispielhaft seien an dieser Stelle die auf Landesebene bestehenden Landesausschüsse, die Zulassungsausschüsse und die gemeinsamen Gremien der Wirtschaftlichkeitsprüfung genannt sowie der auf Bundesebene gebildete Gemeinsame Bundesausschuss (§ 91 SGB V). Unter dem Aspekt der Beteiligtenfähigkeit bezeichnet § 70 Nr. 4 SGG alle diese Gremien zusammenfassend als gemeinsame Entscheidungsgremien von Leistungserbringern und Krankenkassen.

die Gremien mit „Rechtspersönlichkeit" im Sinne des Art. 2 Abs. 1 Nr. 4 Buchst. b) der Vergaberichtlinie 2014/24/EU ausgestattet sein (vgl. § 99 Nr. 2 GWB, der in Umsetzung der Richtlinienvorschrift auf die „juristischen Personen" abstellt).[539] Zudem ist ebenfalls nicht von vornherein auszuschließen, dass sie womöglich als Verbände und die sie bildenden Träger als ihre Mitglieder im Sinne des § 99 Nr. 3 GWB anzusehen sind. Auch diese Fragen betreffen nicht die hier allein zu untersuchende Auftraggebereigenschaft Kassenärztlicher Vereinigungen, so dass ihre Klärung anderer Stelle vorbehalten bleiben muss.

3. Arbeitsgemeinschaften unter Beteiligung Kassenärztlicher Vereinigungen

Entsprechendes gilt schließlich für Arbeitsgemeinschaften, an denen sich Kassenärztliche Vereinigungen beteiligen können. Arbeitsgemeinschaften dürfen die Kassenärztlichen Vereinigungen auf der Grundlage und im Rahmen des § 77 Abs. 6 Satz 1 SGB V i.V.m. § 94 Abs. 1 a, Abs. 2 SGB X (in entsprechender Anwendung) bilden. Unter diesen Arbeitsgemeinschaften versteht der Gesetzgeber des Verwaltungsvereinfachungsgesetzes[540] ausweislich der Gesetzesmaterialien organisatorisch selbständige Einheiten, bei denen es um eine tatsächliche, rechtlich und finanziell verbindli-

539 Die Eigenschaft des – gemäß § 91 Abs. 1 Satz 2 SGB V selbst rechtsfähigen – Gemeinsamen Bundesausschusses als öffentlicher Auftraggeber bejahten das BKartA, 2. Vergabekammer des Bundes in ihrem Beschluss v. 15.5.2009, VK 2-21/09 sowie nachgehend dazu das LSG Nordrhein-Westfalen im Beschluss v. 6.8.2009, L 21 KR 52/09 SFB; die öffentliche Auftraggebereigenschaft der Gremien der gemeinsamen Selbstverwaltung bejaht etwa auch *Denkhaus*, Gesundheitsmärkte im Mehrebenensystem, S. 414, der aber die Frage nach der Rechtspersönlichkeit der Einrichtungen der gemeinsamen Selbstverwaltung nicht problematisiert. Missverständlich insoweit *Diederichsen/Renner* in: Schmidt/ Wollenschläger, Kompendium Öffentliches Wirtschaftsrecht, § 7, S. 283 Fn. 52, die im Zusammenhang mit dem Erfordernis der Rechtspersönlichkeit öffentlicher Auftraggeber auf die weite Auslegung des – gemäß Art. 2 Abs. 1 Nr. 10 Vergaberichtlinie die Bieterseite(!) betreffenden – Begriffs „Wirtschaftsteilnehmer" hinweisen.

540 Gesetz zur Vereinfachung der Verwaltungsverfahren im Sozialrecht vom 21.3.2005, BGBl. 2005-I, S. 818.

che Zusammenarbeit geht.[541] Wieder stellen sich die – hier nicht näher zu untersuchenden – Fragen, ob solche Arbeitsgemeinschaften selbst als öffentliche Auftraggeber im Sinne des § 99 Nr. 2 GWB anzusehen sind oder Verbände im Sinne des § 99 Nr. 3 GWB darstellen, deren Mitglieder, also beispielsweise die sie bildenden Kassenärztlichen Vereinigungen und gesetzlichen Krankenkassen, unter die Nr. 2 des § 99 GWB fallen.

F. Maximen der Auslegung der maßgeblichen Rechtsbegriffe in §§ 98, 99 Nr. 2 GWB und ihre Grundlagen

Da es sich bei den in §§ 98, 99 Nr. 2 GWB enthaltenen Rechtsbegriffen im Wesentlichen um solche des sekundären Gemeinschaftsrechts handelt[542], sind sie im Hinblick auf die Einheitlichkeit und die Effektivität des Gemeinschaftsrechts autonom und einheitlich sowie im Lichte der gemeinschaftsrechtlichen Vorgaben richtlinienkonform auszulegen.[543] Im Rahmen dieser gemeinschaftsrechtskonformen Auslegung von Rechtsbegriffen des europäisierten Vergaberechts sind nach der Rechtsprechung des EuGH insbesondere der jeweilige Regelungszusammenhang sowie der mit der Regelung verfolgte Zweck zu berücksichtigen.[544]

I. Sinn und Zweck der Vergaberichtlinien als Grundlage für die funktionale Auslegung

Um den in §§ 98, 99 GWB normierten, europarechtlich initiierten Begriff des öffentlichen Auftraggebers und seine einzelnen Merkmale europarechtskonform (und damit funktional) auslegen zu können, bedarf es zunächst der näheren Bestimmung von Sinn und Zweck der einschlägigen Vorschriften der europäischen Vergaberichtlinien. Denn nur dadurch kann

---

541 So die Begründung zum Regierungsentwurf des Verwaltungsvereinfachungsgesetzes, BT-Drs. 15/4228, S. 32 zu Art. 9 Nr. 2 Buchstabe a); s. dazu etwa auch *Steinmann-Munzinger* in: Schlegel/Voelzke, jurisPK–SGB V, § 77 Rn. 26 ff.

542 S. dazu oben A.IV.

543 S. oben Teil 1 B.IV.2.b)dd); vgl. auch etwa *Crass*, Der öffentliche Auftraggeber, S. 58 m.w.N.

544 S. oben Teil 1 B.IV.2.b)dd); EuGH v. 27.2.2003, Rs. C-373/00– *Adolf Truley*, Rn. 35, Slg. 2003, I-1931 = EuZW 2003, 315 = NZBau 2003, 287; vgl. dazu auch *Crass*, Der öffentliche Auftraggeber, S. 59 m.w.N. aus der Literatur.

auch Inhalt und Zweck des Auftraggeberbegriffs im Regelungszusammenhang annähernd bestimmt werden.

Grundlage der EU-Vergaberichtlinien ist die Diskriminierungsgefahr, die daraus resultiert, dass die Beschaffungstätigkeit der öffentlichen Hand erfahrungsgemäß nicht nur an Wirtschaftlichkeitskriterien ausgerichtet ist, sondern gleiches Gewicht auch gegenläufigen Interessen zukommen kann, darunter industrie-, regional-, sozial- oder arbeitsmarktpolitischen Zielen.[545] Dies zu verhindern ist Zweck der EU-Vergaberichtlinien und des GWB-Vergaberechts.[546] Folgerichtig sind, wie bereits dargelegt, die materiell-rechtlichen Hauptziele der Vergaberichtlinien die Schaffung und Gewährleistung eines EU-weiten Vergabebinnenmarktes und eines funktionierenden, unverfälschten Wettbewerbs auf diesem Markt.[547]

Dabei betont der EuGH immer wieder auch den individuellen Schutzzweck der Vergaberichtlinien: Die Koordinierung der Verfahren zur Vergabe öffentlicher Aufträge auf Gemeinschaftsebene soll die Hemmnisse für den freien Dienstleistungs- und Warenverkehr beseitigen und somit die Interessen der in einem Mitgliedstaat niedergelassenen Wirtschaftsteilnehmer schützen, die den in einem anderen Mitgliedstaat niedergelassenen öffentlichen Auftraggebern Waren oder Dienstleistungen anbieten möchten.[548]

Der EuGH präzisiert diese noch recht abstrakt formulierten (Schutz-)Zwecke der Vergaberichtlinien zustimmungswürdig dahingehend, dass die Gefahr einer Bevorzugung einheimischer Bieter oder Bewerber bei der Auftragsvergabe durch öffentliche Auftraggeber verhindert und zugleich die Möglichkeit ausgeschlossen werden soll, dass eine vom Staat, von Gebietskörperschaften oder anderen Einrichtungen des öffentlichen Rechts finanzierte oder kontrollierte Stelle sich von anderen als wirtschaftlichen Überlegungen leiten lässt.[549].

---

545 Vgl. etwa *Becker/Schweitzer*, Gutachten zum 69. Deutschen Juristentag 2012, S. 45; *Eichenhofer*, Sozialrecht der Europäischen Union, S. 245.

546 Vgl. *Eichenhofer*, Sozialrecht der Europäischen Union, S. 245.

547 S. oben Teil 1 B.I.3.a).

548 Vgl. etwa EuGH v. 3.10.2000, Rs. C-380/98 – *University of Cambridge*, Rn. 16, Slg. 2000, I-8035 = NZBau 2001, 218 = VergabeR 2001, 111; v. 1.2.2001, Rs. C-237/99 – *Kommission/Frankreich*, Rn. 41, Slg. 2001, I-939 = EuZW 2001, 184 = NZBau 2001, 215.

549 Vgl. etwa EuGH v. EuGH v. 15.1.1998 – Rs. C-44/96 – *Mannesmann Anlagenbau Austria*, Rn. 33, Slg. 1998, I-73 = NJW 1998, 3261 = BB 1998, 1604; v. 3.10.2000, Rs. C-380/98 – *University of Cambridge*, Rn. 17, Slg. 2000, I-8035

II. Weite Auslegung der Begriffe in den §§ 98, 99 GWB

An den soeben beschriebenen Zielen der Vergaberichtlinien[550] hat sich die Auslegung der dort und im deutschen Umsetzungsrecht normierten Begriffe, die den jeweiligen persönlichen Anwendungsbereich bestimmen, zu orientieren. Dies führt unmittelbar zur Notwendigkeit einer weiten Auslegung der Begriffe und Begriffsmerkmale, die in persönlicher Hinsicht die europäisierten Vergaberegelungen erst zur Anwendung bringen. Denn nur mithilfe einer solchen weiten Auslegung kann den beschriebenen Zielen der Vergaberichtlinien zur umfassenden praktischen Wirksamkeit verholfen werden. So formuliert der EuGH etwa für den Begriff der Einrichtung des öffentlichen Rechts das Erfordernis der weiten Auslegung wie folgt: „*In Anbetracht dieser beiden Ziele – Öffnung für den Wettbewerb und Transparenz – ist der Begriff der Einrichtung des öffentlichen Rechts weit zu verstehen.*“[551] Durch die weite Definition des Begriffs des öffentlichen Auftraggebers in den europäischen Vergaberichtlinien soll deren Anwendungsbereich „*weit genug gezogen werden, um sicherzustellen, dass insbesondere die im Rahmen der Vergabe öffentlicher Aufträge gebotenen Transparenz- und Nichtdiskriminierungsregeln für eine Reihe staatlicher Einrichtungen gelten, die nicht zur öffentlichen Verwaltung gehören, aber dennoch vom Staat namentlich über ihre Finanzierung oder Verwaltung kontrolliert werden*“.[552]

= NZBau 2001, 218 = VergabeR 2001, 111; v. 1.2.2001, Rs. C-237/99 – *Kommission/Frankreich*, Rn. 42, Slg. 2001, I-939 = EuZW 2001, 184 = NZBau 2001, 215; v. 27.2.2003, Rs. C-373/00 – *Adolf Truley*, Rn. 42, Slg. 2003, I-1931 = EuZW 2003, 315 = NZBau 2003, 287; v. 13.12.2007, Rs. C-337/06 – *Bayerischer Rundfunk u.a.*, Rn. 36, Slg. 2007, I-11173 = EuZW 2008, 80 = NZBau 2008, 130 = VergabeR 2008, 42.

550 Der EuGH verkürzt mitunter die gerade dargestellten Richtlinienzwecke knapp auf Wendung „*doppelte Zielsetzung einer Öffnung für den Wettbewerb und der Transparenz*“, vgl. nur EuGH v. 15.5.2003, Rs. C-214/00 – *Kommission/Spanien*, Rn. 53, Slg. 2003, I-4667 = NZBau 2003, 450 = ZfBR 2003, 795.

551 EuGH v. 27.2.2003, Rs. C-373/00 – *Adolf Truley,* Rn. 43, Slg. 2003, I-1931 = EuZW 2003, 315 = NZBau 2003, 287.

552 EuGH v. 29.10.2015, Rs. C-174/14 – *Saudacor*, Rn. 46, HFR 2016, 85 = MwStR 2016, 24.

G. Die Tatbestandsmerkmale des § 99 Nr. 2 GWB

Von besonderem Interesse sind vorliegend die einzelnen Tatbestandsmerkmale des § 99 Nr. 2 GWB und die bei ihrer Auslegung zu beachtenden und ggf. bereits durch die Rechtsprechung des EuGH präformierten Maximen. Sie sollen zunächst abstrakt, d.h. noch ohne konkreten Bezug zu Kassenärztlichen Vereinigungen, dargestellt werden.

I. Rechtspersönlichkeit

Auf europäischer Ebene adressiert die in § 99 Nr. 2 GWB umgesetzte Vorgabe aus Art. 2 Abs. 1 Nr. 4 der Vergaberichtlinie „Einrichtungen des öffentlichen Rechts“, was der deutsche Gesetzgeber zutreffend mit der Wendung „juristische Personen des öffentlichen und des privaten Rechts“ umgesetzt hat. Denn auch eine privatrechtlich organisierte Einrichtung kann seit der Hinwendung zum funktionalen Auftraggeberbegriff eine Einrichtung des öffentlichen Rechts im Richtliniensinne sein.[553] Als juristische Personen des öffentlichen Rechts sind in Deutschland die Körperschaften, Anstalten und Stiftungen des öffentlichen Rechts adressiert. Eine weitergehende Unterscheidung nach ihrer Eingliederung in die staatliche Organisation, etwa als Teil der unmittelbaren oder der mittelbaren Staatsverwaltung, verlangt § 99 Nr. 2 GWB in Umsetzung der Richtlinienvorgaben nicht.[554] Die genannten juristischen Personen des öffentlichen Rechts erfüllen das Kriterium der eigenen Rechtspersönlichkeit unproblematisch,

---

553 S. oben A.I.

554 Weil mit dem eingangs bereits erwähnten Anhang III der inzwischen außer Kraft getretenen VKR 2004/18/EG kaum mehr Rechtssicherheit gewonnen wurde, ist es zu begrüßen, dass ein solches Verzeichnis von „Einrichtungen des öffentlichen Rechts“ in der neuen Vergaberichtline 2014/24/EU nicht mehr enthalten ist. Allein für die unter den Begriff der „zentralen Regierungsbehörden“ fallenden Stellen bildet Anhang I der neuen Vergaberichtlinie 2014/24/EU ein konkretisierendes, nicht abschließendes Verzeichnis (vgl. auch Art. 2 Abs. 1 Nr. 2 Vergaberichtlinie 2014/24/EU). Die Fehleranfälligkeit dieses Verzeichnisses dürfte sich für Deutschland allerdings gegen Null bewegen – angeführt werden dort nur die zweifellos zentralen Regierungsbehörden Bundeskanzleramt, Auswärtiges Amt sowie alle Bundesministerien.

wenn sie im eigenen Namen und auf eigene Rechnung die mit einem Vergabeverfahren in Verbindung stehenden Vorgänge ausführen können.[555]

II. Gründung zur Erfüllung einer im Allgemeininteresse liegenden Aufgabe nichtgewerblicher Art

§ 99 Nr. 2 GWB verlangt in Umsetzung der Vergaberichtlinie weiter, dass die in den Blick genommene Einrichtung zu dem besonderen Zweck gegründet wurde, im Allgemeininteresse liegende Aufgaben nichtgewerblicher Art zu erfüllen. Dieses Tatbestandsmerkmal zeichnet sich durch seine Unschärfe aus.[556] Weder dem Begriff des „Allgemeininteresses" noch dem Begriff der „Nicht-Gewerblichkeit" kann ohne weiteres eine europarechtliche Definition zugeordnet werden.[557] Das Tatbestandsmerkmal wird daher mitunter für das wohl umstrittenste[558] des § 99 GWB gehalten.

1. Besonderer Gründungszweck

Erster Anknüpfungspunkt des Merkmals ist der besondere Aufgabenzweck der Einrichtung, wie er im Zeitpunkt der Gründung bestand.[559] Allerdings sollen im Wege der am Sinn und Zweck orientierten weiten Auslegung des Merkmals auch solche Einrichtungen erfasst werden, die erst durch nachträgliche Zweckbestimmung eine von der Vorschrift erfasste Zwecksetzung erhielten oder nach Umwandlung in eine andere Rechtsform Aufgaben im Allgemeininteresse übertragen bekommen.[560]

---

555 *Crass*, Der öffentliche Auftraggeber, S. 112.

556 Vgl. *Crass*, Der öffentliche Auftraggeber, S. 73.

557 *Crass*, Der öffentliche Auftraggeber, S. 73.

558 So etwa noch zum alten Recht *Schlette*, EuR 2000, 119 ff.; *Werner* in: Byok/Jaeger, Vergaberecht, GWB, § 98 Rn. 46.

559 *Werner* in: Byok/Jaeger, Vergaberecht, GWB, § 98 Rn. 42.

560 Vgl. EuGH v. 12.12.2002, Rs. C-470/99 – *Universale-Bau u.a.*, Rn. 63, Slg. 2002, I-11617 = NVwZ 2003, 844 = EuZW 2003, 147 = NZBau 2003, 162; OLG Düsseldorf v. 9.4.2003, VII-Verg 66/02; aus der Literatur etwa *Werner* in: Byok/Jaeger, Vergaberecht, GWB, § 98 Rn. 42 f.; kritisch *Opitz*, NZBau 2003, 252 ff. (253); ausführlich zum Ganzen *Crass*, Der öffentliche Auftraggeber, S. 74 ff., dort auch zu dem hier nicht näher zu beleuchtenden Problem des nachträglichen Zweckfortfalls.

Dem EuGH kommt es bei der Prüfung des Merkmals des besonderen Gründungszwecks nicht darauf an, ob in dem formalen Grundlagenakt, wie etwa einem formellen Errichtungsgesetz, der Satzung oder auch einem Gesellschaftsvertrag, der besondere Gründungszweck bestimmt und dokumentiert ist. Entscheidend sei vielmehr, dass die Übernahme von im Allgemeininteresse liegenden Aufgaben nicht gewerblicher Art tatsächlich erfolgt und dies objektiv feststellbar ist.[561] Dies führt zu einer am Telos der Vergaberichtlinien orientierten expansiven Auslegung des Kriteriums des besonderen Gründungszwecks. Auch eine Einrichtung, die ohne formale Dokumentation des besonderen Gründungszwecks objektiv feststellbar im Allgemeininteresse liegende Aufgaben nichtgewerblicher Art wahrnimmt, kann demnach als öffentlicher Auftraggeber im Sinne des § 99 Nr. 2 GWB anzusehen sein. Für diese Auslegung streitet vor allem der teleologische Aspekt der Vermeidung von Umgehungstendenzen.

Unschädlich für das Vorliegen des besonderen Gründungszwecks ist es schließlich, wenn die Einrichtung neben der im Allgemeininteresse liegenden Aufgabenerfüllung nichtgewerblicher Art zusätzlich noch andere Tätigkeiten ausübt, die diese Merkmale nicht erfüllen. Nach der Rechtsprechung des EuGH unterliegen alle Aufträge, die von einer Einrichtung mit der Eigenschaft eines öffentlichen Auftraggebers vergeben werden, unabhängig von ihrem Wesen dem Vergaberecht.[562]. Das gilt auch dann, wenn die Erfüllung der im Allgemeininteresse liegenden Aufgaben womöglich nur einen relativ kleinen Teil der Tätigkeiten der Einrichtung ausmacht, solange sie nur weiterhin überhaupt diese Aufgaben wahrnimmt.[563] Selbst eine Buchführung des jeweiligen Rechtsträgers, die auf eine klare interne Trennung der gewerblichen und der gemeinwohlgerichteten Tätigkeit abzielt, hilft über diese – in der Literatur als Infizierungstheorie bezeichnete

---

561 EuGH v. 15.1.1998, Rs. C-44/96 – *Mannesmann Anlagenbau Austria u.a.*, Slg. 1998, I-73 = NJW 1998, 3261 = BB 1998, 1604; v. 12.12.2002, Rs. C-470/99 – *Universale-Bau u.a.*, Slg. 2002, I-11617 = NZBau 2003, 162.

562 EuGH v. 15.1.1998, Rs. C-44/96 – *Mannesmann Anlagenbau u.a.*, Rn. 25, Slg. 1998, I-73 = NJW 1998, 3261 = BB 1998, 1604; v. 10.4.2008, Rs. C-393/06 – *Ing. Aigner*, Slg. 2008, I-2339 = EuZW 2008, 342 = NZBau 2008, 393; vgl. dazu etwa *Werner* in: Byok/Jaeger, Vergaberecht, GWB, § 98 Rn. 45.

563 EuGH v. 15.1.1998, Rs. C-44/96 – *Mannesmann Anlagenbau u.a.*, Rn. 25, Slg. 1998, I-73 = NJW 1998, 3261 = BB 1998, 1604; vgl. auch etwa *Werner* in: Byok/Jaeger, Vergaberecht, GWB, § 98 Rn. 45; *Puhl*, Grundfragen des kartellvergaberechtlichen Auftraggeberbegriffs, S. 62.

– Unbeachtlichkeit nicht hinweg.[564] Dem ist angesichts von Wortlaut und Zweck der Vergaberichtlinien sowie aus Gründen der Rechtssicherheit zuzustimmen.[565] Nur die Übertragung der gewerblichen Aufgaben auf eine rechtlich verselbständigte Tochter des staatlichen Muttergemeinwesens kann dazu führen, dass diese Tochter nicht als öffentlicher Auftraggeber anzusehen ist.[566]

2. Allgemeininteresse

Was unter dem Begriff „Allgemeininteresse" zu verstehen ist, ist weder in den EU-Vergaberichtlinien noch im deutschen Recht definiert.[567] Schon wegen seines europäischen Ursprungs kann der Begriff jedenfalls nicht rein mitgliedstaatlich definiert werden. Zwar bestimmt zunächst der Mitgliedstaat die Aufgaben, die er im Allgemeininteresse verfolgt.[568] Er hat sich aber unabhängig davon an die rechtmäßig erlassenen Vorgaben des Europarechts zu halten und ist insoweit nicht frei von europarechtlichen Bindungen. Auch der Begriff des Allgemeininteresses im Sinne des § 99 Nr. 2 GWB muss daher im Lichte der Zielsetzung des Europarechts, im Bereich der Durchführung staatlicher oder staatlich beeinflusster Aufgaben einen diskriminierungsfreien Vergabebinnenmarkt zu schaffen, ausgelegt werden.[569] Damit muss die Definitionshoheit über die Reichweite im Allgemeininteresse liegender Aufgaben ebenfalls im europäischen Vergaberecht verbleiben und kann nicht den Mitgliedstaaten übertragen werden. Dass dies keine europäische Kompetenzüberschreitung bedeutet, belegt Art. 14 AEUV, wonach die Regelung der Dienste von allgemeinem wirtschaftlichen Interesse nicht nur den Mitgliedstaaten überlassen bleibt, sondern ausdrücklich in der Verantwortung der Union liegt.[570] Der EuGH hat

---

564 EuGH v. 10.4.2008, Rs. C-393/06 – *Ing. Aigner*, Rn. 49 ff., Slg. 2008, I-2339 = EuZW 2008, 342 = NZBau 2008, 393.

565 Ebenso *Puhl*, Grundfragen des kartellvergaberechtlichen Auftraggeberbegriffs, S. 62.

566 Vgl. nur *Puhl*, Grundfragen des kartellvergaberechtlichen Auftraggeberbegriffs, S. 63 m.w.N. aus Rechtsprechung und Literatur.

567 Vgl. *Werner* in: Byok/Jaeger, Vergaberecht, GWB, § 98 Rn. 46; *Crass*, Der öffentliche Auftraggeber, S. 78.

568 *Dreher* in: Immenga/Mestmäcker, GWB, § 98 Rn. 67.

569 So zutreffend *Dreher* in: Immenga/Mestmäcker, GWB, § 98 Rn. 67.

570 Vgl. nur *Dreher* in: Immenga/Mestmäcker, GWB, § 98 Rn. 67.

demgemäß schon früh entschieden, „*dass der Begriff im Allgemeininteresse liegende Aufgaben (...) ein autonomer Begriff des Gemeinschaftsrechts ist*"[571].

Im Europarecht ist der Begriff des Allgemeininteresses – wenn auch ohne klare Definition – durchaus verbreitet.[572] Im Bereich der Grundfreiheiten etwa betrifft das Allgemeininteresse das Verhältnis der EU zu den Mitgliedstaaten und ist als Summe der Umstände zu verstehen, unter denen eine nationale Regelung, die die Grundfreiheiten in ihrer Wirksamkeit einschränkt, auch EU-Ausländern entgegengehalten werden kann.[573] Gerade als solche „Schrankenbestimmung" in Bezug auf die Reichweite der Grundfreiheiten hat der Begriff des Allgemeininteresses im Europarecht, insbesondere in der Rechtsprechung des EuGH, große Bedeutung erlangt.[574]

Das Allgemeininteresse wird zudem auch an anderer Stelle im europäischen Primärrecht verwendet, beispielsweise in Art. 106 Abs. 2 AEUV, der gewisse Dienstleistungsunternehmen im Allgemeineinteresse von den gemeinschaftsrechtlichen Wettbewerbsregeln ausnimmt.[575] Im Anwendungsbereich dieser Schranken- bzw. Ausnahmeregelung ist der Begriff grundsätzlich eng auszulegen und enthält nach der neueren Rechtsprechung des EuGH einen allgemeinen „Service Public Vorbehalt".[576]

Die dort zugrunde liegende Begriffsbestimmung ist jedoch auf den hier zu untersuchenden Bereich schon wegen der unterschiedlichen Ziele der einschlägigen Bestimmungen nicht übertragbar. Denn der Begriff des Allgemeininteresses wird sowohl im Bereich der Grundfreiheiten als auch im Anwendungsbereich des Art. 106 Abs. 2 AEUV zur Bestimmung eines begrenzten Bereichs verwendet, in dem eine Beschränkung der praktischen Wirksamkeit bzw. der Anwendung der europarechtlichen (Wettbewerbs-)Bestimmungen gerechtfertigt sein kann. Im hier interessierenden Bereich des Vergaberechts wird der Begriff aber geradezu in gegenteili-

---

571 EuGH v. 27.2.2003, Rs. C-373/00 – *Adolf Truley*, Rn. 45, Slg. 2003, I-1931 = EuZW 2003, 315 = NZBau 2003, 287; s. auch dazu *Dreher* in: Immenga/Mestmäcker, GWB, § 98 Rn. 67.

572 *Dreher* in: Immenga/Mestmäcker, GWB, § 98 Rn. 66.

573 Vgl. *Dreher* in: Immenga/Mestmäcker, GWB, § 98 Rn. 66.

574 Zum Allgemeininteresse in diesem Sinn vgl. bspw. EuGH v. 21.6.2016, Rs. C-15/15 – *New Valmar*, Rn. 48 ff., EuZW 2016, 717; vgl. auch *Dreher* in: Immenga/Mestmäcker, GWB, § 98, Rn. 66.

575 *Werner* in: Byok/Jaeger, Vergaberecht, GWB, § 98 Rn. 46.

576 *Crass*, Der öffentliche Auftraggeber, S. 80.

gem Zusammenhang verwendet, namentlich zu dem Zweck, den Bereich zu bestimmen, in dem die europarechtlich initiierten Regelungen zur Verwirklichung Vergabebestimmungen zur Anwendung gelangen und so (auch) der Durchsetzung der Grundfreiheiten dienen können.[577] Eine abschließende Bestimmung des Begriffs des Allgemeininteresses kann deshalb nicht aufgrund einer geschlossenen gemeinschaftsrechtlichen Auslegung erfolgen, sondern muss unter Berücksichtigung der Zielsetzungen der dem jeweiligen Regelungsbereich zugrunde liegenden europarechtlichen Regelungen und Grundsätze geschehen.[578] In Ansehung des hier interessierenden Bereichs des Vergaberechts können diese Zielsetzungen dahingehend zusammengefasst werden, die geschlossenen nationalen Vergabemärkte aufzubrechen.[579]

a) Rechtsprechung des EuGH

Nach Auffassung des EuGH sind Aufgaben im Allgemeininteresse jedenfalls zunächst solche, die „*eng mit dem institutionellen Funktionieren des Staates verknüpft sind*“[580]. Es handelt sich im Allgemeinen um Aufgaben, „*die der Staat aus Gründen des Allgemeininteresses selbst erfüllen oder bei denen er einen entscheidenden Einfluß behalten möchte*“.[581]

Im Übrigen beurteilt der EuGH die Frage, ob die Aufgabenwahrnehmung im Allgemeininteresse liegt, erkennbar kasuistisch und stellt dabei primär auf den Zweck der Vergaberichtlinien ab, eine Bevorzugung einheimischer Bieter durch Auftragsvergabe auszuschließen sowie zu verhindern, dass sich der Auftraggeber bei seiner Vergabeentscheidung von an-

---

577 Vgl. etwa *Dreher* in: Immenga/Mestmäcker, GWB, § 98 Rn. 66; *Werner* in: Byok/Jaeger, Vergaberecht, GWB, § 98 Rn. 46.; *Crass*, Der öffentliche Auftraggeber, S. 79 ff.

578 Vgl. *Crass*, Der öffentliche Auftraggeber, S. 81.

579 Vgl. etwa *Dreher* in: Immenga/Mestmäcker, GWB, § 98 Rn. 67; *Boesen*, Vergaberecht, GWB, § 98 Rn. 44; *Crass*, Der öffentliche Auftraggeber, S. 81.

580 Vgl. nur EuGH v. 15.1.1998, Rs. C-44/96 – *Mannesmann Anlagenbau Austria u.a.*, Rn. 24, Slg. 1998, I-73 = NJW 1998, 3261 = BB 1998, 1604; vgl. auch *Crass*, Der öffentliche Auftraggeber, S. 83 ff.

581 EuGH v. 10.11.1998, Rs. C-360/96 – *BFI Holding*, Rn. 51, Slg. 1998, I-6821 = NVwZ 1999, 397 = DVBl 1999, 160.

deren als wirtschaftlichen Überlegungen leiten lässt.[582] Anderen Kriterien kommt nach der Rechtsprechung des EuGH dagegen – für sich genommen – allenfalls Indizcharakter zu. So ist das Vorliegen von Wettbewerb kein taugliches absolutes (negatives) Definitionskriterium, weil nicht ausgeschlossen ist, dass sich eine vom Staat oder anderen Gebietskörperschaften beherrschte Einrichtung trotz vorliegender Wettbewerbssituation bei der Auftragsvergabe von anderen als wirtschaftlichen Überlegungen leiten lässt.[583] Darauf abzustellen, ob die in Rede stehenden Aufgaben (theoretisch) auch von Privatunternehmen erfüllt werden können, taugt demnach ebenfalls nicht als negatives Definitionskriterium, da Aufgaben, die nicht auch von Privatunternehmen erfüllt werden können, kaum vorstellbar sind.[584]

Dass auch im Allgemeininteresse liegende Aufgaben gewerblichen Charakter haben können, hat der EuGH bestätigt.[585] Allgemeininteresse und Gewerblichkeit schließen sich also nicht aus, sondern sind getrennt zu prüfen.[586]

b) Ansätze in der Literatur und Stellungnahme

Der vergabespezifisch-teleologische Ansatz des EuGH kann eine zufriedenstellende abstrakte Beschreibung des Begriffs immerhin für einen Kernbereich des Allgemeininteresses hervorbringen.[587]

Zuzustimmen ist darüber hinaus im Ausgangspunkt auch den Ansätzen in der Literatur, die Inhalt und Umfang eines staatlichen Infrastrukturgewährleistungsauftrags ermitteln wollen.[588] Denn innerhalb dieses zu ermit-

---

582 EuGH v. 15.1.1998, Rs. C-44/96 – *Mannesmann Anlagenbau u.a.*, Rn. 33, Slg. 1998, I-73 = NJW 1998, 3261 = BB 1998, 1604; v. 10.11.1998, Rs. C-360/96 – *BFI Holding*, Rn. 42, Slg. 1998, I-6821 = NVwZ 1999, 397 = DVBl 1999, 160.

583 Vgl. dazu EuGH v. 10.11.1998, Rs. C-360/96 – *BFI Holding*, Rn. 42 ff., Slg. 1998, I-6821 = NVwZ 1999, 397 = DVBl 1999, 160; vgl. auch etwa *Otting* in: Bechtold, GWB, § 98 Rn. 19.

584 Vgl. dazu ebenfalls EuGH v. 10.11.1998, Rs. C-360/96 – *BFI Holding*, Rn. 44., Slg. 1998, I-6821 = NVwZ 1999, 397 = DVBl 1999, 160;.

585 Vgl. EuGH v. 10.11.1998, Rs. C-360/96 – *BFI Holding*, Rn. 36, Slg. 1998, I-6821 = NVwZ 1999, 397 = DVBl 1999, 160; EuGH v. 22.5.2003, Rs. C-18/01 – *Korhonen u.a.*, Slg. 2003, I-5321 = NZBau 2003, 396 = VergabeR 2003, 420.

586 Zum Ganzen *Otting* in: Bechtold, GWB, § 98 Rn. 19.

587 So zutreffend *Dreher* in: Immenga/Mestmäcker, GWB, § 98 Rn. 71 ff.

588 *Dietlein*, NZBau 2002, 136 ff. (138).

telnden Auftragsfeldes sind die – dem gesellschaftlichen Wandel unterliegenden – genuin staatlichen Aufgaben zu finden, die als im Allgemeininteresse liegend konsentiert wurden. Dies sind die bereits erwähnten Aufgaben, die eng mit dem institutionellen Funktionieren des Staates verknüpft sind und dem Wohl der Gesellschaft als Ganzes dienen.[589] Dieses Funktionieren des Staates wird nicht marktmäßigen Mechanismen überlassen, sondern durch staatliche Einflussnahme oder gar Verteilungslenkung diesen Mechanismen gerade gegensteuernden Regelungen unterworfen.

Für den „Begriffsrand" hingegen, also für den Bereich, in dem nicht solche genuin staatliche Aufgaben wahrgenommen werden, die das Allgemeininteresse nach zutreffender Ansicht im Kernbereich auszeichnen, scheint eine abstrakte und allgemein gültige Definition nicht möglich.[590] Zu vielfältig können die Sachverhalte sein, in denen das Allgemeininteresse auch jenseits eines durch den staatlichen Infrastrukturgewährleistungsauftrag umrissenen Aufgabenspektrums anzunehmen sein kann.

Auch in diesem Bereich kann aber nur das am Regelungszweck orientierte Begriffsverständnis zu richtigen Auslegungsergebnissen führen. § 99 Nr. 2 GWB stellt – dem Zweck der Vergaberichtlinien entsprechend – klar, dass es für die Bestimmung der Auftraggebereigenschaft nicht auf die Rechtsform einer Einrichtung, sondern auf die Art der Aufgaben ankommt, die sie wahrnimmt.[591] Eine „Flucht ins Privatrecht" soll verhindert werden. Die Vorschrift gewährleistet damit die Einbeziehung der funktionalen Auftraggeber in den Anwendungsbereich des GWB-Vergaberechts.[592] Diesem Zweck des § 99 Nr. 2 GWB würde einerseits ein zu enges Verständnis des Kriteriums der im Allgemeininteresse liegenden Aufgabe zuwiderlaufen. Andererseits sind nicht alle Aufgaben, die öffentlichrechtliche oder mit ihnen verbundene privatrechtliche Rechtsträger ausführen, in dem Sinne Aufgaben im Allgemeininteresse, dass eine Anwendung des GWB-Vergaberechts erforderlich wäre.[593]

---

589 *Dreher* in: Immenga/Mestmäcker, GWB, § 98 Rn. 70 f.; zutreffend auch *Crass*, Der öffentliche Auftraggeber, S. 90.

590 Vgl. *Dreher* in: Immenga/Mestmäcker, GWB, § 98 Rn. 72.

591 *Otting* in: Bechtold, GWB, § 98 Rn. 13.

592 Vgl. *Otting* in: Bechtold, GWB, § 98 Rn. 8.

593 *Otting* in: Bechtold, GWB, § 98 Rn. 13.

Als hilfreich hat sich insoweit die in der deutschen Literatur entwickelte und fast einhellig vertretene „Vermutungstheorie“ erwiesen.[594] Sie besagt, dass eine widerlegbare Vermutung dafür streitet, dass eine Einrichtung in der Rechtsform einer juristischen Person des öffentlichen Rechts im Allgemeininteresse tätig wird. Denn solche öffentlichen-rechtlichen Einrichtungen dürfen schon aus verfassungs-, bundes-, landes-, haushalts- und gemeinderechtlichen Gründen nur dann gegründet werden, wenn ihre zukünftigen Aufgaben im Interesse der Allgemeinheit liegen.[595] Im Umkehrschluss besteht für privatrechtlich organisierte Einrichtungen die widerlegbare Vermutung, dass sie nicht im Allgemeininteresse tätig sind.[596] Für die Annahme einer Tätigkeit im Allgemeininteresse bedarf es in diesem Fall zusätzlich einer spezifischen, von der Zwecksetzung der Konkurrenten unterscheidbaren originär staatlichen Aufgabensetzung.[597]

Eine scharfe, auch für den angesprochenen „Begriffsrand“ gültige begriffliche Definition der im Allgemeininteresse liegenden Aufgaben wird indes – wie gesagt – nicht gelingen.[598] Die Abgrenzungsfunktion dieses Merkmals muss damit als begrenzt akzeptiert werden.[599]

3. Aufgaben nichtgewerblicher Art

Das auf den identischen Begriff der Vergaberichtlinien (vgl. etwa Art. 2 Abs. 1 Nr. 4 Buchst. a) der Vergaberichtlinie 2014/24/EU) zurückgehende Tatbestandsmerkmal „nichtgewerblicher Art“ ist – von § 99 GWB abgesehen – in der deutschen Rechtsterminologie nicht bekannt.[600] Die Ermittlung seines Bedeutungsgehalts gestaltet sich ähnlich problematisch wie beim Begriff des Allgemeininteresses.[601]

---

594 S. dazu nur *Dreher* in: Immenga/Mestmäcker. GWB, § 98 Rn. 72; *Crass*, Der öffentliche Auftraggeber, S. 85 f.

595 *Crass*, Der öffentliche Auftraggeber, S. 85; *Werner* in: Byok/Jaeger, Vergaberecht, GWB, § 98 Rn. 49.

596 Vgl. *Crass*, Der öffentliche Auftraggeber, S. 85.

597 Vgl. *Heise*, LKV 1999, 210 ff. (211); *Crass*, Der öffentliche Auftraggeber, S. 86.

598 So auch *Otting* in: Bechtold, GWB, § 98 Rn. 15.

599 *Otting* in: Bechtold, GWB, § 98 Rn. 15.

600 Vgl. *Crass*, Der öffentliche Auftraggeber, S. 92.

601 Vgl. *Crass*, Der öffentliche Auftraggeber, S. 91.

Geklärt ist durch den EuGH, dass das Kriterium „nichtgewerblicher Art“ selbständig und vom „Allgemeininteresse“ zu unterscheiden ist.[602] Die Nennung der Aufgaben nichtgewerblicher Art grenzt also nicht die im Allgemeininteresse liegenden Aufgaben gegenüber den gewerblichen Aufgaben ab, sondern schränkt die im Allgemeininteresse liegenden Aufgaben im Sinne des § 99 Nr. 2 GWB ein.[603] Anders gesagt: Innerhalb der Aufgaben, die im Allgemeininteresse liegen, sind daher solche gewerblicher und solche nichtgewerblicher Art zu trennen.[604]

a) Wettbewerbsermittelnder Ansatz des EuGH, der nationalen Rechtsprechung und der überwiegenden vergaberechtlichen Literatur

Maßgeblich ist nach zutreffender Auffassung in Rechtsprechung und Literatur[605] eine autonom-europarechtliche Interpretation des Begriffs der Nichtgewerblichkeit, die sich auch hier insbesondere an teleologischen Aspekten orientiert.[606] Dabei steht jeweils im Zentrum die Ermittlung der Rahmenbedingungen, unter denen die im Allgemeininteresse liegenden Aufgaben durch die betreffende Einrichtung ausgeübt werden. Diese Rahmenbedingungen müssen zur Aufgabenausübung in einer Weise führen, die die Einrichtung vom Druck wettbewerblicher Rahmenbedingungen be-

---

602 EuGH v. 10.11.1998, Rs. C-360/96 – *BFI Holding*, Rn. 43, Slg. 1998, I-6821 = NVwZ 1999, 397 = DVBl 1999, 160.

603 *Crass*, Der öffentliche Auftraggeber, S. 93.

604 Vgl. *Dreher* in: Immenga/Mestmäcker, GWB, § 98 Rn. 74.

605 Vgl. etwa den Überblick bei *Dreher* in: Immenga/Mestmäcker, GWB, § 98 Rn. 80; ausführlich auch zur nationalen Rechtsprechung und zu abweichenden Ansätzen im Schrifttum *Crass,* Der öffentliche Auftraggeber, S. 93 ff.

606 Vgl. *Dreher* in: Immenga/Mestmäcker, GWB, § 98 Rn. 77; *Crass*, Der öffentliche Auftraggeber, S. 92 und *Hailbronner*, EWS 1995, 285 ff. (287), weisen mit Blick auf verschiedene Vorgängerrichtlinien zu den neuen europäischen Vergaberichtlinien zutreffend auf von der deutschen Richtlinienversion („nicht gewerblicher Art“) an gleicher Stelle abweichende Formulierungen in den englischen („...not having an industrial or commercial character;“) und französischen („...ayant un caractère autre qu‘industriel ou commercial;“) Sprachversionen hin. Diese Unterschiede im Wortlaut setzen sich auch in der Vergaberichtlinie 2014/24/EU fort. Sie können aber keinen unterschiedlichen Begriffsinhalt bewirken. Der Begriffsinhalt ist – wie gesagt – europarechtlich autonom zu ermitteln. Unterschiedliche Formulierungen in unterschiedlichen Sprachen können zwar zur Ermittlung dieses Begriffsinhalts herangezogen werden; die Ermittlung muss aber jedenfalls ein einheitliches europarechtliches Verständnis des Begriffsinhalts ergeben.

freit.[607] Umgekehrt kann ein entwickelter Wettbewerb die Gewerblichkeit einer Tätigkeit zwar indizieren.[608] Das Vorliegen von Wettbewerb schließt es aber nicht per se aus, dass eine vom Staat, von Gebietskörperschaften oder anderen Einrichtungen des öffentlichen Rechts finanzierte oder kontrollierte Stelle sich von anderen als wirtschaftlichen Überlegungen leiten lässt[609] und deshalb bei der erforderlichen teleologischen Betrachtungsweise vom europäisierten Vergaberecht erfasst werden muss.

Dieser Linie folgend hat der EuGH etwa für eine staatliche Messegesellschaft zwar ohne weiteres bejaht, dass sie im Allgemeininteresse liegende Aufgaben wahrnimmt, aber aufgrund des Wettbewerbsdrucks, dem sie als Messeveranstalter ausgesetzt ist – was unter Berücksichtigung der gesamten Tätigkeit der Einrichtung zu prüfen sei – die Nichtgewerblichkeit verneint.[610] In einem weiteren Verfahren hat der EuGH danach gefragt, ob die betreffende Gesellschaft Gewinnerzielungsabsicht hat, unter „normalen Marktbedingungen" agiert und ob sie das Verlustrisiko selber trägt.[611]

In diesem Sinne enthält nunmehr auch Erwägungsgrund 10 der Vergaberichtlinie 2014/24/EU eine negative Abgrenzung: Eine Einrichtung, die unter marktüblichen Bedingungen arbeitet, gewinnorientiert ist und die mit der Ausübung ihrer Tätigkeit einhergehenden Verluste trägt, sollte nicht als Einrichtung des öffentlichen Rechts angesehen werden, da die im Allgemeininteresse liegenden Aufgaben, zu deren Erfüllung sie geschaf-

---

607 Vgl. *Otting* in: Bechtold, GWB, § 98 Rn. 20; für *Dreher* in: Immenga/Mestmäcker, GWB, § 98 Rn. 77, 79, ist entscheidend, ob die Einrichtung in gleicher Weise wie ein Privater dem Druck des Wettbewerbs standhalten muss oder über eine staatlich herbeigeführte marktbezogene Sonderstellung verfügt. Keine Sonderstellung und damit keine Nichtgewerblichkeit, sondern ein Handeln innerhalb marktmäßiger Mechanismen liege vor, wenn die Einrichtung ihre Aufgaben gewinnorientiert, nachfragebezogen und unter Wettbewerbsausgesetztheit erfüllt.

608 Vgl. EuGH v. 10.11.1998, Rs. C-360/96 – *BFI Holding*, Slg. 1998, I-6821 = NVwZ 1999, 397 = DVBl 1999, 160; ausführlich zum Ganzen auch *Puhl*, Grundfragen des kartellvergaberechtlichen Auftraggeberbegriffs, S. 68 ff.

609 Vgl. EuGH v. 27.2.2003, Rs. C-373/00 – *Adolf Truley*, Rn. 66, Slg. 2003, I-1931 = EuZW 2003, 315 = NZBau 2003, 287; v. 10.11.1998, Rs. C-360/96 – *BFI Holding*, Slg. 1998, I-6821 = NVwZ 1999, 397 = DVBl 1999, 160; s. dazu auch bereits oben 2.a) im Rahmen der Erörterung des Merkmals „Allgemeininteresse".

610 EuGH v. 10.5.2001, verb. Rs. C-223/99 und C-260/99 – *Agorà und Excelsior*, Slg. 2001, I-3605 = VergabeR 2001, 285; *Otting* in: Bechtold, GWB, § 98 Rn. 20.

611 Vgl. EuGH v. 22.5.2003, Rs. C-18/01 – *Korhonen u.a.*, Rn. 51, Slg. 2003, I-5321 = NZBau 2003, 396 = VergabeR 2003, 420.

fen oder mit deren Erfüllung sie beauftragt worden ist, als von gewerblicher Art anzusehen sind.[612]

b) Stellungnahme

Dem dargestellten europarechtlich-teleologischen Ansatz ist im Ausgangspunkt zuzustimmen. Die vom EuGH herangezogenen indiziellen Kriterien sind in ihrer Zusammenschau grundsätzlich geeignet zur Beurteilung der Frage, ob eine Einrichtung eine im Allgemeininteresse liegende Aufgabe nichtgewerblicher Art erfüllt. In der Tat erscheint es unwahrscheinlich, dass die Aufgaben, die eine Einrichtung erfüllen soll, nichtgewerblicher Art sind, wenn die Einrichtung unter normalen Marktbedingungen tätig ist, Gewinnerzielungsabsicht hat und die mit ihrer Tätigkeit verbundenen Verluste trägt.[613] Dennoch ist die Abgrenzungskraft auch des Kriteriums der Nichtgewerblichkeit beschränkt. Es ist nicht auszuschließen, dass in Ausnahmefällen eine sachgerechte Beurteilung auch anhand aller genannten Indizienkriterien nicht gelingt. Hinzu kommt, dass auch das Merkmal der Nichtgewerblichkeit dem wirtschaftlichen und gesellschaftlichen Wandel auf den jeweils zu betrachtenden Märkten unterliegt.[614]

Letztlich kann nur eine Gesamtbetrachtung sämtlicher aufgabenbezogener Tatbestandsmerkmale des § 99 Nr. 2 GWB zur schutzzweckorientierten und definitiven Beurteilung der Auftraggebereigenschaft einer Einrichtung führen.[615] Die am Telos der Vergaberichtlinien ausgerichtete Zusammenschau von Gründungszweck und im Allgemeininteresse liegender Aufgabe nichtgewerblicher Art wird in den allermeisten Fällen zu einem klaren und zufriedenstellenden Ergebnis führen.[616] Dabei sind nach zutreffender Auffassung des EuGH alle erheblichen rechtlichen und tatsächlichen Gesichtspunkte zu berücksichtigen, wie etwa die Umstände, die zur

---

612 Vgl. dazu auch *Eschenbruch* in: Kulartz u.a., GWB-Vergaberecht, § 99 Rn. 24 f.

613 Vgl. EuGH v. 16.10.2003, Rs. C-283/00 – *Kommission/Spanien* („*Siepsa“*), Rn. 81 f., Slg. 2003, I-11697 = NZBau 2004, 223 = VergabeR 2004, 182. Bei der (am Zweck der Vergaberichtlinien orientierten) Beurteilung der marktüblichen Bedingungen können möglicherweise auch Rückschlüsse aus den umsatzsteuerrechtlichen „Einordnungsregelungen“ in § 2 b UStG gezogen werden.

614 So zutreffend *Crass*, Der öffentliche Auftraggeber, S. 104.

615 Vgl. *Crass*, Der öffentliche Auftraggeber, S. 104 f.

616 Vgl. *Crass*, Der öffentliche Auftraggeber, S. 105.

Gründung der betreffenden Einrichtung geführt haben, und die Voraussetzungen, unter denen sie ihre Tätigkeit ausübt.[617]

III. Besondere Staatsgebundenheit

Neben der Rechtspersönlichkeit und dem besonderen Gründungszweck muss nach § 99 Nr. 2 GWB das Merkmal der besonderen Staatsgebundenheit vorliegen, damit eine Einrichtung als öffentlicher Auftraggeber im Sinne dieser Vorschrift qualifiziert wird. Diese besondere Staatsgebundenheit wird im deutschen Umsetzungsrecht durch eines der in § 99 Nr. 2, 1. Halbsatz Buchst. a), b) und c) GWB beschriebenen Zurechnungskriterien ausgedrückt. Auf europarechtlicher Ebene ist das Merkmal in Art. 2 Abs. 1 Nr. 4 Buchst. c) der Vergaberichtlinie, Art. 6 Abs. 4 Buchst. c) der Konzessionsrichtlinie sowie Art. 3 Nr. 4 Buchst. c) der Sektorenrichtlinie normiert.

1. Inhalt und Bedeutung der Zurechnungskriterien

Die drei Zurechnungskriterien – verkürzt ausgedrückt die überwiegend staatliche Finanzierung der zu beurteilenden Einrichtung, die staatliche Aufsicht über ihre Leitung sowie die mehrheitlich staatliche Bestimmung der Mitglieder ihres Verwaltungs-, Aufsichts- oder Leitungsorgans – bilden unterschiedliche Arten von staatlichen Zurechnungstatbeständen ab. Dem Staat sind Einrichtungen vergaberechtlich nur zurechenbar, wenn eine Kausalität zwischen staatlichem Einfluss und Auftragsvergabe durch die betreffende Einrichtung gegeben sein kann.[618] Nach der Rechtsprechung des EuGH ist dabei zu prüfen, ob eine solche Verbindung mit der öffentlichen Hand vorhanden ist, die es dieser ermöglicht, die Entscheidungen der Einrichtung in Bezug auf öffentliche Aufträge zu beeinflus-

---

617 EuGH v. 27.2.2003, Rs. C-373/00 – *Adolf Truley*, Rn. 65 f., Slg. 2003, I-1931 = EuZW 2003, 315 = NZBau 2003, 287; v. 22.5.2003, v. 22.5.2003, Rs. C-18/01 – *Korhonen u.a.*, Rn. 48 ff., Slg. 2003, I-5321 = NZBau 2003, 396 = VergabeR 2003, 420; v. 10.4.2008, Rs. C-393/06 – *Ing. Aigner*, Rn. 41, Slg. 2008, I-2339 = EuZW 2008, 342 = NZBau 2008, 393.

618 Vgl. *Dreher* in: Immenga/Mestmäcker, GWB, § 98 Rn. 92.

sen.[619] Der über eines der drei Zurechnungskriterien vermittelte Einfluss und damit die durch eines dieser Kriterien geschaffene Verbindung mit der öffentlichen Hand müssen derjenigen Verbindung gleichwertig sein, die bei Erfüllung eines der anderen alternativen Zurechnungsmerkmale besteht.[620] Das Kriterium der Gleichwertigkeit bedeutet andererseits aber nicht, dass jegliche Differenzierung zwischen den einzelnen Merkmalen der Staatsgebundenheit unstatthaft wäre.[621]

Der erforderliche kausale Zusammenhang zwischen staatlichem Einfluss und Auftragsvergabe wird am besten mit dem Begriff der besonderen Staatsgebundenheit der betreffenden Einrichtung beschrieben, der in der vergaberechtlichen Literatur inzwischen weit verbreitet, wenn nicht etabliert ist.[622] Allen drei Tatbestandsalternativen in § 99 Nr. 2, 1. Halbsatz Buchst. a) bis c) GWB ist also gemeinsam, dass sie sich unter den Oberbegriff der besonderen Staatsgebundenheit vereinen lassen.[623]

Welche Umstände die besondere Staatsgebundenheit in diesem Sinn begründen, konkretisiert § 99 Nr. 2 GWB.[624] Sie liegt vor, wenn bzw. soweit[625] öffentliche Auftraggeber nach § 99 Nr. 1 oder 3 GWB die zu beurteilende Einrichtung einzeln oder gemeinsam durch Beteiligung oder auf

---

619 Vgl. EuGH v. 1.2.2001, Rs. C-237/99 – *Kommission/Frankreich*, Rn. 48, Slg. 2001, I-939 = EuZW 2001, 184 = NZBau 2001, 215.

620 Vgl. dazu ebenfalls etwa EuGH v. 1.2.2001, Rs. C-237/99 – *Kommission/Frankreich*, Rn. 49, Slg. 2001, I-939 = EuZW 2001, 184 = NZBau 2001, 215; *Dreher* in: Immenga/Mestmäcker, GWB, § 98 Rn. 92.

621 So zutreffend *Puhl*, Grundfragen des kartellvergaberechtlichen Auftraggeberbegriffs, S. 162 f.; s. dazu noch näher unten 2.

622 Vgl. schon *Dreher*, DB 1998, 2579 ff. (2583); *ders.* in: Immenga/Mestmäcker., § 98, Rn. 91 ff; *Werner* in: Byok/Jaeger, Vergaberecht, GWB, § 98 Rn. 64.

623 Vgl. *Dreher* in: Immenga/Mestmäcker, GWB, § 98 Rn. 111, der allerdings von *„staatlicher Beherrschung“* spricht, dabei aber zutreffend darauf hinweist, dass dies nicht zu einem Rückgriff auf das dem § 17 AktG zugrunde liegende Begriffsverständnis führen darf. Denn die maßgebliche Formulierung in § 99 Nr. 2 GWB stellt – in Umsetzung der Richtlinienvorgaben – nicht auf die (gesellschaftsrechtliche) Beteiligung ab, sondern nur generell auf die Aufsicht über die Einrichtungsleitung; wie hier *Eschenbruch* in: Kulartz u.a., GWB-Vergaberecht, § 99 Rn. 162; a.A. dagegen noch Vergabeüberwachungsausschuss Bund v. 20.11.1995, 1 VÜ 5/95, WuW/E Vergab 58 (59 f.) sowie aus der Literatur *Werner* in: Byok/Jaeger, Vergaberecht, GWB, § 98 Rn. 68; s. zum Ganzen auch *Crass*, Der öffentliche Auftraggeber, S. 110.

624 Vgl. *Werner* in: Byok/Jaeger, Vergaberecht, GWB, § 98 Rn. 67, der aber die überwiegend staatliche Finanzierung nicht unter den Oberbegriff fasst.

625 S. dazu noch näher unten 3.a) und b).

sonstige Weise überwiegend finanzieren, die Aufsicht über die Leitung dieser Einrichtung ausüben oder mehr als die Hälfte der Mitglieder eines ihrer zur Geschäftsführung oder zur Aufsicht berufenen Organe bestimmt haben.

Allgemein lassen sich mit der besonderen Staatsgebundenheit also Umstände bezeichnen, die eine juristische Person des öffentlichen oder privaten Rechts in eine besondere Beziehung zur staatlichen Sphäre rücken, die erst die Anwendung des Vergaberechts erfordert oder zumindest rechtfertigt.[626]

Aufgrund der herausgearbeiteten beschränkten Abgrenzungskraft, die den vorangehend erörterten aufgabenbezogenen Merkmalen zu attestieren ist, kommt dem Merkmal der besonderen Staatsgebundenheit ein besonders hoher Stellenwert für die Beurteilung der Auftraggebereigenschaft nach § 99 Nr. 2 GWB zu. Dazu passt, dass der EuGH schon bei der Prüfung der Frage, ob eine im Allgemeininteresse liegende Aufgabe nichtgewerblicher Art vorliegt, auch Aspekte der erforderlichen engen Verbindung zum Staat einfließen lässt.[627]

2. Zur funktionalen Auslegung der Zurechnungskriterien

Auch die einzelnen Merkmale des Kriteriums der besonderen Staatsgebundenheit sind im Lichte des Zwecks der EU-Vergaberichtlinien funktional auszulegen.[628] Denn nur die funktionale Auslegung der drei Merkmale wird ihrem Charakter als Zurechnungskriterien gerecht: Jedes der drei Kriterien bildet eine besondere Verbindung zum Staat ab, die es im Lichte des Zwecks der Vergaberichtlinien erforderlich macht, das europäisierte GWB-Vergaberecht anzuwenden. Unter Bezugnahme auf seine bisherige Rechtsprechung[629] hat der EuGH hierzu im Urteil zur Rechtssache *IVD*, in dem er die Auftraggebereigenschaft einer Einrichtung wie der Ärztekam-

---

626 Vgl. *Dreher* in: Immenga/Mestmäcker, GWB, § 98 Rn. 91; *Crass*, Der öffentliche Auftraggeber, S. 105.

627 Vgl. EuGH v. 10.11.1998, Rs. C-360/96 – *BFI Holding*, Rn. 51, Slg. 1998, I-6821 = NVwZ 1999, 397 = DVBl 1999, 160.

628 So ausdrücklich EuGH, Rs. C-526/11 – *IVD*, Rn. 21, NVwZ 2014, 59 = EuZW 2013, 860.

629 Vgl. nur exemplarisch EuGH v. 1.2.2001, Rs. C-237/99 – *Kommission/Frankreich*, Rn. 42, Slg. 2001, I-939 = EuZW 2001, 184 = NZBau 2001, 215.

mer Westfalen-Lippe verneint und damit den Anlass der vorliegenden Untersuchung gegeben hat, ausgeführt:

„*In allen drei der in Art. 1 Abs. 9 Unterabs. 2 Buchst. c der Richtlinie 2004/18 genannten alternativen Kriterien kommt eine enge Verbindung mit den öffentlichen Stellen zum Ausdruck. Eine solche Verbindung kann es den öffentlichen Stellen nämlich ermöglichen, die Entscheidungen der betreffenden Einrichtung im Bereich der Vergabe öffentlicher Aufträge zu beeinflussen, was die Möglichkeit mit sich bringt, dass andere als wirtschaftliche Überlegungen diese Entscheidungen leiten, und insbesondere die Gefahr, dass einheimische Bieter oder Bewerber bevorzugt werden, wodurch Hemmnisse für den freien Dienstleistungs- und Warenverkehr geschaffen würden, die durch die Anwendung der Vergaberichtlinien gerade verhindert werden sollen.*“[630] Dem ist zuzustimmen. Der europäische Richtliniengeber beantwortet die Frage, wann eine Gefährdungslage für einen diskriminierungsfreien Wettbewerb um öffentliche Aufträge anzunehmen ist, die die Anwendung des europäisierten Vergaberechts erfordert, mit einer Typisierung. Er attestiert den in den Vergaberichtlinien genannten staatlichen Einflüssen (staatliche Aufsichts- oder Gremienbesetzungsbefugnisse sowie staatliche Finanzierung) eine Gefahr für den fairen Wettbewerb um den Erhalt von Aufträgen dieser Einrichtungen, die – gemeint ist die Gefahr – durch die Anwendung der europäischen Vergaberegeln zu bannen oder wenigstens zu minimieren ist. Diese Typisierung der europäischen Vorgaben greift das deutsche Recht in § 99 Nr. 2, 1. Halbsatz Buchst. a) bis c) GWB auf und wähnt ebenfalls den fairen Auftragswettbewerb in Gefahr, wenn sich etwa staatliche Aufsicht in die Auftragsvergabe einmischen kann. Staatlich beeinflusste Auftragsvergabe kann sich – so der dahinter stehende Grundgedanke – auch und insbesondere wegen der öffentlichen Finanzierung staatlicher Einrichtungen dem Wettbewerb leicht entziehen und ist folglich besonders gefährdet, andere als wirtschaftliche Überlegungen zugrunde zu legen, was den Wettbewerb verfälschen, im schlimmsten Fall ausschalten würde. Allen für die öffentliche Auftraggebereigenschaft vorzuweisenden Kriterien der besonderen Staatsgebundenheit ist demnach das Ziel gemeinsam, typisierend festzulegen, wann wegen bestimmter Einflussmöglichkeiten durch den Staat eine Auf-

630 EuGH v. 12.9.2013, Rs. C-526/11 – *IVD*, Rn. 20, NVwZ 2014, 59 = EuZW 2013, 860.

tragsvergabe nach nicht wettbewerbsgesteuerten Motiven zu befürchten ist.[631]

Die funktionale Sichtweise erfordert es aber auch, zwischen den einzelnen Zurechnungskriterien trotz ihrer Gemeinsamkeiten zu differenzieren. Dem steht das (ungeschriebene) Kriterium der Gleichwertigkeit nicht entgegen.[632]

Der Sinn des funktionalen Auftraggeberbegriffs liegt darin, solche Einrichtungen unabhängig von ihrer Rechtsform dem europäisierten Vergaberechtsregime zu unterwerfen, die wegen ihrer Staatsgebundenheit versucht sein können, bei ihren „Einkäufen" anderen als wirtschaftlichen Motiven zu folgen; das ist bei Einrichtungen der Fall, die der Staat kontrolliert oder finanziert. In der letztgenannten Finanzierungsvariante ist aber kaum zu bestimmen, ab welcher Schwelle die Gefahr nicht wirtschaftlicher Motivlage besteht. Es ist nicht grundsätzlich auszuschließen, dass schon eine im Verhältnis zu ihren Gesamteinnahmen geringfügige Subvention einer Einrichtung solche Vorteile am Markt bringt, dass sie sich dafür z.B. politischen Wünschen bei ihrer Auftragsvergabe geneigt zeigt. Damit der Kreis der öffentlichen Auftraggeber aber nicht ausufert und zumindest einigermaßen rechtssicher bestimmbar ist, musste der Gemeinschaftsgesetzgeber und in der Folge der deutsche Umsetzungsgesetzgeber für die Finanzierungsvariante eine bestimmte Schwelle typisierend herausgreifen und festlegen. Damit ist natürlich nicht in jedem Fall der Nachweis einer Einflussnahmemöglichkeit auf bestimmte Vergabeentscheidungen möglich, aber auf diesen Nachweis kommt es in der Finanzierungsvariante wegen der normativen Typisierung auch gar nicht an.[633] Seit der Entscheidung des EuGH zu der Frage, ob die deutschen öffentlich-rechtlichen Rundfunkanstalten öffentliche Auftraggeber im hier gegenständlichen Sinn sind, ist auch höchstrichterlich geklärt, dass für das Vorliegen der besonderen Staatsgebundenheit in der Variante der überwiegend staatlichen Finanzie-

---

631 Vgl. schon *Prieß*, Handbuch des europäischen Vergaberechts, S. 94; *Eschenbruch/Hunger*, NZBau 2003, 471 ff. (475).

632 Vgl. *Puhl*, Grundfragen des kartellvergaberechtlichen Auftraggeberbegriffs, S. 163, der zutreffend darauf verweist, dass „Gleich*wertigkeit*" nicht „identische Entscheidungskriterien" bedeutet.

633 S. zu alledem insbesondere *Puhl*, Grundfragen des kartellvergaberechtlichen Auftraggeberbegriffs, S. 164.

rung die Möglichkeit zur konkreten staatlichen Einflussnahme auf Vergabeentscheidungen nicht zu verlangen ist.[634]

Rechtstechnisch anders liegt dagegen die Aufsichtsvariante: Es gibt staatliche Ingerenzen, die mit Blick auf die Ziele der Vergaberichtlinien harmlos und damit vernachlässigbar sind, während andere Steuerungspotentiale den Zweck der Vergaberechts gefährden. Ausgehend vom Zweck des funktionalen Auftraggeberbegriffs muss in der Aufsichtsvariante der Staatsgebundenheit, die – anders als die Alternativen der überwiegend staatlichen Finanzierung und der überwiegend staatlichen Bestimmung der Organmitglieder – nicht an (Prozent-) Zahlen festgemacht werden kann, das Maß der Steuerungsmöglichkeit in einer Bewertung der eröffneten Ingerenzwege ermittelt werden. Und dabei wiederum kann aus teleologischer Sicht nur die (präsumtive) Möglichkeit zur konkreten Einflussnahme auf Vergabeentscheidungen das maßgebliche Kriterium sein.[635]

3. Zum Merkmal der überwiegend staatlichen Finanzierung

Zunächst fällt auf, dass der Wortlaut der Finanzierungsvariante in § 99 Nr. 2, 1. Halbsatz Buchst. a) GWB vom Wortlaut der korrespondierenden europäischen Richtlinienvorschriften abweicht. Während etwa Art. 2 Abs. 1 Nr. 4 Buchst. c) der Vergaberichtlinie fordert, dass die Einrichtung des öffentlichen Rechts „überwiegend vom Staat, von Gebietskörperschaften oder von anderen Einrichtungen des öffentlichen Rechts finanziert" wird, formuliert § 99 Nr. 2, 1. Halbsatz Buchst. a) GWB diesbezüglich das Erfordernis einer überwiegenden Finanzierung „von Stellen nach Nummer 1 oder 3". Dennoch besteht an der ordnungsgemäßen Umsetzung der Richtlinienregelung insoweit kein Zweifel. Denn alle in der Vergaberichtlinie genannten „staatlichen Stellen" werden auch von dem in § 99 Nr. 2 GWB enthaltenen Verweis auf die „Stellen nach Nummer 1 oder 3" erfasst.

---

634 EuGH v. 13.12.2007, Rs. C-337/06 – *Bayerischer Rundfunk u.a.*, Slg. 2007, I-11173 = EuZW 2008, 80 = NZBau 2008, 130 = VergabeR 2008, 42; s. dazu auch *Puhl*, Grundfragen des kartellvergaberechtlichen Auftraggeberbegriffs, S. 91 und S. 163 f.

635 S. auch dazu *Puhl*, Grundfragen des kartellvergaberechtlichen Auftraggeberbegriffs, S. 164 f.

Unter der Finanzierung durch öffentliche Auftraggeber im Sinne des § 99 Nr. 1 oder Nr. 3 GWB ist „*ein Transfer von Finanzmitteln zu verstehen, der ohne spezifische Gegenleistung mit dem Ziel vorgenommen wird, die Tätigkeiten der betreffenden Einrichtung zu unterstützen*“[636]. Geht es dagegen um Zahlungen für verschiedene Vertragsleistungen, liegt hierin keine Finanzierung.[637] Die Finanzierung muss „überwiegend“ erfolgen. Der Begriff ist – wie schon seine in der Alltagssprache übliche Verwendung nahelegt – quantitativ auszulegen und bedeutet „zu mehr als der Hälfte“.[638]

Die überwiegende Finanzierung durch von § 99 Nr. 1 oder Nr. 3 GWB erfasste Stellen kann einzeln oder gemeinsam durch Beteiligung oder auf sonstige Weise erfolgen. Auch diese Wendung findet sich nur in § 99 Nr. 2 GWB, nicht aber in den Richtlinienvorgaben.[639] Sie soll eine Gleichstellung der Finanzierung über Eigenkapital mit der Finanzierung über Fremdkapital erreichen.[640] Die rechtliche Form von Kapitalzuwendungen ist wegen der erforderlichen funktionalen Auslegung des Merkmals unerheblich.[641] Aus demselben Grund kann auch eine indirekte staatliche Finanzierung der betreffenden Einrichtung für die Bejahung des Merkmals ausreichend sein.[642] Eine solche indirekte oder mittelbare Finanzierung kann etwa bei Vorliegen eines gesetzlich eingeräumten Beitragserhebungsrechts anzunehmen sein, das es der so ausgestatteten Einrichtung erlaubt,

---

636 EuGH v. 12.9.2013, Rs. C-526/11 – *IVD*, Rn. 22, NVwZ 2014, 59 = EuZW 2013, 860.

637 Vgl. EuGH v. 3.10.2000, Rs. C-380/98 – *University of Cambridge*, Slg. 2000, I-8035 = NZBau 2001, 218 = VergabeR 2001, 111.

638 Vgl. EuGH v. 3.10.2000, Rs. C-380/98 – *University of Cambridge*, Rn. 29, Slg. 2000, I-8035 = NZBau 2001, 218 = VergabeR 2001, 111; *Dreher* in: Immenga/Mestmäcker, GWB, § 98 Rn. 96; *Puhl*, Grundfragen des kartellvergaberechtlichen Auftraggeberbegriffs, S. 90 f. m.w.N.

639 Vgl. in Bezug auf die jeweilige Vorgängerregelung *Crass*, Der öffentliche Auftraggeber, S. 106.

640 Vgl. *Stickler* in: Reidt u.a., Vergaberecht, GWB, § 98 Rn. 23; *Crass*, Der öffentliche Auftraggeber, S. 106.

641 Vgl. nur *Crass*, Der öffentliche Auftraggeber, S. 107.

642 Vgl. EuGH v. 13.12.2007, Rs. C-337/06 – *Bayerischer Rundfunk u.a.*, Rn. 35, 40, Slg. 2007, I-11173 = EuZW 2008, 80 = NZBau 2008, 130 = VergabeR 2008, 42; *Dreher* in: Immenga/Mestmäcker, GWB, § 98 Rn. 100; s. dazu auch noch näher unten Teil 3 B.III.2.a).

Beiträge in bestimmter Höhe von Dritten wie etwa Verbrauchern einzuziehen.[643]

Für die korrekte Berechnung des Anteils der staatlichen Finanzierung einer Einrichtung sind nach der Rechtsprechung des EuGH alle Mittel zu veranschlagen, über die diese Einrichtung verfügt, einschließlich derjenigen Mittel, die aus gewerblicher Tätigkeit stammen.[644] Bezugspunkt des Finanzierungsmerkmals ist demnach der Rechtsträger selbst, nicht dagegen einzelne Tätigkeiten oder Teile der Aufgabenerfüllung des Rechtsträgers.[645]

Der EuGH hat im Übrigen – wie bereits erwähnt – festgestellt, dass das Finanzierungsmerkmal nicht erfordert, dass der Staat auf die verschiedenen Entscheidungen der betreffenden Einrichtungen auf dem Gebiet der Auftragsvergabe konkreten Einfluss ausüben kann.[646]

a) Zur richtlinienkonformen Umsetzung in § 99 Nr. 2 GWB

Die geforderte rechtsträgerbezogene Interpretation des Merkmals der überwiegend staatlichen Finanzierung ist spätestens seit der Klarstellung durch den EuGH weitestgehend unumstritten. Sie muss allerdings im deutschen Umsetzungsrecht nach Inkrafttreten des VergRModG neu hinterfragt werden. Grund dafür ist die im Einleitungshalbsatz des § 99 Nr. 2 GWB in der Fassung des VergRModG formulierte Konjunktion „sofern“, wo § 98 Nr. 2 GWB a.F. noch formuliert hatte: „…wenn Stellen, die unter Nummer 1 oder 3 fallen, sie einzeln oder gemeinsam durch Beteiligung oder auf sonstige Weise überwiegend finanzieren oder über ihre Leitung die Aufsicht ausüben oder mehr als die Hälfte der Mitglieder eines

643 S. auch dazu etwa EuGH v. 13.12.2007, Rs. C-337/06 – *Bayerischer Rundfunk u.a.*, Slg. 2007, I-11173 = EuZW 2008, 80 = NZBau 2008, 130 = VergabeR 2008, 42.

644 Vgl. etwa EuGH v. 3.10.2000, Rs. C-380/98 – *University of Cambridge*, Rn. 36, Slg. 2000, I-8035 = NZBau 2001, 218 = VergabeR 2001, 111.

645 Insoweit zutreffend bereits BayObLG v. 10.9.2002 – Verg 23/02, NZBau 2003, 348 = VergabeR 2003, 94; vgl. auch *Puhl*, Grundfragen des kartellvergaberechtlichen Auftraggeberbegriffs, S. 86 f.; s. dazu noch näher sogleich unter b)aa).

646 Vgl. EuGH v, 13.12.2007, Rs. C-337/06 – *Bayerischer Rundfunk u.a.*, Rn. 51 ff., Slg. 2007, I-11173 = EuZW 2008, 80 = NZBau 2008, 130 = VergabeR 2008, 42; s. dazu bereits oben 2. bei Fn. 634.

ihrer zur Geschäftsführung oder zur Aufsicht berufenen Organe bestimmt haben."

Die korrespondierende Richtlinienvorschrift ist demgegenüber unter der Überschrift „Begriffsbestimmungen" in Art. 2 Abs. 1 Nr. 4 der Richtlinie 2014/24/EU wie folgt formuliert:

> „Für die Zwecke dieser Richtlinie bezeichnet der Ausdruck (…)
> 4. „Einrichtungen des öffentlichen Rechts" Einrichtungen mit sämtlichen der folgenden Merkmale:
> a) Sie wurden zu dem besonderen Zweck gegründet, im Allgemeininteresse liegende Aufgaben nicht gewerblicher Art zu erfüllen,
> b) sie besitzen Rechtspersönlichkeit und
> c) sie werden überwiegend vom Staat, von Gebietskörperschaften oder von anderen Einrichtungen des öffentlichen Rechts finanziert oder unterstehen hinsichtlich ihrer Leitung der Aufsicht dieser Gebietskörperschaften oder Einrichtungen, oder sie haben ein Verwaltungs-, Leitungs- beziehungsweise Aufsichtsorgan, das mehrheitlich aus Mitgliedern besteht, die vom Staat, von Gebietskörperschaften oder von anderen Einrichtungen des öffentlichen Rechts ernannt worden sind; (…)".

b) Bewertung

Zunächst darf davon ausgegangen werden, dass dem deutschen Gesetzgeber der Unterschied zwischen den beiden konditionalen Konjunktionen „wenn" und „sofern" bekannt ist. Diese Annahme untermauert ein Blick auf das vom Bundesministerium für Justiz und Verbraucherschutz herausgegebene Handbuch der Rechtsförmlichkeit[647], wo unter Teil B „Allgemeine Empfehlungen für das Formulieren von Rechtsvorschriften" gerade der hier angesprochene Unterschied erläutert wird:

„Die Konjunktionen `wenn`, `falls`, `soweit` und `sofern` leiten Bedingungssätze ein, jedoch mit folgendem Unterschied: `Wenn` und `falls` drücken eine uneingeschränkte oder absolute Bedingung aus; sie schließen die Rechtsfolge ganz aus oder lassen sie ganz zu. Werden dagegen die einschränkenden Konjunktionen `soweit`, `sofern` und `solange` gebraucht, eröffnet die Bedingung einen Spielraum. Die Rechtsfolge gilt nur in dem durch die Regelung festgelegten Umfang. `Soweit` und `sofern` sollten immer durch `in dem Maß, wie` ersetzbar sein."[648]

---

647 Auch im Internet abrufbar unter: http://hdr.bmj.de/vorwort.html.

648 *Bundesministerium der Justiz*, Handbuch der Rechtsförmlichkeit, Teil B Rn. 89.

aa) Nur rechtsträgerbezogene Auslegung richtlinienkonform

Zwar könnte man vor diesem Hintergrund auf den ersten Blick annehmen, dass der deutsche Gesetzgeber insoweit eine Ausnahme von seinem Grundsatz der „Eins-zu-Eins-Umsetzung“ der Vergaberichtlinie in deutsches Recht treffen und das Merkmal der überwiegend staatlichen Finanzierung tätigkeitsbezogen statt rechtsträgerbezogen regeln wollte. Allerdings wäre dieses Auslegungsergebnis nicht mit der oben angeführten Regelung des Art. 2 Abs. 1 Nr. 4 Buchst. c) Vergaberichtlinie und den identischen Regelungen der Konzessions- und der Sektorenrichtlinie vereinbar. Schon aus deren Wortlaut ergibt sich hinreichend deutlich, dass das Merkmal der überwiegend staatlichen Finanzierung rechtsträgerbezogen zu interpretieren ist. Denn „sie“, also die Einrichtung insgesamt ist es, deren überwiegende Finanzierung durch staatliche Stellen Art. 2 Abs. 1 Nr. 4 Buchst. c) Vergaberichtlinie voraussetzt. Dieses Ergebnis wird zudem durch teleologische Gesichtspunkte gestützt. Der europäische Normgeber verbindet die überwiegend staatliche Finanzierung einer Einrichtung typisierend mit der Gefahr, dass die betreffende Einrichtung einheimische Bieter bevorzugen oder sich bei der Auftragsvergabe von anderen als wirtschaftlichen Überlegungen leiten lassen könnte. Dahinter steht vor allem der Gedanke, dass Einrichtungen, die öffentliche Gelder ausgeben, mit diesen womöglich sorgloser umgehen als mit „eigenen“ Mitteln. Daher kommt es auch nach der Rechtsprechung des EuGH in der Finanzierungsvariante der besonderen Staatsgebundenheit nicht darauf an, dass der Staat konkreten Einfluss auf Vergabeentscheidungen der finanzierten Einrichtung ausüben kann.[649] Selbst wenn eindeutig klar wäre, dass die betreffende Einrichtung bezogen auf einen bestimmten Tätigkeitsbereich nicht überwiegend staatlich finanziert wird, gleichzeitig aber die überwiegend staatliche Finanzierung bezogen auf die Gesamtheit der Tätigkeiten und damit der Einrichtung insgesamt anzunehmen wäre, könnte eine interne „Querfinanzierung“ wohl kaum mit Sicherheit ausgeschlossen werden. Eine solche „Querfinanzierung“ ermöglichte es der Einrichtung, sich auch bei der Auftragsvergabe in dem für sich genommen nicht überwiegend staatlich finanzierten Tätigkeitsbereich nicht marktkonform zu verhalten. Im umgekehrten Fall, wenn also zwar bezogen auf einen bestimmten Aufgabenbereich eindeutig überwiegend staatliche Finanzierung anzunehmen

649 S. dazu bereits oben bei Fn. 646.

wäre, diese Art der Finanzierung aber bezogen auf die Einrichtung insgesamt weniger als 50% ausmachte, ist das Kriterium „überwiegend" nicht erfüllt, weil der europäische Normgeber davon ausgeht, dass sich eine Einrichtung, die insgesamt maximal zu 50% staatlich finanziert wird, bei der Auftragsvergabe typischerweise marktkonform verhält. Die sachliche Richtigkeit dieser normativen Typisierung mag mit Blick auf die gegriffene Schwelle von mehr als 50% fraglich sein; der rechtsträgerbezogene Ansatz aber deckt sich mit Wortlaut und Zweck der Vergaberichtlinien. Dass auch der EuGH die Einrichtung insgesamt und nicht einzelne Aufgaben- oder Tätigkeitsbereiche als Bezugspunkt für die Beurteilung der überwiegend staatlichen Finanzierung sieht, zeigen etwa auch seine Aussagen im Urteil in der Rechtssache University of Cambridge, wonach *„eine Einrichtung auch teilweise aus anderen Mitteln finanziert werden kann, ohne dass sie dadurch ihre Eigenschaft als öffentlicher Auftraggeber verliert"*[650].

bb) Rechtsträgerbezogenes Verständnis auch in § 99 Nr. 2 GWB

Bei näherer (grammatikalischer) Betrachtung des Wortlauts des § 99 Nr. 2 GWB wird deutlich, dass auch § 99 Nr. 2 GWB ein rechtsträgerbezogenes Verständnis des Merkmals der überwiegend staatlichen Finanzierung zugrunde legt. Denn die einschränkende Konditionalkonjunktion „sofern" bezieht sich auf das Personalpronomen „sie", das sich wiederum als Subjekt auf die von § 99 Nr. 2 GWB erfassten juristischen Personen des öffentlichen oder privaten Rechts bezieht. Dagegen ist gerade nicht die Tätigkeit oder die Aufgabe der juristischen Personen in Bezug genommen. Das lässt den Schluss zu, dass auch § 99 Nr. 2 GWB den Rechtsträger als Bezugspunkt für die geforderte überwiegend staatliche Finanzierung ansieht. Die Fassung des § 99 Nr. 2 GWB ist vor dem aufgezeigten Hintergrund sprachlich nicht unbedingt geglückt. Denn die (allein richtlinienkonforme) gesetzliche Voraussetzung, dass eine juristische Person überwiegend staatlich finanziert sein muss, um in dieser Alternative der besonderen Staatsgebundenheit als öffentlicher Auftraggeber qualifiziert zu werden, ist mit der Konjunktion „sofern" sprachlich nicht zum Ausdruck zu bringen. Eine juristische Person wird als solche entweder überwiegend

---

650 Vgl. EuGH v. 3.10.2000, Rs. C-380/98 – *University of Cambridge*, Rn. 35, Slg. 2000, I-8035 = NZBau 2001, 218 = VergabeR 2001, 111; s. bereits oben bei Fn. 644.

staatlich finanziert oder sie wird es eben nicht. Sie kann aber schon begrifflich nicht etwa „nur in dem Maße, in dem sie überwiegend finanziert ist“, öffentlicher Auftraggeber sein. Hätte der Gesetzgeber regeln wollen, dass die überwiegende Finanzierung (nur) bezogen auf einzelne Aufgaben der jeweiligen juristischen Person vorliegen müsse, so hätte er sprachlich eindeutig formulieren müssen, dass nicht die juristische Person selbst, sondern eben ihre Aufgaben Bezugspunkt für die überwiegende Finanzierung sind. Dies hat er aber nicht getan.

Sprachlich korrekt müsste § 99 Nr. 2 GWB in Ansehung der Bedingung der überwiegend staatlichen Finanzierung daher statt der Konjunktion „sofern“ die Konjunktion „wenn“ oder – weil mit Blick auf das Erfordernis der weiten Auslegung des Begriffs des öffentlichen Auftraggebers und seiner Komponenten[651] auch eine nur temporäre überwiegend staatliche Finanzierung genügt – „solange“ enthalten. Die grammatikalisch fehlerhafte Verwendung der Konjunktion „sofern“ ändert gleichwohl nichts an der Richtlinienkonformität des § 99 Nr. 2 GWB in Bezug auf die Voraussetzung der überwiegend staatlichen Finanzierung. Entscheidend ist, dass die Voraussetzung nach den obigen Ausführungen trotz dem missverständlichen Wortlaut in § 99 Nr. 2 GWB rechtsträgerbezogen und nicht tätigkeitsbezogen zu verstehen ist.[652]

4. Zum Merkmal der staatlichen Aufsicht über die Leitung

Alternativ ist nach § 99 Nr. 2, 1. Halbsatz Buchst. b) GWB erforderlich, dass die zu beurteilende Einrichtung hinsichtlich ihrer Leitung der Aufsicht durch eine der in § 99 Nr. 1 oder Nr. 3 GWB genannten Stellen unterliegt.

a) Zum europarechtlich-autonomen Begriffsverständnis

Auch der europarechtlich eingeführte und nicht näher definierte Begriff der staatlichen Aufsicht ist europarechtlich-autonom auszulegen. Autono-

---

651 S. dazu oben F.II.

652 Für das Finanzierungskriterium unter Geltung der VKR im Ergebnis ebenso *Puhl*, Grundfragen des kartellvergaberechtlichen Auftraggeberbegriffs, S. 86 f. m.w.N.

mie und Vorrang des Unionsrechts würden es wenig überzeugend erscheinen lassen, insoweit etwa auf die Terminologie des deutschen Verwaltungsrechts[653] zurückzugreifen, die auf europäischer Ebene keinerlei Bedeutung besitzt.[654] So kann im Rahmen dieser Auslegung auch nicht etwa die in der deutschen Rechtsterminologie gebräuchliche Unterscheidung zwischen Rechtsaufsicht und Fachaufsicht herangezogen werden, die dem Aufsichtsbegriff auf europäischer Ebene fremd ist. Es ist also vielmehr jenseits der deutschen Rechtsterminologie europarechtlich-autonom zu prüfen, ob die gegenständliche Einrichtung hinsichtlich ihrer Leitung der staatlichen Aufsicht im Sinne der europäischen Vergaberichtlinien und des umsetzenden § 99 Nr. 2, 1. Halbsatz Buchst. b) GWB unterliegt.[655]

Verfehlt wäre es dabei aber auch, auf den Begriff der „staatlichen Aufsicht" als Element der Beurteilung, ob eine Einrichtung wegen der Ausübung wirtschaftlicher Tätigkeit als Unternehmen im europarechtlichen Sinn einzustufen ist und damit den EU-Wettbewerbsregeln unterliegt, abzustellen.[656] Die Anknüpfungspunkte beim Unternehmensbegriff (wirt-

---

653 Vgl. dazu nur *Maurer*, Allgemeines Verwaltungsrecht, § 23 Rn. 18 ff.

654 So auch *Thüsing/Forst* in: Thüsing, Europäisches Vergabe- und Kartellrecht, S. 41.

655 Vgl. dazu statt vieler *Rixen* in: Ebsen, Vergaberecht und Vertragswettbewerb, S. 33 f, der aber unnötigerweise auch sprachkomparative Argumente in Ansehung der verschiedenen Sprachfassungen der Richtlinie 2004/18/EG ins Feld führt, um den Nachweis zu erbringen, dass die terminologische Unterscheidung in Rechtsaufsicht und Fachaufsicht nach deutschem Recht nicht maßgeblich sein kann; vgl. auch *Degenhart*, JZ 2008, 568 ff. (569), dort am Beispiel des EuGH-Urteils v. 13.12.2007 in der Rechtssache C-337/06 – *Bayerischer Rundfunk u.a.*

656 So aber offenbar *Thüsing/Forst* in: Thüsing, Europäisches Vergabe- und Kartellrecht, S. 41, die den vom EuGH in der Entscheidung v. 5.3.2009, Rs. C-350/07 – *Kattner Stahlbau*, Slg. 2009, I-1513 = NJW 2009, 1325, für die Prüfung, ob eine Einrichtung wirtschaftlich tätig und damit als Unternehmen zu qualifizieren ist, herangezogenen Aufsichtsbegriff auf denjenigen der Vergaberichtlinien übertragen wollen. Mit der dort vom EuGH geprüften „Aufsicht" lassen sich aber keine Rückschlüsse darauf ziehen, ob diese Art der staatlichen Aufsicht auch zur Bejahung des Merkmals der staatlichen Aufsicht im Sinne der Vergaberichtlinien führt. Vielmehr lässt sich daraus nur schließen, dass auf europäischer Ebene in ihrem Bedeutungsgehalt unterschiedliche „Aufsichtsbegriffe" existieren. Dies verstößt nicht gegen den Grundsatz einheitlicher europarechtlicher Auslegung, denn der Begriff der „staatlichen Aufsicht", wie ihn der EuGH in der Rechtssache *Kattner Stahlbau* verwendet, ist – anders als der EU-vergaberechtliche Aufsichtsbegriff – weder primär- noch sekundärrechtlich normativ geregelt und kann schon deshalb gar nicht „ausgelegt" werden.

schaftliche Tätigkeit) und beim Begriff des öffentlichen Auftraggebers (Staatsgebundenheit) sind voneinander völlig unabhängig und verschieden, weshalb bei der notwendigen funktionalen Betrachtung auch die jeweiligen Voraussetzungen nicht gleichbehandelt werden dürfen.

b) Zu den definitorischen Anforderungen an die staatliche Aufsicht

Wie bereits ausgeführt, sind die im europäisierten Vergaberecht enthaltenen Rechtsbegriffe im Lichte des Zwecks der Vergaberichtlinien funktional und weit zu verstehen.[657] Dies gilt auch für den Begriff der staatlichen Aufsicht im Sinne des Art. 2 Abs. 1 Nr. 4 Buchst. c) der Vergaberichtlinie bzw. § 99 Nr. 2, 1. Halbsatz Buchst. b) GWB. Der EuGH interpretiert das Tatbestandsmerkmal der staatlichen Aufsicht über die Leitung dementsprechend unabhängig von den formellen Modalitäten seiner Anwendung.[658]

Welche Formen staatlicher Aufsicht im Einzelfall das Richtlinienkriterium erfüllen und damit – bei Vorliegen der weiteren Tatbestandsmerkmale – die Anwendung des europäisierten Vergaberecht erfordern, kann also nur im Wege funktionaler Interpretation des Kriteriums im Licht des Zwecks der Vergaberichtlinien sachgerecht entschieden werden. Weder formelle Anwendungskriterien noch der Rückgriff auf mehr oder weniger „starre“ Abgrenzungskriterien wie eine mitgliedstaatliche Unterscheidung zwischen Rechts- und Fachaufsicht werden dem funktionalen Verständnis der staatlichen Aufsicht gerecht.

Unbestritten ist daneben, dass es sich bei der staatlichen Aufsicht in dem hier maßgeblichen Sinn überhaupt um eine Form der Einwirkungsaufsicht[659] handeln muss, wobei die bloße Möglichkeit einer Einwirkung bzw. Einflussnahme ausreicht, um die für die öffentliche Auftraggebereigenschaft erforderliche enge Bindung zum Staat herzustellen; auf eine tat-

---

657 S. dazu etwa oben F.I. und F.II.

658 Vgl. EuGH v. 12.9.2013, Rs. C-526-11 – *IVD*, Rn. 21; v. 1.2.2001, Rs. C-237/99 – *Kommission/Frankreich*, Rn. 43, Slg. 2001, I-939 = EuZW 2001, 184 = NZBau 2001, 215; insoweit zutreffend auch *Denkhaus*, Gesundheitsmärkte im Mehrebenensystem, S. 407 ff.

659 Vgl. näher zu diesem – allerdings mitgliedstaatlich besetzten – Begriff *Artelt*, Verwaltungskooperationsrecht, S. 192 f.

sächlich ausgeübte Einflussnahme kommt es dagegen nicht an.[660] Die erforderliche Einwirkungsmöglichkeit fehlt dagegen regelmäßig im Fall einer bloß nachprüfenden Kontrolle, denn schon begrifflich erlaubt es eine derartige Kontrolle der öffentlichen Hand nicht, die Entscheidungen der betreffenden Einrichtung im Bereich der Vergabe öffentlicher Aufträge zu beeinflussen.[661]

Jenseits dieser „Minimalkonsense" ist aber insbesondere im vergaberechtlichen Schrifttum noch immer umstritten, wie die durch staatliche Aufsicht ermöglichte Einwirkungsmöglichkeit konkret ausgestaltet sein muss, damit das Merkmal der staatlichen Aufsicht über die Leitung im Sinne des § 99 Nr. 2, 1. Halbsatz Buchst. b) GWB erfüllt ist. Dabei lassen sich die vertretenen Meinungen in zwei „Hauptströmungen" unterteilen.

aa) Enge Auffassung: Beherrschung auch im Bereich der Auftragsvergabe erforderlich

Nach einer Auffassung soll nur eine solche Aufsichtsform die besondere Staatsgebundenheit vermitteln, die in qualitativer Hinsicht eine durchsetzbare Entscheidung hinsichtlich unternehmerischer Fragestellungen zu leisten vermag und die Aufsichtsbehörde so in die Lage versetzt, wichtige unternehmerische Entscheidungen „beherrschen" zu können.[662] Denn nur dann sei mit der maßgeblichen funktionalen Sichtweise eine potentielle Einflussnahme durch die staatliche Aufsicht zu befürchten, die die Gefahren birgt, denen mit der Anwendung des europäisierten Vergaberechts entgegengewirkt werden soll.

bb) Weite Auffassung: Gleichwertigkeit der Zurechnungskriterien entscheidend

Nach anderer Auffassung ist es nicht erforderlich, dass der Staat in der Lage ist, die Unternehmenspolitik der beaufsichtigten Einrichtung beherr-

---

660 Vgl. dazu aus jüngerer Zeit etwa Vergabekammer Südbayern v. 27.3.2014, Z3-3-3194-1-01-01/14, Rn. 164 ff.

661 EuGH v. 27.2.2003 – Rs. C-373/00 – *Adolf Truley*, Rn. 70, Slg. 2003, I-1931 = EuZW 2003, 315 = NZBau 2003, 287.

662 Vgl. etwa *Crass*, Der öffentliche Auftraggeber, S. 111.

schen zu können oder über das Verfahren der Vergabe öffentlicher Aufträge eine zumindest potentielle Kontrolle auszuüben.[663] Ausreichend sei vielmehr ein geringerer Grad der Einflussnahmemöglichkeit. Es sei dabei allein zu prüfen, ob die Staatsgebundenheit aufgrund staatlicher Aufsicht dieselbe Intensität erreicht wie diejenige, die aufgrund der beiden anderen Zurechnungsalternativen des Merkmals der Staatsgebundenheit (überwiegend staatliche Finanzierung bzw. mehrheitlich staatliche Ernennung von Organmitgliedern) bestehen würde, also eine vergleichbare Situation der Abhängigkeit schafft, welche letztlich auch Auswirkungen auf die Vergabepolitik haben könnte.[664]

cc) Analyse der Rechtsprechung des EuGH

Der EuGH hat bislang kasuistisch und orientiert an den ihm vorgelegten Auslegungsfragen beurteilt, ob das Merkmal der staatlichen Aufsicht erfüllt ist. Besonders gut verdeutlichen dies zwei Entscheidungen vom Anfang des letzten Jahrzehnts, die unter Geltung der BKR[665] bzw. der LKR[666] ergangen sind. Diese Richtlinien enthielten in ihrem jeweiligen Art. 1 Buchst. b), dritter Spiegelstr. mit den heute u.a. in Art. 2 Abs. 1 Nr. 4 Buchst. c) Vergaberichtlinie normierten Vorgaben vergleichbare Bestimmungen, so dass die hierzu ergangenen Entscheidungen und Aussagen des EuGH auch heute noch Relevanz haben.[667]

In der Rechtssache *Kommission/Frankreich*[668] kam der EuGH nach Analyse (auch) der einschlägigen Vorschriften des innerstaatlichen (fran-

---

663 Vgl. *Sormani-Bastian*, Vergaberecht und Sozialrecht, S. 115.

664 *Sormani-Bastian*, Vergaberecht und Sozialrecht, S. 115. Zum Erfordernis der Gleichwertigkeit der einzelnen Alternativen des Merkmals der Staatgebundenheit s. bereits oben 1. und 2.

665 Fn. 92.

666 Fn. 93.

667 Zwar war in den genannten Bestimmungen der BKR und der LKR zusätzlich noch der Verweis auf die Verzeichnisse im jeweiligen Anhang I enthalten, allerdings nicht mehr (wie noch unter Geltung der Richtlinie 77/62/EWG) als Bestandteil der Definition der „öffentlichen Auftraggeber“ ausgestaltet.

668 EuGH v. 1.2.2001, C-237/99 – *Kommission/Frankreich*, Slg. 2001, I-939 = EuZW 2001, 184 = NZBau 2001, 215; in diesem Vertragsverletzungsverfahren ging es um die Frage, ob verschiedene von staatlichen Planungs- und Bauämtern der französischen Republik sowie von – nach dem maßgeblichen französischen Recht staatlicher Aufsicht unterliegenden – Sozialwohnungsaktiengesellschaften

zösischen) Rechts zu dem Ergebnis, dass aufgrund der staatlichen Aufsichtsbefugnisse und des konkreten rechtlichen Rahmens, innerhalb dessen diese Befugnisse ausgeübt werden können, das Merkmal der staatlichen Aufsicht im Richtliniensinne in Bezug auf die untersuchten Einrichtungen vorliege: „*Artikel L.411-1 CCH definiert ihre Tätigkeiten nämlich allgemein und bestimmt, dass die technischen Merkmale sowie die Herstellungskosten durch Entscheidung der Verwaltung festgelegt werden. Nach Artikel R.422-1 CCH müssen die Satzungen der SA HLM Klauseln enthalten, die den im Anhang zum CCH wiedergegebenen Musterklauseln entsprechen; diese Klauseln sind sehr detailliert, insbesondere was den sozialen Gegenstand dieser Körperschaften angeht. Wie der Generalanwalt in Nummer 67 seiner Schlussanträge ausgeführt hat, kann die bloße Überwachung der Einhaltung dieser Regeln für die Führung der Geschäfte, da diese sehr detailliert sind, für sich allein schon dazu führen, dass der öffentlichen Hand ein bedeutender Einfluss eingeräumt wird.*“[669]

In der Rechtssache *Adolf Truley*[670] gelangte der EuGH ebenfalls zu dem Ergebnis, dass das Merkmal der staatlichen Aufsicht zu bejahen sei, was er insbesondere mit den bestehenden Aufsichtsbefugnissen begründete: „*Nach allem ist (...) zu antworten, dass eine bloße nachprüfende Kontrolle*

---

durchgeführte Auftragsvergaben europarechtskonform erfolgten. Der EuGH verurteilte die Französische Republik wegen Verstoßes gegen die sich aus der damaligen Richtlinie 93/37/EWG ergebenden Verpflichtungen zur öffentlichen Ausschreibung der zu vergebenden Aufträge.

669 EuGH v. 1.2.2001, Rs. C-237/99 – *Kommission/Frankreich*, Rn. 51 f., Slg. 2001, I-939 = EuZW 2001, 184 = NZBau 2001, 215; außerdem, so der EuGH bei Rn. 53 ff. dieses Urteils, sei in Bezug auf die Aufsicht über die Tätigkeit der betreffenden Einrichtung festzustellen, dass in den die Aufsicht regelnden Vorschriften nicht genau angegeben sei, in welchen Grenzen die Aufsicht ausgeübt werde. Jedenfalls einige der relevanten Aufsichtsbefugnisse beträfen die Geschäftspolitik der Einrichtung und gingen daher über eine bloße Rechtmäßigkeitskontrolle hinaus.

670 EuGH v. 27.2.2003, C-373/00 – *Adolf Truley*, Slg. 2003, I-1931 = EuZW 2003, 315 = NZBau 2003, 287; in diesem Verfahren war u.a. die Auftraggebereigenschaft der „Bestattung Wien GmbH“ streitig, einer Tochtergesellschaft der Wiener Stadtwerke Holding AG, deren Anteile wiederum zu 100 Prozent im Eigentum der Stadt Wien stehen. Die „Bestattung Wien GmbH“ führte ein Vergabeverfahren für den Auftrag zur Lieferung von Sargausstattungen durch, in dem das klagende Unternehmen, die „Adolf Truley GmbH“, unterlag und ein Vergabenachprüfungsverfahren anstrengte. Die „Bestattung Wien GmbH“ war der Ansicht, kein öffentlicher Auftraggeber im Sinne der europäischen Vergabevorschriften zu sein. Der EuGH teilte diese Auffassung im Ergebnis nicht.

nicht das Tatbestandsmerkmal der Aufsicht über die Leitung im Sinne von Artikel 1 Buchstabe b Unterabsatz 2 dritter Gedankenstrich der Richtlinie 93/36 erfüllt. Dieses Tatbestandsmerkmal erfüllt jedoch ein Sachverhalt, bei dem zum einen die öffentliche Hand nicht nur die Jahresabschlüsse der betreffenden Einrichtung kontrolliert, sondern auch ihre laufende Verwaltung im Hinblick auf ihre ziffernmäßige Richtigkeit, Ordnungsmäßigkeit, Sparsamkeit, Wirtschaftlichkeit und Zweckmäßigkeit, und bei dem zum anderen die öffentliche Hand berechtigt ist, die Betriebsräume und Anlagen dieser Einrichtung zu besichtigen und über das Ergebnis dieser Prüfung einer Gebietskörperschaft zu berichten, die über eine andere Gesellschaft das Kapital der in Rede stehenden Einrichtung hält.“[671]

Generalisierend lässt sich in Anbetracht der beiden erwähnten Urteile feststellen, dass der EuGH zur Annahme einer Einflussnahmemöglichkeit im Sinne des Richtlinienkriteriums der staatlichen Aufsicht in durchaus unterschiedlichen Konstellationen gelangen kann. Zum einen dann, wenn die staatliche Aufsichtsbehörde mit Befugnissen ausgestattet ist, deren Voraussetzungen für die Ausübung eine „*ständige Kontrolle*“ der beaufsichtigten Einrichtung implizieren oder die es der Aufsichtsbehörde erlauben, der Einrichtung ein „*bestimmtes Geschäftsführungsprofil*“ vorzugeben[672]. Derartige Befugnisse dürften zweifellos vorliegen, wenn die Aufsichtsbehörde nach dem maßgeblichen innerstaatlichen Recht uneingeschränkt eigenständige Zweckmäßigkeitserwägungen anstellen darf.[673] Es liegt auf der Hand, dass eine so gestaltete staatliche Aufsicht das Richtlinienkriterium bei funktionaler Betrachtung erfüllt, mithin als potentielle Einwirkungsaufsicht zu bewerten ist, die die Gefahr der Bevorzugung einheimischer Bieter oder aber der Orientierung an anderen als wirtschaftlichen Kriterien bei Vergabeentscheidungen begründet.

---

671 EuGH v. 27.2.2003, C-373/00 – *Adolf Truley*, Rn 74, Slg. 2003, I-1931 = EuZW 2003, 315 = NZBau 2003, 287.

672 Vgl. EuGH v. 1.2.2001, Rs. C-237/99 – *Kommission/Frankreich*, Rn. 56 f., Slg. 2001, I-939 = EuZW 2001, 184 = NZBau 2001, 215. Die Aufsichtsbehörde durfte im dort zugrunde liegenden Fall u.a. bei „schweren Unregelmäßigkeiten, schwerwiegenden Verstößen bei der Führung der Geschäfte oder Untätigkeit des Verwaltungsrates oder des Vorstandes oder des Aufsichtsrates“ einschreiten.

673 Dabei dürfte es für die Bejahung des Kriteriums der staatlichen Aufsicht ausreichen, dass die staatliche Aufsichtsbehörde in der Lage ist, eine Zuschlagserteilung auf ein bestimmtes Gebot bzw. an einen bestimmten Bieter verbindlich zu verhindern; vgl. dazu *Puhl*, Grundfragen des kartellvergaberechtlichen Auftraggeberbegriffs, S. 174 f.

Zum anderen kann eine das Richtlinienkriterium erfüllende staatliche Einflussnahmemöglichkeit nach dem EuGH auch in der anders gelagerten Konstellation gegeben sein, dass – unbesehen der konkreten Ausgestaltung aller einzelnen Aufsichtsbefugnisse nach mitgliedstaatlichem Recht – der für die Tätigkeit der zu untersuchenden Einrichtung rechtlich vorgegebene Rahmen eng ausgestaltet ist und der staatlichen Aufsichtsbehörde die Befugnis zur Kontrolle der Einhaltung dieses rechtlichen Tätigkeitsrahmens eingeräumt ist. In solchen Konstellationen kann allein diese Befugnis zu einer Einflussnahmemöglichkeit (auch) auf konkrete Vergabeentscheidungen führen.

Insbesondere diejenigen Fallkonstellationen, in denen die Aufsichtsregelungen des innerstaatlichen Rechts einzeln betrachtet keine eindeutige Antwort auf die Frage zulassen, ob die für die Annahme der staatlichen Aufsicht über die Leitung einer Einrichtung erforderlichen Einflussnahmemöglichkeiten vorliegen, beurteilt der EuGH anhand einer wertenden Gesamtschau aller möglichen, gegenüber der betreffenden Einrichtung bestehenden Aufsichtswege und Formen.[674]

dd) Stellungnahme

(1) Zum „Ob" staatlicher Einflussnahmemöglichkeiten

Das Merkmal der staatlichen Aufsicht ist im Lichte des Zwecks der Vergaberichtlinien zu definieren und zu konkretisieren. Die erforderliche funktionale Sichtweise zwingt bei der Beurteilung am konkreten Fall zu einer Prüfung der rechtlichen und tatsächlichen Situation der betreffenden Einrichtung.[675] Entscheidend ist, dass die verschiedenen Aufsichtsbefugnisse, denen die betreffende Einrichtung unterliegt, in Anbetracht des gesetzli-

---

674 Vgl. EuGH v. 1.2.2001, Rs. C-237/99 – *Kommission/Frankreich*, Rn. 48 ff, Slg. 2001, I-939 = EuZW 2001, 184 = NZBau 2001, 215; ähnlich auch EuGH v. 27.2.2003, Rs. C-373/00 – *Adolf Truley*, Rn. 67 ff., Slg. 2003, I-1931 = EuZW 2003, 315 = NZBau 2003, 287; vgl. aus der Literatur etwa *Puhl*, Grundfragen des kartellvergaberechtlichen Auftraggeberbegriffs, S. 165 m.w.N.

675 Der EuGH hat das bislang nur für solche Einrichtungen ausdrücklich festgestellt, die nicht in dem Verzeichnis in Anhang III der VKR bzw. Anhang I der Richtlinien 93/36/EWG und 93/37/EWG gelistet waren, vgl. etwa EuGH v. 27.2.2003, Rs. C-373/00 – *Adolf Truley,* Rn. 48, Slg. 2003, I-1931 = EuZW 2003, 315 = NZBau 2003, 287; nach Außerkrafttreten der VKR und damit ersatzlosem Weg-

chen Rahmens, in dem sie steht, tatsächlich eine enge Verbindung mit der öffentlichen Hand schaffen.[676] Bei dieser Prüfung sind regelmäßig nicht nur die jeweiligen staatlichen Aufsichtsbefugnisse in ihrer konkreten mitgliedstaatlichen Ausgestaltung im Lichte des Zwecks der Vergaberichtlinien zu untersuchen.[677] Die Frage, ob die auf ihre Auftraggebereigenschaft zu prüfende Einrichtung überhaupt einer Einflussnahmemöglichkeit durch die konkrete Art und Form staatlicher Aufsicht ausgesetzt ist, kann vielmehr regelmäßig nur in Relation zu dem jeweiligen Rechtsrahmen, in dem die betreffende Einrichtung nach dem jeweiligen mitgliedstaatlichen Recht ihre Tätigkeit ausübt, beantwortet werden.[678] Denn es ist klar, *„dass ein und dieselbe Kontrolle je nach dem Rahmen, in den sie sich einfügt, unterschiedlich beurteilt werden kann. Eine bestimmte Art von Kontrolle wird je nachdem, ob die kontrollierte Einrichtung nach den für sie geltenden Vorschriften über eine sehr große Freiheit in Bezug auf ihre Leitung (`gestion`) verfügt oder ob diese Vorschriften ihre Tätigkeit in einem sehr engen Rahmen regeln und ihr bei der Führung ihrer Geschäfte eine im Voraus festgelegte Linie vorschreiben, nicht die gleiche Wirkung haben.“*[679]

---

fall des Anhangs III der VKR wird dies richtigerweise für alle Einrichtungen gleichermaßen gelten müssen.

676 So auch die Schlussanträge GA *Mischo* v. 19.10.2000, Rn. 51 zu Rs. C-237/99 – *Kommission/Frankreich*, Slg. 2001, I-939; der EuGH ist den Schlussanträgen im Wesentlichen gefolgt.

677 Vgl. etwa *Wollenschläger*, EWS 2005, 343 ff. (348), der ebenfalls entscheidend auf die „konkrete Ausgestaltung der Aufsicht“ abstellt.

678 Anders dann, wenn schon die Analyse der in Betracht kommenden Aufsichtsbefugnisse ergibt, dass sie auf eine bloß *nachprüfende* Rechtmäßigkeitskontrolle gerichtet und beschränkt sind; dann scheidet schon begrifflich eine Einflussnahmemöglichkeit auf noch ausstehende Vergabeentscheidungen aus; vgl. dazu EuGH v. 27.2.2003, Rs. C-373/00 – *Adolf Truley*, Rn. 70, Slg. 2003, I-1931 = EuZW 2003, 315 = NZBau 2003, 287.

679 Schlussanträge GA *Mischo* v. 19.10.2000, Rn. 51 zu Rs. C-237/99 – *Kommission/Frankreich*, Slg. 2001, I-939; bemerkenswert erscheint hier die Parallele zur Argumentation des BSG in seinem Urt. v. 6.5.2009, B 6 A 1/08 R, Rn. 36, BSGE 103, 106 = MedR 2010, 347, wo das Gericht ausführt: *„Allein die Benennung der zur Verfügung stehenden Aufsichtsmittel sagt nichts über die näheren Voraussetzungen für ihre Anwendung; diese müssen vielmehr unabhängig davon ermittelt werden.“* Wie der GA *Mischo* stellt auch das BSG – wenn auch in anderem Zusammenhang – nicht auf die bloße Benennung der Aufsichtsmittel, sondern auf die in den maßgeblichen Vorschriften geregelten Voraussetzungen für die Anwendung der Kontroll- und Aufsichtsmittel ab.

Für eine nach dem jeweiligen innerstaatlichen Recht auf eine (nicht nur nachprüfende[680]) Rechtmäßigkeitskontrolle beschränkte staatliche Aufsicht gilt demnach: Die auf die Kontrolle der Einhaltung von Gesetz und sonstigem Recht beschränkte staatliche Aufsicht darf in aller Regel nur – mit welchen Mitteln auch immer – einschreiten, wenn ein Verstoß gegen gesetzliche oder untergesetzliche Rechtsvorschriften durch die zu kontrollierende Einrichtung zu besorgen oder eingetreten ist. Ob ein Verstoß gegen Rechtsvorschriften im Raum steht, hängt wiederum von dem jeweils zu beachtenden Regelungsregime ab. Dabei kann das von der betreffenden Einrichtung bei ihrer Tätigkeit auch im Rahmen der Auftragsvergabe zu beachtende Regelungsregime so eng ausgestaltet sein, dass schon die Befugnis zur Überprüfung der Einhaltung dieses Tätigkeitsrahmens eine staatliche Aufsicht im Richtliniensinn darstellt.

(2) Zum „Wie“ staatlicher Einflussnahmemöglichkeiten

Um die erforderliche enge Verbindung mit dem Staat anzunehmen, sind auch dann, wenn nach dem mitgliedstaatlichen Rechtsrahmen die Frage des „Ob“ einer potentiellen Einflussnahmemöglichkeit durch staatliche Aufsicht zu bejahen ist, weitere Anforderungen an diese Einflussnahmemöglichkeit zu stellen. Die Notwendigkeit weiterer Anforderungen erklärt sich aus der erforderlichen funktionalen Auslegung des Kriteriums. Denn nicht jede einer staatlichen Aufsichtsbehörde mögliche Einflussnahme auf die beaufsichtigte Einrichtung erfüllt bei funktionaler Betrachtung das Kriterium der staatlichen Aufsicht im Sinne des § 99 Nr. 2 GWB. Es muss sich vielmehr um eine Einflussnahmemöglichkeit handeln, mit der die Gefahren verbunden sind, denen die Anwendung des europäisierten Vergaberechts nach seinem Schutzzweck gerade entgegenwirken soll – namentlich also die Gefahr der Bevorzugung einheimischer Bieter sowie die Gefahr, dass andere als wirtschaftliche Überlegungen bei der Entscheidung über die Auftragsvergabe eine Rolle spielen.

Obwohl diese teleologische Beschränkung[681] nicht ausdrücklich aus der bisherigen Rechtsprechung der EuGH hervorgeht, zeigen doch einige Aus-

680 Für bloß nachprüfende Rechtmäßigkeitskontrolle s. Fn. 678.

681 In Übertragung der Auslegungsgrundsätze und -begriffe des deutschen Rechts kann von teleologischer Reduktion gesprochen werden; s. dazu bereits oben Teil 1 B.IV.2.b)dd) bei Fn. 444.

sagen des Gerichtshofs deutlich, dass auch der EuGH nicht schlichtweg jede staatliche Aufsicht – unabhängig von der damit verbundenen konkreten Einflussnahmemöglichkeit – für die Annahme des nun in Art. 2 Abs. 1 Nr. 4 Buchst. c) der Richtlinie 2014/24/EU verankerten Merkmals genügen lässt. So stellt etwa die vom EuGH vertretene und zutreffende Auffassung, dass eine bloß nachprüfende Kontrolle für das Vorliegen des Merkmals der staatlichen Aufsicht nicht genügt[682], nichts anderes als eine im Wege der teleologischen Auslegung ermittelte Einschränkung dieses Merkmals dar. Auch in seinem Urteil betreffend die Ärztekammer Westfalen-Lippe hat der EuGH eine solche Einschränkung vorgenommen. Er hat dort entschieden, dass das Kriterium der Aufsicht öffentlicher Stellen über die Leitung einer berufsständischen Körperschaft des öffentlichen Rechts nicht allein deshalb erfüllt wird, „*weil die Entscheidung, mit der sie die Höhe der Beiträge festsetzt, der Genehmigung durch eine Aufsichtsbehörde bedarf*“[683]. Als Grund für diese Einschränkungen nennt der EuGH unter ausdrücklicher Bezugnahme seiner gerade angesprochenen Rechtsprechung zur bloß nachträglichen allgemeinen Rechtmäßigkeitskontrolle, dass diese Art der aufsichtlichen Kontrolle (überhaupt) keine Einflussnahme auf Vergabeentscheidungen der beaufsichtigten Einrichtung zulasse.[684]

Nichts anderes kann aber hinsichtlich der Einschränkung des Kriteriums der staatlichen Aufsicht für die Konstellation gelten, dass nach der konkreten rechtlichen Situation der zu beaufsichtigten Einrichtung eine Einflussnahme durch staatliche Aufsicht auf Vergabeentscheidungen zwar möglich ist, diese Einflussnahmemöglichkeit nach der konkreten Ausgestaltung der staatlichen Aufsicht im mitgliedstaatlichen Recht jedoch derartigen Bindungen unterliegt, dass es schlichtweg ausgeschlossen erscheint, dass mit ihr – der Einflussnahmemöglichkeit im Wege staatlicher Aufsicht – die Gefahren bei der Auftragsvergabe verbunden sind, die die

---

682 EuGH v. 27.2.2003 – Rs. C-373/00 – *Adolf Truley*, Rn. 70, Slg. 2003, I-1931 = EuZW 2003, 315 = NZBau 2003, 287; s. dazu bereits oben Fn. 661.

683 EuGH v. 12.9.2013, Rs. C-526/11 – *IVD*, Rn. 31, NVwZ 2014, 59 = EuZW 2013, 860.

684 EuGH v. 12.9.2013, Rs. C-526/11 – *IVD*, Rn. 29, NVwZ 2014, 59 = EuZW 2013, 860; der EuGH ist dabei der Auffassung, dass dies „*erst recht*“ gelte, wenn die Behörde in der Form tätig wird, dass sie die Entscheidung der betreffenden Einrichtung über die Festlegung der Beitragshöhe genehmigt und sich dabei auf die Prüfung beschränkt, ob der Haushalt der Einrichtung ausgeglichen ist.

Anwendung des europäisierten Vergaberechts erforderlich machen.[685] Die am Richtlinienzweck zu orientierende Auslegung (auch) des Aufsichtskriteriums führt zu dem Ergebnis, dass eben nicht jede staatliche Aufsicht die Anwendung des europäisierten Vergaberechts begründen kann und soll; erfasst werden soll vielmehr „nur" eine staatliche Aufsicht, die nach ihrer konkreten Ausgestaltung eine Einflussnahmemöglichkeit zulässt, mit der die oben beschriebenen Diskriminierungsgefahren für Bieter verbunden sind. Wegen des auch hier zu beachtenden Erfordernisses der weiten Auslegung ist es dabei als ausreichend anzusehen, dass es mit Blick auf die betreffende Einrichtung zumindest *vertretbar* erscheint, eine solche staatliche Einflussnahmemöglichkeit anzunehmen.[686]

Das heißt zusammenfassend, dass bei der Prüfung des Kriteriums der staatlichen Aufsicht nicht nur das „Ob" der Möglichkeit einer Einflussnahme (auch) auf konkrete Vergabeentscheidungen zu untersuchen ist, sondern darüber hinaus ihr „Wie", also ihre konkrete Ausgestaltung und Reichweite. Es kommt darauf an, ob die staatlichen Aufsichtsbefugnisse in Anbetracht des für die betreffende Einrichtung maßgeblichen Rechtsrahmens – ggf. auch erst nach einer Gesamtschau aller möglichen Aufsichtswege und Formen[687] – die Annahme zumindest vertretbar erscheinen lassen, dass sie Einwirkungsmöglichkeiten auch in Bezug auf die Vergabeentscheidungen der zu beurteilenden Einrichtung zulassen, bei denen die Gefahr einer Bevorzugung einheimischer Bieter oder einer Orientierung an anderen als wirtschaftlichen Kriterien nicht auszuschließen ist.[688] Nur dann erreicht die Staatsgebundenheit aufgrund staatlicher Aufsicht eine ähnliche Intensität wie diejenige, die aufgrund der beiden weiteren Varianten des dritten Merkmals (überwiegend staatliche Finanzierung bzw. mehrheitliche Organbesetzung) bestehen würde, nur dann schafft also die staatliche Aufsicht eine vergleichbare Abhängigkeit, welche letztlich auch

---

685 Auf den Richtlinienzweck abstellend auch EuGH v. 13.12.2007, Rs. C-337/06 – *Bayerischer Rundfunk u.a.*, Rn. 56, Slg. 2007, I-11173 = EuZW 2008, 80 = NZBau 2008, 130 = VergabeR 2008, 42, dort betreffend die Auslegung des Finanzierungsmerkmals.

686 Vgl. EuGH v. 27.2.2003, Rs. C-373/00 – *Adolf Truley*, Rn. 71, Slg. 2003, I-1931 = EuZW 2003, 315 = NZBau 2003, 287.

687 S. dazu oben bei Fn. 674.

688 Im Fortgang der Arbeit werden solche Einflussnahmemöglichkeiten auch kurz als "beeinträchtigende Einflussnahmemöglichkeiten" oder als „Einflussnahmemöglichkeiten mit Gefahrzusammenhang" bezeichnet.

Auswirkungen auf die Vergabepolitik haben könnte.[689] Denn auch bei der Auslegung des Merkmals der besonderen Staatsgebundenheit in der Finanzierungs- und der Organbesetzungsvariante ist entscheidend auf die Gefahr abzustellen, dass die betreffende Einrichtung aufgrund dieser normativ typisierten Abhängigkeiten bei ihren Vergabeentscheidungen einheimische Bieter bevorzugen oder sich an anderen als wirtschaftlichen Kriterien orientieren könnte.

Dass diese Anforderungen zu einer einschränkenden Auslegung des Richtlinienkriteriums der staatlichen Aufsicht führen, stellt im Übrigen keinen Widerspruch zur oben dargelegten Notwendigkeit des weiten Verständnisses des Begriffs der Einrichtungen des öffentlichen Rechts dar. Beide Auslegungsergebnisse sind unabhängig voneinander aus einer funktionalen Betrachtungsweise des Aufsichtsbegriffs entstanden. Die einschränkende Auslegung des Merkmals der staatlichen Aufsicht über die Leitung lässt sich damit als teleologisch notwendiges Korrektiv des im Grundsatz ebenso teleologisch notwendigen weiten Verständnisses des Begriffs der Einrichtungen des öffentlichen Rechts begreifen.

ee) Zwischenergebnis und Schlussfolgerungen

Staatliche Aufsicht im Sinne des § 99 Nr. 2, 1. Halbsatz Buchst. b) GWB setzt unter Zugrundelegung einer funktionalen Betrachtungsweise die vertretbare Annahme der Möglichkeit einer beeinträchtigenden Einflussnahme auf die beaufsichtigte Einrichtung voraus. Beeinträchtigend ist eine Einflussnahmemöglichkeit, wenn sie im Bereich der Auftragsvergabe die Gefahr einer Bevorzugung einheimischer Bieter oder einer Orientierung an anderen als wirtschaftlichen Kriterien befürchten lässt.

Es ist jedenfalls nicht generell ausgeschlossen, dass die Möglichkeit einer beeinträchtigenden Einflussnahme auf die betreffende Einrichtung auch ohne eine nach innerstaatlichem Recht zugelassene „Beherrschung“ der Unternehmenspolitik in dem Sinne, dass staatliche Stellen jederzeit der unter Aufsicht stehenden Einrichtung ihren (unternehmerischen) Willen aufzwingen (und damit auch den Bereich der Auftragsvergabe kontrollieren) können, besteht.

---

689 Vgl. *Sormani-Bastian*, Vergaberecht und Sozialrecht, S. 115.

Das teilweise in der Literatur geltend gemachte Erfordernis einer Beherrschung der Unternehmenspolitik ist demnach mit der nötigen funktionalen Auslegung des Merkmals der staatlichen Aufsicht nach § 99 Nr. 2, 1. Halbsatz Buchst. b) GWB nicht in Einklang zu bringen.[690]

c) Rechtsträgerbezogene vs. tätigkeitsbezogene Auslegung

Wie bereits bei der Erörterung des Merkmals der überwiegend staatlichen Finanzierung stellt sich auch hier die Frage, ob § 99 Nr. 2 GWB mit der in seinem Einleitungssatz enthaltenen Konditionalkonjunktion „sofern" die europäischen Richtlinienvorgaben ordnungsgemäß umsetzt. Anders als beim Merkmal der überwiegend staatlichen Finanzierung hat der EuGH aber bezogen auf das Aufsichtsmerkmal bisher keine Aussagen zur etwaigen Erforderlichkeit der rechtsträgerbezogenen Auslegung getroffen. Es überrascht auch deswegen nicht, dass die Auslegung bereits vor Inkrafttreten des § 99 Nr. 2 GWB in der Fassung des VergRModG 2016 umstritten war. Der Streit, der sich an der Auslegung der inzwischen außer Kraft getretenen Vorschriften des Art. 1 Abs. 9, UAbs. 2 Buchst. c) der VKR bzw. des § 98 Nr. 2 GWB a.F. entzündet hatte, soll im Folgenden abgebildet werden, bevor dazu auch mit Blick auf die aktuelle Rechtslage in Deutschland Stellung genommen wird.

aa) Rechtsträgerbezogene Auslegung

Als Argument für die rechtsträgerbezogene Sichtweise des Merkmals der staatlichen Aufsicht wird vor allem angeführt, eine Gleichstellung von juristischen Personen mit staatlichen Stellen könne nur stattfinden, wenn die

---

690 Im Ergebnis ebenso *Sormani-Bastian*, Vergaberecht und Sozialrecht, S. 115, die auch zutreffend darauf verweist, dass die von der gegensätzlichen Ansicht teilweise herangezogenen EuGH-Entscheidungen v. 17.12.1998 in der Rs. C-306/97 – *Connemara Machine Turf*, Slg. 1998, I-8761 bzw. in der Rs. C-353/96 – *Kommission/Irland*, Slg. 1998, I-8565 noch zur Rechtslage unter Geltung der Lieferkoordinierungsrichtlinie 77/62/EWG (Fn. 90) ergingen, wo in Art. 1 Buchst. b) i.V.m. Anhang I Nr. VI. für Irland die Voraussetzung der staatlichen Kontrolle über die öffentlichen Lieferaufträge statuiert war; s. dazu auch oben Fn. 667. Zutreffend auch *Puhl*, Grundfragen des kartellvergaberechtlichen Auftraggeberbegriffs, S. 162.

juristische Person insgesamt – und nicht nur bezogen auf einzelne Vergaben – wie eine staatliche Stelle handele.[691] Diese subjektbezogene Sichtweise korrespondiere mit der Konzeption der alternativ erforderlichen Merkmale der öffentlichen Finanzierung, wo ebenfalls auf alle verfügbaren Mittel der jeweils zu beurteilenden juristischen Person abgestellt werde.[692] Zudem gebe für einen tätigkeitsbezogenen Beurteilungsansatz auch der Wortlaut der europäischen Richtlinienvorgaben, die von staatlicher Aufsicht mit Blick auf die „Leitung“ und nicht etwa einen Beschaffungsvorgang sprechen, keine Anhaltspunkte her.[693] Die erforderliche europarechtlich-autonome Auslegung könne nur mittels einer Beurteilung der gesamten Aufgabenwahrnehmung der in Rede stehenden Einrichtung erfolgen.[694]

bb) Tätigkeitsbezogene Auslegung

Demgegenüber schlug *Kingreen* schon vor über einem Jahrzehnt eine auf den konkreten jeweiligen wirtschaftlichen Vorgang bezogene Beurteilung der Staatsgebundenheit, also auch des Merkmals der staatlichen Aufsicht über die gesetzlichen Krankenkassen in Deutschland, vor.[695] Zur Begründung führte er zunächst die schwierige Bestimmung des (rechtsträgerbezogenen) Maßes der staatlichen Aufsicht über die Krankenkassen nach mitgliedstaatlichem Recht an. Die Prüfung der Staatsgebundenheit sollte daher – ähnlich wie beim Unternehmensbegriff – funktional ansetzen und das Maß an Eigenständigkeit der Krankenkassen jeweils im Hinblick auf den konkreten wirtschaftlichen Vorgang bestimmen.[696] Jedenfalls im Bereich der sog. integrierten Versorgungsverträge (nunmehr unter der Überschrift „besondere Versorgung“ in § 140 a SGB V geregelt) seien bei teleo-

---

691 Vgl. Vergabekammer Südbayern v. 27.3.2014, Z3-3-3194-1-01-01/14, Rn. 167 unter Bezugnahme auf BayObLG v. 10.9.2002, Verg 23/02, NZBau 2003, 348 = VergabeR 2003, 94.

692 Vgl. *Weyand*, IBR 2002, 676 ff. unter Verweis auf EuGH v. 3.10.2000, Rs. C-380/98 – *University of Cambridge.*

693 So etwa *Sormani-Bastian*, Vergaberecht und Sozialrecht, S. 115 f.; vgl. auch *Puhl*, Grundfragen des kartellvergaberechtlichen Auftraggeberbegriffs, S. 164 f.

694 Vgl. *Sormani-Bastian*, Vergaberecht und Sozialrecht, S. 115.

695 Vgl. *Kingreen*, MedR 2004, 188 ff. (195).

696 *Kingreen*, MedR 2004, 188 ff. (195); *ders.* in: Pünder/Prieß, Vergaberecht im Umbruch, S. 99.

logischer Betrachtungsweise die Krankenkassen bei ihren Vergabeentscheidungen von der nach § 98 Nr. 2 GWB a.F. erforderlichen staatlichen Einflussnahmemöglichkeit freizuhalten. „*Denn eine einzelfallbezogene hierarchische Steuerung qua Aufsicht über einzelne unternehmerische Entscheidungen widerspricht der Werkidee der integrierten Versorgung in eklatanter Weise, die sich einer wettbewerbsgesteuerten Versorgung verschrieben hat.*“[697]

cc) Stellungnahme

Richtig ist, dass sich der Wortlaut in Art. 2 Abs. 1 Nr. 4 Buchst. c) RL 2014/204/EU auf die Einrichtung als solche bezieht, die hinsichtlich ihrer Leitung der staatlichen Aufsicht unterstehen muss; dies spricht auf den ersten Blick für eine ausnahmslos rechtsträgerbezogene Beurteilung der besonderen Staatsgebundenheit auch in der Aufsichtsvariante.[698] Auf den zweiten Blick kann aber – anders als bei der Finanzierungsvariante – eine starre rechtsträgerbezogene Sichtweise nicht immer zu mit dem Zweck der Vergaberichtlinien kompatiblen Ergebnissen führen, wie die folgenden Überlegungen zeigen. Die besondere Staatsgebundenheit verlangt in der Aufsichtsvariante, dass staatliche Stellen, regelmäßig also die staatlichen Aufsichtsbehörden, konkreten Einfluss auf einzelne Vergabeentscheidungen nehmen können.[699] Dabei darf nicht unberücksichtigt bleiben, dass eine Einrichtung bzw. deren Leitung durchaus einer je nach Tätigkeitsbereich unterschiedlich ausgestalteten staatlichen Aufsicht unterliegen kann. Abhängig von der Art und Intensität der jeweils anzuwendenden Aufsichtsbefugnisse unterscheiden sich womöglich auch die konkreten Einflussnahmemöglichkeiten in ihrer Wirkung und damit in ihrer vergaberechtlichen Beurteilung voneinander.

Diese Unterschiede kann die streng auf die Gesamtheit der Tätigkeiten des Rechtsträgers abstellende Sichtweise aber nicht abbilden. Ihr liegt vielmehr die (falsche) Annahme zugrunde, dass die staatliche Aufsicht über die Leitung einer Einrichtung bezogen auf deren gesamte Tätigkeit gleichmäßig ausgestaltet ist. An einem Beispiel: Selbst bei unstreitigem Vorliegen einer nach europarechtlich-autonomer, funktionaler Auslegung

697 *Kingreen*, MedR 2004, 188 ff. (195).
698 Zur Parallelproblematik bei der Finanzierungsvariante s. oben 3.b)aa).
699 S. dazu bereits oben 2. bei Fn. 635.

eindeutig ausreichenden staatlichen Aufsicht über einen bestimmten Tätigkeitbereich der betreffenden Einrichtung würde die strikt rechtsrägerbezogene Sichtweise dazu führen, dass die Staatsgebundenheit der Einrichtung und damit ihre Eigenschaft als öffentlicher Auftraggeber auch für diesen Tätigkeitsbereich und eine darauf bezogene Auftragsvergabe abzulehnen wäre, wenn und weil die Einrichtung als Ganzes hinsichtlich anderer Tätigkeiten oder Aufgaben, die den überwiegenden Teil des gesetzlichen Aufgabenspektrums darstellen, der erforderlichen staatlichen Aufsicht (ebenso unstreitig) gerade nicht unterliegen würde.[700] Dies würde jedenfalls bezogen auf den Tätigkeitsbereich, in dem für sich genommen eine beeinträchtigende Einflussnahmemöglichkeit durch staatliche Aufsicht anzunehmen wäre, dem Zweck der Vergaberichtlinien zuwiderlaufen.

dd) Eigener Ansatz: Tätigkeitsbezogene Beurteilung der Auftraggebereigenschaft nach der „Zuordnungstheorie“

Die in ihrer Gestalt – abhängig von den jeweiligen mitgliedstaatlichen Regelungen – ganz unterschiedlich auftretenden Formen staatlicher Aufsicht müssen zur Anwendung des europäisierten GWB-Vergaberegimes führen, soweit die durch staatliche Aufsicht ermöglichte Einflussnahme zu einer Gefährdung des an wirtschaftlichen Überlegungen ausgerichteten, diskriminierungsfreien Wettbewerbs um öffentliche Aufträge führen kann. Die richtige Auslegung des Begriffs der staatlichen Aufsicht hat also – wie bereits dargelegt – im Lichte des Zwecks der Vergaberichtlinien funktional anzusetzen. Dieser funktionale Ansatz ermöglicht eine differenzierte Herangehensweise, ohne dass in der den obigen Auffassungen zu entnehmenden Alternativität zwischen einer entweder rechtsträgerbezogenen oder tätigkeitsbezogenen Auslegung unterschieden werden müsste. Vielmehr können sowohl rechtsträgerbezogene als auch tätigkeitsbezogene Auslegung und Anwendung des Aufsichtskriteriums zu richtigen Ergebnissen führen und sind daher komplementär einsetzbar, wie folgende beispielhafte Überlegungen zeigen.

---

700 Im Ansatz ebenso *Puhl*, Grundfragen des kartellvergaberechtlichen Auftraggeberbegriffs, S. 164 f., der für die Infizierungstheorie (s. dazu oben II.1. bei Fn. 564) in der Aufsichtsvariante der besonderen Staatsgebundenheit ebenfalls keinen Raum sieht.

Ist etwa ein Beschaffungsgegenstand, d.h. der Gegenstand eines zu vergebenden öffentlichen Auftrags eindeutig und ausschließlich einem bestimmten und abgrenzbaren Tätigkeitsbereich der Einrichtung zuordenbar und gelten für diesen Bereich spezielle Vorschriften, die auch die staatlichen Aufsichtsbefugnisse abschließend regeln, so ist kein Grund ersichtlich, der gegen eine allein auf diesen Tätigkeitsbereich bezogene Betrachtung und Beurteilung der Staatsgebundenheit in der Aufsichtsvariante spricht.

Ist dagegen ein Beschaffungsgegenstand nicht oder jedenfalls nicht ausschließlich einem bestimmten Tätigkeitsbereich zuordenbar oder gilt für diesen Bereich trotz Zuordenbarkeit kein spezieller rechtlicher Rahmen, der auch die insoweit maßgeblichen Aufsichtsbefugnisse abschließend regelt, so sollte es grundsätzlich dabei bleiben, dass die betreffende Einrichtung als solche (rechtsträgerbezogen) auf ihre besondere Staatsgebundenheit wegen der auf sie anzuwendenden (allgemeinen) Regelungen über die staatliche Aufsicht untersucht und beurteilt wird.

Für das von *Kingreen* eingeführte Beispiel der integrierten Versorgung nach § 140 a SGB V a.F.[701] gelangt dieser Lösungsansatz für die besondere Staatsgebundenheit gesetzlicher Krankenkassen in der Aufsichtsvariante auf Basis der geltenden Rechtslage zu folgendem Ergebnis:

Zwar ist die „Vergabe“ integrativer Versorgungsverträge nach § 140 a SGB V – ihre Qualifikation als öffentliche Aufträge im Sinne des § 103 GWB unterstellt – dem entsprechenden gesetzlich geregelten Tätigkeitsbereich der gesetzlichen Krankenkassen in Deutschland eindeutig zuzuordnen. Allerdings fehlt es an einem speziellen rechtlichen Rahmen für die Ausübung dieser Tätigkeit, der auch die in diesem Bereich auszuübende staatliche Aufsicht abschließend regeln würde. Vielmehr bleiben für die Tätigkeiten der Krankenkassen auch im Zusammenhang mit dem Abschluss von Selektivverträgen im Wesentlichen die für die sonstige Aufgabenerfüllung geltenden Aufsichtsregelungen anwendbar.[702] Damit müsste weiter untersucht werden, ob die gesetzlichen Krankenkassen nach den

---

701 S. oben bb) bei Fn. 696.

702 Zusätzlich – und insofern abweichend von § 89 Abs. 1 Satz 1 und 2 SGB IV – kann die Aufsichtsbehörde bei erheblicher Rechtsverletzung durch das im Selektivvertrag Vereinbarte auch die nach § 71 Abs. 6 SGB V speziell für diesen Bereich vorgesehenen Maßnahmen ergreifen; vgl. dazu die Begründung zum Regierungsentwurf des Gesetzes zur Stärkung der Versorgung in der gesetzlichen Krankenversicherung (GKV-VSG), BT-Drs. 18/4095, S. 83 f.

einschlägigen Regelungen der staatlichen Aufsicht über ihre Leitung unterstehen.[703]

An diesem Beispiel lässt sich belegen, dass der Ansatz, zunächst nach einem speziellen rechtlichen Rahmen zu suchen, dem die konkrete Tätigkeit einschließlich der dazugehörigen Vergabeentscheidungen sowie die darauf bezogenen Aufsichtsbefugnisse möglicherweise zugeordnet werden können, zu sachgerechten Ergebnissen im Sinne einer möglicherweise auf diese Tätigkeit beschränkten (partiellen[704]) Auftraggebereigenschaft der zu beurteilenden Einrichtung führt. Er trägt durch eine differenzierte, zunächst tätigkeitsbezogene Herangehensweise dem Erfordernis einer funktionalen Auslegung des Aufsichtskriteriums im Lichte des Zwecks der Vergaberichtlinien und damit letztlich der praktischen Wirksamkeit des europäisierten Vergaberechtsregimes Rechnung.

Die hier vertretene, am Zweck der Vergaberichtlinien ausgerichtete Sichtweise liegt im Übrigen auf der Linie der Rechtsprechung des EuGH, der im Zusammenhang mit dem Merkmal der staatlichen Aufsicht ebenfalls prüft, ob die zu beurteilende Einrichtung staatlichen Einwirkungsmöglichkeiten in Bezug auf das Tätigkeitsfeld, auf dem ihre Vergabeentscheidung erging, unterliegt.[705]

Darin liegt auch nicht etwa ein Widerspruch zur strikt rechtsträgerbezogenen Interpretation des Merkmals der überwiegend staatlichen Finanzierung, auch wenn der Wortlaut des Art. 2 Abs. 1 Nr. 4 Buchst. c) Vergabe-

---

703 *Kingreen* geht diesen Schritt indes nicht, sondern verweist darauf, dass der gesetzgeberische Zweck der integrierten Versorgung die Ausübung aufsichtsrechtlicher Befugnisse beim Abschluss integrativer Versorgungsverträge verbiete. Anhaltspunkte im Gesetz dafür, dass die Ausübung der staatlichen Aufsicht im Zusammenhang mit integrativen Versorgungsverträgen tatsächlich zurückgedrängt werden sollte, fehlen allerdings – im Gegenteil, der mit dem GKV-VSG (BGBl. 2015-I, S. 1211) zum 23.7.2015 in Kraft getretene § 71 Abs. 6 SGB V erweitert die Aufsichtsbefugnisse im Bereich des Selektivvertragsabschlusses sogar erheblich.

704 Den Begriff „partieller Auftraggeber“ verwendet in gleichem Zusammenhang auch *Puhl*, Grundfragen des kartellvergaberechtlichen Auftraggeberbegriffs, S. 165 in Fn. 588, ohne aber Position dazu zu beziehen.

705 Vgl. EuGH v. 27.2.2003, Rs. C-373/00 – *Adolf Truley*, Rn. 71 ff., Slg. 2003, I-1931 = EuZW 2003, 315 = NZBau 2003, 287; in diesem Sinne auch *Kingreen*, MedR 2004, 188 ff. (195); a.A. dagegen *Sormani-Bastian*, Vergaberecht und Sozialrecht, S. 115, die auf den *„eindeutigen Wortlaut der Vergaberichtlinien, welche von `Leitung` und nicht etwa von einem Beschaffungsvorgang sprechen“*, verweist.

richtlinie zunächst gegen jegliche Unterscheidung mit Blick auf den Bezugspunkt „Einrichtung" sprechen mag. Der die unterschiedliche Auslegung der beiden Merkmale rechtfertigende Differenzierungsgrund liegt darin, dass die durch eine überwiegend staatliche Finanzierung vermittelte besondere Staatsgebundenheit unter dem Aspekt des sorglosen Umgangs mit öffentlichen Geldern unabhängig von einer konkreten Einflussnahmemöglichkeit auf das Beschaffungsverhalten der betreffenden Einrichtung als Gefahr für den diskriminierungsfreien Wettbewerb um öffentliche Aufträge anzusehen ist. Die besondere Staatsgebundenheit kann in der Finanzierungsvariante trotz eindeutig feststellbarer nicht überwiegend staatlicher Finanzierung eines Tätigkeitsbereichs, dem etwaige Auftragsvergaben ebenso eindeutig zuordenbar sein mögen, wegen der nicht auszuschließenden Möglichkeit einer „Querfinanzierung" vorliegen.[706] Umgekehrt ist nach der geltenden normativen Typisierung davon auszugehen, dass sich eine Einrichtung, die insgesamt zu höchstens 50% staatlich finanziert wird, auch mit Blick auf Auftragsvergaben in (abgrenzbaren) Tätigkeitsbereichen, für die sie womöglich eine staatliche Finanzierung zu einem höheren Prozentsatz erhält, dennoch marktkonform verhält. Demgegenüber kann die besondere Staatsgebundenheit in der Aufsichtsvariante, die eine konkrete (und beeinträchtigende) staatliche Einflussnahmemöglichkeit auf das Beschaffungsverhalten der betreffenden Einrichtung verlangt, auch (nur) bezogen auf eine bestimmte Tätigkeit anzunehmen sein – oder bei Vorliegen der soeben dargestellten Voraussetzungen nach der „Zuordnungstheorie" eben ausgeschlossen werden. Dem steht der Wortlaut des Art. 2 Abs. 1 Nr. 4 Buchst. c) der Vergaberichtlinie zumindest nicht entgegen; der Richtlinienzweck gebietet es geradezu, die durch die staatliche Aufsicht vermittelte besondere Staatsgebundenheit unter den genannten Bedingungen auch nur bezogen auf diese Tätigkeit anzunehmen.[707]

Schließlich zeigt auch der Vergleich mit dem europarechtlichen Unternehmensbegriff, dass verschiedene Tätigkeiten einer juristischen Person des öffentlichen Rechts rechtlich durchaus unterschiedlich eingeordnet

---

706 S. dazu oben 3.b)aa) bei Fn. 649.

707 Darin liegt auch kein Widerspruch zu der Auslegung des oben unter II.1. bereits erörterten Merkmals des besonderen Gründungszwecks. Vielmehr kann die funktionale und ggf. tätigkeitsbezogene Auslegung des Aufsichtsmerkmals als Korrektiv für die „Infizierung" aller Tätigkeiten der Einrichtung mit dem besonderen Gründungszweck gesehen werden; s. dazu auch oben bei Fn. 700.

werden können.[708] Nach der ständigen Rechtsprechung des EuGH ist Unternehmen im Sinne des Kartellrechts jede eine wirtschaftliche Tätigkeit ausübende Einheit, unabhängig von ihrer Rechtsform und der Art ihrer Finanzierung[709] (funktionaler Unternehmensbegriff). Wirtschaftliche Tätigkeit ist dabei jede Tätigkeit, die darin besteht, Güter oder Dienstleistungen auf einem bestimmten Markt anzubieten.[710] Keinen wirtschaftlichen Charakter haben nach der Rechtsprechung des EuGH Tätigkeiten, die in Ausübung hoheitlicher Befugnisse erfolgen.[711] Ein Rechtsträger kann auch nur für einen Teil seiner Tätigkeiten als Unternehmen anzusehen sein, namentlich für den Teil der wirtschaftlichen Tätigkeiten.[712]

Doch ist in diesem Zusammenhang äußerste Vorsicht geboten: Der Vergleich mit dem Unternehmensbegriff darf nämlich nicht dazu verleiten, etwa auch das auf den ersten Blick als Gegenstück zu einer wirtschaftlichen Tätigkeit erscheinende Merkmal der „Nichtgewerblichkeit" im Sinne der Vergaberichtlinien tätigkeits- oder aufgabenbezogen zu beurteilen.[713] Insoweit hat der EuGH bereits in zustimmungswürdiger Weise entschieden, dass die Beurteilung des Merkmals der Nichtgewerblichkeit, die u.a. von der Antwort auf die Frage abhängt, ob die betreffende Einrichtung in einem wettbewerblichen Umfeld tätig ist, unter Berücksichtigung ihrer gesamten Tätigkeit zu erfolgen hat[714], wobei es bereits ausreicht, wenn diese Einrichtung überhaupt staatliche Aufgaben nichtgewerblicher Art erfüllt.[715] Dahinter steht insbesondere der Gedanke, dass der Begriff des öffentlichen Auftraggebers weit genug ausgelegt werden muss, um dem EU-

708 Vgl. dazu etwa BGH v. 6.11.2013, KZR 58/11, Rn. 53 ff., BGHZ 199, 1 = VersR 2014, 759, wo die Rechtsprechung des EuGH zum Unternehmensbegriff zusammenfassend dargestellt wird.

709 Vgl. nur EuGH v. 11.7.2006, Rs. C-205/03 P – *FENIN*, Slg. 2006, I-6295 = EuZW 2006, 600 = NZBau 2007, 190.

710 Vgl. nur EuGH v. 3.3.2011, Rs. C-437/09 – *AG2R Prévoyance*, Rn. 42., Slg. 2011, I-973; umfassend zum funktionalen Unternehmensbegriff im europäischen Wettbewerbsrecht auch *Mestmäcker/Schweitzer*, Europäisches Wettbewerbsrecht, § 9 Rn. 1 ff.

711 Vgl. nur EuGH v. 26.3.2009, Rs. C-113/07 – *SELEX Sistemi Integrati*, Rn. 70, Slg. 2009, I-2207.

712 So ausdrücklich etwa EuGH v. 12.7.2012, Rs. C-138/11 – *Compass-Datenbank*, Rn. 37, GRUR 2013, 191 = EuZW 2012, 835.

713 So aber wohl *Kingreen*, MedR 2004, 188 ff. (194).

714 Vgl. EuGH v. 10.05. 2001, verb. Rs. C-223/99 und C-260/99 – *Agorà und Excelsior*, Rn. 42, Slg. 2001, I-3605 = VergabeR 2001, 285.

715 S. zur Infizierungstheorie bereits oben II.1. bei Fn. 564.

und damit dem GWB-Vergaberecht zu wirkungsvoller Anwendung zu verhelfen. Würde aber bereits der (zugegeben relativ schwache) „Filter“ der Nichtgewerblichkeit nur bezogen auf die jeweils konkret betroffene Tätigkeit beurteilt, braucht man nicht viel Phantasie um sich vorzustellen, dass wohl eine Vielzahl von Einrichtungen das dann bestehende „Ausfallstor“ der Gewerblichkeit dazu nutzen würden, das Fehlen ihrer Auftraggebereigenschaft und damit die Nichtanwendbarkeit des GWB-Vergaberechts zu begründen. Derartigen Umgehungstendenzen ist von vornherein entgegenzutreten, um dem Grundsatz der weiten Auslegung des Begriffs des öffentlichen Auftraggebers Rechnung zu tragen.

ee) Zur Rechtslage in Deutschland seit Inkrafttreten des VergRModG

Wie bereits bei der Erörterung der Finanzierungsalternative dargestellt, enthält § 99 Nr. 2 GWB in seinem Einleitungssatz zu den Merkmalen der Staatsgebundenheit die Konditionalkonjunktion „sofern“. Anders als in der Finanzierungsalternative ist aber Subjekt des Bedingungssatzes beim Merkmal der staatlichen Aufsicht nicht die Einrichtung als solche, sondern „ihre Leitung“. Auch insofern ist der Wortlaut des § 99 Nr. 2 GWB auslegungsbedürftig und auslegungsfähig. Insbesondere ermöglicht das Wort „sofern“ die soeben dargelegte funktionale und nach hier vertretener Auffassung allein richtlinienkonforme Auslegung des Aufsichtskriteriums in § 99 Nr. 2, 1 Halbsatz Buchst. b) GWB.[716]

716 Es kann damit dahingestellt bleiben, ob trotz der als bekannt zu unterstellenden Unterschiede zwischen „wenn“ und „sofern“ (s. dazu oben c)bb)) von einem gesetzgeberischen Versehen bei der Formulierung des § 99 Nr. 2 GWB auszugehen ist. Zwar ist kein vernünftiger Grund dafür ersichtlich, warum es – jeweils bezogen auf das Zurechnungskriterien der besonderen Staatsgebundenheit – in § 99 Nr. 2, 1. Halbsatz GWB „sofern“ heißt, bei dem die vermittelte Staatsgebundenheit regelnden § 99 Nr. 2, 2. Halbsatz GWB dagegen wiederum „wenn“. Art. 2 Abs. 1 Nr. 4 Buchst. c) der Vergaberichtlinie trifft insoweit keinerlei Unterscheidung. Entsprechendes gilt für die in § 99 Nr. 4 GWB enthaltene Konjunktion „soweit“ (vgl. dazu Art. 13 der Vergaberichtlinie 2014/24/EU). Entscheidend ist aber, dass die Regelungen im GWB einer richtlinienkonformen Auslegung im Lichte des Zwecks der Vergaberichtlinien zugänglich sind.

5. Zum Merkmal der mehrheitlich staatlichen Bestimmung der Organmitglieder

Sind mehr als die Hälfte der Mitglieder eines der Geschäftsführungs- oder zur Aufsicht berufenen Organe einer Einrichtung durch staatliche Stellen nach § 99 Nr. 1 oder Nr. 3 GWB bestimmt worden, liegt nach § 99 Nr. 2, 1. Halbsatz Buchst. c) GWB ebenfalls die besondere Staatsgebundenheit vor.

„Bestimmen" im Sinne dieser Vorschrift bedeutet das Ernennen bzw. Bestellen der Person zum Organmitglied[717], also die rechtlich und tatsächlich maßgebliche Auswahlentscheidung zugunsten dieser Person.

Auf europäischer Ebene sprechen die Vergaberichtlinien von einem „Verwaltungs-, Leitungs- beziehungsweise Aufsichtsorgan" (vgl. Art. 2 Abs. 1 Nr. 4 Buchst. c) Vergaberichtlinie). Dem entspricht im deutschen Recht die Formulierung in § 99 Nr. 2, 1. Halbsatz Buchst. c) GWB.[718] Erfasst sind damit sowohl Geschäftsführung und Vorstand als auch sonst eingesetzte Leitungsorgane, wobei es bei richtlinienkonformer Auslegung ausreicht, dass eines von mehreren Organen mehrheitlich staatlich besetzt worden ist.[719] In richtlinienkonformer Weise beschränkt § 99 Nr. 2, 1. Halbsatz Buchst. c) GWB schon nach seinem Wortlaut die von ihm erfassten Gremien auf solche mit organschaftlichen Funktionen.[720] Mit Blick auf den Sinn des funktionalen Auftraggeberbegriffs, solche Einrichtungen dem Vergaberechtsregime zu unterwerfen, bei denen nicht auszuschließen ist, dass sie bei ihren Beschaffungen anderen als wirtschaftlichen Motiven folgen, muss das mehrheitlich staatliche besetzte Gremium die abstrakte Möglichkeit zur Einflussnahme auf Vergabeentscheidungen besitzen. Nach wohl h.M. fallen daher Institutionen wie lediglich schuldrechtlich verfasste Beiräte, Verwaltungsräte oder Aufsichtsräte regelmäßig nicht in den Anwendungsbereich des § 99 Nr. 2, 1. Halbsatz Buchst. c) GWB.[721]

---

717 Vgl. Art. 2 Abs. 1 Nr. 4 Buchst. c) Vergaberichtlinie, der ebenfalls das Verb „ernennen" verwendet; s. auch *Dreher* in: Immenga/Mestmäcker, GWB, § 98 Rn. 104 ff., mit Einzelheiten zum Mehrheitserfordernis mit Blick auf das deutsche Mitbestimmungsgesetz bzw. Drittelbeteiligungsgesetz.

718 Vgl. zur Vorgängerregelung in § 98 GWB a.F. *Dreher* in: Immenga/Mestmäcker, GWB, § 98 Rn. 103.

719 So zutreffend etwa *Puhl*, Grundfragen des kartellvergaberechtlichen Auftraggeberbegriffs, S. 192 m.w.N.

720 *Dreher* in: Immenga/Mestmäcker, GWB, § 98 Rn. 103.

721 Vgl. nur *Crass*, Der öffentliche Auftraggeber, S. 111; *Dreher* in: Immenga/Mestmäcker, GWB, § 98 Rn. 103.

Die Vorschrift stellt – anders als das ohne eine typisierende Quantifizierung auskommende Aufsichtskriterium – rein formal nur darauf ab, dass mehr als die Hälfte der Mitglieder eines geschäfts- oder aufsichtsführenden Organs von Gebietskörperschaften nach § 99 Nr. 1 GWB oder von Verbänden solcher Gebietskörperschaften bzw. Verbänden von Auftraggebern nach § 99 Nr. 2 GWB bestimmt werden.[722] Der Grund dafür lässt sich bei funktionaler Betrachtung leicht bestimmen: Das Entscheidungsverhalten der betreffenden Einrichtung, auch in Vergabesachen[723], steht und fällt in der Regel mit der Stimmenmehrheit in dem jeweils zu besetzenden Organ.[724] Es liegt also nahe, dass der europäische Normgeber die durch das Kriterium der Organmitgliederernennung vermittelte besondere Staatsgebundenheit typisierend und unwiderleglich vermutet, wenn die staatliche Bestimmung der Organmitglieder die 50%-Grenze überschreitet.[725] Die Vorschriften stellen nämlich auf die nicht von der Hand zu weisende abstrakte Gefahr ab, die Mitglieder eines Geschäftsführungs- oder Aufsichtsorgans könnten der Stelle, die sie berufen hat, besonders nahe stehen und sich daher von anderen als wirtschaftlichen Kriterien bei ihren Überlegungen (auch) in Vergabesachen leiten lassen.[726] Daher ist auch nicht etwa zusätzlich zu verlangen, dass die so bestimmten Organmitglieder weisungsabhängig oder an die Interessen der benennenden staatlichen Stelle gebun-

---

722 Vgl. noch zur Vorgängervorschrift in § 98 GWB a.F. OLG München v. 7.6.2005, Verg 4/05, VergabeR 2005, 620 = ZfBR 2005, 597; *Puhl*, Grundfragen des kartellvergaberechtlichen Auftraggeberbegriffs, S. 193.

723 Anders als in der Finanzierungsvariante kommt es hier also auf die Einflussnahmemöglichkeit in Bezug auf Vergabeentscheidungen an; s. dazu auch oben 2.; vgl. etwa auch *Puhl*, Grundfragen des kartellvergaberechtlichen Auftraggeberbegriffs, S. 208.

724 Vgl. *Puhl*, Grundfragen des kartellvergaberechtlichen Auftraggeberbegriffs, S. 164.

725 Vgl. *Puhl*, Grundfragen des kartellvergaberechtlichen Auftraggeberbegriffs, S. 208 m.w.N. Zur fehlerhaften Verwendung der Konjunktion „sofern" im Einleitungshalbsatz des § 99 Nr. 2 GWB s. bereits oben 3.b)bb); die dort auf die Finanzierungsvariante der besonderen Staatsgebundenheit bezogenen Ausführungen gelten in gleicher Weise für die Variante der mehrheitlich staatlichen Organmitgliederbestimmung.

726 *Crass*, Der öffentliche Auftraggeber, S. 112; ebenso *Puhl*, Grundfragen des kartellvergaberechtlichen Auftraggeberbegriffs, S. 208.

den sind.[727] Es kommt nur auf die abstrakte Möglichkeit des betreffenden *Gremiums* zur Einflussnahme auf Vergabeentscheidungen an – nicht dagegen auf die Einflussmöglichkeiten des Staates auf dieses Gremium.[728]

Liegt die Gremienbesetzung im beschriebenen Sinn (auch nur vorübergehend) vor, ist das Merkmal der besonderen Staatsgebundenheit in der Alternative der mehrheitlich staatlichen Organmitgliederbestimmung gemäß § 99 Nr. 2, 1. Halbsatz Buchst. c) GWB (auch nur vorübergehend) erfüllt.

H. Zwischenergebnis

Für die Frage, ob Kassenärztliche Vereinigungen als öffentliche Auftraggeber im Sinne des GWB-Vergaberechts zu beurteilen sind, ist im deutschen Recht § 99 Nr. 2, 1. Halbsatz GWB die maßgebliche Norm. Mithin hängt die Qualifikation als öffentliche Auftraggeber davon ab, ob die Kassenärztlichen Vereinigungen Rechtspersönlichkeit besitzen, zu dem besonderen Zweck gegründet wurden, eine im Allgemeininteresse liegende Aufgabe nicht gewerblicher Art zu erfüllen sowie eine besondere Staatgebundenheit im Sinne dieser Vorschrift aufweisen. Der in § 99 Nr. 2 GWB formulierte Begriff des öffentlichen Auftraggebers ist ebenso wie seine einzelnen Komponenten im Lichte des Zwecks der europäischen Vergaberichtlinien funktional zu verstehen. Besonders eindrucksvoll kommt die Bedeutung der funktionalen Auslegung beim Vergleich der einzelnen Alternativen des Merkmals der besonderen Staatsgebundenheit zum Vorschein. Sie führt etwa dazu, dass einerseits das Merkmal der überwiegend staatlichen Finanzierung stets nur rechtsträgerbezogen, andererseits das Merkmal der staatlichen Aufsicht über die Leitung unter bestimmten Voraussetzungen auch tätigkeitsbezogen ausgelegt werden kann.

---

727 *Puhl*, Grundfragen des kartellvergaberechtlichen Auftraggeberbegriffs, S. 193 f. m.w.N. und auch zur Gegenauffassung, die allerdings nach zutreffender Einschätzung *Puhls* übersieht, dass die drei gesetzlich abschließend festgelegten Varianten der Staatsgebundenheit nach § 99 Nr. 2 GWB diese typisierend und unwiderlegbar normieren; wenn der Staat die Mitglieder eines Geschäftsführungs- oder Aufsichtsorgans mehrheitlich bestimmt, bleibt demnach kein Raum für den Nachweis, dass er der Einrichtung dennoch nicht „seinen Willen aufzwingen“ könne.

728 Insoweit anders als in der Aufsichtsvariante; vgl. dazu auch *Puhl*, Grundfragen des kartellvergaberechtlichen Auftraggeberbegriffs, S. 208.

Teil 3: Die Untersuchung der Kassenärztlichen Vereinigungen auf das Vorliegen der Auftraggebereigenschaft gemäß § 99 Nr. 2 GWB

A. Vorüberlegungen

Auf Basis der in den Teilen 1 und 2 gewonnenen Erkenntnisse wird im Folgenden untersucht, ob die Kassenärztlichen Vereinigungen in den persönlichen Anwendungsbereich des GWB-Vergaberechts fallen, mithin als öffentliche Auftraggeber im GWB-vergaberechtlichen Sinn zu qualifizieren sind. Die entscheidende Subsumtionsfrage lautet: Erfüllen die Kassenärztlichen Vereinigungen alle erforderlichen Tatbestandsmerkmale des § 99 Nr. 2, 1. Halbsatz GWB?

I. Die Beurteilung der Auftraggebereigenschaft der gesetzlichen Krankenkassen und Landesärztekammern insbesondere durch den EuGH als wichtige Erkenntnisquellen

Bevor die Kassenärztlichen Vereinigungen unter die in Teil 2 bereits abstrakt erörterten Tatbestandsmerkmale des § 99 Nr. 2 GWB subsumiert werden, soll sich dieser Prüfung mit einer Analyse der Auftraggebereigenschaft der gesetzlichen Krankenkassen und der Ärztekammern genähert werden. Für diese Analyse und die Auswahl der Ärztekammern und Krankenkassen als „Referenzobjekte" sprechen vor allem zwei Aspekte, die bereits eingangs der Untersuchung[729] kurz erläutert wurden:

Erstens hat sich der EuGH – jeweils auf Vorlage des OLG Düsseldorf – mit der Frage der Auftraggebereigenschaft sowohl der gesetzlichen Krankenkassen als auch der Ärztekammern in Deutschland schon befasst. Im Lauf der Untersuchung bereits mehrfach angeführt wurde die Entscheidung des EuGH aus dem Jahr 2009 in der Rechtsache *Oymanns*, seit der die gesetzlichen Krankenkassen als öffentliche Auftraggeber – damals noch nach der seinerzeit gültigen Regelung in Art. 1 Abs. 9 der VKR

729 S. oben Einleitung A.

2004/18/EG, die § 98 Nr. 2 GWB a.F. in nationales Recht umsetzte – eingestuft werden.[730]

Im September 2013 erging demgegenüber das Urteil in der Rechtssache *IVD*, in dem der EuGH die Eigenschaft der besagten Ärztekammer als öffentlicher Auftraggeber im Sinne der genannten Vorschriften negiert hat.[731]

Es liegt nahe, dass gerade der vergleichenden Betrachtung dieser im Ergebnis gegensätzlichen Beurteilungen der Auftraggebereigenschaft durch den EuGH Erkenntnisse für die im Rahmen der Beurteilung der Kassenärztlichen Vereinigungen relevante Frage abgewonnen werden können; das gilt insbesondere für die Frage, wo nach dem EuGH als autoritativem Auslegungsorgan des europäischen Primär- und Sekundärrechts die Grenzen der tatbestandlichen Merkmale der öffentlichen Auftraggebereigenschaft verlaufen.

Und zweitens spricht entscheidend für die Auswahl dieser beiden Körperschaften für eine vergleichende Analyse mit den Kassenärztlichen Vereinigungen deren Verortung im rechtlichen Rahmen des nationalen Gesundheitssystems. Sie stehen gedanklich gewissermaßen „zwischen" den gesetzlichen Krankenkassen und den Ärztekammern: Kassenärztliche Vereinigungen sind wie die gesetzlichen Krankenkassen in das Sozialrecht – konkreter das Recht der gesetzlichen Krankenversicherung – eingebettet

---

730 EuGH v. 11.6.2009, Rs. C-300/07 – *Oymanns*, Slg. 2009, I-4779 = EuZW 2009, 612 = DVBl 2009, 974; s. dazu auch oben Einleitung A bei Fn. 10.

731 EuGH v. 12.9.2013, Rs. C-526/11 – *IVD*, NVwZ 2014, 59 = EuZW 2013, 860; s. dazu auch oben Einleitung A bei Fn. 22; Ausgangspunkt der Rechtssache *Oymanns* war eine Auftragsvergabe der AOK Rheinland/Hamburg, Ausgangspunkt der Rechtssache *IVD* eine Auftragsvergabe der Ärztekammer Westfalen-Lippe. Während für Krankenkassen der Rechtsrahmen im SGB IV und V im Wesentlichen bundesweit einheitlich vorgegeben ist, unterliegen die Landesärztekammern in Deutschland dem jeweiligen Recht des Bundeslandes, in dem sie errichtet sind und ihre Aufgaben erfüllen. Das heißt aber nicht, dass alle Landesärztekammern in Deutschland völlig unterschiedlichen landesrechtlichen Regelungen unterliegen würden. Für die hier relevanten Regelungsbereiche enthalten alle einschlägigen Landesgesetze vielmehr weitestgehend vergleichbare, oft sogar wortgleiche Vorschriften. Es ist daher nicht etwa geboten, die Aussagen des Ärztekammer-Urteils des EuGH nur auf die Ärztekammer Westfalen-Lippe zu beschränken. Im Folgenden wird vielmehr das EuGH-Urteil in der Rechtssache C-526/11 – *IVD* als auf alle Landesärztekammern in Deutschland übertragbar angesehen. Dort, wo es relevant erscheint, wird auf unterschiedliche oder spezielle landesrechtliche Regelungen explizit eingegangen.

und stehen diesen damit vor allem aufgrund des anzuwendenden Fachrechts nahe. Zugleich weisen sie aber in Anbetracht ihrer berufsständisch ausgerichteten Mitgliederstruktur erhebliche Gemeinsamkeiten mit den Ärztekammern als berufsständische Körperschaften mit Pflichtmitgliedschaft auf.[732] Entsprechendes gilt im Übrigen auch mit Blick auf die Psychotherapeutenkammern. Kurz: Kassenärztliche Vereinigungen erfüllen sowohl krankenversicherungsrechtliche als auch zumindest berufsstandsnahe Aufgaben.[733]

II. Vergleichsaufbau

Um die vergleichende Analyse der Untersuchungsobjekte zu erleichtern, soll dabei jeweils nach einem möglichst einheitlichen Schema vorgegangen werden, das sich an den bereits in Teil 2 abstrakt dargestellten drei „Hauptmerkmalen" des § 99 Nr. 2 GWB orientiert: Rechtspersönlichkeit, besonderer Gründungszweck und besondere Staatsgebundenheit der jeweiligen Einrichtung. Der Prüfung und Beurteilung der Merkmale wird jeweils eine Beschreibung der Grundzüge des insoweit relevanten innerstaatlichen Rechtsrahmens vorangestellt.[734]

---

732 S. auch bereits oben Einleitung A.

733 Vgl. etwa *Merten* in: ders., Die Selbstverwaltung im Krankenversicherungsrecht, S. 14 mit Hinweis auf LSG Nordrhein-Westfalen v. 20.12.1978, L 1 Ka 27/78, Breithaupt 1979, 393 = ArztR 1980, 19, wonach es einer Kassenzahnärztlichen Vereinigung nicht generell untersagt werden kann, Äußerungen zu standespolitischen Fragen abzugeben; in diese Richtung etwa auch *Schiller* in: Schnapp/Wigge, Handbuch des Vertragsarztrechts, § 5, A. Rn. 179; *Hess* in: KassKom, SGB V, § 77 Rn. 14; *Vahldiek* in: Hauck/Noftz, SGB V, § 77 Rn. 5, der von den Kassenärztlichen Vereinigungen als ihrer Struktur nach „*genossenschaftliche[n] Körperschaften zur Wahrnehmung der Rechte der Vertragsärzte gegenüber den Krankenkassen*" spricht.

734 Erst die Kenntnis des maßgeblichen innerstaatlichen Rechtsrahmens ermöglicht nämlich, im Wege der gebotenen europarechtlich-funktionalen Auslegung der Merkmale zu richtigen Subsumtionsergebnissen zu gelangen. S. auch oben Teil 2 G.III.4.b)dd), dort bezogen auf das Merkmal der staatlichen Aufsicht über die Leitung.

B. Zur Auftraggebereigenschaft der gesetzlichen Krankenkassen

Der Chronologie der einschlägigen Rechtsprechung des EuGH folgend, sollen zunächst die gesetzlichen Krankenkassen auf ihre Eigenschaft als öffentliche Auftraggeber im Licht der europagerichtlichen Rechtsprechung untersucht werden.

I. Rechtspersönlichkeit

Die gesetzlichen Krankenkassen sind nach § 29 Abs. 1 SGB IV, § 4 Abs. 1 SGB V rechtsfähige Körperschaften des öffentlichen Rechts und damit juristische Personen im Sinne des § 99 Nr. 2 GWB. Sie besitzen unproblematisch Rechtspersönlichkeit im Sinne des Art. 2 Abs. 1 Nr. 4 Buchst. b) Vergaberichtlinie.[735]

II. Zum besonderen Gründungszweck, im Allgemeininteresse liegende Aufgaben nichtgewerblicher Art zu erfüllen

Zu prüfen ist weiter, ob die gesetzlichen Krankenkassen zu dem besonderen Zweck gegründet wurden, eine im Allgemeininteresse liegende Aufgabe nichtgewerblicher Art zu erfüllen.

1. Grundzüge des relevanten rechtlichen Rahmens

a) Zu Gründungszweck und Allgemeininteresse

Die Krankenversicherung ist Teil der Sozialversicherung, für die der Bund die konkurrierende Gesetzgebungskompetenz nach Art. 70, 72 Abs. 1, 74 Abs. 1 Nr. 12 GG innehat. Er hat von dieser Gesetzgebungskompetenz Gebrauch gemacht und der Krankenversicherung als Solidargemeinschaft[736]

---

735 Vgl. nur EuGH v. 11.6.2009, Rs. C-300/07 – *Oymanns*, Slg. 2009, I-4779 = EuZW 2009, 612 = DVBl 2009, 974; *Thüsing/Forst* in: Thüsing, Europäisches Vergabe- und Kartellrecht, S. 37 m.w.N.

736 Zum volkswirtschaftlichen Kontext vgl. nur *Kingreen*, Das Sozialstaatsprinzip im europäischen Verfassungsverbund, S. 195: „*Das Solidarprinzip und der durch*

nach § 1 Satz 1 SGB V die Aufgabe zugewiesen, die Gesundheit der Versicherten zu erhalten, wiederherzustellen oder ihren Gesundheitszustand zu verbessern. Die gesetzlichen Krankenkassen haben den Versicherten bei der Erhaltung ihrer Gesundheit nach § 1 Satz 4 SGB V durch Aufklärung, Beratung und Leistungen zu helfen und auf gesunde Lebensverhältnisse hinzuwirken.

b) Zur Nichtgewerblichkeit

Die §§ 259 ff. SGB V enthalten enge Vorgaben über die Verwendung und Verwaltung der den Krankenkassen zur Verfügung stehenden Mittel, die nach § 259 SGB V die Betriebsmittel (§ 260 SGB V), die Rücklage (§ 261 SGB V) und das Verwaltungsvermögen (§ 263 SGB V) umfassen. Nach § 260 Abs. 1 SGB V dürfen die Betriebsmittel nur für die gesetzlich oder durch Satzung vorgesehenen Aufgaben, für die Verwaltungskosten (vgl. auch § 30 Abs. 1 SGB IV) sowie zur Auffüllung der Rücklage und zur Bildung von Verwaltungsvermögen verwendet werden.

Nach § 260 Abs. 2 Satz 1 SGB V sollen die Betriebsmittel im Durchschnitt des Haushaltsjahres monatlich das Eineinhalbfache des nach dem Haushaltsplan der Krankenkasse auf einen Monat entfallenden Betrages der Ausgaben für die Aufgabenerfüllung nicht übersteigen. Das Verwaltungsvermögen umfasst nach § 263 Abs. 1 SGB V im Wesentlichen die für die Aufgabenerfüllung der Krankenkasse erforderlichen Vermögensanlagen, die der Verwaltung der Krankenkasse sowie der Führung ihrer betrieblichen Einrichtungen zu dienen bestimmt sind, und die zur Anschaffung und Erneuerung dieser Vermögensteile und für künftig zu zahlende Versorgungsbezüge der Bediensteten und ihrer Hinterbliebenen bereitgehaltenen und für die Aufgabenerfüllung erforderlichen Geldmittel.

In den vergangenen Jahren hat der Gesetzgeber jenseits der Vorschriften über die Mittelverwendung und -verwaltung zunehmend wettbewerbliche und damit marktförmige Elemente in das Solidarsystem der gesetzlichen Krankenversicherung implementiert und verstärkt.[737] Dies gilt – neben der

---

dieses bewirkte soziale Ausgleich ermöglicht auch den nicht marktfähigen Personen im Krankheitsfall Zugang zum Gesundheitssystem.“.

737 Bereits mit dem Gesetz zur Sicherung und Strukturverbesserung der gesetzlichen Krankenversicherung vom 21.12.1992 (Gesundheitsstrukturgesetz), BGBl. 1992-I, S. 2266, entschied sich der Gesetzgeber für einen das Solidarprinzip wahrenden

bereits seit gut 20 Jahren bestehenden Kassenwahlfreiheit für Versicherte (§ 173 SGB V)[738] – sowohl für das Leistungs- als auch für die Leistungserbringungsrecht der gesetzlichen Krankenversicherung.

Gerade der durch die leistungserbringungsrechtlichen Vorschriften über den Abschluss der Versorgungsverträge regulierte Vertragsmarkt zeigt die wettbewerbliche Neigung des Gesetzgebers im Gesundheitswesen, die sich durch eine Vielzahl von Gesetzesänderungen mit dem gemeinsamen Ziel der Erweiterung und Stärkung der Gestaltungsmöglichkeiten beim Abschluss von Verträgen über eine besondere Versorgung und sonstigen Selektivverträgen äußert.[739]

Was den Versicherungsmarkt betrifft, ist insbesondere die in § 11 Abs. 6 SGB V geregelte Möglichkeit der Leistungsangebotsdifferenzierung durch kassenindividuelle Satzungsleistungen zu nennen. Diese durch das GKV-Versorgungsstrukturgesetz[740] mit Wirkung zum 1.1.2012 eingeführte Vorschrift zielt ausdrücklich darauf, *„die wettbewerblichen Handlungsmöglichkeiten der Krankenkassen auf der Leistungsseite der GKV*" zu stär-

---

Wettbewerb in der GKV (vgl. die Begründung zum Fraktionsentwurf des Gesundheitsstrukturgesetzes, BT-Drs. 12/3608, S. 74 ff.). Das BVerfG hat diesen Weg der Weiterentwicklung der gesetzlichen Krankenversicherung zu einer „solidarischen Wettbewerbsordnung" ausdrücklich gebilligt, in diesem Zusammenhang aber auch die Eigenständigkeit dieses Wettbewerbsmodells betont, das dem der gewerblichen Wirtschaft nicht entspreche; vgl. BVerfG v. 18.7.2005, 2 BvF 2/01, Rn. 172, BVerfGE 113, 167 = NVwZ 2006, 559; vgl. ausführlich zum Ganzen auch *Gaßner/Eggert*, NZS 2011, 249 ff. (S. 249).

738 Eingeführt wurde die Kassenwahlfreiheit durch das Gesundheitsstrukturgesetz (Fn. 737) mit Wirkung zum 1.1.1996.

739 Zuletzt etwa mit dem GKV-VSG; die Begründung im Regierungsentwurf des GKV-VSG (BT-Drs. 18/4095) enthält mehrere Passagen mit entsprechenden Aussagen, z.B. zur Neufassung des § 73 b Abs. 5 Satz 3 SGB V (S. 85): „Im Sinne einer möglichst großen Gestaltungsfreiheit und zur wettbewerblichen Weiterentwicklung wird klargestellt, dass auch Leistungen in den Verträgen vereinbart werden können, die über den Leistungsumfang der Regelversorgung in der Gesetzlichen Krankenversicherung hinausgehen."; allgemeiner formuliert noch auf S. 56: „Die Krankenkassen erhalten mehr Freiräume, um im Wettbewerb gute Verträge abzuschließen. Hierzu werden die rechtlichen Rahmenbedingungen erweitert, im Interesse eines vereinfachten Abschlusses entbürokratisiert und Vertragsabschlüsse damit erleichtert.".

740 Gesetz zur Verbesserung der Versorgungsstrukturen in der gesetzlichen Krankenversicherung vom 22.12.2011, BGBl. 2011-I, S. 2983.

ken.[741] Daneben ist etwa auf die in § 53 SGB V geregelte Möglichkeit zur Festlegung von Wahltarifen hinzuweisen. Die Wahltarife, die auch das leistungsrechtliche Spiegelbild der auf der Leistungserbringungsseite bestehenden Möglichkeiten zum Abschluss von Selektivverträgen enthalten (vgl. § 53 Abs. 3 SGB V), sollen unter den Krankenkassen ebenfalls *„einen gewissen Wettbewerb um Mitglieder“*[742] auslösen.

Flankierend treten finanz- und organisationsrechtliche Regelungen dazu, die zumindest auch auf die wettbewerbliche Ausrichtung der gesetzlichen Krankenversicherung zurückzuführen sind. So sind seit Inkrafttreten des GKV-OrgWG[743] alle am Kassenwettbewerb teilnehmenden[744] gesetzlichen Krankenkassen insolvenzfähig (§ 171 b SGB V). Die gesetzlich in § 242 SGB V geregelte Erhebung von einkommensabhängigen Zusatzbeiträgen durch die einzelne Krankenkasse ist ebenfalls als Element eines (Preis-)Wettbewerbs unter den Krankenkassen zu verstehen. Der Gesetzgeber verbindet damit die Hoffnung auf eine effizientere Mittelverwendung und Versorgung, da er davon ausgeht, dass sich die Krankenkassen im Wettbewerb positionieren und gute Versorgungssicherheit zu gutem Preis anbieten müssen. Die Zusatzbeiträge sollen so *„den Preis- und Qualitätswettbewerb ausgewogen widerspiegeln“*[745].

Um die skizzierte wettbewerbliche Ausrichtung der gesetzlichen Krankenversicherung sowohl auf dem Versicherungs- als auch auf dem Vertragsmarkt mit den Mitteln des Rechts ausreichend zu schützen, wurde das SGB V immer wieder um Regelungen ergänzt, die die (entsprechende) Geltung und Anwendung bestimmter wettbewerbsrechtlicher Vorschriften anordnen. Bezogen auf die Rechtsbeziehungen der Krankenkassen und ihrer Verbände zu Leistungserbingern und ihren Verbänden erfasst die in § 69 Abs. 2 Satz 1 SGB V enthaltene Geltungsanordnung inzwischen die zentralen materiell-rechtlichen und verfahrensrechtlichen GWB-Vorschrif-

---

741 So die Begründung zum Regierungsentwurf des GKV-Versorgungsstrukturgesetzes, BT-Drs. 17/6906, S. 85; vgl. auch *Roters* in: KassKom, SGB V, § 11 Rn. 32.

742 Vgl. BSG v. 22.6.2010, B 1 A 1/09 R, Rn. 25, BSGE 106, 199 = NZS 2011, 426.

743 Fn. 7.

744 Vgl. dazu die Begründung zum Regierungsentwurf des GKV-OrgWG, BT-Drs. 16/9559, S. 19.

745 So der amtierende Bundesgesundheitsminister Hermann Gröhe in seiner Rede auf dem Hauptstadtkongress am 25.6.2014, veröffentlicht auf der Internetseite des BMG unter: http://www.bmg.bund.de/presse/reden/haupstadtkongress.html (zuletzt abgerufen am 25.9.2016).

ten.[746] Eine Ausnahme hiervon bestimmt § 69 Abs. 2 Satz 2 SGB V für Verträge und sonstige Vereinbarungen von Krankenkassen oder deren Verbänden mit Leistungserbringern oder deren Verbänden, zu deren Abschluss die Krankenkassen oder deren Verbände gesetzlich verpflichtet sind. Gleiches gilt nach § 69 Abs. 2 Satz 3 SGB V für Beschlüsse, Empfehlungen, Richtlinien oder sonstige Entscheidungen der Krankenkassen oder deren Verbände, zu denen sie gesetzlich verpflichtet sind, sowie für Beschlüsse, Richtlinien und sonstige Entscheidungen des Gemeinsamen Bundesausschusses, zu denen er gesetzlich verpflichtet ist.

Darüber hinaus bringt der mit dem Achten Gesetz zur Änderung des GWB[747] eingeführte § 172 a SGB V die wesentlichen wettbewerbsrechtlichen Regelungen über die Fusionskontrolle auf freiwillige Vereinigungen von Krankenkassen zur entsprechenden Anwendung. Nach § 4 Abs. 3 Satz 2 SGB V können Krankenkassen schließlich die Unterlassung unzulässiger Werbemaßnahmen von anderen Krankenkassen verlangen, wobei § 12 Abs. 1 bis 3 UWG[748] entsprechend gilt.

2. Beurteilung

In dem aufgezeigten Regelungsrahmen erfüllen die gesetzlichen Krankenkassen nach allgemeiner und zutreffender Ansicht unproblematisch das Merkmal des besonderen Gründungszwecks im Sinn des § 99 Nr. 2 GWB, eine im Allgemeininteresse liegende Aufgabe zu erfüllen.[749] Insoweit hat sich gegenüber der innerstaatlichen Rechtslage, die auch für die Beurteilung des Allgemeininteresses durch den EuGH in seiner *Oymanns*-Entscheidung maßgeblich war, keine wesentliche inhaltliche Änderung ergeben.

---

746 S. dazu Beschlussempfehlung und Bericht des Ausschusses für Gesundheit (14. Ausschuss) zum Entwurf des AMNOG, BT-Drs. 17/3698, S. 51 f.; zur wechselvollen Geschichte des § 69 SGB V auch *Becker/Schweitzer*, Gutachten zum 69. Deutschen Juristentag 2012, S. 54.

747 BGBl. 2013-I, S. 1738.

748 Gesetz gegen den unlauteren Wettbewerb in der Fassung der Bekanntmachung vom 3.3.2010 (BGBl. 2010-I, S. 254), zuletzt geändert durch Art. 4 des Gesetzes vom 17.2.2016 (BGBl. 2016-I, S. 233).

749 Vgl. etwa Sachverständigenrat zur Begutachtung der Entwicklung im Gesundheitswesen, Sondergutachten 2012, BT-Drs. 17/10323, S. 56.

Es stellt sich aber die Frage, ob diese Aufgaben immer noch nichtgewerblicher Art sind, oder ob dies insbesondere wegen des Wettbewerbs, dem sich die gesetzlichen Krankenkassen mittlerweile ausgesetzt sehen, zu verneinen ist.

Mit der ganz überwiegenden Auffassung ist indes auch unter Berücksichtigung der zwischenzeitlich in Kraft getretenen Rechtsänderungen weiterhin die Nichtgewerblichkeit der Aufgaben der gesetzlichen Krankenkassen zu bejahen.[750] Dieses Ergebnis beruht auf folgenden Erwägungen: Ausgangspunkt ist die Erkenntnis, dass der Schutz in Fällen von Krankheit in der sozialstaatlichen Ordnung des Grundgesetzes zu einer der Grundaufgaben des Staats zählt.[751] Die Erfüllung dieser Aufgabe hat der Staat den gesetzlichen Krankenkassen übertragen, die dabei keine Gewinnerzielungsabsicht verfolgen (vgl. § 1 SGB V).[752]

Zwar sind die gesetzlichen Krankenkassen unstreitig einem verstärkten (Mitglieder- und in Teilen auch Vertrags- sowie Preis-)Wettbewerb ausgesetzt.[753] Zudem tragen sie das wirtschaftliche Risiko ihrer Tätigkeit seit Einführung ihrer Insolvenzfähigkeit in höherem Maße selbst.[754]

---

750 Vgl. statt vieler *Thüsing/Forst* in: Thüsing, Europäisches Vergabe- und Kartellrecht, S. 38 m.w.N.; ebenso *Mühlhausen* in: Wallrabenstein, Braucht das Gesundheitswesen ein eigenes Regulierungsrecht?, S. 157 ff. (165), dort allerdings zur Frage, ob gesetzliche Krankenkassen dem Unternehmensbegriff des europäischen Wettbewerbsrechts unterfallen; zweifelnd dagegen *Kingreen*, MedR 2004, 188 ff. (194), allerdings nur abstellend auf den Wettbewerb bei der *„Nachfrage nach Gesundheitsleistungen im Rahmen der integrierten Versorgung"*.

751 BVerfG v. 9.6.2004, 2 BvR 1248/03 und 2 BvR 1249/03, Rn. 26, NVwZ 2005, 572 = NZS 2005, 139; auf diese Entscheidung hat der EuGH im *Oymanns*-Urteil ausdrücklich Bezug genommen. S. dazu auch *Werner* in: Byok/Jaeger, Vergaberecht, GWB, § 98 Rn. 125.

752 S. dazu auch *Koenig/Busch*, NZS 2003, 461 ff. (463); nicht entscheidend ist es für die Beurteilung der Nichtgewerblichkeit, ob tatsächlich Gewinne erzielt werden; so zutreffend etwa *Puhl*, Grundfragen des kartellvergaberechtlichen Auftraggeberbegriffs, S. 75 m.w.N.

753 S. dazu insbesondere aus ökonomischer Sicht etwa *Coenen/Haucap* in: Cassel u.a., Solidarische Wettbewerbsordnung, S. 259 ff.

754 A.A. dagegen etwa *Thüsing/Forst* in Thüsing, Europäisches Vergabe- und Kartellrecht, S. 39 sowie der Sachverständigenrat zur Begutachtung der Entwicklung im Gesundheitswesen, Sondergutachten 2012, BT-Drs. 17/10323, S. 56, jeweils unter Verweis auf die in § 265 a (finanzielle Hilfen zur Vermeidung der Schließung oder Insolvenz einer Krankenkasse) und § 266 Abs. 1 Satz 2 SGB V (Risikostrukturausgleich) geregelten Sicherungsmechanismen. Letztlich kommt es für die hier gegenständliche Untersuchung aber auf die Situation der gesetzlichen

Die Wettbewerbselemente und deren Schutz durch bestimmte Vorschriften des GWB sind gesetzlich in das solidarisch geprägte System der gesetzlichen Krankenversicherung als Instrument mit dem erklärten Ziel eingeführt worden, Qualität, Wirtschaftlichkeit und Effizienz der medizinischen Versorgung zu verbessern und damit die finanzielle Stabilität der gesetzlichen Krankenversicherung zu wahren und Kostensenkungspotentiale zu entdecken.[755] Dieses ergebnisorientiert konzipierte Wettbewerbsmodell unterscheidet den Wettbewerb in der GKV grundlegend von ergebnisoffenen Wettbewerbskonzepten. Bei letzteren dient die Anwendung des Wettbewerbsrechts vor allem dem Schutz der Voraussetzungen des Wettbewerbs, aber nicht der Erreichung bestimmter Wettbewerbsergebnisse.[756]

Das Vorhandensein einzelner wettbewerblicher Elemente und deren Schutz durch die Anordnung der (nur) entsprechenden Geltung[757] bestimmter (nicht aller!) wettbewerbsrechtlicher Regelungen im Bereich der gesetzlichen Krankenversicherung kann bei der erforderlichen Gesamtschau die – weit auszulegende[758] – Nichtgewerblichkeit der Aufgaben der gesetzlichen Krankenkassen nicht beseitigen.

Dies gilt umso mehr, als auch ein unverfälschter und umfänglicher, also entwickelter Wettbewerb auf dem Gebiet der gesetzlichen Krankenversicherung für sich allein nur als (widerlegbares) Indiz für die Annahme der Gewerblichkeit zu werten wäre.[759] Ein derartig entwickelter Wettbewerb fehlt aber nach den getroffenen Feststellungen bei der erforderlichen Gesamtschau auf diesem Gebiet ohnehin. So ist das Leistungsangebot der gesetzlichen Krankenversicherung nach wie vor weitgehend gesetzlich definiert. Die Krankenkassen konkurrieren weder miteinander noch mit priva-

---

Krankenkassen nicht an. Umfassend zum auf die gesetzlichen Krankenkassen anwendbaren Insolvenzrecht *Gaßner*, GesR 2009, 121 ff.

755 Dem gesetzlich vorgegebenen Wettbewerb im Gesundheitswesen kommt damit als Vehikel zur Erreichung wohlfahrtsökonomischer Ziele eine ausschließlich dienende Funktion zu; vgl. dazu auch BVerfG v. 18.7.2005, 2 BvF 2/01, Rn. 162, BVerfGE 113, 167 = NVwZ 2006, 559; aus der Literatur etwa *Kingreen*, SGb 2011, 357 ff. (365); weiterführend *Gaßner/Eggert*, NZS 2011, 249 ff. (249).

756 Vgl. umfassend dazu etwa *Gärditz*, AöR Bd. 135 (2010), 251 ff. (254).

757 Vgl. dazu etwa Beschlussempfehlung und Bericht des 14. Ausschusses zum Entwurf des AMNOG, BT-Drs. 17/3698, S. 52: „Die Vorschriften des Gesetzes gegen Wettbewerbsbeschränkungen gelten mit der Maßgabe, dass der Versorgungsauftrag der gesetzlichen Krankenkassen besonders zu berücksichtigen ist.".

758 S. oben Teil 2 F.II.

759 S. oben Teil 2 G.II.3.

ten Einrichtungen hinsichtlich der Erbringung der im Bereich der Behandlung oder der Arzneimittel gesetzlich vorgeschriebenen Leistungen, die nach wie vor ihre Hauptaufgabe darstellt.[760] Angesichts dieser umfassenden Regulierung des Leistungsrechts verbleibt den gesetzlichen Krankenkassen insgesamt immer noch nur wenig Spielraum für die Entfaltung eines marktbezogenen Handelns. Vielmehr ist das System der gesetzlichen Krankenversicherung nach wie vor so ausgestaltet, dass es in weiten Bereichen nicht durch Marktkräfte gesteuert wird.[761] Auch ein Preiswettbewerb der Krankenkassen untereinander besteht nur in sehr engem Rahmen, namentlich im Rahmen der Vorgaben zur Erhebung eines Zusatzbeitrags nach § 242 SGB V.[762] Zudem werden die wettbewerblichen Erwägungen auch insoweit durch gesetzliche Vorgaben überlagert.[763] So ist den Krankenkassen kein Entscheidungsspielraum eingeräumt, wie § 242 Abs. 1 Satz 1 SGB V zeigt: Soweit der Finanzbedarf einer Krankenkasse durch die Zuweisungen aus dem Gesundheitsfonds nicht gedeckt ist, *hat* sie in ihrer Satzung zu bestimmen, dass von ihren Mitgliedern ein einkommensabhängiger Zusatzbeitrag erhoben wird. Schließlich sind die Krankenkassen untereinander durch den Risikostrukturausgleich (§ 266 Abs. 1 Satz 2 SGB V) verbunden, was die Zweifel am Vorliegen eines entwickelten Wettbewerbsverhältnisses zwischen den Krankenkassen verstärkt.[764]

Mit der ganz herrschenden Meinung ist daher nach wie vor davon auszugehen, dass die Krankenkassen im Allgemeininteresse liegende Aufgaben nichtgewerblicher Art erfüllen.[765] Die von *Kingreen* in diesem Zusammenhang geäußerten Zweifel beziehen sich ausschließlich auf die Tätig-

---

760 BSG v. 22.6.2010, B 1 A 1/09 R, Rn. 24, BSGE 106, 199 = NZS 2011, 426; im Ergebnis verneinte das BSG die dort geprüfte Frage, ob die Krankenkassen (mittlerweile) als Unternehmen im Sinne des europäischen Wettbewerbsrechts zu qualifizieren sind.

761 So schon BVerfG v. 20.3.2001, 1 BvR 491/96, BVerfGE 103, 172 = SozR 3-5520 § 25 Nr. 4; vgl. zum Ganzen auch *Koenig/Busch*, NZS 2003, 461 ff. (463).

762 *Thüsing/Forst* in: Thüsing, Europäisches Vergabe- und Kartellrecht, S. 38.

763 *Mühlhausen* in: Wallrabenstein, Braucht das Gesundheitswesen ein eigenes Regulierungsrecht?, S. 157 ff. (165).

764 *Koenig/Busch*, NZS 2003, 461 ff. (463).

765 Vgl. etwa *Dreher* in: Immenga/Mestmäcker, GWB, § 98 Rn. 153 auch unter Berücksichtigung der zwischenzeitlich eingeführten Insolvenzfähigkeit der Krankenkassen; *Byok*, GesR 2007, 553 ff. (554); *Hoffmann*, WuW 2011, 472 ff. (482) der von „*minimalem Restwettbewerb*“ zwischen den gesetzlichen Krankenkassen spricht.

keit der Krankenkassen bei der „*Nachfrage nach Gesundheitsleistungen im Rahmen der integrierten Versorgung*“.[766] Dem ist entgegenzuhalten, dass für die Beurteilung des Merkmals der im Allgemeininteresse liegenden Aufgabe nichtgewerblicher Art die gesamte Tätigkeit einer Einrichtung maßgeblich ist und nicht etwa nur einzelne Elemente dieser Tätigkeit.[767]

Erst wenn eine vollständige „Marktöffnung“ im Bereich der gesetzlichen Krankenversicherung zu konstatieren wäre, was gegenüber der heutigen Gesetzeslage einen Paradigmenwechsel bedeutete, müsste dieses Ergebnis womöglich anhand der erforderlichen Gesamtschau und orientiert am Zweck der Vergaberichtlinien überdacht werden.[768]

Nur ergänzend und klarstellend sei darauf hingewiesen, dass das hier gefundene Ergebnis nicht zugleich als Positionierung zu der – von der Frage der Auftraggebereigenschaft unabhängigen und daher strikt zu trennenden[769] – Frage, ob die gesetzlichen Krankenkassen (mittlerweile) als Unternehmen im Sinne der europäischen Wettbewerbsregeln (Art. 101 ff. AEUV) anzusehen sind[770], verstanden werden darf. Letzteres wird jeden-

---

766 *Kingreen*, MedR 2004, 188 ff. (194); s. dazu bereits Fn. 750.

767 Vgl. EuGH v. 10.05. 2001, verb. Rs. C-223/99 und C-260/99 – *Agorà und Excelsior*, Rn. 42, Slg. 2001, I-3605 = VergabeR 2001, 285; s. dazu auch oben Teil 2 G.II.3.a) sowie Teil 2 G.III.4.c)dd).

768 Dieses Ergebnis deckt sich also mit der Entscheidung des EuGH v. 11.6.2009, Rs. C-300/07 – *Oymanns*, Rn. 49, Slg. 2009, I-4779; das soll aber nicht darüber hinwegtäuschen, dass der EuGH dort für die Feststellung der Nichtgewerblichkeit ohne nähere Begründung allein auf das Fehlen einer Gewinnerzielungsabsicht der Krankenkassen abgestellt hat.

769 *Heyne*, NVwZ 2014, 621 ff. (623), ist der Auffassung, dass das Verhältnis zwischen Auftraggebereigenschaft und Unternehmenseigenschaft noch einer nachhaltigen Klärung bedürfe. Richtig ist aber, dass wegen der unterschiedlichen Anknüpfungspunkte des Vergaberechts (Diskriminierungsgefahr) und des Wettbewerbsrechts (Koordinierungs- und Machttatbestände) eine unabhängige Prüfung der beiden Begriffe als jeweilige Anwendungsvoraussetzung für das Vergaberecht bzw. das Wettbewerbsrecht erforderlich ist und – je nach betroffenem Tätigkeitsbereich – ein und dieselbe Einrichtung durchaus sowohl dem Vergaberecht als auch dem (europäischen) Wettbewerbsrecht unterliegen kann; vgl. *Becker/ Schweitzer*, Gutachten zum 69. Deutschen Juristentag 2012, S. 53; im Ergebnis ebenso *Bucher*, Die Anwendung des Europäischen Wettbewerbsrechts, S. 102.

770 Der EuGH hatte dies in Bezug auf die Mitwirkung der gesetzlichen Krankenkassen an der Festsetzung von Festbeträgen für die Übernahme der Arzneimittelkosten im Jahr 2004 verneint, s EuGH v. 16.3.2004, verb. Rs. C-264/01 u.a. – *AOK Bundesverband*, Slg. 2004 I-2493, NJW 2004, 2723 = EuZW 2004, 241.

falls mit Blick auf den Kernbereich der Versicherungstätigkeit gesetzlicher Krankenkassen von der wohl herrschenden Meinung nach wie vor verneint, weil die charakteristischen Eigenschaften des Systems (u.a. Solidarprinzip und gesetzlich festgelegte, einheitliche Pflichtleistungen) trotz der wettbewerblichen Handlungsspielräume der gesetzlichen Krankenkassen unverändert geblieben seien. Die Tätigkeit der gesetzlichen Krankenkassen sei daher in diesem Bereich nach wie vor nichtwirtschaftlich.[771]

Die Frage nach der Ausübung einer (nicht)wirtschaftlichen Tätigkeit ist (allein) für den Unternehmensbegriff maßgeblich; sie darf mit dem hier im Rahmen der Prüfung, ob der persönliche Anwendungsbereich des europäisierten Vergaberechts eröffnet ist, zu beurteilenden Merkmal der im Allgemeininteresse liegenden Aufgabenerfüllung nichtgewerblicher Art keinesfalls gleichgesetzt werden. Das schließt nicht aus, dass die Prüfung der beiden Kriterien im Ergebnis zu Überschneidungen führen kann, dass also dieselbe Tätigkeit sowohl als nichtwirtschaftlich als auch als nichtgewerblich beurteilt wird. Womöglich ist die Feststellung solcher „Schnittmengen" sogar der Regelfall, insbesondere wenn man bei der jeweiligen Prüfung die Wettbewerbsermittlung für erforderlich hält. Allerdings ist dies keinesfalls zwingend.[772] Ob die hier zum Ergebnis der Nichtgewerblichkeit der Aufgaben im Sinne des § 99 Nr. 2 GWB führende Begründung auch zur Annahme einer nichtwirtschaftlichen Tätigkeit der gesetzlichen Krankenkassen und damit zum Fehlen ihrer Unternehmenseigenschaft im Sinne der Art. 101 ff. AEUV führen würde, ist gesondert zu prüfen und nicht Gegenstand der vorliegenden Arbeit.[773]

---

771 Vgl. hierzu aus der Rechtsprechung etwa LSG Hessen v. 15.9.2011, L 1 KR 89/10 KL, NZS 2012, 177. Zum Streitstand im Jahr 2012 mit Blick auf die Unternehmenseigenschaft gesetzlicher Krankenkassen überblickartig *Becker/Schweitzer*, Gutachten zum 69. Deutschen Juristentag 2012, S. 39 ff. (42) m.w.N.; kritisch dagegen *Bucher*, Die Anwendung des Europäischen Wettbewerbsrechts, S. 88 ff.

772 Zu Unterschieden zwischen der Auslegung des Unternehmensbegriffs und des Begriffs der „Aufgaben nichtgewerblicher Art" s. bereits oben Teil 2 G.III. 4.c)dd).

773 Umfassend zu diesem Problemkreis *Bucher*, Die Anwendung des Europäischen Wettbewerbsrechts.

III. Zur besonderen Staatsgebundenheit

1. Grundzüge des relevanten rechtlichen Rahmens

a) Organisation

Die gesetzlichen Krankenkassen sind gemäß § 29 Abs. 1 SGB IV, § 4 Abs. 1 SGB V als Köperschaften mit Selbstverwaltung statuiert und als solche nach innerstaatlichem Verwaltungsorganisationsrecht dem Typus der funktionalen Selbstverwaltung zugeordnet.[774]

Als Leitungsorgane sind bei Orts-, Betriebs- und Innungskrankenkassen sowie Ersatzkassen gemäß § 31 Abs. 3 a i.V.m. § 35 a SGB IV der Verwaltungsrat als Selbstverwaltungsorgan und der hauptamtliche Vorstand anzusehen.

Für die übrigen Kassenarten (namentlich die Sozialversicherung für Landwirtschaft, Forsten und Gartenbau und die Knappschaft Bahn See jeweils als Träger der Krankenversicherung) werden gemäß § 31 Abs. 1 SGB IV als Selbstverwaltungsorgane eine Vertreterversammlung und ein Vorstand gebildet, dem auch der (nach § 31 Abs. 1 Satz 2 SGB IV obligatorische und nach § 36 SGB IV hauptamtliche) Geschäftsführer mit beratender Stimme angehört.[775] Nähere Vorgaben über die Zusammensetzung der Selbstverwaltungsorgane dieser Krankenkassen enthält § 44 SGB IV. Die Mitglieder der Selbstverwaltungsorgane werden grundsätzlich nach Maßgabe der §§ 43 ff. SGB IV gewählt und üben ihre Tätigkeit gemäß § 40 Abs. 1 SGB IV ehrenamtlich aus.

Die Wahl des – nach § 35 a Abs. 3 SGB IV hauptamtlichen – Vorstandes der in § 35 a SGB IV genannten Krankenkassen erfolgt gemäß § 35 a Abs. 5 SGB IV durch den Verwaltungsrat. Bei Betriebskrankenkassen bedarf nach § 35 a Abs. 5 Satz 2 SGB IV die Bestellung der Mitglieder des Vorstandes der Zustimmung der Mehrheit der Versichertenvertreter im Verwaltungsrat, falls der Arbeitgeber auf seine Kosten die für die Führung der Geschäfte erforderlichen Personen bestellt. Stimmt der Verwaltungsrat nicht zu und bestellt der Arbeitgeber keine anderen Mitglieder des Vorstandes, die die Zustimmung finden, werden die Aufgaben der Vorstands-

---

774 Vgl. dazu nur etwa *Schneider-Danwitz* in: Schlegel/Voelzke, jurisPK–SGB IV, § 29 Rn. 36.

775 Ausführlich zu den Organen der Versicherungsträger s. etwa *Freund* in: Hauck/Noftz, SGB IV, § 31 Rn. 4 ff.

mitglieder auf Kosten der Betriebskrankenkasse durch die Aufsichtsbehörde oder durch Beauftragte der Aufsichtsbehörde einstweilen wahrgenommen (§ 35 a Abs. 5 Satz 3 SGB IV).

Der die laufenden Verwaltungsgeschäfte der Krankenkassen nach § 31 Abs. 1 SGB IV führende Geschäftsführer und sein Stellvertreter werden nach § 36 Abs. 2 SGB IV auf Vorschlag des Vorstands von der Vertreterversammlung gewählt.

Solange und soweit die Wahl zu Selbstverwaltungsorganen nicht zustande kommt oder Selbstverwaltungsorgane sich weigern, ihre Geschäfte zu führen, werden sie nach § 37 Abs. 1 SGB IV auf Kosten des Versicherungsträgers durch die Aufsichtsbehörde selbst oder durch Beauftragte geführt. Ist eine Wahl zur Vertreterversammlung nicht zustande gekommen oder ist nicht die vorgeschriebene Zahl von Mitgliedern gewählt oder kein Stellvertreter benannt worden, muss der Vorstand der Krankenkasse dies der Aufsichtsbehörde unverzüglich anzeigen. Diese beruft dann die Mitglieder und die Stellvertreter aus der Zahl der Wählbaren (§§ 37 Abs. 1 Satz 2, 46 Abs. 3 SGB IV). Gleiches gilt wegen § 33 Abs. 3 Satz 2 SGB IV auch für den nach § 33 Abs. 3 a SGB IV bei den in § 35 a Abs. 1 SGB IV genannten Krankenkassen gebildeten Verwaltungsrat.

Nach § 35 a Abs. 7 Satz 3 SGB IV hat die Aufsichtsbehörde in Fällen, in denen ein Vorstandsmitglied in grober Weise gegen seine Amtspflichten verstößt und dennoch ein Amtsenthebungsbeschluss des Verwaltungsrats in entsprechender Anwendung des § 59 Abs. 3 Satz 1 SGB IV nicht innerhalb einer angemessenen Frist zustande kommt, dieses Mitglied seines Amtes zu entheben.

b) Finanzierung

Die Mittel der Krankenversicherung werden nach § 220 Abs. 1 SGB V durch Beiträge und sonstige Einnahmen aufgebracht. Als Beiträge gelten auch die Zusatzbeiträge nach § 242 SGB V.[776] Seit Einführung des Ge-

---

776 § 220 Abs. 1 SGB V überlässt damit die (Grund-)Entscheidung, wie die erforderlichen Mittel aufzubringen sind, nicht der Regelung der einzelnen Krankenkasse selbst; vgl. dazu BSG v. 30.10.2013, B 6 KA 1/13 R, Rn. 18, SozR 4-2500 § 81 Nr. 8 = MedR 2014, 832. Zu den Zusatzbeiträgen s. bereits oben II.2.

sundheitsfonds durch das GKV-WSG[777] mit Wirkung zum 1.1.2009 ist die Satzungsautonomie der Krankenkassen in Beitragsangelegenheiten weggefallen.[778] Der allgemeine Beitragssatz wird seither nicht mehr durch die Krankenkassen selbst, sondern bundeseinheitlich festgelegt – bis 2010 durch Rechtsverordnung und seit Inkrafttreten des GKV-FinG[779] zum 1.1.2011 durch das Gesetz selbst (vgl. § 241 SGB V).[780]

Die Beiträge machen den Hauptanteil der Mittelaufbringung, seit 2009 als Zuweisungen aus dem Gesundheitsfonds (vgl. § 266 SGB V), aus. Sonstige Einnahmen sind etwa die Beteiligung des Bundes (§ 221 SGB V), Beitragszuschüsse (§§ 257, 258 SGB V) Finanzausgleiche (§§ 265, 265 a SGB V), Säumniszuschläge (§ 24 SGB IV), Erstattungen, Forderungseingänge (§§ 102 ff. SGB V) und Vermögen.[781] Sie machen neben den Beiträgen nur einen kleinen Teil der Einnahmen aus.[782] Nach § 242 Abs. 1 Satz 3 SGB V ist der Zusatzbeitrag so zu bemessen, dass die Einnahmen aus dem Zusatzbeitrag zusammen mit den Zuweisungen aus dem Gesundheitsfonds und den sonstigen Einnahmen die im Haushaltsjahr voraussichtlich zu leistenden Ausgaben und die vorgeschriebene Höhe der Rücklage decken.

c) Aufsicht

Als Körperschaften des öffentlichen Rechts unterliegen die gesetzlichen Krankenkassen nach § 87 Abs. 1 Satz 2 SGB IV der Rechtsaufsicht. Aufsichtführende Behörde ist nach § 90 SGB IV regelmäßig die für die Sozialversicherung zuständige oberste Landesbehörde oder aber – was Krankenkassen betrifft, deren Zuständigkeitsbereich sich über das Gebiet eines Landes hinaus erstreckt (bundesunmittelbaren Krankenkassen) – durch das Bundesversicherungsamt ausgeübt wird.

777 Gesetz zur Stärkung des Wettbewerbs in der gesetzlichen Krankenversicherung vom 26.3.2007, BGBl. 2007-I, 378.

778 Vgl. *Luthe* in Hauck/Noftz, SGB V, § 220 Rn. 2.

779 Gesetz zur nachhaltigen und sozial ausgewogenen Finanzierung der Gesetzlichen Krankenversicherung vom 22.12.2010, BGBl. 2010-I, S. 2309.

780 Der allgemeine Beitragssatz beträgt nach § 241 SGB V derzeit 14,6 Prozent der beitragspflichtigen Einnahmen der Mitglieder.

781 S. dazu etwa *Luthe* in Hauck/Noftz, SGB V, § 220 Rn. 9.

782 Vgl. *Thüsing/Forst* in: Thüsing, Europäisches Vergabe- und Kartellrecht, S. 39.

Stellt die staatliche Aufsichtsbehörde fest, dass die Krankenkasse Rechtsverletzungen begeht, soll die Aufsichtsbehörde gemäß § 89 Abs. 1 Satz 1 SGB IV zunächst beratend auf eine Behebung der Rechtsverletzung durch die betreffende Krankenkasse selbst hinwirken. Wird dem nicht innerhalb angemessener Frist Folge geleistet, kann die Aufsichtsbehörde die Krankenkasse anweisen, die Rechtsverletzung zu beheben, und dies mit Hilfe des Verwaltungszwangs durchsetzen (§ 89 Abs. 1 Satz 2 bis 4 SGB IV). Bei Verdacht auf begangene oder drohende Rechtsverstöße kann die staatliche Aufsichtsbehörde nach § 88 Abs. 2 SGB IV die Vorlage von Unterlagen und die Erteilung von Auskünften verlangen.[783] Die Aufsichtsbehörde kann verlangen, dass die Selbstverwaltungsorgane zu Sitzungen einberufen werden. Wird ihrem Verlangen nicht entsprochen, kann die Aufsichtsbehörde die Sitzungen selbst anberaumen und die Verhandlungen leiten (§ 89 Abs. 3 SGB IV).

Nach § 88 Abs. 1 SGB IV, § 274 Abs. 1 Satz 1 und 4 SGB V besteht ein umfassendes (periodisches) Prüfungsrecht bezüglich der Geschäfts-, Rechnungs- und Betriebsführung, und zwar hinsichtlich der Gesetzmäßigkeit und Wirtschaftlichkeit[784] des gesamten Geschäftsbetriebs. Die Krankenkassen und ihre Verbände und Arbeitsgemeinschaften haben dabei auf Verlangen alle Unterlagen vorzulegen und alle Auskünfte zu erteilen, die zur Durchführung der Prüfung erforderlich sind (§ 274 Abs. 1 Satz 5 SGB V). Zudem ist der Aufsichtsbehörde der aufgestellte Haushaltsplan spätestens am 01.11. vor Beginn des Kalenderjahrs, für das er gelten soll, vorzulegen, wenn diese es verlangt (§ 70 Abs. 5 Satz 1 SGB IV). Die Aufsichtsbehörde kann den Haushaltsplan oder einzelne Ansätze innerhalb von einem Monat nach Vorlage beanstanden, soweit gegen Gesetz oder sonstiges für die Krankenkasse maßgebendes Recht verstoßen wird, insbesondere soweit dadurch ihre wirtschaftliche Leistungsfähigkeit zur Erfüllung seiner Verpflichtungen gefährdet wird (§ 70 Abs. 5 Satz 4 SGB IV). Schließlich prüft gemäß § 274 Abs. 4 SGB V (auch) der Bundesrech-

783 Zur insoweit präventiven Aufsichtsbefugnis auch *Rixen*, GesR 2006, 49 ff. (54).

784 Vgl. dazu insbesondere § 69 Abs. 2 SGB IV, wonach die Sozialversicherungsträger bei der Aufstellung und der Ausführung des Haushaltsplans sicherstellen müssen, dass sie die ihnen obliegenden Aufgaben unter Berücksichtigung der Grundsätze der Wirtschaftlichkeit und Sparsamkeit erfüllen können.

nungshof die Haushalts- und Wirtschaftsführung der gesetzlichen Krankenkassen sowie ihrer Verbände und Arbeitsgemeinschaften.[785]

§ 71 Abs. 6 SGB V enthält daneben spezielle Aufsichtsbefugnisse für den Bereich der selektivvertraglichen Versorgung: Wird durch einen der in den §§ 73 b und 140 a SGB V genannten Verträge das Recht erheblich verletzt, so kann die Aufsichtsbehörde abweichend von § 89 Abs. 1 Satz 1 und 2 SGB IV alle für die sofortige Behebung der Rechtsverletzung geeigneten und erforderlichen Anordnungen treffen.[786]

Bestimmte Maßnahmen der gesetzlichen Krankenkassen bedürfen darüber hinaus der Genehmigung der Aufsichtsbehörden als staatlichem Mitwirkungsakt; dies betrifft insbesondere Satzungsänderungen (einschließlich der Bestimmung des Beitragssatzes, §§ 195 Abs. 1, 220 Abs. 2, 241 SGB V), Bau- und Grundstücksgeschäfte (vgl. § 85 Abs. 1 Satz 1 SGB IV für Bauprojekte) und die Beschaffung von Datenverarbeitungsanlagen. Im Extremfall kann die Aufsichtsbehörde bei Nichteinsetzung von Organen oder bei Verweigerung satzungsgemäßen Tätigwerdens die Geschäftsführung selbst oder durch Beauftragte übernehmen (§§ 89 Abs. 3, 37 SGB IV).[787]

785 Dagegen findet eine Prüfung auf Grundlage der Haushaltsgesetze nur sehr eingeschränkt statt: So werden die landesunmittelbaren Träger der gesetzlichen Krankenversicherung von den Landesrechnungshöfen nicht nach den Vorschriften der LHO geprüft, weil deren Anwendbarkeit insoweit ausgeschlossen ist (vgl. beispielsweise Art. 112 Abs. 1 Satz 1 BayHO); die bundesunmittelbaren Träger der gesetzlichen Krankenversicherung werden nach §§ 111, 112 BHO durch den Bundesrechnungshof grundsätzlich nur geprüft, wenn sie auf Grund eines Bundesgesetzes vom Bund Zuschüsse erhalten oder eine Garantieverpflichtung des Bundes gesetzlich begründet ist. Im Übrigen gelten weder die BHO (vgl. § 112 Abs. 1 Satz 3) noch die Haushaltsordnungen der Länder (vgl. beispielsweise Art. 112 Abs. 1 Satz 2 BayHO) für „sonstige Vereinigungen auf dem Gebiet der Sozialversicherung", wozu auch die Kassenärztlichen Vereinigungen zählen; s. dazu auch bereits oben Teil 1 B.IV.2.a)bb)(1).

786 S. dazu bereits oben Teil 2 G.III.4.c)dd) bei Fn. 702 und 703.

787 S. zum Ganzen etwa auch die Darstellung der Rechtslage im zur EuGH-Rechtssache *Oymanns* führenden Vorlagebeschluss des OLG Düsseldorf v. 23.5.2007, VII-Verg 50/06, VergabeR 2007, 622 = NZBau 2007, 525.

2. Beurteilung

Zu beurteilen ist, ob die dargestellten rechtlichen Vorgaben zur besonderen Staatsgebundenheit der gesetzlichen Krankenkassen und damit zu ihrer Eigenschaft als öffentliche Auftraggeber gemäß § 99 Nr. 2 GWB führen.

a) Zur überwiegend staatlichen Finanzierung

Bis der EuGH mit seiner *Oymanns*-Entscheidung[788] für Klarheit sorgte, war in Rechtsprechung und Literatur umstritten, ob die gesetzlichen Krankenkassen das Finanzierungsmerkmal erfüllen.

aa) Meinungsstand in Deutschland vor der EuGH-Entscheidung in der Rechtssache Oymanns

Insbesondere das inzwischen der Rechtsgeschichte angehörende BayObLG[789] sorgte im Jahr 2004 mit einer Entscheidung für Aufsehen, in der es – argumentativ seiner eigenen, in der Fachöffentlichkeit allerdings kaum beachteten früheren Entscheidung zum Bayerischen Roten Kreuz folgend[790] – die Eigenschaft der gesetzlichen Krankenkassen als öffentliche Auftraggeber verneinte und dabei mit Blick auf das Merkmal der überwiegend staatlichen Finanzierung darauf hinwies, dass die Krankenkassen eben nicht überwiegend durch staatliche Zahlungen, sondern durch die Beiträge der Versicherten und der Arbeitgeber finanziert seien. Da die unmittelbaren staatlichen Zuschüsse bzw. Staatsbeiträge nur einen kleinen Teil der Einnahmen ausmachten, könne insoweit nicht von einer überwiegenden staatlichen Finanzierung die Rede sein – hierfür wäre vielmehr eine staatliche Quote von mehr als 50% erforderlich.[791] Mittelbare Zahlungen von Privaten, auch aufgrund zwingenden Rechts, seien von Art. 1

788 EuGH v. 11.6.2009, Rs. C-300/07 – *Oymanns*, Slg. 2009, I-4779 = EuZW 2009, 612 = DVBl 2009, 974.

789 Zur Abschaffung des Gerichts s. Gerichtsauflösungsgesetz v. 25.10.2004, BayGVBl. 2004, S. 400.

790 BayObLG v. 10.9.2002, Verg 23/02, NZBau 2003, S. 348 = VergabeR 2003, S. 94; s. dazu auch *Rixen*, GesR 2006, 49 ff. (52).

791 In der Tat hat der EuGH den Begriff „überwiegend" im Sinne von „zu mehr als die Hälfte" quantifiziert, s. EuGH v. 3.10.2000, Rs. C-380/98 – *University of*

Abs. 9 S. 2 RL 2004/18/EG dagegen nicht erfasst, weil der Wortlaut *„überwiegend (...) vom Staat finanziert“* dem entgegenstehe.[792]

Die Gegenauffassung stellte demgegenüber im Wesentlichen darauf ab, dass die Beiträge der Versicherten und der Arbeitgeber kraft zwingenden Rechts als Pflichtbeiträge ohne spezifische Gegenleistung zu zahlen und insoweit den Rundfunkbeiträgen in Deutschland vergleichbar seien[793] und dass die Höhe der Beiträge – nach damals geltendem Recht – zwar durch die Krankenkassen selbst festgelegt werde, dabei aber enge gesetzliche Vorgaben zu beachten seien, die den Spielraum der Krankenkassen bei der Festlegung des Beitragssatzes stark begrenzen.[794] Jedenfalls mittelbar liege daher eine überwiegende Finanzierung durch den Staat vor, was bei der erforderlichen funktionalen und weiten Auslegung für die Erfüllung des Tatbestandsmerkmals genüge.

bb) Auffassung des EuGH in der Rechtssache Oymanns

Bekanntlich ließ der EuGH in seiner *Oymanns*-Entscheidung die skizzierte mittelbare staatliche Finanzierung der gesetzlichen Krankenkassen durch die gesetzlich angeordneten Beitragszahlungen für die Erfüllung des

---

Cambridge, Slg. 2000, I-8035 = NZBau 2001, 218 = VergabeR 2001, 111; s. dazu bereits oben Teil 2 G.III.3. bei Fn. 638.

792 BayObLG v. 25.4.2004, Verg 006/04, NVwZ 2005, 117, 118; vgl. auch *Byok/Jansen*, NVwZ 2005, 53 ff. (55); *Kingreen*, SGb 2004, 659 ff. (663).

793 Für die Rundfunkanstalten in Deutschland hat der EuGH mit Urt. v. 13.12.2007, Rs. C-337/06 – *Bayerischer Rundfunk u.a.*, Slg. 2007, I-11173 = EuZW 2008, 80 = NZBau 2008, 130 = VergabeR 2008, 42, u.a. mit eben dieser Begründung entschieden, dass sie das Merkmal der überwiegend staatlichen Finanzierung erfüllen; in Bezug auf die gesetzlichen Krankenkassen ebenso und schon vorher Vergabekammer Lüneburg v. 21.9.2004, 203-VgK 42/2004; vgl. aus der Literatur etwa *Heinemann*, Die Erbringung sozialer Dienstleistungen durch Dritte, S. 207 f.; *Moosecker*, Öffentliche Auftragsvergabe gesetzlicher Krankenkassen, S. 56 f; *Sormani-Bastian*, Vergaberecht und Sozialrecht, S. 103 ff; *Rixen*, GesR 2006, 49 ff. (53); *Otting/Sormani-Bastian*, ZMGR 2005, 243 ff. (248); ein Überblick zum damaligen Streitstand findet sich bei *Thüsing/Forst* in: Thüsing, Europäisches Vergabe- und Kartellrecht, S. 39; vgl. dazu auch *Gaßner/Braun*, NZS 2005, 28 ff. (29), die in diesem Zusammenhang eine „Flucht in das Selbstverwaltungsrecht“ befürchten.

794 Vgl. dazu etwa *Thüsing/Forst* in: Thüsing, Europäisches Vergabe- und Kartellrecht, S. 39; *Moosecker*, Öffentliche Auftragsvergabe gesetzlicher Krankenkassen, S. 58.

Merkmals der überwiegend staatlichen Finanzierung genügen.[795] Schon in der Rechtssache *Bayerischer Rundfunk u.a.* hatte der Gerichtshof in diesem Sinne entschieden, wobei sich dieser Fall von der Rechtssache *Oymanns* betreffend die gesetzlichen Krankenkassen darin unterschied, dass die Höhe des Rundfunkbeitrags durch staatliche Stellen (und nicht, auch nicht formal, durch die Rundfunkanstalten selbst) festgelegt wurde.[796] Zur Begründung in der Rechtssache *Oymanns* hob der EuGH zunächst dennoch auf die Argumentation in seinem Urteil in der Rechtssache *Bayerischer Rundfunk u.a.* ab: Art. 1 Abs. 9 UAbs. 2 Buchst. c) VKR verlange nach seinem Wortlaut keine unmittelbare Finanzierung durch den Staat oder eine andere Stelle des öffentlichen Rechts. Die gesetzlichen Krankenkassen werden weit überwiegend durch die gesetzlich vorgeschriebenen Pflichtbeiträge der Mitglieder finanziert, die ohne eine spezifische Gegenleistung geleistet werden.

Der EuGH maß im Weiteren dem Umstand, dass die gesetzlichen Krankenkassen seinerzeit die Beitragshöhe formal selbst festlegen konnten, keine ausschlaggebende Bedeutung bei. Denn der Spielraum der gesetzlichen Krankenkassen sei dabei äußerst begrenzt, da sie mit den Beiträgen die sozialversicherungsrechtlich vorgeschriebenen Leistungen sicherstellen müssen.[797]

Als weiterer wichtiger Aspekt für die Staatsgebundenheit der gesetzlichen Krankenkassen im Wege der überwiegend staatlichen Finanzierung sei zu berücksichtigen, dass der Beitragssatz der jeweiligen Krankenkasse in jedem Fall aufsichtsbehördlich genehmigt werden müsse.[798] Zudem sei in der Beitragserhebungspraxis, wonach der Arbeitgeber den Beitragsan-

---

795 EuGH v. 11.6.2009, Rs. C-300/07 – *Oymanns*, Slg. 2009, I-4779 = EuZW 2009, 612 = DVBl 2009, 974.

796 EuGH v. 13.12.2007, Rs. C-337/06 – *Bayerischer Rundfunk u.a.*, Slg. 2007, I-11173 = EuZW 2008, 80 = NZBau 2008, 130 = VergabeR 2008, 42; s. dazu bereits Fn. 793.

797 Die Höhe der Beiträge war damals insoweit rechtlich vorgegeben, als sie so festzusetzen war, dass die sich daraus ergebenden Einnahmen die Ausgaben nicht unterschreiten oder übersteigen. Da die von den gesetzlichen Krankenkassen zu erbringenden Leistungen zum weit überwiegenden Teil gesetzlich festgelegt sind, ließ sich die Ausgabenhöhe von der jeweiligen gesetzlichen Krankenkasse auch damals praktisch nicht unmittelbar beeinflussen; s. dazu EuGH v. 11.6.2009, Rs. C-300/07 – *Oymanns*, Rn. 54, Slg. 2009, I-4779 = EuZW 2009, 612 = DVBl 2009, 974.

798 EuGH v. 11.6.2009, Rs. C-300/07 – *Oymanns*, Rn. 55, Slg. 2009, I-4779 = EuZW 2009, 612 = DVBl 2009, 974.

teil des Versicherten von dessen Gehalt einbehält und ihn zusammen mit seinem Anteil an die zuständige gesetzliche Krankenkasse zahlt, eine Interventionsmöglichkeit des Versicherten nicht vorgesehen. In diesem Zusammenhang habe das vorlegende Gericht darauf hingewiesen, dass die Beiträge aufgrund öffentlich-rechtlicher Vorschriften zwangsweise eingezogen werden.[799]

Der EuGH fasste nach alledem zusammen, dass die Finanzierung der gesetzlichen Krankenkassen durch einen staatlichen Akt eingeführt worden sei, in der Praxis durch die Träger der öffentlichen Gewalt garantiert werde und die Beitragserhebung durch öffentlich-rechtliche Vorschriften sichergestellt sei. Es sei davon auszugehen, dass damit die Voraussetzung der überwiegenden Finanzierung durch den Staat für die Anwendung der Gemeinschaftsvorschriften auf dem Gebiet der Vergabe öffentlicher Aufträge erfüllt werde.[800]

cc) Stellungnahme

Dem Urteil des EuGH in der Rechtssache *Oymanns* ist zunächst darin zuzustimmen, dass auch eine nur mittelbar erfolgende überwiegend staatliche Finanzierung für die besondere Staatsgebundenheit in der Finanzierungsvariante ausreicht. Bereits der Wortlaut des streitentscheidenden Art. 1 Abs. 9 UAbs. 2 Buchst. c) der VKR bzw. § 98 Nr. 2 GWB a.F. schließt nicht aus, auch Zahlungen, die mittelbar aufgrund staatlicher Anordnung erfolgen, als erfasst anzusehen; die Norm verlangt gerade keine unmittelbare staatliche Finanzierung.[801] Würde dies anders gesehen, wäre die Umgehung des Richtlinienkriteriums durch entsprechende innerstaatliche Finanzierungsgestaltung allzu leicht ermöglicht.[802] Dies wiederum stünde im Widerspruch zu der Maxime, die in den Vorgaben über die Eröffnung des Anwendungsbereichs der europäischen Vergaberichtlinien

---

799 EuGH v. 11.6.2009, Rs. C-300/07 – *Oymanns*, Rn. 56, Slg. 2009, I-4779 = EuZW 2009, 612 = DVBl 2009, 974.

800 EuGH v. 11.6.2009, Rs. C-300/07 – *Oymanns*, Rn. 57, Slg. 2009, I-4779 = EuZW 2009, 612 = DVBl 2009, 974; vgl. dazu auch *Werner* in: Byok/Jaeger, Vergaberecht, GWB, § 98 Rn. 125.

801 Vgl. dazu aus der Literatur nur *Thüsing/Forst* in: Thüsing, Europäisches Vergabe- und Kartellrecht, S. 40; s. auch bereits oben Teil 2 G.III.3. bei Fn. 642.

802 Vgl. *Thüsing/Forst* in: Thüsing, Europäisches Vergabe- und Kartellrecht, S. 40.

enthaltenen Begriffe weit auszulegen und den Vorgaben zu praktischer Wirksamkeit zu verhelfen.[803]

Zu Recht stellte der EuGH in der Rechtssache *Oymanns* außerdem auch darauf ab, ob eine Einrichtung, die die den überwiegenden Teil ihrer Finanzierung ausmachenden Beiträge zumindest formal selbst festlegen kann, nach den maßgeblichen gesetzlichen Vorgaben über einen Spielraum bei der Beitragsfestlegung verfügt und falls ja, wie groß dieser Spielraum ausfällt. Die Erheblichkeit dieser Frage wird durch die erforderliche funktionale Betrachtung des Finanzierungsmerkmals im Lichte des Richtlinienzwecks bestätigt. Denn je geringer der der betreffenden Einrichtung gesetzlich eingeräumte Spielraum bei der Beitragsfestsetzung ausfällt, desto mehr hängt die Finanzierung der Einrichtung von staatlichen Stellen ab, was wiederum die Annahme ihrer engen Verbindung zu staatlichen Stellen rechtfertigt, mit der normativ-typisierend die Gefahr einer nicht an wirtschaftlichen Kriterien ausgerichteten Auftragsvergabe verbunden ist.[804]

Im Übrigen ist für die Beurteilung des Finanzierungsmerkmals auf der Basis der derzeit geltenden Rechtslage anzumerken, dass die gesetzlichen Krankenkassen verglichen mit der zum Zeitpunkt des Urteils des EuGH in der Rechtssache *Oymanns* maßgeblichen Rechtslage über noch weniger Spielraum bei der Beitragsfestlegung verfügen. Denn die Krankenkassen legen seit 2009 die Höhe des allgemeinen Beitragssatzes auch formal nicht mehr selbst fest. Die Festlegung erfolgt nunmehr qua Gesetz (§ 241 SGB V).[805]

b) Zur staatlichen Aufsicht über die Leitung

Weil das Merkmal der staatlichen Aufsicht als alternative Voraussetzung zur überwiegend staatlichen Finanzierung ausgestaltet ist, konnte der EuGH in der Rechtssache *Oymanns* die Frage, ob auch das Aufsichtsmerkmal erfüllt ist, offen lassen – was er auch ausdrücklich getan hat: *„Angesichts dieses Ergebnisses und in Anbetracht des alternativen Charakters der Tatbestandsmerkmale, die Art. 1 Abs. 9 Unterabs. 2 Buchst. c der Richtlinie 2004/18 vorsieht, ist nicht zu prüfen, ob das Tatbestandsmerkmal der Beaufsichtigung der Leitung der gesetzlichen Krankenkassen*

803 S. dazu bereits oben Teil 2 F.II.
804 S. dazu noch näher unten C.III.2.a)cc).
805 S. dazu bereits oben 1.b).

durch die Träger der öffentlichen Gewalt im vorliegenden Fall erfüllt ist.“[806] Es fehlen damit Aussagen des EuGH zur staatlichen Aufsicht über die gesetzlichen Krankenkassen in Deutschland. Vor diesem Hintergrund verwundert es nicht, dass im vergabe- und sozialrechtlichen Schrifttum weiterhin unterschiedliche Auffassungen zu dieser Frage existieren – die allerdings nur noch von akademischem Interesse sind. Denn in der Rechtspraxis steht die Qualifikation der gesetzlichen Krankenkassen als öffentliche Auftraggeber im Sinne des § 99 Nr. 2 GWB infolge der Bejahung des Merkmals der überwiegend staatlichen Finanzierung durch den EuGH fest. Ob die gesetzlichen Krankenkassen in Deutschland auch unter dem Aspekt der staatlichen Aufsicht über ihre Leitung als öffentliche Auftraggeber im Sinne des GWB-Vergaberechts zu beurteilen wären, hat also praktisch keine Bedeutung mehr. Erst und nur wenn die gesetzlichen Rahmenbedingungen zur Finanzierung der gesetzlichen Krankenkassen so umgestaltet würden, dass ernsthaft an einer überwiegend staatlichen Finanzierung im Sinne des § 99 Nr. 2, 1. Halbsatz Buchst. a) GWB zu zweifeln wäre, könnte das alternativ erforderliche Kriterium der staatlichen Aufsicht über die Leitung gesetzlicher Krankenkassen auch in der Praxis (wieder) an Bedeutung gewinnen. Für einen derartigen Wechsel der Paradigmen für die Finanzierungsregelungen der gesetzlichen Krankenkassen spricht derzeit aber nichts.

Mangels Aussagen des EuGH zum Aufsichtsmerkmal in Bezug auf die gesetzlichen Krankenkassen kann also insoweit keine europagerichtliche Rechtsprechung für die Analyse der Kassenärztlichen Vereinigungen verwertet werden. Zwar könnten die zu dieser Frage in der Literatur und in der nationalen Rechtsprechung vertretenen unterschiedlichen Auffassungen Erkenntnisgewinn bringen. Weil aber die für die staatliche Aufsicht über die gesetzlichen Krankenkassen geltenden Regelungen in weiten Teilen auch für die staatliche Aufsicht über die Kassenärztlichen Vereinigungen maßgeblich sind (vgl. insbesondere die Verweise in § 78 Abs. 3 Satz 2 SGB V), könnte eine bereits an dieser Stelle erfolgende Darstellung der zur vergaberechtlichen Beurteilung dieser Aufsichtsregelungen bestehenden unterschiedlichen Auffassungen der erst später folgenden Beurteilung

806 EuGH v. 11.6.2009, Rs. C-300/07 – *Oymanns*, Rn. 58, Slg. 2009, I-4779 = EuZW 2009, 612 = DVBl 2009, 974.

der Kassenärztlichen Vereinigungen vorgreifen.[807] Daher soll die Beurteilung der gesetzlichen Krankenkassen am Merkmal der staatlichen Aufsicht über ihre Leitung hier noch offen bleiben; auf sie wird zurückzukommen sein.[808]

c) Zur mehrheitlich staatlichen Organmitgliederbestimmung

Weniger Schwierigkeiten bereitet die – dem EuGH in der Rechtssache *Oymanns* gar nicht erst zur Vorabentscheidung vorgelegte – Frage, ob die Mitglieder eines der zur Geschäftsführung oder zur Aufsicht berufenen Organe der gesetzlichen Krankenkassen mehrheitlich staatlich bestimmt sind. Es ist mit der allgemeinen Ansicht davon auszugehen, dass die gesetzlichen Krankenkassen dieses Merkmal jedenfalls nicht erfüllen, solange nicht einer der oben unter 1.a) geschilderten Ausnahmefälle (vgl. §§ 37 Abs. 1, 46 Abs. 3 SGB IV) eintritt mit der Folge, dass die Aufsichtsbehörde oder ein von ihr Beauftragter die Geschäfte der Krankenkasse führt bzw. die Mitglieder der Vertreterversammlung oder des Verwaltungsrats und ihrer bzw. seiner Stellvertreter beruft.[809] Im Regelfall werden die Mitglieder der (Selbstverwaltungs-)Organe der Krankenkassen nicht mehrheitlich durch die Aufsichtsbehörde bestimmt, sondern nach Maßgabe des § 35 a Abs. 5 SGB IV bzw. der §§ 43 ff. SGB IV ohne staatliche Einmischung durch die Versicherten und die Arbeitgeber gewählt.[810]

3. Zwischenergebnis

Zutreffend hat der EuGH in der Rechtssache *Oymanns* entschieden, dass die gesetzlichen Krankenkassen die für die Qualifikation als öffentlicher

807 So wird vereinzelt die Auffassung, gesetzliche Krankenkassen erfüllten (auch) das Aufsichtsmerkmal, allein unter Verweis auf § 78 Abs. 3 Satz 2 SGB V auf die Kassenärztlichen Vereinigungen übertragen, vgl. beispielsweise *Rixen*, GesR 2006, 49 ff. (S. 54).

808 S. unten D.III.2.b)cc).

809 Vgl. auch etwa *Thüsing/Forst* in: Thüsing, Europäisches Vergabe- und Kartellrecht, S. 41; *Röbke*, Die Leistungsbeziehungen der gesetzlichen Krankenversicherung, S. 330 f.; *Kingreen* in: Pünder/Prieß, Vergaberecht im Umbruch, S. 89 ff. (100).

810 Vgl. *Kingreen* in: Pünder/Prieß, Vergaberecht im Umbruch, S. 89 ff. (100).

Auftraggeber im Sinne der europäischen Richtlinienvorgaben erforderliche besondere Staatsgebundenheit unter dem Aspekt der überwiegend staatlichen Finanzierung aufweisen. Deswegen konnte er offen lassen, ob die gesetzlichen Krankenkassen die besondere Staatsgebundenheit auch in der Alternative der staatlichen Aufsicht über ihre Leitung aufweisen. Eine mehrheitlich staatliche Bestimmung der Organmitglieder im Sinn des § 99 Nr. 2, 1. Halbsatz Buchst. c) GWB sehen die für die gesetzlichen Krankenkassen maßgeblichen Vorschriften des SGB IV nur in den dort geregelten Ausnahmefällen vor. Im Regelfall ist das Merkmal der mehrheitlich staatlichen Organmitgliederbestimmung nicht erfüllt.

C. Zur Auftraggebereigenschaft der Landesärztekammern

Als Nächstes sollen die Landesärztekammern auf ihre Eigenschaft als öffentliche Auftraggeber im Licht der europagerichtlichen Rechtsprechung ebenfalls zu dem Zweck untersucht werden, Schlussfolgerungen für die entsprechende Beurteilung der Kassenärztlichen Vereinigungen ziehen zu können.

I. Rechtspersönlichkeit

Die Landesärztekammern sind als Körperschaften des öffentlichen Rechts[811] und damit als juristische Personen im Sinne des § 99 Nr. 2 GWB ausgestaltet. Auch sie besitzen zweifellos Rechtspersönlichkeit im Sinne des Art. 2 Abs. 1 Nr. 4 Buchst. b) der Vergaberichtlinie.

---

811 Vgl. etwa Art. 10 Abs. 1 Satz 3 Bayerisches Heilberufe-Kammergesetz. Ebenso wie die sozialrechtlichen Selbstverwaltungskörperschaften können die berufsständischen Selbstverwaltungskörperschaften öffentlichen Rechts dem Oberbegriff der funktionalen Selbstverwaltung zugeordnet werden; vgl. dazu nur die als „Facharztbeschluss" bekannt gewordene Entscheidung des BVerfG v. 9.5.1972, 1 BvR 518/62 und 1 BvR 308/64, BVerfGE 33, 125 = NJW 1972, 1504 = DÖV 1972, 748.

II. Zum besonderen Gründungszweck, im Allgemeininteresse liegende Aufgaben nichtgewerblicher Art zu erfüllen

1. Grundzüge des relevanten rechtlichen Rahmens

Die Gesetzgebungskompetenz für die Einrichtung und Ausgestaltung von Ärztekammern steht nach Art. 70, 72 Abs. 1, 74 Nr. 19 GG den Ländern zu.[812] Diese haben von ihrer Gesetzgebungskompetenz ausnahmslos Gebrauch gemacht und Landesärztekammern geschaffen.

Die 17 Landesärztekammern[813] bilden die Bundesärztekammer, die allerdings privatrechtlich in der Rechtsform eines nicht eingetragenen Vereins gegründet wurde. Die Bundesärztekammer firmiert, um ihre privatrechtliche Organisationsform zu betonen, als Arbeitsgemeinschaft der Deutschen Ärztekammern.[814] Die Landesärztekammern haben als Körperschaften der funktionalen Selbstverwaltung die Aufgabe, den ärztlichen Berufsstand und seine Entwicklung mit Blick auf Ausbildung, Fortbildung und Berufsausübung zu gestalten.[815] Ihnen obliegt dabei kraft gesetzlicher Zuweisung durch die einzelnen Heilberufe-Kammergesetze bzw. Heilberufsgesetze der Bundesländer die Regelung der eigenen Angelegenheiten, die sich in folgende drei Komplexe einordnen lassen: Berufsaufsicht, Vertretung des Gesamtinteresses eines Berufszweiges nach außen und Förderung des Berufsstandes.[816] Zu diesen Selbstverwaltungsaufgaben gehört es auch, die Kammermitglieder in allen mit dem Beruf in Zusammenhang

---

812 Gemäß Art. 74 Nr. 19 GG steht dem Bund die konkurrierende Gesetzgebungskompetenz bezüglich der Zulassung zu ärztlichen und anderen Heilberufen zu. Der Begriff „Zulassung" bezieht sich ausschließlich auf die Berufsaufnahme, nicht jedoch auf die Berufsausübung; vgl. dazu *Böge*, Kassenärztliche Vereinigungen und Ärztekammern, S. 67 m.w.N.

813 In Nordrhein-Westfalen gibt es – parallel zu den dort bestehenden zwei Kassenärztlichen Vereinigungen – die Ärztekammer Nordrhein und die Ärztekammer Westfalen-Lippe.

814 Vgl. § 1 Abs. 1 und 2 Satzung der Bundesärztekammer in der vom 117. Deutschen Ärztetag 2014 beschlossenen Fassung; vgl. dazu auch *Böge*, Kassenärztliche Vereinigungen und Ärztekammern, S. 68, Fn. 336. Die Bundesärztekammer wird hier nur der Vollständigkeit halber angeführt. Weiterer sie betreffender Überlegungen bedarf es angesichts des Untersuchungsgegenstandes nicht.

815 Ausführlich zu Geschichte und Aufgaben der Ärztekammern *Ratzel/Knüpper* in: Ratzel/Luxenburger, Handbuch Medizinrecht, S. 94 ff.

816 *Tettinger*, Kammerrecht, S. 132; vgl. auch dazu *Ratzel/Knüpper* in: Ratzel/Luxenburger, Handbuch Medizinrecht, S. 100.

stehenden Fragen zu beraten.[817] Kurzum: Die Ärztekammern können alle Aufgaben wahrnehmen, die in der ärztlichen Berufsausübung wurzeln.

Neben diesen gesetzlich zugewiesenen eigenen Angelegenheiten nehmen die Kammern teilweise auch staatlich übertragene Aufgaben (staatliche Auftragsangelegenheiten) wahr.[818] Dabei handelt es sich zum einen um bislang durch die unmittelbare Staatsverwaltung wahrgenommene Aufgaben, für deren Erfüllung besonderer Sachverstand der Selbstverwaltungskörperschaften nutzbar gemacht werden soll.[819] Zum anderen geht es dabei um Aufgaben, die im Grundsatz von der Selbstverwaltung wahrgenommen werden könnten, bislang aber von staatlichen Behörden erfüllt wurden.[820]

Zur Erfüllung ihrer Aufgaben sind auch die Landesärztekammern dazu ermächtigt, hoheitlich-administrativ gegenüber ihren Mitgliedern tätig zu werden und regulatorisch in die ärztliche Berufsausübung durch den Erlass von Satzungen einzugreifen.[821] Zur Durchsetzung der Bestimmungen der Satzungen (Berufsordnungen) können die Kammern auf ein Disziplinarsystem zurückgreifen, dessen Einzelheiten die jeweilige Berufsordnung regelt.[822]

2. Beurteilung

Dass die Ärztekammern zu dem besonderen Zweck gegründet wurden, im Allgemeininteresse liegende Aufgaben nichtgewerblicher Art zu erfüllen, liegt auf der Hand und ist in Übereinstimmung mit der Auffassung des OLG Düsseldorf in seinem die Ärztekammer Westfalen-Lippe betreffen-

817 Vgl. dazu in Ansehung einer Handwerkskammer und ihrer Untergliederungen BVerwG v. 16.5.1957, I C 174.54, BVerwGE 5, 74.

818 *Ratzel/Knüpper* in: Ratzel/Luxenburger, Handbuch Medizinrecht, S. 103.

819 Vgl. *Ratzel/Knüpper* in: Ratzel/Luxenburger, Handbuch Medizinrecht, S. 103 unter Verweis auf § 3 Abs. 8 des Heilberufsgesetzes Rheinland-Pfalz, wonach das zuständige Ministerium ermächtigt wird, durch Rechtsverordnung Aufgaben auf dem Gebiet des Strahlenschutzes an die Landesärztekammer Rheinland-Pfalz zu übertragen.

820 *Ratzel/Knüpper* in: Ratzel/Luxenburger, Handbuch Medizinrecht, S. 103, mit dem Beispiel der Übertragung der Approbationserteilung und des Approbationsentzuges auf Heilberufekammern.

821 *Böge*, Kassenärztliche Vereinigungen und Ärztekammern, S. 70.

822 *Böge*, Kassenärztliche Vereinigungen und Ärztekammern, S. 71.

den EuGH-Vorlagebeschluss zu bejahen.[823] In eine andere Richtung deutende Anhaltspunkte, etwa für das Fehlen der Nichtgewerblichkeit, sind nicht ersichtlich.

III. Zur besonderen Staatsgebundenheit

1. Grundzüge des relevanten rechtlichen Rahmens[824]

a) Organisation

Die Organe der Landesärztekammern bilden in der Regel die Delegiertenversammlung (auch Kammerversammlung oder Vollversammlung) und der Vorstand. Sie werden nach den jeweiligen landesgesetzlichen Regelungen gewählt, die sich insoweit nur unwesentlich voneinander unterscheiden. Die Vollversammlung wird nach demokratischen Grundsätzen von den Kammermitgliedern gewählt. Der Vorstand wird von der Vollversammlung (in der Regel aus der Mitte der Vollversammlung) bestellt.[825] Er besteht meist aus einem Vorsitzenden Vorstandsmitglied (Präsident), höchstens zwei stellvertretenden Vorsitzenden Mitgliedern (Vizepräsidenten) und einer nach der Größe der Kammer bestimmten Zahl von Beisitzern.[826]

---

823 OLG Düsseldorf v. 5.10.2011, VII-Verg 38/11, NZBau 2012, 188; das Gericht begnügt sich insoweit (zu Recht) mit dem Hinweis, jedenfalls „*die in § 6 Abs. 1 Nrn. 1 bis 5 HeilberG NRW genannten Aufgaben dienen (auch) dem Allgemeininteresse und sind auch nichtgewerblicher Art.*“.

824 Ausführlich zum Ganzen: *Hörnemann*, Die Selbstverwaltung der Ärztekammern, S. 80.

825 *Ratzel/Knüpper* in: Ratzel/Luxenburger, Handbuch Medizinrecht, S. 101.

826 *Ratzel/Knüpper* in: Ratzel/Luxenburger, Handbuch Medizinrecht, S. 101, die zutreffend darauf hinweisen, dass in Bayern auch die ersten Vorsitzenden der Bezirksverbände als geborene Mitglieder dem Vorstand angehören, vgl. Art. 13 Abs. 1 Satz 1 Bayerisches Heilberufe-Kammergesetz (BayGVBl. 2002, S. 43, zuletzt geändert durch § 1 ÄndG vom 22.5.2015, BayGVBl. 2015, S. 158).

b) Finanzierung

Die Landesärztekammern erheben aufgrund eines jeweils landesgesetzlich geregelten Beitragserhebungsrechts (vgl. etwa § 6 Abs. 4 Satz 1 Heilberufsgesetz Nordrhein-Westfalen[827]) zur Erfüllung ihrer Aufgaben Mitgliedsbeiträge von ihren Pflichtmitgliedern.[828] Diese Mitgliedsbeiträge werden einkommensabhängig oder nach der Art der Berufsausübung (selbstständig, angestellt, ohne Berufsausübung) in einer Beitragssatzung festgesetzt.[829] Die Organzuständigkeit für die Festsetzung des Beitragssatzes liegt bei der Delegiertenversammlung.[830] Aus diesen Beiträgen finanzieren die Ärztekammern ihre Aufgabenerfüllung.[831] Die Beitragssatzung bedarf nach den jeweiligen landesgesetzlichen Vorschriften der Genehmigung durch die Aufsichtsbehörde. Im Übrigen sind die Ärztekammern aber in der Festsetzung ihrer Mitgliedsbeiträge nach Art und Höhe weitgehend frei. Sie haben bei der Beitragsbemessung (nur) den allgemeinen Gleichheitssatz sowie das Äquivalenzprinzip zu beachten.[832]

c) Aufsicht

Als landesunmittelbare Körperschaften des öffentlichen Rechts unterliegen die Landesärztekammern der staatlichen Aufsicht nach Maßgabe der

---

827 GV. NRW 2000, S. 403, zuletzt geändert durch Gesetz vom 8.9.2015, GV. NRW 2015 S. 627; die Regelungen dieses Landesgesetzes werden im Folgenden mitunter besonders hervorgehoben, weil die Vorabentscheidung des EuGH v. 12.9.2013, Rs. C-526/11 – *IVD*, NVwZ 2014, 59, die Ärztekammer Westfalen-Lippe betraf, für die die Regelungen eben dieses Landesgesetzes maßgeblich sind. Soweit im Folgenden nichts Abweichendes dargestellt wird, enthalten auch die übrigen Landesgesetze vergleichbare Regelungen.

828 Zur Verfassungsmäßigkeit der Pflichtmitgliedschaft in der Industrie- und Handelskammer s. BVerfG v. 7.12.2001, 1 BvR 1806/98, NVwZ 2002, 335 = DÖV 2002, 429.

829 *Ratzel/Knüpper* in: Ratzel/Luxenburger, Handbuch Medizinrecht., S. 98.

830 Vgl. etwa § 23 Abs. 1 Heilberufsgesetz Nordrhein-Westfalen; Art. 15 Abs. 2 Satz 2 Bayerisches Heilberufe-Kammergesetz (Fn. 826 a.E.), § 4 Satzung der Bayerischen Landesärztekammer.

831 S. z.B. Art. 6 Satz 1 Bayerisches Heilberufe-Kammergesetz; vgl. dazu auch etwa *Ratzel/Knüpper* in: Ratzel/Luxenburger, Handbuch Medizinrecht, S. 101.

832 Vgl. zum Äquivalenzprinzip bei der Beitragserhebung durch Industrie- und Handelskammern BVerwG v. 26.6.1990, 1 C 45.87, NVwZ 1990, 1167 = DÖV 1991, 434.

jeweiligen landesgesetzlichen Bestimmungen.[833] Als Aufsichtsbehörden der Landesärztekammern fungieren regelmäßig die zuständigen obersten Landesbehörden.[834]

Die Aufsicht ist in allen Landesgesetzen als Rechtsaufsicht und hinsichtlich der jeweiligen Aufsichtsbefugnisse und -mittel im Wesentlichen vergleichbar ausgestaltet.[835] Gegenstand dieser Staatsaufsicht ist die gesamte Tätigkeit der Ärztekammer.[836] Materieller Maßstab ist neben den jeweiligen Heilberufs- und Kammergesetzen und den von der Kammer erlassenen Satzungen auch die übrige Rechtsordnung, soweit aus ihr konkrete Vorgaben für das Kammerhandeln folgen.[837] Die Aufsicht erstreckt sich dagegen nicht auf die Zweckmäßigkeit des Kammerhandelns.[838] Sie umfasst sowohl präventive als auch repressive aufsichtliche Befugnisse.[839] Die Aufsichtsmittel und Verfahrensweisen bestimmen sich nach den Heilberufs- bzw. Kammergesetzen der Länder, die insbesondere die Vorschriften über die Gemeindeaufsicht (vgl. etwa § 8 Abs. 4 Heilberufe-Kammergesetz Baden-Württemberg[840]; Art. 16 Abs. 1, 9 Satz 3 Bayerisches Heil-

833 Vgl. zum Ganzen ausführlich etwa *Narr*, Ärztliches Berufsrecht, Teil D III. 6. Rn. 1 ff. In einigen Bundesländern wird diese Aufsicht – der landesverfassungsrechtlichen Konzeption entsprechend – abstrakt als allgemeine Körperschaftsaufsicht bezeichnet; vgl. etwa § 28 Abs. 1 Satz 2 Heilberufsgesetz Nordrhein-Westfalen i.V.m. § 20 Abs. 1 Landesorganisationsgesetz Nordrhein-Westfalen (GV. NW 1962, S. 421, zuletzt geändert durch Art. 2 des Gesetzes vom 1.10.2013, GV. NRW 2013, S. 566).

834 In Bayern etwa ist dies nach Art. 16 Abs. 1 Satz 1, Art. 5 Abs. 1 Satz 2 Bayerisches Heilberufe-Kammergesetz das Staatsministerium für Gesundheit und Pflege.

835 Nach § 28 Abs. 1 Satz 2 Heilberufsgesetz Nordrhein-Westfalen i.V.m. § 20 Abs. 1 Landesorganisationsgesetz Nordrhein-Westfalen etwa erstreckt sich die Körperschaftsaufsicht darauf, dass die dortige Landesärztekammer ihre Aufgaben im Einklang mit dem geltenden Recht erfüllt; auf diese Rechtslage stellt der EuGH in der Vorabentscheidung v. 12.9.2013, Rs. C-526/11 – *IVD*, NVwZ 2014, 59, ausweislich der Entscheidungs-Rn. 6 ab, wobei er davon ausgeht, dass diese Aufsicht „nachträglich“ ausgeübt werde.

836 *Narr*, Ärztliches Berufsrecht, Teil D III. 6. Rn. 1.

837 *Narr*, Ärztliches Berufsrecht, Teil D III. 6. Rn. 1.

838 *Narr*, Ärztliches Berufsrecht, Teil D III. 6. Rn. 1; *Laufs* in: Laufs/Kern, Handbuch des Arztrechts, S. 156.

839 S. zum Ganzen *Kluth*, Funktionale Selbstverwaltung, S. 91.

840 GBl. BW 1995, S. 313, zuletzt geändert durch Art. 1 des Gesetzes vom 17.12.2015, GBl. BW 2015, S. 1234.

berufe-Kammergesetz[841]; § 20 Abs. 3 Heilberufsgesetz Hessen[842]; § 37 Abs. 7 Sächsisches Heilberufe-Kammergesetz[843]) oder diejenigen über die allgemeine Körperschaftsaufsicht (vgl. § 29 Heilberufsgesetz Brandenburg[844]; § 92 Heilberufsgesetz Bremen[845]; § 28 Heilberufsgesetz Nordrhein-Westfalen[846]) für entsprechend anwendbar erklären.[847] Daneben treten aber auch spezifische Regelungen über Aufsichtsbefugnisse, wie sie etwa § 87 Heilberufe-Kammergesetz Niedersachsen[848] oder § 71 Heilberufe-Kammergesetz Sachsen-Anhalt[849] enthalten.

Das Aufsichtsrecht umfasst ein Informationsrecht der Aufsichtsbehörde, das mit einer entsprechenden Informationspflicht der Ärztekammer korrespondiert.[850]

Im Rahmen ihres Aufsichtsrechts kann die Aufsichtsbehörde rechtswidrige Beschlüsse und Anordnungen der Ärztekammer beanstanden und verlangen, dass sie von der Ärztekammer binnen einer angemessenen Frist aufgehoben werden. Die Aufsichtsbehörde kann darüber hinaus verlangen, dass Maßnahmen, die aufgrund derartiger Beschlüsse oder Anordnungen getroffen wurden, rückgängig gemacht werden. Schließlich kann die Aufsichtsbehörde in Fällen, in denen die Ärztekammer die ihr gesetzlich obliegenden Pflichten nicht erfüllt, anordnen, dass die Kammer innerhalb einer angemessenen Frist die notwendigen Maßnahmen durchführt. Kommt die Ärztekammer ihrer Informationspflicht, ihrer Verpflichtung zur Aufhebung einer beanstandeten Maßnahme oder ihrer Verpflichtung, eine angeordnete Maßnahme der Aufsichtsbehörde zu vollziehen, nicht

---

841 Fn. 826 a.E.

842 HessGVBl. 2003 I, S. 66, 242, zuletzt geändert durch Gesetz vom 5.2.2016, GVBl. 2016 I, S. 30.

843 SächsGVBl. 1994, S. 935, zuletzt geändert durch Art. 1 des Gesetzes vom 3.2.2016, SächsGVBl. 2016, S. 42.

844 GVBl. Brandenburg 2003 I, S. 126, zuletzt geändert durch Art. 4 des Gesetzes vom 17.12.2015, GVBl. Brandenburg 2015 I, Nr. 38.

845 BremGBl. 2005, S. 149, zuletzt geändert durch Art. 2 des Gesetzes vom 15.12.2015, BremGBl. 2015, S. 638.

846 Fn. 827.

847 Vgl. dazu auch *Narr*, Ärztliches Berufsrecht, Teil D III. 6. Rn. 2; *Kluth*, Funktionale Selbstverwaltung, S. 91.

848 NdsGVBl. 2000, S. 301, zuletzt geändert durch Art. 6 des Gesetzes v. 16.12.2014, NdsGVBl. 2014, S. 475.

849 GVBl. LSA Nr. 37/1994, S. 832, zuletzt geändert durch Art. 5 des Gesetzes vom 25.2.2016, GVBl. LSA 2016, S. 89.

850 *Narr*, Ärztliches Berufsrecht, Teil D III. 6. Rn. 2.

nach, kann die Rechtsaufsichtsbehörde die Anordnung anstelle und auf Kosten der Kammer selbst durchführen oder die Durchführung einem Dritten übertragen.[851] Als äußerste Maßnahme kann die Rechtsaufsichtsbehörde einen Beauftragten bestellen, der alle oder einzelne Aufgaben der Ärztekammer auf deren Kosten wahrnimmt, wenn die Verwaltung der Kammer in erheblichem Umfang nicht den Erfordernissen einer gesetzmäßigen Verwaltung entspricht und die angesprochenen Befugnisse der Rechtsaufsichtsbehörde nicht ausreichen, die Gesetzmäßigkeit der Verwaltung der Kammer zu sichern.[852] Derartiges sieht etwa der über Art. 9 Satz 3 Bayerisches Heilberufe-Kammergesetz anwendbare Art. 114 Abs. 2 Bayerische Gemeindeordnung[853] vor.[854] Vergleichbar geregelt ist dies etwa in Nordrhein-Westfalen durch § 28 Abs. 1 Heilberufsgesetz, § 20 Abs. 1 Landesorganisationsgesetz, § 124 Gemeindeordnung Nordrhein-Westfalen[855].

Darüber hinaus regeln die meisten Heilberufe-Kammergesetze der Länder, dass die Aufsichtsbehörde Vertreter zu den Sitzungen der Kammerversammlung entsenden[856], sowie dass die Ärztekammer der Aufsichtsbehörde jährlich einen Bericht über das abgelaufene Geschäftsjahr zu erstatten hat[857].

Als Besonderheit in Nordrhein-Westfalen ist § 9 des dort geltenden Heilberufsgesetzes hervorzuheben, der bestimmte staatliche Aufgaben als Pflichtaufgaben den Ärztekammern, Zahnärztekammern, Apothekerkammern bzw. Tierärztekammern überträgt. Dabei handelt es sich ausschließlich um solche Aufgaben, für deren Erfüllung die besondere Sachkunde der Selbstverwaltungskörperschaften nutzbar gemacht werden soll. Bei

851 S. zu alledem ausführlich *Narr*, Ärztliches Berufsrecht, Teil D III. 6. Rn. 2.

852 Vgl. auch dazu *Narr*, Teil D III. 6. Rn. 2.

853 BayGVBl. 1998, S. 796, zuletzt geändert durch Art. 9 a Abs. 2 des Gesetzes v. 22.12.2015, BayGVBl. 2015, S. 458.

854 Wobei Art. 9 Bayerisches Heilberufe-Kammergesetz auf die bei den ärztlichen Kreis- bzw. Bezirksverbänden gebildeten Organe abstellt. Dies ist darauf zurückzuführen, dass in Bayern die Mitgliedschaft der Ärzte nicht bei der Landesärztekammer, sondern bei regionalen Untergliederungen auf Kreis- bzw. Bezirksebene begründet wird. Diese Untergliedеr – die ärztlichen Kreis- und Bezirksverbände – sind ihrerseits ebenfalls Körperschaften des öffentlichen Rechts, vgl. Art. 3 Abs. 2 Satz 1 Bayerisches Heilberufe-Kammergesetz.

855 GV. NW 1994, S. 666, zuletzt geändert durch Art. 2 des Gesetzes vom 25.6.2015, GV. NRW, S. 496.

856 S. z.B. in Bayern Art. 16 Abs. 1 Bayerisches Heilberufe-Kammergesetz.

857 vgl. § 28 Abs. 3 Heilberufsgesetz Nordrhein-Westfalen.

der Aufgabenerfüllung kann die Aufsichtsbehörde nach § 9 Abs. 2 Heilberufsgesetz Nordrhein-Westfalen Weisungen erteilen, um die gesetzmäßige Ausführung der Aufgaben zu sichern. Dabei ist die Aufsichtsbehörde grundsätzlich auf nicht fallbezogene sog. allgemeine Weisungen beschränkt; besondere Weisungen sind im Einzelfall zulässig, wenn die ordnungsgemäße Erfüllung der Aufgaben nicht gesichert erscheint oder überörtliche Interessen gefährdet sein könnten.[858] In Bezug auf bestimmte, abschließend genannte Aufgaben des Strahlenschutzes unterliegen die Kammern bzw. die von ihnen zur Aufgabenerfüllung zu bildenden „ärztlichen Stellen" nach § 9 Abs. 3 Heilberufsgesetz Nordrhein-Westfalen der Fachaufsicht des für den Strahlenschutz zuständigen Ministeriums.

Als ähnliche Besonderheit ist überdies Art 4 Abs. 6 Heilberufe-Kammergesetz Baden-Württemberg zu nennen, wonach die Aufsichtsbehörde der Kammer mit ihrer Zustimmung auch staatliche Aufgaben durch Rechtsverordnung übertragen kann, wenn die Aufgabe durch die Kammer sachgerechter oder wirtschaftlicher erfüllt werden kann; dabei kann sich die Aufsichtsbehörde ein fachliches Weisungsrecht vorbehalten.

Daneben bestehen staatliche Mitwirkungsrechte, allen voran in Form von Genehmigungserfordernissen beim Erlass der Hauptsatzung, der Beitrags- sowie der Gebührenordnung.[859]

Unabhängig von der überblickartig dargestellten staatlichen Aufsicht[860] können die Landesärztekammern schließlich womöglich – je nach den landesrechtlichen Vorgaben – durch die jeweiligen Landesrechnungshöfe geprüft werden.[861] Anknüpfungspunkt ist insofern die in allen LHO geregel-

---

858 S. zum Ganzen *Kluth*, Funktionale Selbstverwaltung, S. 91.

859 Vgl. etwa Art. 14 Abs. 1, 15 Abs. 2 und Abs. 3 Bayerisches Heilberufe-Kammergesetz; s. zum Ganzen auch *Kluth*, Funktionale Selbstverwaltung, S. 91.

860 Die Rechnungshofkontrolle stellt zwar „*eine eigenständige, von der Rechtsaufsicht unabhängige, eigenen Regen folgende Tätigkeit*" dar, vgl. BVerwG v. 11.4.1995, 1 C 34/92, BVerwGE 98, 163 = NVwZ 1995, 889; wegen der zumindest aufsichtsähnlichen Kontrollfunktion wird sie hier dennoch im Zusammenhang mit der Beschreibung des aufsichtsrechtlichen Rahmens dargestellt.

861 In Bayern ist dies nach Maßgabe des Art. 111 BayHO grundsätzlich möglich. Die Zulässigkeit der Rechnungshofkontrolle über Kammern ist im Übrigen höchstrichterlich geklärt. Das Bundesverwaltungsgericht hat die Rechnungshofprüfung sowohl der Handwerkskammern in Bayern (Urt. v. 11.4.1995, 1 C 34/92, BVerwGE 98, 163) als auch der bayerischen Industrie- und Handelskammern (Urt. v. 30.9.2009, 8 C 5/09, BVerwGE 135, 100) für rechtmäßig erachtet. Dieser Grundsatz dürfte auch auf die Ärztekammern übertagbar sein; ebenso *Narr*, Ärztliches Berufsrecht, Teil D III. 6. Rn. 3.

te Verpflichtung, bei der Haushaltsführung die Grundsätze der Wirtschaftlichkeit und Sparsamkeit zu beachten.[862] In Bayern etwa ordnet Art. 105 Abs. 1 BayHO u.a. an, dass „für juristische Personen des öffentlichen Rechts, die der Aufsicht des Staates unterstehen (landesunmittelbare juristische Personen des öffentlichen Rechts)“, die Art. 1 bis 87 BayHO entsprechend gelten, soweit nicht durch Gesetz oder aufgrund eines Gesetzes etwas anderes bestimmt ist oder nach Maßgabe des Art. 105 Abs. 2 BayHO Ausnahmen von den in Art. 105 Abs. 1 BayHO genannten Vorschriften zugelassen wurden.[863] Über die damit – vorbehaltlich abweichender Sonderregelungen – angeordnete entsprechende Geltung des Art. 7 Abs. 1 Satz 1 BayHO ist die Bayerische Landesärztekammer demnach verpflichtet, bei der Aufstellung und Ausführung des Haushaltsplans die Grundsätze der Wirtschaftlichkeit und Sparsamkeit zu beachten.

2. Beurteilung

Zu untersuchen und zu beurteilen ist auch hier, ob die dargestellten rechtlichen Vorgaben zur besonderen Staatsgebundenheit der Landesärztekammern und damit zu ihrer Eigenschaft als öffentliche Auftraggeber gemäß § 99 Nr. 2 GWB führen.

a) Zur überwiegend staatlichen Finanzierung

aa) Meinungsstand vor der Entscheidung des EuGH in der Rechtssache IVD

Insbesondere in der vergaberechtlichen Literatur wurde vertreten, dass auch die Finanzierung durch auf der Grundlage eines gesetzlichen Beitragserhebungsrechts erhobene Zwangsbeiträge von Kammermitgliedern einen hinreichenden staatlichen Einfluss begründe und damit das Merkmal

862 Vgl. *Narr*, Ärztliches Berufsrecht, Teil D III. 6. Rn. 3.

863 Zum Fehlen abweichender Sonderregelungen im Sächsischen Heilberufe-Kammergesetz mit Blick auf das aus §§ 105 Abs. 1, 108 Sächsische Haushaltsordnung folgende Erfordernis der ministeriellen Genehmigung des Haushaltspans der Tierärztekammer Sachsen s. OVG Sachsen v. 17.5.2011, 4 A 304/10.

der überwiegend staatlichen Finanzierung erfüllen könne.[864] Diese Frage sei zudem – so einige noch weiter gehende Vertreter dieser Meinung – durch die Rechtsprechung des EuGH ausreichend geklärt.[865] Demnach würden öffentlich-rechtliche Berufsverbände, denen durch das Gesetz ein Beitragserhebungsrecht bei ihren Mitgliedern eingeräumt worden sei, im Sinne der zitierten Bestimmung durch den Staat (mittelbar) finanziert.

Dem OLG Düsseldorf war die bis dato ergangene Rechtsprechung des EuGH insofern jedoch nicht klar genug – mit Recht, wie die Entscheidung des EuGH in der Rechtssache *IVD* gezeigt hat. In seinem Vorabentscheidungsersuchen arbeitete das OLG Düsseldorf präzise heraus, welche Fragen der EuGH in seiner bis dato ergangenen Rechtsprechung geklärt hatte – und welche noch nicht: So waren eben gerade die näheren Umstände, unter denen eine mittelbare staatliche Finanzierung durch gesetzliche Begründung eines Beitragserhebungsrechts für die Bejahung eines hinreichenden staatlichen Einflusses ausreicht, durch die Rechtsprechung des EuGH noch nicht so ausreichend konkretisiert, dass auch eine berufsständische Körperschaft des öffentlichen Rechts zweifelsfrei als überwiegend (mittelbar) staatlich finanziert angesehen werden konnte.[866] Denn der Gerichtshof, so das OLG Düsseldorf, habe bisher eine die Auftraggebereigenschaft begründende mittelbare staatliche Finanzierung einer juristischen Person des öffentlichen Rechts nur dann bejaht, wenn der Staat entweder den Beitrag dem Grunde und der Höhe nach selbst festlegt (so die Fallgestaltung in der Rechtssache *Bayerischer Rundfunk*) oder doch derart maßgeblich – durch genaue Beschreibung der von der juristischen Person zu erbringenden Leistungen sowie durch die Vorschriften über die Bemessung der Beitragshöhe – beeinflusst, dass die juristische Person bei der Festsetzung der Gebühr nur noch einen geringen Spielraum hat (so die Fallgestaltung in der Rechtssache *Oymanns*).[867]

Weiter stellte das OLG Düsseldorf fest, dass die vom EuGH in seiner bisherigen Rechtsprechung aufgestellten Voraussetzungen für eine Bejahung der Auftraggebereigenschaft bei der als Antragsgegnerin beteiligten Ärztekammer Westfalen-Lippe nicht vorlägen. Das Land Nordrhein-West-

---

864 Vgl. etwa *Dreher*, NZBau 2005, 297 ff. und *Eschenbruch/Hunger*, NZBau 2003, 471 ff.

865 Vgl. *Wagner/Raddatz*, NZBau 2010, 731, 732/733; *Zeiss* in: jurisPK–Vergaberecht, § 98 GWB Rn. 62.

866 OLG Düsseldorf v. 5.10.2011, VII-Verg 38/11, Rn. 44 ff., NZBau 2012, 188.

867 OLG Düsseldorf v. 5.10.2011, VII-Verg 38/11, Rn. 49, NZBau 2012, 188.

falen habe ihr in § 6 Abs. 4 S. 1 Heilberufsgesetz Nordrhein-Westfalen zwar das Recht zur Beitragserhebung bei ihren Mitgliedern gewährt, wobei nach § 23 Abs. 1 Heilberufsgesetz Nordrhein-Westfalen die Beitragsordnung von der Kammerversammlung zu erlassen sei. Die Höhe des Beitrages werde jedoch durch das Gesetz selbst nicht festgelegt. Anders als bei gesetzlichen Krankenkassen sei der Katalog der Aufgaben der Antragsgegnerin in ihrem Umfang und der Art der Aufgabenerfüllung auch nicht derart vorgegeben, dass die Festsetzung der Beitragshöhe durch die Antragsgegnerin praktisch nur in engem Rahmen stattfinden könne. Vielmehr stehe der Antragsgegnerin bei der Ausfüllung der Aufgaben des § 6 Heilberufsgesetz Nordrhein-Westfalen ein umfassender Beurteilungsspielraum zu, der sich dann auch in einem von der Antragsgegnerin selbst beeinflussbaren Finanzbedarf und damit auch der Beitragshöhe niederschlage. Die Ärztekammer könne weitgehend selbst bestimmen, mit welchem Aufwand sie ihre Aufgaben betreibe. Zwar bedürfe die Gebührenordnung nach § 23 Abs. 2 Heilberufsgesetz Nordrhein-Westfalen der Genehmigung der Aufsichtsbehörde, die dabei aber nur eine ausgeglichene Haushaltsführung sicherstellen solle. Damit erreiche die staatliche Präjudizierung der Beitragshöhe bei weitem nicht die Stringenz wie bei gesetzlichen Krankenkassen.[868]

Das bereits derart an der Auftraggebereigenschaft der Ärztekammer zweifelnde OLG Düsseldorf begründete seinen Vorlagebeschluss weiter und schließlich damit, dass es andererseits den zitierten Ausführungen des Gerichtshofs in den Rechtssachen *Bayerischer Rundfunk* und *Oymanns* nicht mit Sicherheit entnehmen könne, dass die dort bejahten Merkmale in jedem Falle für die Begründung der Eigenschaft als öffentlicher Auftraggeber erforderlich sind.[869]

bb) Entscheidung des EuGH in der Rechtssache IVD

Der EuGH gelangte in der hier diskutierten Entscheidung[870] auf der Grundlage des dargestellten Vorlagebeschlusses zu dem Ergebnis, dass das Merkmal der überwiegend staatlichen Finanzierung nicht vorliege, wenn der betreffenden Einrichtung (Landesärztekammer) durch Gesetz die Be-

---

868 OLG Düsseldorf v. 5.10.2011, VII-Verg 38/11, Rn. 50, NZBau 2012, 188.
869 OLG Düsseldorf v. 5.10.2011, VII-Verg 38/11, Rn. 51, NZBau 2012, 188.
870 EuGH v. 12.9.2013, C-526/11 – *IVD*, NVwZ 2014, 59 = EuZW 2013, 860.

fugnis zur Erhebung von Beiträgen bei ihren Mitgliedern eingeräumt wird, das Gesetz aber weder Umfang noch Modalitäten der Tätigkeiten regelt, die die Einrichtung im Rahmen der Erfüllung ihrer gesetzlichen Aufgaben ausübt und die mit den zu erhebenden Mitgliederbeiträgen finanziert werden sollen. Nach der Darstellung seiner bisherigen einschlägigen Rechtsprechung begründete der EuGH dieses Ergebnis in den entscheidenden Passagen vergleichsweise kurz in vier Absätzen (bei Rn. 27–30 der Entscheidung). Er rückte dabei als entscheidendes Kriterium die organisatorische und haushaltstechnische Autonomie in den Vordergrund.[871] Diese Autonomie der Ärztekammer gegenüber den öffentlichen Stellen werde im vorliegenden Fall noch dadurch verstärkt, dass die Regelung, mit der die Beitragshöhe festgelegt wird, „*von einer Versammlung erlassen wird, die aus den Beitragspflichtigen selbst besteht*".[872] Dass die Regelung der Genehmigung einer Aufsichtsbehörde bedarf, sei nicht ausschlaggebend, da diese Behörde nur prüfe, ob der Haushalt der betreffenden Einrichtung ausgeglichen ist, ob also die Mitgliederbeiträge und ihre übrigen Ressourcen gewährleisten, dass sie über ausreichende Einnahmen zur Deckung aller Betriebskosten nach den von ihr selbst festgelegten Modalitäten verfügt.[873]

cc) Stellungnahme

Der Auffassung des EuGH, die betreffende Einrichtung erfülle das Kriterium der überwiegend staatlichen Finanzierung nach Art. 1 Abs. 9 UAbs. 2 Buchst. c) VKR[874] nicht, ist im Ergebnis zuzustimmen. Die kurz ausgefallene Begründung dieses Ergebnisses lässt aber bedauerlicherweise tiefer gehende Ausführungen des EuGH vermissen, insbesondere zur Auslegung des Finanzierungsmerkmals im Lichte des Richtlinienzwecks. Der EuGH bestätigte in den Entscheidungsgründen zunächst seine ständige Recht-

---

871 So zutreffend auch *Goldbrunner*, jurisPR–PrivBauR 2014, Anm. 6. Grundsätzlich zur Verwendung des Begriffs der Autonomie im Zusammenhang mit funktionaler Selbstverwaltung im deutschen Recht *Kluth*, Funktionale Selbstverwaltung, S. 25 f.

872 EuGH v. 12.9.2013, C-526/11 – *IVD*, Rn. 28, NVwZ 2014, 59 = EuZW 2013, 860.

873 EuGH v. 12.9.2013, C-526/11 – *IVD*, Rn. 27, NVwZ 2014, 59 = EuZW 2013, 860.

874 Nunmehr Art. 2 Abs. 1 Nr. 4 Buchst. c) VR.

sprechung, wonach das Finanzierungsmerkmal – ebenso wie die beiden anderen alternativ für die Qualifizierung als „Einrichtung des öffentlichen Rechts" erforderlichen Richtlinienmerkmale „staatliche Aufsicht über die Leitung" und „mehrheitlich staatliche Organmitgliederbestimmung" – eine enge Verbindung zum Staat ausdrückt.[875] Das Verneinen der durch überwiegend staatliche Finanzierung zu vermittelnden engen Verbindung der Landesärztekammer Westfalen-Lippe zu staatlichen Stellen begründete der EuGH sinngemäß im Wesentlichen mit dem der Ärztekammer Westfalen-Lippe – im Gegensatz etwa zu den Rundfunkanstalten und den gesetzlichen Krankenkassen – zukommenden hohen Maß an Autonomie bei der Festlegung der Höhe der Beiträge. Dass es dem EuGH bei der Beurteilung des Finanzierungskriteriums zumindest auch auf diese Autonomie und den damit verbundenen Spielraum ankommt, ließen zwar bereits die Aussagen in seiner Entscheidung in der Rechtssache *Oymanns* erkennen.[876] Eine Differenzierung allein nach dem der jeweiligen Einrichtung zukommenden Maß der Autonomie bei der Festlegung der Höhe der Gebührensätze oder Mitgliederbeitragsätze lag aber vor der Entscheidung des EuGH in der Rechtssache *IVD* nicht auf der Hand. Immerhin erfolgt die Finanzierung bei Rundfunkanstalten, gesetzlichen Krankenkassen und Landesärztekammern zumindest im Ansatz vergleichbar: Sie ist jeweils durch einen staatlichen Akt eingeführt worden, wird in der Praxis durch die Träger der öffentlichen Gewalt garantiert und die Beitragserhebung wird durch öffentlich-rechtliche Vorschriften sichergestellt.[877] Hinzu kommt, dass der EuGH in seinem Urteil in der Rechtssache *Oymanns* auch andere Aspekte beleuchtete, wie etwa das Erfordernis der aufsichtsbehördlichen Genehmigung der Festsetzung des Beitragssatzes durch die gesetzlichen Krankenkassen, und in zusammenfassender Gesamtschau aller Aspekte zu dem Ergebnis kam, dass das Merkmal der überwiegend staatlichen Finanzierung erfüllt sei.[878]

Vor diesem Hintergrund bedarf es noch näherer Erörterung, warum im Falle der hauptsächlichen Finanzierung einer Einrichtung über Mitglieder-

---

875 EuGH v. 12.9.2013, C-526/11 – *IVD*, Rn. 20 f., NVwZ 2014, 59 = EuZW 2013, 860.

876 S. dazu bereits oben B.III.2.a)cc).

877 Zur Maßgeblichkeit dieser Kriterien s. EuGH v. 11.6.2009, Rs. C-300/07 – *Oymanns*, Rn. 57, Slg. 2009, I-4779; s. dazu oben B.III.2.a)bb) bei Fn. 800.

878 EuGH v. 11.6.2009, Rs. C-300/07 – *Oymanns*, Rn. 55, Slg. 2009, I-4779; s. dazu oben B.III.2.a)bb) bei Fn. 798.

beiträge einerseits die überwiegend staatliche Finanzierung und die dadurch ausgedrückte enge Verbindung zu staatlichen Stellen bejaht wird, wenn die Höhe der Beiträge durch rechtliche Regelungen derart vorgegeben ist, dass die betreffende Einrichtung bei der Festsetzung des Beitrags nur noch einen äußerst geringen Spielraum hat[879], andererseits aber diese enge Verbindung dann nicht anzunehmen ist, wenn die betreffende Einrichtung zwar weitgehend autonom über die Höhe der Beiträge entscheiden kann, das Beitragserhebungsrecht dem Grunde nach aber ebenfalls gesetzlich und damit staatlich vorgegeben ist.

Den insoweit entscheidenden Argumentationsansatz lieferte bereits der in der Rechtssache *IVD* zuständige GA *Mengozzi*. Er nahm bei seiner Beurteilung in den Schlussanträgen die Finanzierung der Ärztekammer Westfalen-Lippe in den Blick und verwies dabei auch darauf, dass die Ärztekammer im Gegensatz zu den Rundfunkanstalten und den gesetzlichen Krankenkassen über erhebliche Autonomie auch mit Blick auf den Umfang ihrer Ausgaben verfüge, die sich nach den von ihr beschlossenen Modalitäten der Erfüllung ihrer Aufgaben richten, die im Übrigen gesetzlich recht weit und vage beschrieben werden.[880] Es sei angesichts dieses weiten Spielraums wahrscheinlich, dass die Mitglieder der Kammerversammlung sich bei der durch sie erfolgenden Festsetzung der Beitragssätze von Erwägungen leiten lassen, die im Wesentlichen wirtschaftlicher Natur seien.[881] Unter diesen Umständen sei anzunehmen, dass eine solche Einrichtung, wenn sie beschließe, auf den Markt zurückzugreifen, keine höheren als die aufgrund rein wirtschaftlicher Erwägungen gebotenen Kosten auf sich nehmen werde, so dass eine enge Verbindung mit dem Staat nicht vorstellbar erscheine, weil es doch die Beitragspflichtigen selbst seien, die die Höhe der von ihnen zu entrichtenden Beiträge festsetzen.[882]

Ausgangspunkt der Auffassung des GA *Mengozzi* ist dabei erkennbar und richtigerweise die am Zweck der Vergaberichtlinien ausgerichtete

---

879 So die Fallgestaltung im Urt. des EuGH v. 11.6.2009, Rs. C-300/07 – *Oymanns*, Slg. 2009, I-4779; s. dazu auch OLG Düsseldorf v. 5.10.2011, VII-Verg 38/11, Rn. 58, NZBau 2012, 188; s. dazu bereits oben B.III.2.a)cc).

880 Schlussanträge GA *Mengozzi* v. 30.1.2013, Rn. 71 zu Rs. C-526/11 – *IVD*.

881 Schlussanträge GA *Mengozzi* v. 30.1.2013, Rn. 73 zu Rs. C-526/11 – *IVD*.

882 Schlussanträge GA *Mengozzi* v. 30.1.2013, Rn. 74 zu Rs. C-526/11 – *IVD*; hierauf stellt auch der EuGH zumindest ansatzweise ab, indem er dem Umstand, dass die Regelung, mit der die Beitragshöhe festgelegt wird, „*von einer Versammlung erlassen wird, die aus den Beitragspflichtigen selbst besteht*“, eine die maßgebliche Autonomie noch verstärkende Wirkung beimisst. S. dazu auch oben bei Fn. 872.

funktionale Betrachtungsweise. Zweck der Vergaberichtlinien ist es zu verhindern, dass einheimische Bieter bevorzugt werden oder sich die betreffende Einrichtung bei der Auftragsvergabe an anderen als wirtschaftlichen Erwägungen orientiert.[883] Solche Diskriminierungsgefahren liegen – so der europäische Normgeber typisierend – zumindest abstrakt bei Einrichtungen vor, die die genannten Richtlinienkriterien erfüllen und damit auch eine besondere Staatsgebundenheit aufweisen. Anders gewendet: Die durch jedes der Kriterien der besonderen Staatsgebundenheit vermittelte enge Verbindung zum Staat begründet nach der typisierenden Annahme des europäischen Normgebers die abstrakte Gefahr, dass sich die betreffende Einrichtung von anderen als von wirtschaftlichen Kriterien leiten lässt oder einheimische Bieter bei der Auftragsvergabe bevorzugt. Dieser Gefahr wollen die Vergaberichtlinien entgegenwirken, indem sie die Einrichtungen, die eines dieser Kriterien der besonderen Staatsgebundenheit erfüllen, in ihren Anwendungsbereich einbeziehen. Im Rahmen der Beurteilung des Finanzierungsmerkmals mit Blick auf eine Einrichtung, die sich über ein gesetzlich eingeräumtes Beitragserhebungsrecht finanziert, ist demnach zu fragen, ob bei dieser Art der Finanzierung die abstrakte Gefahr besteht, dass sich die betreffende Einrichtung bei der Auftragsvergabe an anderen als wirtschaftlichen Überlegungen orientiert oder einheimische Bieter bevorzugt.[884] Die Frage ist in Übereinstimmung mit den zitierten Schlussanträgen des GA *Mengozzi* in Ansehung der Ärztekammer Westfalen-Lippe mit Nein zu beantworten. Wie bereits dargestellt, sind die Aufgaben der Landesärztekammern und die Modalitäten ihrer Erfüllung gesetzlich nur sehr vage beschrieben.[885] Die Landesärztekammern verfügen insoweit über einen großen Spielraum, den sie durch Beschlüsse ihrer Organe ausfüllen. Damit korrespondiert ein entsprechend großer Spielraum bei der Festlegung des Umfangs ihrer Ausgaben und spiegelbildlich bei der Bestimmung des zu erhebenden Beitragssatzes, für die die Delegiertenversammlung, die sich aus Vertretern der beitragspflichtigen Mitglieder zusammensetzt, zuständig ist.[886] Unter diesen rechtlichen Rahmenbedingungen spricht eine hohe Wahrscheinlichkeit dafür, dass sich die

883 S. oben Teil 2 F.I.

884 Wobei für die Annahme dieser Gefahr in der Finanzierungsvariante nicht erforderlich ist, dass durch die Finanzierung Vergabeentscheidungen konkret beeinflusst werden können; s. dazu bereits oben Teil 2 G.III.2.

885 S. oben II.1.

886 S. oben 1.b).

Mitglieder der Delegiertenversammlung, also die Vertreter der Beitragspflichtigen, bei der Bestimmung der Höhe der Beiträge, die die Kammerangehörigen zu zahlen bereit sind, von Erwägungen leiten lassen, die im Wesentlichen wirtschaftlicher Natur sind.[887] Zugleich ist mit hoher Wahrscheinlichkeit anzunehmen, dass Landesärztekammern bei ihrem Beschaffungsverhalten keine höheren als die aufgrund rein wirtschaftlicher Erwägungen gebotenen Kosten auf sich nehmen.[888] Damit kann die abstrakte Gefahr, dass sich die Landesärztekammern aufgrund der Art ihrer Finanzierung bei der Auftragsvergabe an anderen als wirtschaftlichen Kriterien orientieren, jedenfalls typischerweise ausgeschlossen werden. Entsprechendes gilt für die Gefahr der Bevorzugung einheimischer Bieter, die bei genauer Betrachtung nur einen Unterfall der an nicht wirtschaftlichen Kriterien ausgerichteten Auftragsvergabe darstellt. Dagegen erfordert auch das Gebot der weiten Auslegung der einzelnen Merkmale des Begriffs des öffentlichen Auftraggebers[889] nicht, dass die genannten Gefahren auch in konkreter Gestalt, also ausnahmslos für jeden Einzelfall der Auftragsvergabe, ausgeschlossen werden müssten. Entscheidend ist, dass sich schon die abstrakte Gefahr unwirtschaftlicher Überlegungen bei der Auftragsvergabe der Landesärztekammer oder einer vergleichbaren betreffenden Einrichtung nicht auf eine überwiegend staatliche Finanzierung, sondern allenfalls auf eine durch Vertreter der beitragspflichtigen Mitglieder selbst getroffene Entscheidung zurückführen lässt. Es fehlt mithin an dem (auch) durch das Zurechnungskriterium der überwiegend staatlichen Finanzierung zum Ausdruck kommenden Kausalzusammenhang zwischen staatlichem Einfluss und Auftragsvergabe.[890]

dd) Zwischenergebnis

Da die maßgeblichen gesetzlichen Vorgaben die Modalitäten der Aufgabenerfüllung durch die Landesärztekammern nur vage vorgeben, ihnen damit ein weiter Spielraum auch bei der Festsetzung der Höhe der Mitgliederbeiträge verbleibt und die Beitragsfestsetzung durch Vertreter ihrer Mitglieder selbst erfolgt, kann mit hoher Wahrscheinlichkeit angenommen

---

887 Schlussanträge GA *Mengozzi* v. 30.1.2013, Rn. 73 zu Rs. C-526/11 – *IVD.*
888 Vgl. Schlussanträge GA *Mengozzi* v. 30.1.2013, Rn. 74 zu Rs. C-526/11 – *IVD.*
889 S. dazu oben Teil 2 F.II.
890 S. dazu bereits oben Teil 2 G.III.1.

werden, dass sich die Landesärztekammern bei der Auftragsvergabe an wirtschaftlichen Kriterien orientieren. Bei der erforderlichen funktionalen Betrachtungsweise im Lichte des Richtlinienzwecks erfüllen die Landesärztekammern deshalb nicht das Kriterium der überwiegend staatlichen Finanzierung gemäß Art. 2 Abs. 1 Nr. 4 Buchst. c) der Vergaberichtlinie und § 99 Nr. 2, 1. Halbsatz Buchst. a) GWB.

Bezogen auf die gesetzlichen Krankenkassen ist zudem zu bestätigen, dass der EuGH in der Rechtssache *Oymanns* zu Recht u.a. den fehlenden Spielraum bei der Beitragsfestsetzung heranzog, um das Finanzierungsmerkmal zu bejahen.[891]

b) Zur staatlichen Aufsicht über die Leitung

aa) Meinungsstand vor der EuGH-Entscheidung in der Rechtssache IVD

Ob berufsständische Einrichtungen wie die Landesärztekammern das Aufsichtsmerkmal erfüllen, war im deutschen Vergaberecht umstritten. Teilweise wurde das unter Hinweis auf die auf bloß nachträgliche Rechtskontrolle beschränkte staatliche Aufsicht verneint. Teilweise wurde zur Begründung auch angeführt, die betreffenden Einrichtungen unterlägen der in der deutschen Rechtsterminologie so bezeichneten Rechtsaufsicht, mit der die öffentliche Hand nicht in die unternehmerischen Entscheidungen der betreffenden Einrichtungen eingreifen könne.[892] Vereinzelt wurde die sehr weitgehende Gegenauffassung vertreten, wonach die im deutschen Recht als Rechtsaufsicht bezeichnete Staatsaufsicht grundsätzlich für das Vorliegen des Merkmals im (damals geltenden) § 98 Nr. 2 GWB a.F. genüge.[893]

---

891 Die Richtigkeit dieser Argumentation des EuGH wurde oben unter B.III.2.a)cc) bereits kurz angesprochen.

892 S. in Ansehung unterschiedlicher Einrichtungen die entsprechenden Literaturnachweise bei *Puhl*, Grundfragen des kartellvergaberechtlichen Auftraggeberbegriffs, S. 170 f.

893 S. dazu aus der Literatur etwa *Heyne*, GewArch 2010, 54 ff. (56), die die Auftraggebereigenschaft berufsständischer Kammern nach § 98 Nr. 2 GWB a.F. in der Aufsichtsvariante bejaht mit der Begründung, dass sie der Rechtsaufsicht unterliegen; vgl. auch insoweit die Nachweise bei *Puhl*, Grundfragen des kartellvergaberechtlichen Auftraggeberbegriffs, S. 170 bei Fn. 619.

Bemerkenswert ist bei alledem, dass eine erkennbar eingehende Auseinandersetzung mit den für die Landesärztekammern maßgeblichen Aufsichtsregelungen bislang fehlt.

bb) Entscheidung des EuGH in der Rechtssache IVD

Was die eigentliche Prüfung des Merkmals der staatlichen Aufsicht anbelangt, war der EuGH durch die vom OLG Düsseldorf in seinem Vorabentscheidungsersuchen formulierte Auslegungsfrage eingeschränkt. Das OLG Düsseldorf ersuchte den EuGH lediglich um Antwort auf folgende Frage: *„Wird eine Einrichtung des öffentlichen Rechts (hier: Berufskammer) im Sinne von Art. 1 Abs. 9 Unterabsatz 2 Buchstabe c) der Richtlinie 2004/18/EG des Europäischen Parlaments und des Rats vom 31. März 2004 über die Koordinierung der Verfahren zur Vergabe öffentlicher Bauaufträge, Lieferaufträge und Dienstleistungsaufträge (ABl. L 134 S. 114) `überwiegend vom Staat ... finanziert` bzw. unterliegt sie 'hinsichtlich ihrer Leitung der Aufsicht` durch den Staat, wenn der Einrichtung durch Gesetz die Befugnis zur Beitragserhebung bei ihren Mitgliedern eingeräumt wird, das Gesetz aber weder die Beiträge der Höhe nach noch die mit dem Beitrag zu finanzierenden Leistungen dem Umfang nach festsetzt, die Gebührenordnung aber der Genehmigung durch den Staat bedarf*“[894]?

Das OLG Düsseldorf sah sich also offenbar nicht (mehr) dazu veranlasst, den EuGH danach zu fragen, ob die oben beschriebene Ausgestaltung der staatlichen Aufsicht über die Landesärztekammern[895] im Übrigen, insbesondere mit Blick auf die vorgesehenen Aufsichtsmittel, eine hinreichende staatliche Aufsicht im Sinne der Vergaberichtlinien darstellt. Das lässt den Schluss zu, dass das OLG Düsseldorf diese Auslegungsfrage nicht für klärungsbedürftig hielt, sondern vielmehr anhand der bereits existierenden Aussagen in der EuGH-Rechtsprechung selbst beantworten und verneinen konnte – andernfalls hätte es die Vorlagefrage nicht auf das Erfordernis der Genehmigung der der Beitragsordnung durch die Aufsichtsbehörde einschränken dürfen.[896]

---

894 OLG Düsseldorf v. 5.10.2011, VII-Verg 38/11, Rn. 3 ff, NZBau 2012, 188.

895 S. oben 1.c).

896 Der Vorlagebeschluss des OLG Düsseldorf in der Rechtssache *Oymanns* hatte sich noch dezidiert mit den (weiteren) aufsichtsrechtlichen Befugnissen über die gesetzlichen Krankenkassen auseinandergesetzt und explizit etwa auf die auch

Der EuGH antwortete auf die Vorlagefrage, „*dass Art. 1 Abs. 9 Unterabs. 2 Buchst. c der Richtlinie 2004/18 dahin auszulegen ist, dass eine Einrichtung wie eine berufsständische Körperschaft des öffentlichen Rechts weder das Kriterium der überwiegenden Finanzierung durch die öffentlichen Stellen erfüllt, wenn sich diese Einrichtung überwiegend durch Beiträge finanziert, zu deren Festsetzung und Erhebung sie durch ein Gesetz ermächtigt wird, das nicht den Umfang und die Modalitäten der Tätigkeiten regelt, die sie im Rahmen der Erfüllung ihrer gesetzlichen Aufgaben, die mit diesen Beiträgen finanziert werden sollen, ausübt, noch das Kriterium der Aufsicht öffentlicher Stellen über ihre Leitung allein deshalb erfüllt, weil die Entscheidung, mit der sie die Höhe der Beiträge festsetzt, der Genehmigung durch eine Aufsichtsbehörde bedarf*“[897].

Für die Beurteilung des Aufsichtskriteriums hat der EuGH also nur noch die nach dem Heilberufsgesetz Nordrhein-Westfalen erforderliche rechtsaufsichtliche Genehmigung der von der Kammerversammlung beschlossenen Beitragsordnung zugrunde gelegt (und nach der Formulierung der Vorlagefrage auch zugrunde legen müssen). Dieses Genehmigungserfordernis erachtete der EuGH für sich genommen als nicht ausreichend, um eine staatliche Aufsicht im Sinne der Vergaberichtlinien zu begründen. Eine nachträgliche Kontrolle erfülle dieses Kriterium grundsätzlich nicht, da eine solche Kontrolle es den öffentlichen Stellen nicht erlaube, die Entscheidungen der betroffenen Einrichtung im Bereich der Vergabe öffentlicher Aufträge zu beeinflussen. Dies sei somit bei einer nachträglichen allgemeinen Rechtmäßigkeitskontrolle durch eine Aufsichtsbehörde der Fall und gelte „*erst recht, wenn die Behörde in der Form tätig wird, dass sie die Entscheidung dieser Einrichtung über die Festlegung der Höhe der ihre Finanzierung im Wesentlichen sicherstellenden Beiträge genehmigt, und sich dabei auf die Prüfung beschränkt, ob der Haushalt der Einrichtung ausgeglichen ist.*“[898]

---

dort bestehenden aufsichtsrechtlichen Möglichkeiten des Verwaltungsvollstreckungsrechts (Ersatzvornahme) oder zur Bestellung eines vom zuständigen Ministerium Beauftragten (als ultima ratio) hingewiesen.

897 EuGH v. 12.9.2013, Rs. C-526/11 – *IVD*, Rn. 31, NVwZ 2014, 59 = EuZW 2013, 860.

898 EuGH v. 12.9.2013, Rs. C-526/11 – *IVD*, Rn. 29, NVwZ 2014, 59 = EuZW 2013, 860; s. dazu bereits oben Teil 2 G.III.4.b)dd)(2) bei Fn. 684.

Damit verfüge die beurteilte Ärztekammer über eine „*organisatorische und haushaltstechnische Autonomie*".[899] Weder die (vagen) gesetzlichen Regelungen darüber, worin die Aufgaben der Landesärztekammer bestehen und wie ihre überwiegende Finanzierung zu gestalten ist, noch das gesetzlich geregelte Erfordernis, dass die Entscheidung, mit der sie die Höhe der von den Kammerangehörigen zu entrichtenden Beiträge festlegt, der Genehmigung durch eine Aufsichtsbehörde bedarf, können nach Auffassung des EuGH die konkrete organisatorische und haushaltstechnische Autonomie der beurteilten Ärztekammer beseitigen. Diese Autonomie stehe der Annahme einer engen Verbindung der Ärztekammer mit öffentlichen Stellen, die eine beeinträchtigende Einflussnahmemöglichkeit[900] zuließe, entgegen.

cc) Stellungnahme

Auch in seinem Urteil in der Rechtssache *IVD* bleibt der EuGH seiner in Bezug auf die Merkmale des Begriffs des öffentlichen Auftraggebers teleologisch geprägten, d.h. am Zweck der Vergaberichtlinien ausgerichteten Rechtsprechungslinie treu. Deutlich wird durch das Urteil, dass der Gerichtshof der organisatorischen und haushaltstechnischen Autonomie der betreffenden Einrichtung insofern übergeordnete Bedeutung zumisst, als ihr Vorliegen nach Auffassung des EuGH die – alle drei Kriterien des Art. 2 Abs. 1 Nr. 4 Buchst. c) der Vergaberichtlinie kennzeichnende – besondere Staatsgebundenheit auszuschließen vermag. Diesem Ansatz des EuGH, auf die Autonomie der betreffenden Einrichtung auch im Zusammenhang mit der Prüfung des Merkmals der staatlichen Aufsicht abzustellen, ist zuzustimmen. Denn der Begriff der Autonomie dient dazu, „*das mit der Selbstverwaltung verbundene Moment der Eigen- und Selbständigkeit eines Verwaltungsträgers bzw. seiner Befugnisse und Kompetenzen im Verhältnis zum ‚Staat' (...) hervorzuheben.*"[901]

---

899 EuGH v. 12.9.2013, Rs. C-526/11 – *IVD*, Rn. 30, NVwZ 2014, 59 = EuZW 2013, 860.

900 S. dazu oben Teil 2 G.III.4.b)dd)(2) bei Fn. 688.

901 Vgl. *Kluth*, Funktionale Selbstverwaltung, S. 26. Dass den Ärztekammern vom Gesetz nicht ausdrücklich das Recht zur Selbstverwaltung eingeräumt worden ist, ist insoweit unschädlich. Denn das Ausmaß an materieller Selbstverwaltung ergibt sich zum einen von den gesetzlich freigelassenen Handlungsspielräumen, zum anderen von den Befugnissen der Staatsaufsicht her. Vgl. dazu etwa

Im Übrigen sind dem gegenständlichen EuGH-Urteil keine neuen Aussagen in Bezug auf die Beurteilung des Kriteriums der besonderen Staatsgebundenheit in der Aufsichtsvariante zu entnehmen, was nicht zuletzt an der konkreten Formulierung der Vorlagefrage durch das OLG Düsseldorf liegt. Das ist zwar einerseits bedauerlich, andererseits aber nachvollziehbar. So ließ das OLG Düsseldorf in seinem Vorabentscheidungsersuchen zu Recht etwa die denkbare Rechnungshofkontrolle[902] unerwähnt. Denn unabhängig von Einzelfragen zur Anwendung und Reichweite dieser Prüfung ist es den Landesrechnungshöfen jedenfalls verwehrt, über die Prüfungsanordnung hinaus verbindliche Anordnungen zu treffen.[903] Letztlich erschöpft sich Inhalt und Wirkung der Rechnungshofkontrolle damit in einer Art kostenlosen Unternehmensberatung für die Kammern.[904]

Genauso wenig ist mit Blick auf den der Rechtssache *IVD* konkret zugrunde liegenden Sachverhalt zu beanstanden, dass weder das OLG Düsseldorf noch der EuGH in den jeweiligen Entscheidungen näher auf die oben erwähnte Regelung des § 9 Heilberufsgesetz Nordrhein-Westfalen[905] eingingen. Nach dieser Vorschrift kann die Aufsichtsbehörde für die Erfüllung der in der Regelung abschließend aufgezählten speziellen staatlich übertragenen Aufgaben Weisungen erteilen, die sich auch die Zweckmäßigkeit der Aufgabenwahrnehmung erstrecken können. Nach der hier vertretenen „Zuordnungstheorie“[906] könnte diese Regelungslage in Ansehung der so übertragenen Aufgabenerfüllung zur Annahme der tätigkeitsbezogenen (partiellen) Auftraggebereigenschaft der Ärztekammer Westfalen-Lippe führen. In dem vom OLG Düsseldorf zu entscheidenden und im Wege des Vorabentscheidungsverfahrens dem EuGH vorgelegten Fall ging es jedoch um die Ausschreibung für Druck- und Versandleistungen mit Blick auf das Mitgliedermagazin der Ärztekammer Westfalen-Lippe. Eine derartige Auftragsvergabe ist jedenfalls nicht ausschließlich der Wahrnehmung der in § 9 Heilberufsgesetz Nordrhein-Westfalen genannten Aufga-

---

Schnapp in: Merten, Die Selbstverwaltung im Krankenversicherungsrecht, S. 28; *Weber* in: SDSRV 1, 27 ff.

902 S. dazu oben 1.c).

903 Vgl. nur *Narr*, Ärztliches Berufsrecht, Teil D III. 6. Rn. 3; umfassend zum Verhältnis zwischen Rechnungshofkontrolle und Staatsaufsicht vgl. etwa *Kluth*, WiVerw 2014, 279 ff.

904 Vgl. *Loertzer*, GewArch 2016, 14 ff. (16).

905 S. oben 1.c).

906 S. oben Teil 2 G.III.4.c)dd).

ben zuzuordnen, so dass die Annahme einer partiellen Auftraggebereigenschaft im konkreten Fall nicht in Betracht kam.

Fraglich ist aber noch, ob die eingangs beschriebenen[907], teilweise auch auf präventive und nicht nur nachträgliche Rechtmäßigkeitskontrolle gerichteten Aufsichtsregelungen den EuGH bei entsprechend formulierter Vorlagefrage womöglich zu einer anderen Beurteilung bewogen hätten. Das dürfte indes zu verneinen sein. Entscheidend dagegen spricht nämlich, dass nach den einschlägigen gesetzlichen Regelungen im Regelfall allein die Rechtmäßigkeit des Handelns der Landesärztekammern Prüfmaßstab für die (auch) auf Prävention gerichtete staatliche Aufsicht ist. Da aber – was der EuGH zu Recht unter Bezugnahme auf die Vorlageentscheidung des OLG Düsseldorf hervorhob – das Gesetz der betreffenden Ärztekammer Westfalen-Lippe kaum nähere Vorgaben in Bezug auf Wesen, Umfang und Durchführungsmodalitäten der zur Erfüllung ihrer Aufgaben ausgeübten Tätigkeiten macht, steht der Einrichtung insofern erhebliche Autonomie zu.[908] In diesem Kontext ist an die Schlussanträge des GA *Mischo* zu erinnern, der zutreffend ausführte, dass „*eine bestimmte Art von Kontrolle [...] je nachdem, ob die kontrollierte Einrichtung nach den für sie geltenden Vorschriften über eine sehr große Freiheit in Bezug auf ihre Leitung (`gestion`) verfügt oder ob diese Vorschriften ihre Tätigkeit in einem sehr engen Rahmen regeln und ihr bei der Führung ihrer Geschäfte eine im Voraus festgelegte Linie vorschreiben, nicht die gleiche Wirkung haben [wird].*“[909]

Die mit Blick auf die Ärztekammer Westfalen-Lippe festgestellte Freiheit oder Autonomie ist so groß, dass die staatliche Aufsicht in Form der – wenn auch teilweise präventiven – Rechtskontrolle gerade nicht die Wirkung hat, diese Freiheit bzw. Autonomie in Form des Gestaltungsspielraums der Kammerorgane zu unterminieren.[910]

---

907 S. oben 1.c).

908 Vgl. EuGH v. 12.9.2013, Rs. C-526/11 – *IVD*, Rn. 27, NVwZ 2014, 59 = EuZW 2013, 860.

909 Schlussanträge GA *Mischo* v. 19.10.2000, Rn. 51 zu Rs. C-237/99 – *Kommission/Frankreich*, Slg. 2001, I-939; s. dazu bereits oben Teil 2 G.III.4.b)dd)(1) bei Fn. 679.

910 So zutreffend auch *Pielow/Booz*, GewArch 2015, 12 ff. (13), die in Übertragung des EuGH-Urteils in der Rs. C-526/11 auch die Eigenschaft der Industrie- und Handelskammern als öffentliche Auftraggeber im Sinne der europäischen Vergaberichtlinien verneinen. Ob der EuGH bei anderer Fallgestaltung und insbesondere mit Blick auf die in § 4 Abs. 6 des Heilberufe-Kammergesetzes Baden-Würt-

dd) Zwischenergebnis

Die der Ärztekammer Westfalen-Lippe zukommende organisatorische Autonomie führt nach der zustimmungswürdigen Rechtsprechung des EuGH dazu, dass sie das staatliche Zurechnungskriterium auch in der Aufsichtsvariante nicht erfüllt. Entsprechendes gilt für die anderen Landesärztekammern, denn die insoweit maßgeblichen landesrechtlichen Vorgaben unterscheiden sich nicht wesentlich von denjenigen in Nordrhein-Westfalen.

Denkbar ist allerdings, dass eine Landesärztekammer das Aufsichtskriterium (nur) in Ansehung einer bestimmten Tätigkeit erfüllt und ihre Auftraggebereigenschaft damit tätigkeitsbezogen oder partiell anzunehmen ist.[911]

Als verallgemeinernde „Faustformel" kann insgesamt und auch mit Blick auf die noch ausstehende Prüfung der Kassenärztlichen Vereinigungen festgehalten werden: Je größer die Autonomie ist, über die die zu beurteilende Einrichtung nach dem mitgliedstaatlichen Rechtsrahmen, in dem sie ihre Tätigkeit ausübt, verfügt, desto eher ist davon auszugehen, dass diese Einrichtung das Merkmal der staatlichen Aufsicht über ihre Leitung nach Art. 2 Abs. 1 Nr. 4 Buchst. c) der Vergaberichtlinie und § 99 Nr. 2, 1. Halbsatz Buchst. b) GWB nicht erfüllt.[912]

temberg zugelassenen aufsichtlichen Zweckmäßigkeitsüberlegungen anders entschieden hätte, soll hier nicht vertieft werden. Es läge aber bei entsprechender Fallgestaltung auf den ersten Blick nahe, bei einer konkreten Auftragsvergabe unter Maßgeblichkeit der letztgenannten Vorschrift von einer hinreichenden staatlichen Aufsicht im Sinne des europäisierten Vergaberechts auszugehen.

911 S. oben Teil 2 G.III.4.c)dd) sowie bei Fn. 906.

912 Den Gesichtspunkt der Autonomie greift nun auch das OLG Düsseldorf in seiner Entscheidung v. 29.4.2015, VII-Verg 35/14, Rn. 53, NZBau 2015, 440, auf; darin bejaht das OLG die öffentliche Auftraggebereigenschaft des Instituts für das Entgeltsystem im Krankenhaus, weil der Aspekt der erheblichen Autonomie, die das nordrhein-westfälische Heilberufsgesetz der Ärztekammer bei der Bestimmung des Wesens, des Umfangs und der Durchführungsmodalitäten der von ihr zur Erfüllung ihrer Aufgaben ausgeübten Tätigkeiten, somit bei der Festsetzung des dafür erforderlichen Haushalts und in Folge dessen auch bei der Festlegung der Höhe der Beiträge einräumt, die sie von ihren Mitgliedern erhebt, bei dem Institut nicht zum Tragen komme.

c) Zur mehrheitlich staatlichen Organmitgliederbestimmung

Die Mitglieder der zur Geschäftsführung berufenen Organe der Landesärztekammern werden – jedenfalls im Regelfall, wenn also die Aufgabenwahrnehmung nicht ausnahmsweise und als ultima ratio durch die Aufsichtsbehörde bzw. einen von ihr bestellten Beauftragten erfolgt[913] – zweifellos nicht mehrheitlich staatlich bestimmt im Sinne des Art. 2 Abs. 1 Nr. 4 Buchst. c) der Vergaberichtlinie bzw. § 99 Nr. 2, 1. Halbsatz Buchst. c) GWB. Die die Ärztekamer Westfalen-Lippe betreffende EuGH-Entscheidung in der Rechtssache *IVD*[914] gibt keinen Anlass für tiefer gehende Überlegungen zu diesem Zurechnungsmerkmal.

D. Zur Auftraggebereigenschaft Kassenärztlicher Vereinigungen

Es steht die Untersuchung der Kassenärztlichen Vereinigungen auf ihre Eigenschaft als öffentliche Auftraggeber im Sinne des Art. 2 Abs. 1 Nr. 1 und 4 der Vergaberichtlinie sowie § 99 Nr. 2 GWB an, wobei auf die bereits aus Teil 2 und insbesondere auch auf die aus der vorstehenden Analyse der gesetzlichen Krankenkassen und der Landesärztekammern gewonnenen Erkenntnisse zurückgegriffen werden kann.

I. Rechtspersönlichkeit

Die Kassenärztlichen Vereinigungen sind nach § 77 Abs. 5 SGB V Körperschaften des öffentlichen Rechts und damit juristische Personen im Sinne des § 99 Nr. 2 GWB. Auch sie besitzen zweifellos Rechtspersönlichkeit im Sinne des Art. 2 Abs. 1 Nr. 4 Buchst. b) Vergaberichtlinie.

---

913 Vgl. zu dieser Möglichkeit beispielsweise Art. 9 Satz 3 Bayerisches Heilberufe-Kammergesetz, Art. 114 Abs. 2 Bayerische Gemeindeordnung; s. dazu auch oben 1.c).

914 EuGH v. 12.9.2013, Rs. C-526/11 – *IVD*, NVwZ 2014, 59 = EuZW 2013, 860.

II. Zum besonderen Gründungszweck, im Allgemeininteresse liegende Aufgaben nichtgewerblicher Art zu erfüllen

1. Grundzüge des relevanten rechtlichen Rahmens

Die Bildung Kassenärztlicher Vereinigungen ist vom Bundesgesetzgeber auf der kompetenzrechtlichen Grundlage der Art. 70, 72 Abs. 1, 74 Abs. 1 Nr. 12 GG vorgegeben. Nach § 77 Abs. 1 SGB V bilden die Vertragsärzte für den Bereich jedes Landes zur Erfüllung der ihnen durch das Gesetz übertragenen Aufgaben in der vertragsärztlichen Versorgung eine Kassenärztliche Vereinigung.[915] Ihre wichtigsten Aufgaben sind es, die ambulante ärztliche Versorgung der gesetzlich Krankenversicherten und weiterer in den Sicherstellungsauftrag einbezogener Personenkreise (vgl. dazu § 75 Abs. 3 und Abs. 3 a SGB V) in dem in § 73 Abs. 2 SGB V bezeichneten Umfang sicherzustellen (§ 75 Abs. 1 SGB V), die Konformität der vertragsärztlichen Versorgung mit den gesetzlichen und untergesetzlichen Vorgaben gegenüber den Krankenkassen und ihren Verbänden zu gewährleisten (§ 75 Abs. 1 Satz 1 SGB V), in der gemeinsamen Selbstverwaltung von Ärzten und Krankenkassen mitzuarbeiten und die Kollektivverträge gemäß §§ 82 ff. SGB V über Inhalt und Ausgestaltung der vertragsärztlichen Versorgung abzuschließen sowie gemäß § 87 b SGB V die Honorarverteilung unter ihren Mitgliedern vorzunehmen.[916]

§ 72 Abs. 2 SGB V stellt dabei die Vorgabe auf, dass die vertragsärztliche Versorgung im Rahmen der gesetzlichen Vorschriften und der Richtlinien des Gemeinsamen Bundesausschusses durch schriftliche Verträge der Kassenärztlichen Vereinigungen mit den Verbänden der Krankenkassen so zu regeln ist, dass eine ausreichende, zweckmäßige und wirtschaftliche Versorgung der Versicherten unter Berücksichtigung des allgemein anerkannten Standes der medizinischen Erkenntnisse gewährleistet ist und die ärztlichen Leistungen angemessen vergütet werden. Zudem haben die Kassenärztlichen Vereinigungen nach § 75 Abs. 2 Satz 2 SGB V die Erfüllung der den Vertragsärzten obliegenden Pflichten zu überwachen und die

915 Parallel zu den beiden Landesärztekammern in Nordrhein-Westfalen (s. oben Fn. 813) bestehen dort auch zwei Kassenärztliche Vereinigungen, was nach § 77 Abs. 1 Satz 2 SGB V zulässig ist.

916 Ausführlich zu den Aufgaben der Kassenärztlichen Vereinigungen etwa *Schiller* in: Schnapp/Wigge, Handbuch des Vertragsarztrechts, § 5, A. Rn. 132 ff.; vgl. auch *Böge*, Kassenärztliche Vereinigungen und Ärztekammern, S. 82.

Vertragsärzte, soweit notwendig, unter Anwendung von Disziplinarmaßnahmen zur Erfüllung dieser Pflichten anzuhalten.

Bei alledem ist es nach § 75 Abs. 2 Satz 1 SGB V zugleich gesetzliche Aufgabe der Kassenärztlichen Vereinigungen, die Rechte der Vertragsärzte gegenüber den Krankenkassen wahrzunehmen, wobei die mit diesem Rechtswahrnehmungsauftrag verbundene Interessenvertretung inhaltlich auf die Vertragsärzte- und Psychotherapeutenschaft als Ganzes bezogen ist.[917]

2. Beurteilung

Mit der Sicherstellung der ambulanten ärztlichen Versorgung des mit Abstand größten Teils der in dem jeweils betreffenden Bezirk einer Kassenärztlichen Vereinigung lebenden Bevölkerung erfüllen die Kassenärztlichen Vereinigungen unzweifelhaft eine im Allgemeininteresse liegende Aufgabe. Diese in der deutschen Rechtsterminologie der sozialstaatlichen Daseinsvorsorge zuzuordnende Aufgabe ist bei der erforderlichen Gesamtschau der relevanten Indizien[918] nichtgewerblicher Art.

Der Umstand, dass die gesetzlichen Krankenkassen etwa nach den §§ 73 b und 140 a SGB V selektive Versorgungsverträge mit einzelnen Leistungserbringern bzw. ihren Verbänden ohne die Kassenärztlichen Vereinigungen abschließen können[919], kann die Existenz der von den Kassenärztlichen Vereinigungen zu erfüllende und im Allgemeininteresse liegende Aufgabe nicht ernsthaft in Frage stellen. Zwar ist der Sicherstellungsauftrag der Kassenärztlichen Vereinigung eingeschränkt, soweit die Versorgung in entsprechenden Selektivverträgen regelversorgungsersetzend geregelt ist und gemäß diesen Verträgen durchgeführt wird (vgl. § 73 b Abs. 4 Satz 6 SGB V; § 140 a Abs. 1 Satz 4 SGB V).[920] Dies gilt aber auch innerhalb der selektivvertraglichen Versorgung nicht für die Sicherstellung der Organisation der vertragsärztlichen Versorgung zu den sprechstunden-

---

917 Vgl. dazu eingehend *Schiller* in: Schnapp/Wigge, Handbuch des Vertragsarztrechts, § 5, A. Rn. 137 sowie Rn. 177 ff.; vgl. auch *Stellpflug/Kronenberger*, MedR 2015, 711 ff. (714).

918 S. dazu oben Teil 2 G.II.3.

919 S. dazu in Grundzügen bereits oben B.II.1.b) im Rahmen der Untersuchung der Krankenkassen.

920 Vgl. dazu etwa die Begründung zum Fraktionenentwurfs des GKV-WSG zu Art. 1 Nr. 45 (Neufassung des § 73 b SGB V), BT-Drs. 16/3100, S. 112.

freien Zeiten, die vielmehr bei den Kassenärztlichen Vereinigungen verbleibt (vgl. § 73 b Abs. 4 Satz 7 bzw. § 140 a Abs. 1 Satz 5 SGB V). Solange der Gesetzgeber im – derzeit nach wie vor kollektivvertraglich geprägten – vertragsärztlichen Leistungserbringungssystem zumindest auch auf die Sicherstellung der Versorgung durch die Kassenärztlichen Vereinigungen setzt, und sei es womöglich nur als „Rückfallebene" in einem gänzlich wettbewerblich ausgestalteten Vertragssystem[921], wird der nach § 99 Nr. 2 GWB erforderliche besondere Gründungszweck der Kassenärztlichen Vereinigungen, im Allgemeininteresse liegende Aufgaben zu erfüllen, zu bejahen sein.

Auf Basis der derzeit geltenden Rechtslage kann auch die Nichtgewerblichkeit dieser Aufgaben nicht ernsthaft in Frage gestellt werden. Zwar ist heute anerkannt, dass die Vorschrift des § 69 SGB V auch im Verhältnis der Leistungserbringer untereinander bzw. im Verhältnis zu Dritten anwendbar ist.[922] Auch auf Kassenärztliche Vereinigungen als ärztlicher und psychotherapeutischer Leistungserbringerverband[923] können also die in § 69 Abs. 2 Satz 1 SGB V in Bezug genommenen GWB-Vorschriften grundsätzlich Anwendung finden.[924] Hierdurch wird aber nicht etwa ein Mehr an wettbewerblichen Spielräumen für die Kassenärztlichen Vereinigungen geschaffen. Vielmehr werden lediglich bestehende wettbewerbliche Spielräume in den kartellrechtlichen Ordnungsrahmen des GWB geführt.[925] Solche Spielräume bestehen aber insbesondere mit Blick auf die Sicherstellungsaufgabe der Kassenärztlichen Vereinigungen kaum.

---

921 Vgl. zu dieser Thematik etwa *Kluth*, MedR 2003, 123 ff.

922 S. dazu bspw. BSG v. 23.3.2011 – B 6 KA 11/10 R, Rn. 43, BSGE 108, 35.

923 S. dazu etwa *Klückmann* in: Hauck/Noftz, SGB V, § 69 Rn. 16 e).

924 Das ergibt sich zudem ausdrücklich aus der Begründung zum Fraktionenentwurf des AMNOG zu Art. 1 Nr. 9, Buchstabe a (Änderung des § 69 Abs. 2 SGB V), BT-Drs. 17/2413, S. 26: Danach stelle die entsprechende Geltung der §§ 1 bis 3 GWB sicher, dass das Kartellrecht als Ordnungsrahmen umfassend auf die Einzelvertragsbeziehungen zwischen den Krankenkassen und Leistungserbringern Anwendung findet und es auf Nachfrager-, aber auch auf Anbieterseite zu keinen unerwünschten, einer wirtschaftlichen Versorgung abträglichen Wettbewerbsbeschränkungen kommt (Kartellabsprachen und Oligopolbildung).

925 S. dazu auch bereits oben B.II.2.

III. Zur besonderen Staatsgebundenheit

1. Grundzüge des relevanten rechtlichen Rahmens

a) Organisation

Die Kassenärztlichen Vereinigungen sind – wie die gesetzlichen Krankenkassen und die Landesärztekammern – nach deutschem Begriffsverständnis unstreitig den funktionalen Selbstverwaltungskörperschaften zuzuordnen.[926] Hierbei handelt es sich nach allgemeinem (wiederum nationalen) Verständnis um (sektorale, nicht territoriale) öffentlich-rechtliche Organisationseinheiten, die gegenüber dem staatsunmittelbaren Behördensystem institutionell verselbstständigt, aber gleichwohl dem Staatsverband eingegliedert sind und sich dadurch auszeichnen, dass bestimmte öffentliche Angelegenheiten von den besonders berührten Personen (Betroffenenpartizipation) eigenverantwortlich verwaltet werden.[927]

Organe der Kassenärztlichen Vereinigungen sind nach § 79 Abs. 1 SGB V die Vertreterversammlung als (einziges) Selbstverwaltungsorgan und der Vorstand, der seit der Neuregelung der Verfassung der Kassenärztlichen Vereinigungen durch das überwiegend zum 1.1.2004 in Kraft getretene GKV-Modernisierungsgesetz[928] nicht mehr als Selbstverwaltungsorgan, sondern als hauptamtliches Organ ausgestaltet ist.[929] Nähere Vorgaben zur Zahl der Mitglieder der Vertreterversammlung enthält § 79 Abs. 2 SGB V. Der Vorstand besteht nach § 79 Abs. 4 Satz 1 SGB V aus bis zu drei Mitgliedern. Die Amtszeit beträgt nach § 79 Abs. 4 Satz 8 SGB V grundsätzlich sechs Jahre.

---

926 Vgl. nur *Stellpflug/Kronenberger*, MedR 2015, 711 ff. (712); *Kremer/Wittmann* in: Liebold/Zalewski, Kassenarztrecht, SGB V, § 77 Rn. C 77-23; *Clemens* in: Quaas/Zuck, Medizinrecht, § 19 Rn. 12.

927 *Stellpflug/Kronenberger*, MedR 2015, 711 ff. (712); *Hendler* in: Kluth, Handbuch des Kammerrechts, § 2 Rn. 41; ausführlich zu Begriff und Erscheinungsformen funktionaler Selbstverwaltung *Wolff u.a.*, Verwaltungsrecht Bd. II, § 99, S. 804 ff. S. dazu noch näher unten 2.b)dd)(3)(c)(bb)(bbb).

928 BGBl. 2003-I, S. 2190; ausführlich und lehrreich dazu auch *Wenner*, Vertragsarztrecht nach der Gesundheitsreform, S. 50 f.

929 Die Neuregelung sollte der Professionalisierung der Kassenärztlichen Vereinigungen dienen und auch insoweit ein Gleichgewicht mit den gesetzlichen Krankenkassen zu schaffen; s. dazu die Begründung zum Fraktionenentwurf des GKV-Modernisierungsgesetzes zu Art. 2 Nr. 3 (Neufassung des § 79 SGB V), BT-Drs. 15/1525, S. 152.

Die Mitglieder der Vertreterversammlung werden gemäß § 80 Abs. 1 und Abs. 3 SGB V von den Mitgliedern der Kassenärztlichen Vereinigungen in unmittelbarer und geheimer Wahl ebenfalls für sechs Jahre gewählt. Die Vertreterversammlung wählt nach § 80 Abs. 2 Satz 1 SGB V in unmittelbarer und geheimer Wahl aus ihrer Mitte einen Vorsitzenden und seinen Stellvertreter sowie die Mitglieder des Vorstandes und schließlich den Vorstandsvorsitzenden sowie den oder die stellvertretenden Vorstandsvorsitzenden.

Durch die Verweisung in § 79 Abs. 6 Satz 1 SGB V auf § 35 a Abs. 7 SGB IV gilt auch § 35 a Abs. 7 Satz 3 SGB IV für die Kassenärztlichen Vereinigungen entsprechend. Demnach hat die Aufsichtsbehörde ein Vorstandmitglied seines Amtes zu entheben, wenn dieses Mitglied in grober Weise gegen seine Amtspflichten verstößt und ein Beschluss der Vertreterversammlung nach § 59 Abs. 3 Satz 1 SGB IV (entsprechend) nicht innerhalb einer angemessenen Frist zustande kommt.

Nach § 79 Abs. 5 Satz 1 SGB V verwaltet der Vorstand die Körperschaft und vertritt sie gerichtlich und außergerichtlich, soweit Gesetz oder sonstiges Recht nichts Abweichendes bestimmen. Die Vertreterversammlung hat insbesondere die in § 79 Abs. 3 Satz 1 SGB V aufgezählten Aufgaben und beschließt demgemäß auch die Satzung, zu deren notwendigen Regelungsgehalt nach § 81 Abs. 1 Satz 1 Nr. 5 SGB V auch die Aufbringung und Verwaltung der Mittel gehört.

Die Kassenärztlichen Vereinigungen bilden gemäß § 77 Abs. 4 SGB V die Kassenärztliche Bundesvereinigung. Sie ist gemäß § 77 Abs. 5 SGB V ebenfalls Körperschaft des öffentlichen Rechts, die aber den Kassenärztlichen Vereinigungen rechtlich nicht übergeordnet ist.[930] Sie nimmt eigene, ihr gesetzlich zugewiesene Aufgaben im Rahmen der mittelbaren Staatsverwaltung wahr, so etwa den Erlass von Vorgaben oder Richtlinien[931], und steht nach § 78 Abs. 1 und Abs. 3 SGB V unter der Rechtsaufsicht des

---

930 Vgl. nur *Böge*, Kassenärztliche Vereinigungen und Ärztekammern, S. 85. Der Status als öffentlich-rechtliche Körperschaft ist nicht selbstverständlich, wie die oben dargestellte Organisation der Bundesärztekammer gezeigt hat. Für die Kassenärztliche Bundesvereinigung ist der Status notwendig, weil andernfalls eine Normsetzungskompetenz auf Bundesebene nicht bestehen würde; s. dazu nur *Wenner*, Vertragsarztrecht nach der Gesundheitsreform, S. 52.

931 Vgl. beispielsweise § 87 b Abs. 4 bzw. § 75 Abs. 7 SGB V.

Bundesministeriums für Gesundheit.[932] Den Großteil ihrer Aufgaben erfüllt die Kassenärztliche Bundesvereinigung aber nicht allein, sondern im Rahmen der gemeinsamen Selbstverwaltung. So vereinbart sie nach § 82 Abs. 1 SGB V mit dem ebenfalls als Körperschaft des öffentlichen Rechts organisierten Spitzenverband Bund der Krankenkassen[933] den Bundesmantelvertrag und damit einen der wichtigsten „Bausteine" des Systems der vertragsärztlichen Leistungserbringung, dessen Inhalt Bestandteil der Gesamtverträge ist.[934]

§ 77 a SGB V eröffnet den Kassenärztlichen Vereinigungen zudem die Möglichkeit, privatrechtliche Dienstleistungsgesellschaften zu gründen, die bestimmte Beratungs- und Unterstützungsaufgaben für einzelne Vertragsärzte oder Arztgruppen erledigen.[935] Dadurch sollen die Kompetenzen, die in den Kassenärztlichen Vereinigungen vorhanden sind, auch insoweit nutzbar gemacht werden können, als nicht bloß reiner Gesetzesvollzug im Rahmen des Kollektivvertragssystems betroffen ist, sondern vor allem Sonderverträge zwischen Ärzten und Kostenträgern.[936]

b) Finanzierung

§ 81 Abs. 1 Satz 1 Nr. 5 SGB V enthält den Auftrag an die Kassenärztlichen Vereinigungen, im Rahmen ihrer Satzungsautonomie Regelungen über die Aufbringung der Mittel zu treffen.[937] Nähere Vorgaben zum Um-

---

932 Vgl. *Böge*, Kassenärztliche Vereinigungen und Ärztekammern, S. 85. Die insoweit bestehenden Aufsichtsmittel wurden durch das GKV-Selbstverwaltungsstärkungsgesetz (Fn. 536) erheblich erweitert und verschärft, vgl. insbesondere §§ 78 a und b SGB V.

933 Vgl. § 217 a SGB V.

934 *Böge*, Kassenärztliche Vereinigungen und Ärztekammern, S. 86. In Erinnerung gerufen sei an dieser Stelle, dass weder die Kassenärztliche Bundesvereinigung noch die Gremien der gemeinsamen Selbstverwaltung Gegenstand der vorliegenden Untersuchung sind (s. oben Teil 2 E.II.1. und 2.); auf sie wird hier nur zur Vervollständigung des Organisationsbildes in seinen Grundzügen kurz eingegangen.

935 *Wenner*, Vertragsarztrecht nach der Gesundheitsreform, S. 52.

936 *Wenner*, Vertragsarztrecht nach der Gesundheitsreform, S. 52; s. auch die Begründung zum Fraktionenentwurf des GKV-WSG zu Art. 1 Nr. 49 (Einfügung § 77 a SGB V), BT-Drs. 16/3100, S. 117.

937 S. dazu BSG v. 30.10.2013, B 6 KA 1/13 R, Rn. 18, SozR 4-2500 § 81 Nr. 8 = MedR 2014, 832.

fang der mit den Mitteln zu finanzierenden Aufgaben oder Leistungen oder zur Höhe der aufzubringenden Mittel macht das Gesetz nicht. Die den Kassenärztlichen Vereinigungen als Selbstverwaltungskörperschaft damit zustehende Finanzhoheit berechtigt sie dem Grunde nach auch dazu, ihre Ausgaben nicht allein in Form von "Mitgliedsbeiträgen", sondern auch in anderer Form zu decken; der in § 81 Abs. 1 Satz 1 Nr. 5 SGB V verwendete (weite) Begriff der "Mittel" begrenzt schon vom Wortsinn die Kassenärztlichen Vereinigungen nicht auf die Erhebung von Beiträgen.[938] Anders als für die gesetzlichen Krankenkassen gibt es für die Kassenärztlichen Vereinigungen daher keinen „numerus clausus“ der zulässigen Abgabeformen. So kennt das Recht als weitere Finanzierungsformen etwa „Gebühren“, „(Unkosten)Umlagen“, „Sonderbeiträge“ und „Sonderabgaben“.[939]

In Praxi finanzieren sich die Kassenärztlichen Vereinigungen regelmäßig im Wesentlichen über Beiträge.[940] Die Beitragserhebung ist dabei häufig so ausgestaltet, dass ein prozentualer Anteil, dessen Höhe durch die Vertreterversammlung mit normativem Charakter[941] festgelegt wird, bei der Verteilung der Gesamtvergütung an die einzelnen Vertragsärzte abgezogen wird.[942]

c) Aufsicht

Die Kassenärztlichen Vereinigungen unterliegen nach deutscher Rechtsterminologie der staatlichen Rechtsaufsicht durch die für die Sozialversicherung zuständigen obersten Verwaltungsbehörden der Länder (§ 78 Abs. 1 SGB V). Die Aufsicht erstreckt sich auf die Beachtung von Gesetz und sonstigem Recht (§ 78 Abs. 3 Satz 1 SGB V). Eine Überprüfung der Zweckmäßigkeit von Selbstverwaltungsentscheidungen ist dagegen grund-

---

938 BSG v. 30.10.2013, B 6 KA 1/13 R, Rn. 18, SozR 4-2500 § 81 Nr. 8 = MedR 2014, 832.

939 BSG v. 30.10.2013, B 6 KA 1/13 R, Rn. 18 mit weiteren Nachweisen aus der Rechtsprechung, SozR 4-2500 § 81 Nr. 8 = MedR 2014, 832.

940 Vgl. dazu auch *Kluth*, Funktionale Selbstverwaltung, S. 202.

941 S. dazu nur BSG v. 17.7.2013, B 6 KA 34/12 R, Rn. 15, SozR 4-2500 § 81 Nr. 6 = Breithaupt 2014, 509.

942 Vgl. etwa § 24 der Satzung der Kassenärztlichen Vereinigung Bayerns; vgl. zum Ganzen auch *Böge*, Kassenärztliche Vereinigungen und Ärztekammern, S. 86.

sätzlich unzulässig.[943] Die Rechtsaufsicht nach § 78 Abs. 3 Satz 1 SGB V erfasst sämtliche Handlungen der Körperschaft und erfolgt unter Anwendung sämtlicher Rechtsnormen, die für die Kassenärztlichen Vereinigungen anwendbar sind.[944] Dazu gehört wie bei jeder öffentlich-rechtlichen Körperschaft mit Selbstverwaltungsautonomie auch das autonome Recht, das die Kassenärztlichen Vereinigungen im Rahmen ihrer Satzungsbefugnis sowie aufgrund des Gesetzes in anderen Formen (z.B. Beschlüsse, Richtlinien) selbst gestalten.[945] Auch die für die Sozialversicherungsträger geltenden Vorschriften des SGB IV über das Haushalts- und Rechnungswesen und damit die (Rechts-)Pflicht zur Berücksichtigung der Grundsätze der Wirtschaftlichkeit und Sparsamkeit (§ 69 Abs. 2 SGB IV) finden über § 78 Abs. 6 SGB V auf die Kassenärztlichen Vereinigungen entsprechende Anwendung.

Was Inhalt und Umfang der Aufsichtsmittel angeht, begnügt sich der Gesetzgeber in § 78 Abs. 3 Satz 2 und Abs. 6 SGB V im Wesentlichen damit, die für die Sozialversicherungsträger geltenden Aufsichtsbefugnisse und -instrumente (insbesondere §§ 88, 89 SGB IV) für entsprechend anwendbar zu erklären. Die rechtsaufsichtlichen Befugnisse gegenüber den Kassenärztlichen Vereinigungen sind also im Wesentlichen dieselben wie diejenigen gegenüber den gesetzlichen Krankenkassen.[946]

Das der Aufsicht nach § 88 Abs. 1 SGB IV (entsprechend) zustehende Prüfungsrecht erstreckt sich auf die gesamte Geschäfts- und Rechnungsführung. Die Unterrichtung nach § 88 Abs. 2 SGB IV dient, wie der Wortlaut zu erkennen gibt („zur Ausübung des Aufsichtsrechts"), ebenso wie die Prüfung nach § 88 Abs. 1 SGB IV, ausschließlich der Vorbereitung eines aufsichtsbehördlichen Einschreitens; Überprüfungen ohne Anlass sind damit unzulässig.[947]

---

943 Vgl. nur *Steinmann-Munzinger* in: Schlegel/Voelzke, jurisPK–SGB V, § 78 Rn. 11.

944 Vgl. zu der für die Sozialversicherungsträger geltenden Parallelvorschrift des § 87 Abs. 1 Satz 2 SGB IV *Gaßner* in: Fink u.a., Solidarität und Effizienz, S. 195; ausführlich zum Aufsichtsmaßstab und zu den Aufsichtsmitteln gegenüber Kassenärztlichen Vereinigungen auch *Schnapp* in: ders./Wigge, Handbuch des Vertragsarztrechts, § 24, IV.

945 Vgl. *Schirmer*, Vertragsarztrecht kompakt, S. 568.

946 S. dazu oben B.III.1.c).

947 *Schnapp* in: ders./Wigge, Handbuch des Vertragsarztrechts, § 24, V. Rn. 39 m.w.N.

Nach § 78 Abs. 6 SGB V i.V.m. § 70 Abs. 5 Satz 1 SGB IV müssen auch die Kassenärztlichen Vereinigungen den aufgestellten Haushaltsplan spätestens am 1.11. vor Beginn des Kalenderjahrs, für das er gelten soll, der Aufsichtsbehörde vorlegen, wenn diese es verlangt. Auch das in diesem Kontext nach § 70 Abs. 5 Satz 4 SGB IV bestehende Beanstandungsrecht der Aufsichtsbehörde gilt nach § 78 Abs. 6 SGB V entsprechend.

Daneben besteht das Prüfungsrecht gemäß § 274 Abs. 1 SGB V, das den gesamten Geschäftsbetrieb erfasst und sich neben der Prüfung der Gesetzmäßigkeit auch auf diejenige der Wirtschaftlichkeit der Tätigkeit erstreckt (vgl. § 274 Abs. 1 Satz 4 SGB V). Die Kassenärztlichen Vereinigungen haben auf Verlangen alle Unterlagen vorzulegen und alle Auskünfte zu erteilen, die zur Durchführung der Prüfung erforderlich sind (§ 274 Abs. 1 Satz 5 SGB V). Anders als gesetzliche Krankenkassen werden die Kassenärztlichen Vereinigungen aber nicht vom Bundesrechnungshof geprüft, wie der Umkehrschluss aus § 274 Abs. 4 SGB V zeigt.

Darüber hinaus sind als besondere Form der Aufsicht staatliche Mitwirkungsrechte zu nennen, insbesondere in Form von Genehmigungserfordernissen. So bedarf die von der Vertreterversammlung beschlossene Satzung der Genehmigung der Aufsichtsbehörde (§ 81 Abs. 1 Satz 2 SGB V). Auch das Erfordernis der aufsichtsbehördlichen Zustimmung zu Abschluss, Verlängerung oder Änderung von Vorstandsdienstverträgen gemäß § 79 Abs. 6 Satz 1 SGB V i.V.m. § 35 a Abs. 6 a Satz 1 SGB IV ist hier zu nennen.[948] Schließlich besteht das Erfordernis, bestimmte Formen der Vermögensanlage genehmigen zu lassen (§ 78 Abs. 6 SGB V i.V.m. § 85 SGB IV entsprechend). Nach letztgenannter Vorschrift bedürfen Darlehen für gemeinnützige Zwecke, der Erwerb und das Leasen von Grundstücken und grundstücksgleichen Rechten sowie die Errichtung, die Erweiterung und der Umbau von Gebäuden der Genehmigung der Aufsichtsbehörde. Der Erwerb und das Leasen von Grundstücken und grundstücksgleichen Rechten sowie die Errichtung, die Erweiterung und der Umbau von Gebäuden bedürfen nur dann keiner Genehmigung, wenn die veranschlagten Kosten für ein Vorhaben 0,3 vom Hundert des zuletzt festgestellten Haushaltsvolumens nicht übersteigen (§ 85 Abs. 2 SGB IV). Daneben ist in entsprechender Anwendung des § 85 Abs. 1 Satz 2 SGB IV die Absicht, sich zur Aufgabenerfüllung an Einrichtungen mit Ausnahme von Arbeitsgemein-

---

948 Vgl. zum Ganzen auch *Gaßner* in: Fink u.a., Solidarität und Effizienz, S. 195, dort mit den gesetzlichen Krankenkassen im Fokus der Darstellung.

schaften im Sinne des SGB zu beteiligen, sowie die Absicht, Datenverarbeitungsanlagen und -systeme anzukaufen, zu leasen oder anzumieten oder sich an solchen zu beteiligen, der Aufsichtsbehörde vor Abschluss verbindlicher Vereinbarungen anzuzeigen. Gleiches gilt im Grundsatz auch für die Beschaffung von Datenverarbeitungsprogrammen (§ 85 Abs. 1 Satz 4 SGB IV).

§ 79 a Absatz 1 Satz 1 SGB V sieht überdies die Möglichkeit vor, dass im Fall der Verhinderung der Organbildung (Nichtzustandekommen der Wahl der Vertreterversammlung und des Vorstandes) oder bei Weigerung der jeweils zuständigen Organe der Kassenärztlichen Vereinigung, ihre Geschäfte zu führen, die Aufgaben der betreffenden Kassenärztlichen Vereinigung (vorübergehend) entweder durch die Aufsichtsbehörde selbst oder durch einen von ihr bestellten Beauftragten wahrgenommen werden. Dies gilt nach § 79 a Abs. 1 Satz 2 SGB V auch in Fällen, in denen die Organe der Körperschaft ihre Funktionsfähigkeit gefährden, insbesondere wenn sie die Körperschaft nicht mehr im Einklang mit den Gesetzen und der Satzung verwalten, die Auflösung der Körperschaft betreiben oder das Vermögen gefährdende Entscheidungen treffen. Der Übernahme der Geschäfte durch die Aufsichtsbehörde selbst oder der Einsetzung eines Beauftragten hat nach § 79 a Abs. 2 Satz 1 SGB V eine Anordnung vorauszugehen, mit der die Aufsichtsbehörde der Kassenärztlichen Vereinigung aufgibt, innerhalb einer bestimmten Frist das Erforderliche zu veranlassen. Nach § 79 a Abs. 2 Satz 3 SGB V haben die Aufsichtsbehörde oder die von ihr bestellten Beauftragten die Stellung des Organs der Kassenärztlichen Vereinigung, für das sie die Geschäfte führen.

§ 79 a wurde mit Wirkung zum 1.1.1993 durch das Gesundheitsstrukturgesetz[949] in das SGB V eingefügt. Wesentlicher Grund dafür waren einige Fälle, in denen sich Kassenärztliche Vereinigungen an Unternehmungen beteiligten, die sich den massenhaften Ausstieg von zugelassenen Zahnärzten aus dem System der gesetzlichen Krankenversicherung zum Ziel gesetzt hatten. Derartigen Bestrebungen sollten die Aufsichtsbehörden rechtzeitig entgegenwirken können.[950]

---

949 Fn. 737.

950 S. zum Ganzen *Gaßner/Mente,* SGb 2005, 421 ff. (422). Seit ihrer Einführung vor mehr als 20 Jahren ist dreimal von der Vorschrift gegenüber Kassen(zahn)ärztlichen Vereinigungen Gebrauch gemacht worden: 1993 und 2004 gegenüber der Kassenzahnärztlichen Vereinigung Bayerns und 1995 gegenüber der Kassenzahn-

2. Beurteilung

Zu untersuchen und zu beurteilen ist schließlich, ob die soeben in ihren Grundzügen dargestellten rechtlichen Vorgaben zur Bejahung der besonderen Staatsgebundenheit der Kassenärztlichen Vereinigungen und damit zur Bejahung ihrer Eigenschaft als öffentliche Auftraggeber gemäß § 99 Nr. 2 GWB führen.

a) Zur überwiegend staatlichen Finanzierung

Soweit ersichtlich, existieren weder in der Rechtsprechung noch im Schrifttum konkrete Aussagen zu der Frage, ob Kassenärztliche Vereinigungen das Merkmal der überwiegend staatlichen Finanzierung im Sinne des § 99 Nr. 2, 1. Halbsatz Buchst. a) GWB erfüllen. Zur Beantwortung kann aber immerhin auf die aus der Beurteilung der gesetzlichen Krankenkassen und der Landesärztekammern gewonnenen Erkenntnisse zurückgegriffen werden.

aa) Vergleich mit gesetzlichen Krankenkassen und Landesärztekammern

Der Vergleich mit dem insoweit für die gesetzlichen Krankenkassen und die Landesärztekammern jeweils relevanten rechtlichen Rahmen zeigt auch im Lichte der Rechtsprechung des EuGH, dass die Kassenärztlichen Vereinigungen das Merkmal der überwiegend staatlichen Finanzierung nicht erfüllen. Der gesetzliche Rahmen für die Finanzierung der Kassenärztlichen Vereinigungen gleicht nämlich in den für die Beurteilung des Finanzierungskriteriums maßgeblichen Punkten dem gesetzlichen Rahmen für die Finanzierung der Landesärztekammern.[951] Die Parallelen betreffen damit auch das jeweils vorhandene Maß an Selbstverwaltungsfreiheit. Kassenärztliche Vereinigungen verfügen wie die Landesärztekammern über eine erhebliche Autonomie bei der Bestimmung des Wesens, des Umfangs und der Durchführungsmodalitäten der von ihnen zur Erfüllung

---

ärztlichen Vereinigung Niedersachsen; vgl. dazu *Gaßner/Mente*, SGb 2005, 421 ff. (422); *Wenner*, Vertragsarztrecht nach der Gesundheitsreform, S. 49.

951 S. dazu oben C.III.1.b).

ihrer Aufgaben ausgeübten Tätigkeiten[952], somit bei der Festsetzung des dafür erforderlichen Haushalts und infolgedessen bei der Festlegung der Höhe der von ihren Mitgliedern zu erhebenden Beiträge oder anderen zulässigen Abgabeformen.[953] Am Gesetz festgemacht: Während die Mittelaufbringung für die Krankenkassen in den §§ 220 ff. SGB V abschließend gesetzlich festgelegt ist[954], ist die einzige (äußerst vage) Bestimmung, die sich zur Mittelaufbringung durch die Kassenärztlichen Vereinigungen verhält, § 81 Abs. 1 Satz 1 Nr. 5 SGB V.[955] Nach dieser Vorschrift muss die Satzung Bestimmungen enthalten über Aufbringung und Verwaltung der Mittel. Inhaltliche Vorgaben zu Bemessungsparametern und Verwendungszweck fehlen völlig. Dies unterscheidet die Vorschrift strukturell grundlegend von den Bestimmungen über die Mittelaufbringung für die gesetzliche Krankenversicherung.[956] Mit anderen Worten: Während das Gesetz den gesetzlichen Krankenkassen nicht die Entscheidung überlässt, wie die erforderlichen Mittel aufzubringen sind, gewährt § 81 Abs. 1 Satz 1 Nr. 5 SGB V den Kassenärztlichen Vereinigungen auch insoweit Satzungsautonomie.

Das bedeutet, dass der Vertreterversammlung bei der Frage nach der Höhe der Mittel und zu welchen Zwecken sie – im Rahmen gesetzlicher Vorgaben – zu verwenden sind, die Definitionskompetenz zukommt.[957] Das erweist sich auch bei einem Blick auf die Herkunft der Mittel als systemkonform. Die Versicherungsträger führen Versicherung durch, sie ziehen also Beiträge ihrer Versicherten ein und verwalten diese gleichsam treuhänderisch, um mit ihnen auf der anderen Seite die Versicherungsleis-

---

952 S. dazu noch näher unter b)dd)(1).

953 Auf die insoweit bestehende Autonomie der Landesärztekammern stellt der EuGH in seiner Entscheidung v. 12.9.2013, Rs. C-526/11 – *IVD*, Rn. 27, NVwZ 2014, 59 = EuZW 2013, 860 wesentlich ab.

954 s. dazu bereits oben B.III.1.b) bei Fn. 776 unter Bezugnahme auf BSG v. 30.10.2013, B 6 KA 1/13, Rn. 18, SozR 4-2500 § 81 Nr. 8 = MedR 2014, 832; vgl. auch BSG v. 6.2.2013, B 6 KA 2/12 R, Rn. 20 f., GesR 2013, 546 = MedR 2013, 812 sowie im Verfahren vorgehend BayLSG v. 5.10.2011, L 12 KA 44/09; vgl. auch *Schnapp* in: Merten, Die Selbstverwaltung im Krankenversicherungsrecht, S. 34, dort mit Blick auf § 21 SGB IV.

955 Vgl. *Schnapp* in Butzer, Wirtschaftlichkeit durch Organisations- und Verfahrensrecht, S. 114.

956 Vgl. nur BSG v. 6.2.2013, B 6 KA 2/12 R, Rn. 21, GesR 2013, 546 = MedR 2013, 812 sowie im Verfahren vorgehend BayLSG v. 5.10.2011, L 12 KA 44/09.

957 Vgl. dazu *Schnapp* in: Butzer, Wirtschaftlichkeit durch Organisations- und Verfahrensrecht, S. 114.

tungen bestreiten zu können. Demgegenüber führen die Kassenärztlichen Vereinigungen keine Versicherung durch, erheben also keine Beiträge, um Sozialleistungen erbringen zu können. Vielmehr resultiert das Mittelaufkommen aus Honoraren, die den Ärzten endgültig als eigene zustehen.[958]

Die derart ausgeprägte Autonomie der Kassenärztlichen Vereinigungen wird noch dadurch verstärkt, dass die Vertreterversammlungen der Kassenärztlichen Vereinigungen, jeweils bestehend aus Vertretern der Abgabepflichtigen selbst, die Abgabehöhe festsetzen.[959] Gerade dieser Umstand spricht – ebenso wie bei der auch insoweit ähnlichen Regelungssituation mit Blick auf die Landesärztekammern[960] – entscheidend gegen die Bejahung des im Lichte des Zwecks der Vergaberichtlinie funktional auszulegenden Finanzierungsmerkmals im Sinne des § 99 Nr. 2, 1. Halbsatz Buchst. a) GWB. Denn auch bei Kassenärztlichen Vereinigungen ist mit hoher Wahrscheinlichkeit anzunehmen, dass sich die Festlegung der Abgabehöhe durch die Vertreterversammlung an wirtschaftlichen Kriterien ausrichtet, weil die Mitglieder der Vertreterversammlung mehrheitlich nicht bereit sein werden, mehr als das Maß des wirtschaftlich Notwendigen zu entrichten. Insofern sind Vertreterversammlung und Vorstand einer Kassenärztlichen Vereinigung wirksam gehalten, sorgsam mit den bei den Mitgliedern aufgebrachten Finanzmitteln umzugehen und unnötige Kosten zu vermeiden. Infolgedessen ist ebenso mit hoher Wahrscheinlichkeit anzunehmen, dass die Kassenärztlichen Vereinigungen auch bei ihrem Beschaffungsverhalten keine höheren als die aufgrund rein wirtschaftlicher Erwägungen gebotenen Kosten auf sich nehmen. Es spricht mit anderen Worten eine hohe Wahrscheinlichkeit dafür, dass sich die Kassenärztlichen Vereinigungen auch bei der Auftragsvergabe an Überlegungen orientieren, die im Wesentlichen wirtschaftlicher und damit wettbewerbskonformer Natur sind.[961] Damit ist typischerweise aber die abstrakte Gefahr auszuschließen, dass sich Kassenärztliche Vereinigungen aufgrund der Art ihrer Finanzierung bei ihrem Beschaffungsverhalten von anderen als wirtschaft-

---

958 So zutreffend *Schnapp* in: Butzer, Wirtschaftlichkeit durch Organisations- und Verfahrensrecht, S. 114.

959 Vgl. EuGH v. 12.9.2013, Rs. C-526/11 – *IVD*, Rn. 28, NVwZ 2014, 59 = EuZW 2013, 860; s. dazu auch oben Fn. 882.

960 S. oben C.III.2.a)cc).

961 Ähnlich in Ansehung der Industrie- und Handelskammern *Ziekow*, WiVerw 2013, 58 ff.

lichen Kriterien, wozu auch eine Bevorzugung einheimischer Bieter zählte, leiten lassen.

Dass die Kassenärztlichen Vereinigungen – auch insoweit vergleichbar mit den Landesärztekammern – ihre Satzungsbestimmungen über die Aufbringung der Mittel nach § 81 Abs. 1 Satz 2 SGB V der Aufsichtsbehörde zur Genehmigung vorlegen müssen, rechtfertigt keine andere Beurteilung. Die Aufsichtsbehörde darf die Genehmigung wegen § 78 Abs. 3 Satz 1 SGB V nämlich nur bei festgestellter Rechtswidrigkeit verweigern; ansonsten hat die Kassenärztliche Vereinigung einen Anspruch auf die Genehmigung.[962] Bei ihrer Rechtskontrolle hat die Aufsichtsbehörde selbstverständlich die den Kassenärztlichen Vereinigungen zustehende weitgehende Autonomie bei der Beitragsfestsetzung zu beachten. In Anbetracht dieser Regelungslage kann die erforderliche, durch die Zuordnungskriterien des § 99 Nr. 2, 1. Halbsatz GWB vermittelte enge Verbindung mit staatlichen Stellen nicht bejaht werden.[963]

bb) Zwischenergebnis

Eine im Sinne des Art. 2 Abs. 1 Nr. 4 Buchst. c) Vergaberichtlinie und des § 99 Nr. 2, 1. Halbsatz Buchst. a) GWB überwiegend staatliche Finanzierung der Kassenärztlichen Vereinigungen ist auch im Licht der Rechtsprechung des EuGH zu verneinen. Die gesetzlich in § 81 Abs. 1 Satz 1 Nr. 5 SGB V geregelte Mittelaufbringung überlässt die näheren Bestimmungen hierzu der von der Vertreterversammlung zu beschließenden Satzung der einzelnen Kassenärztlichen Vereinigung. Als Konsequenz aus dem Umstand, dass das Gesetz den Kassenärztlichen Vereinigungen nur wenige konkrete Vorgaben über Umfang und Durchführungsmodalitäten der zur Erfüllung ihrer Aufgaben ausgeübten Tätigkeiten macht, verfügen sie auch

---

962 Vgl. BSG v. 31.10.2013, B 6 KA 48/12 R, Rn. 21, BSGE 114, 274 = GesR 2014, 236.

963 Vgl. mit Blick auf die Ärztekammer Westfalen-Lippe EuGH v. 12.9.2013, Rs. C-526/11 – *IVD*, Rn. 27, NVwZ 2014, 59 = EuZW 2013, 860: „*Dass die Regelung, mit der diese Beiträge festgelegt werden, der Genehmigung einer Aufsichtsbehörde bedarf, ist nicht ausschlaggebend, da diese Behörde lediglich prüft, ob der Haushalt der betreffenden Einrichtung ausgeglichen ist, d.h., ob die Beiträge ihrer Mitglieder und ihre übrigen Ressourcen gewährleisten, dass sie über ausreichende Einnahmen zur Deckung aller Betriebskosten nach den von ihr selbst festgelegten Modalitäten verfügt.*“.

bei der festzulegenden Höhe der von den Mitgliedern zu erhebenden Abgaben über weitgehende Autonomie, die der Annahme der erforderlichen engen Verbindung zu staatlichen Stellen entgegensteht. Bei der erforderlichen funktionalen Betrachtung im Lichte des Vergaberichtlinienzwecks ist die Anwendung des GWB-Vergaberechts auf Kassenärztliche Vereinigungen unter dem Finanzierungsaspekt damit nicht angezeigt.

b) Zur staatlichen Aufsicht über die Leitung

Für die Beurteilung der öffentlichen Auftraggebereigenschaft der Kassenärztlichen Vereinigungen ist damit weiter zu prüfen, ob das Merkmal der besonderen Staatsgebundenheit in der Variante der staatlichen Aufsicht über die Leitung erfüllt ist.

aa) Vorüberlegungen

Anders als gesetzliche Krankenkassen und Landesärztekammern wurden Kassenärztliche Vereinigungen vom EuGH noch nicht auf ihre Eigenschaft als öffentliche Auftraggeber im Sinne des Art. 2 Abs. 1 Nr. 1, Nr. 4 Vergaberichtlinie überprüft. Das Aufsichtsmerkmal hat der EuGH nur in der die Ärztekammer Westfalen-Lippe betreffenden Entscheidung in der Rechtssache *IVD* – beschränkt auf die im Vorabentscheidungsersuchen formulierte Auslegungsfrage des OLG Düsseldorf – geprüft, nicht dagegen in der die AOK Rheinland/Hamburg betreffenden Entscheidung in der Rechtssache *Oymanns*. Demgegenüber existiert eine kaum mehr überschaubare Menge an Aussagen im Schrifttum und in der Rechtsprechung der nationalen Instanzgerichte zu der umstrittenen Frage, ob die gesetzlichen Krankenkassen (auch) das Merkmal der staatlichen Aufsicht über die Leitung erfüllen.[964] Anders dagegen wiederum die Situation mit Blick auf

964 S. dazu etwa den Überblick bei *Thüsing/Forst* in: Thüsing, Europäisches Vergabe- und Kartellrecht, S. 40 f. m.w.N.; *Heßhaus* in: Ebsen, Vergaberecht und Vertragswettbewerb, S. 39 ff.

die Landesärztekammern, zu denen sich insoweit kaum spezifische Aussagen im Schrifttum finden.[965]

Die überwiegend im vergaberechtlichen Schrifttum anzutreffende Auffassung, die gesetzlichen Krankenkassen erfüllten (auch) das Merkmal der staatlichen Aufsicht[966], wird dabei vereinzelt pauschal und ohne hinreichend präzise Prüfung des Merkmals[967] auf Kassenärztliche Vereinigungen übertragen; zur Begründung der Übertragbarkeit wird auf § 78 Abs. 3 Satz 2 SGB V verwiesen, der die entsprechende Geltung der §§ 88 und 89 SGB IV und damit der wesentlichen rechtsaufsichtlichen Befugnisse über die Krankenkassen auf die Rechtsaufsicht über die Kassenärztlichen Vereinigungen anordnet.[968]

Insoweit kommt dem ursprünglich nur mit Blick auf die gesetzlichen Krankenkassen geführten Meinungsstreit (mittelbar) auch für die Beurteilung der Kassenärztlichen Vereinigungen Bedeutung zu. Vor diesem Hintergrund erscheint es angezeigt, im Folgenden zunächst den (seit der *Oymanns*-Entscheidung des EuGH jedenfalls in Praxi unerheblichen) Streit um die Frage, ob die gesetzlichen Krankenkassen das Merkmal der besonderen Staatsgebundenheit auch in der Aufsichtsvariante gemäß Art. 2 Abs. 1 Nr. 4 Buchst. c) Vergaberichtlinie und § 99 Nr. 2, 1. Halbsatz Buchst. b) GWB erfüllen, darzustellen.

bb) Meinungsstand zur Beurteilung der gesetzlichen Krankenkassen

(1) Das Merkmal der staatlichen Aufsicht verneinende Auffassungen

Das BayObLG hatte bereits 2004 über die Auftraggebereigenschaft gesetzlicher Krankenkassen zu entscheiden. Das Gericht verneinte auf Basis der damals geltenden Rechtslage – nachdem es zuvor die besondere

---

965 S. auch bereits oben C.III.2.b)aa); auch dies verbindet übrigens die Landesärztekammern mit den Kassenärztlichen Vereinigungen, zu denen insoweit ebenfalls kaum spezifische und fundierte Aussagen existieren.

966 Vgl. dazu nur etwa *Roth* in: Thüsing, Europäisches Vergabe- und Kartellrecht, S. 68 f.; *Rixen*, GesR 2006, 49 ff.(S. 54).

967 So zu den Tatbestandsmerkmalen des § 98 Nr. 2 GWB a.F. bereits mit Blick auf die gesetzlichen Krankenkassen *Heßhaus* in: Ebsen, Vergaberecht und Vertragswettbewerb, S. 39.

968 Vgl. exemplarisch *Rixen*, GesR 2006, 49 ff.(S. 54); s. dazu bereits oben B.III.2.b) bei Fn. 807.

Staatsgebundenheit der gesetzlichen Krankenkassen in der Variante der überwiegend staatlichen Finanzierung abgelehnt hatte – auch das Merkmal der staatlichen Aufsicht über die Leitung.[969] Es vertrat hierzu die Ansicht, die bloße Rechtsaufsicht, die über die Krankenkassen nach geltendem Recht bestehe, reiche nicht aus, um eine Aufsicht im Sinne des § 98 Nr. 2 GWB a.F. anzunehmen.[970] Dahinter steht die – damals wohl noch von der überwiegenden Auffassung in der vergaberechtlichen Literatur geteilte[971] – Überlegung, dass staatliche Aufsicht im Sinne des § 98 Nr. 2 GWB nur dann vorliege, wenn die jeweilige staatliche Stelle, die hinter dem öffentlichen Auftraggeber steht, „*einen solchen Einfluss auf den Auftraggeber ausüben*" könne, „*dass sie die Beschaffungsvorgänge kontrollieren und entweder mitentscheiden oder zumindest auf andere Art und Weise ihre Vorstellungen durchsetzen und so die unternehmerische Vergabepolitik inhaltlich beeinflussen kann. Dies ist bei der Rechtsaufsicht nicht der Fall; sie beschränkt sich auf die Kontrolle, ob Recht und Gesetz eingehalten worden sind, ohne Einfluss auf die Zweckmäßigkeit unternehmerischer und wirtschaftlicher Entscheidungen nehmen zu können.*"[972] Den gesetzlichen Krankenkassen komme ein gesetzlich garantiertes Selbstverwaltungsrecht zu, das auch das Recht beinhalte, unternehmerische Entscheidungen selbst zu treffen.

Es greife im Übrigen zu kurz, die (zugestanden) zahlreichen Aufsichtsrechte staatlicher Stellen gegenüber den gesetzlichen Krankenkassen schlicht zu addieren, um dann zu dem Ergebnis zu kommen, dass diese in der Summe es rechtfertigen, eine hinreichende Einflussnahme auf die Entscheidungen der gesetzlichen Krankenkassen über die Vergabe von Aufträgen zu bejahen. Im Ergebnis würden die – wenn auch zahlreichen –

---

969 BayObLG v. 24.5.2004, Verg 6/04, NZBau 2004, 623 = NVwZ 2005, 117; das Gericht folgte auch insoweit seiner (kaum beachteten) Entscheidung v. 10.9.2002, Verg 23/02, NZBau 2003, 348 = VergabeR 2003, 94, in der es die Auftraggebereigenschaft des Bayerischen Roten Kreuzes verneint hat; s. dazu bereits oben B.III.2.a)aa) bei Fn. 790.

970 S. dazu auch *Rixen*, GesR 2006, 49 ff. (53).

971 So *Rixen*, GesR 2006, 49 ff. (53); s. dazu auch *Eschenbruch/Hunger*, NZBau 2003, 471 ff. (472).

972 BayObLG v. 24.5.2004, Verg 6/04, NZBau 2004, 623 = NVwZ 2005, 117; s. dazu bereits oben Teil 2 G.III.4.b)dd).

Aufsichtsrechte über gesetzliche Krankenkassen gerade nicht über eine nachträgliche Rechtskontrolle hinausgehen.[973]

Diese Auslegung des Merkmals der staatlichen Aufsicht liege auch auf der Linie des EuGH, der sich ebenfalls bereits mit der Frage befasst habe, welche Kontrolldichte vorliegen müsse, um eine vergaberechtliche Beherrschung anzunehmen.[974] Auch der EuGH differenziere dabei danach, ob die öffentliche Hand als Gesellschafter auch auf die laufende Geschäftsführung, Ordnungsgemäßheit, Sparsamkeit und Wirtschaftlichkeit sowie Zweckmäßigkeit einwirken kann. Nur dann sei die notwendige Beherrschungsintensität zu bejahen.[975]

Einen anderen Ansatz wählt dagegen *Kingreen*, der das Merkmal der staatlichen Aufsicht in Ansehung der gesetzlichen Krankenkassen tätigkeitsbezogen beurteilt und so zu dem Ergebnis gelangt, dass das Merkmal jedenfalls für den Bereich der zu den neuen (selektivvertraglichen) Versorgungsformen zählenden integrierten Versorgung nach § 140 a SGB V a.F. nicht erfüllt sei.[976]

(2) Das Merkmal der staatlichen Aufsicht bejahende Auffassung

Die Argumente der Gegenauffassung fasste das OLG Düsseldorf in seinem Vorlagebeschluss, der der EuGH-Entscheidung in der Rechtssache *Oymanns* vorausging, zusammen.[977] Das OLG Düsseldorf stellte dabei in den Raum, dass angesichts der hohen staatlichen Regelungsdichte auch in Bezug auf die Modalitäten der Aufgabenerfüllung und der zahlreichen, teilweise auf präventive Kontrolle gerichteten Aufsichtsbefugnisse in einer Gesamtschau eine über eine bloß nachprüfende Kontrolle hinaus gehende staatliche Aufsicht über die gesetzlichen Krankenkassen angenommen

---

973 So *Heßhaus* in: Ebsen, Vergaberecht und Vertragswettbewerb, S. 47 unter Verweis auf die oben zitierte Entscheidung des BayObLG und eine Entscheidung der 3. Vergabekammer des Bundes v. 27.10.2005, VK 3-127/05.

974 *Eschenbruch/Hunger*, NZBau 2003, 471 ff. (474) unter Verweis auf EuGH v. 27.2.2003, Rs. C-373/00 – *Adolf Truley*, Rn. 70, Slg. 2003, I-1931 = EuZW 2003, 315 = NZBau 2003, 287.

975 *Eschenbruch/Hunger*, NZBau 2003, 471 ff. (474).

976 *Kingreen*, MedR 2004, 188 ff. (193); s. dazu bereits oben Teil 2 G.III.4.c)bb).

977 OLG Düsseldorf v. 23.5.2007, VII-Verg 50/06, VergabeR 2007, 622 = NZBau 2007, 525.

werden könnte.[978] Da die von der Krankenkasse zu erbringenden Leistungen und auch ihre sonstigen Tätigkeiten (z.B. die Datenverarbeitung) weitgehend gesetzlich – oder durch von der Krankenkasse nicht unmittelbar zu beeinflussende Richtlinien[979] – determiniert seien, habe das Bundesverfassungsgericht festgestellt, dass den Krankenkassen „*Selbstverwaltung im Sinne eines Freiraums für eigenverantwortliches Handeln nur in außerordentlich bescheidenem Umfang eingeräumt*" und "*eine eigenverantwortliche Gestaltung des Satzungs-, Organisations-, Beitrags- und Leistungsrechts weitgehend verwehrt ist*".[980]

In Anlehnung an die Äußerungen des Gerichtshofs in seinem Urteil vom 27.2.2003[981] sei eine Gesamtschau der aufsichtlichen Eingriffs- und Mitwirkungsbefugnisse vorzunehmen, anhand derer sich eine hohe Intensität der Aufsicht feststellen lasse: Bestimmte Maßnahmen der gesetzlichen Krankenkassen bedürfen der Genehmigung der Aufsichtsbehörden; dies betreffe Satzungsänderungen (§ 195 SGB V), Bau- und Grundstücksgeschäfte und die Beschaffung von Datenverarbeitungsunterlagen (§ 85 SGB IV). Die Krankenkasse unterliege einer periodischen (§ 274 SGB V), aber auch sonst möglichen (§ 88 Abs. 1 SGB IV) Prüfung der Geschäfts- und Rechnungsführung auch auf die Wirtschaftlichkeit der Tätigkeit hin (§§ 69 Abs. 2 SGB IV, 274 Abs. 1 S. 4 SGB V), außerdem sei der staatlichen Aufsichtsbehörde rechtzeitig der Haushaltsplan vorzulegen (§ 70 Abs. 5 SGB IV). Dadurch könne die Aufsichtsbehörde einen umfassenden Einblick in die Tätigkeit und die finanzielle Ausstattung der Krankenkasse und somit Ansatzpunkte für aufsichtsrechtliche Maßnahmen gewinnen. Im

---

978 OLG Düsseldorf v. 23.5.2007, VII-Verg 50/06, Rn. 23 ff., VergabeR 2007, 622 = NZBau 2007, 525; die Landesversicherungsanstalt anhand einer solchen Gesamtschau beurteilend auch BayObLG v. 21.10.2004, Verg 17/04, Rn. 23, NZBau 2005, 173 = VergabeR 2005, 67.

979 Darauf abstellend auch *Rixen*, GesR 2006, 49 ff. (54): „*Neben die formellen Möglichkeiten der Aufsicht treten in der Praxis der Aufsichtsbehörden (namentlich des Bundesversicherungsamtes, das für die bundesunmittelbaren Krankenkassen zuständig ist) empfehlungsartige Richtlinien, also Steuerungsinstrumente informellerer Art, die freilich im Verbund mit den förmlichen Aufsichtsmöglichkeiten das Netz der Kontrolle enger knüpfen und so effektuieren.*“.

980 OLG Düsseldorf v. 23.5.2007, VII-Verg 50/06, VergabeR 2007, 622 = NZBau 2007, 525, unter Bezugnahme auf BVerfG v. 9.6.2004, 2 BvR 1249/03, NVwZ 2005, 572 = NZS 2005, 139; vgl. zum Ganzen auch *Rixen* in: Ebsen, Vergaberecht und Vertragswettbewerb, S. 33 ff.

981 EuGH v. 27.2.2003, Rs. C-373/00 – *Adolf Truley*, Rn. 71 ff., Slg. 2003, I-1931 = EuZW 2003, 315 = NZBau 2003, 287.

Extremfall könne die Aufsichtsbehörde bei Nichteinsetzung von Organen oder Verweigerung satzungsgemäßen Tätigwerdens die Geschäftsführung selbst oder durch Beauftragte übernehmen (§§ 89 Abs. 3, 37 SGB IV). Zudem könne die Aufsichtsbehörde nicht auf Dauer leistungsfähige Krankenkassen mit anderen Krankenkassen vereinigen oder aber schließen (§ 172 Abs. 3 bzw. §§ 146 a, 153 Satz 1 Nr. 3, 163 Satz 1 Nr. 3, 170 SGB V).

Nicht so eindeutig wie bei der Prüfung des Merkmals der überwiegend staatlichen Finanzierung[982], aber zumindest nach der oben dargestellten wertenden Gesamtschau des für die Tätigkeit der gesetzlichen Krankenkassen durch das Sozialrecht vorgegebenen engen Regelungsregimes und der darauf bezogenen Kontrollbefugnisse zugunsten der staatlichen Aufsichtsbehörde neigte das OLG Düsseldorf in seinem Vorabentscheidungsersuchen also zu der Auffassung, das Merkmal der staatlichen Aufsicht über die Leitung der gesetzlichen Krankenkassen sei erfüllt – und insofern eine andere Beurteilung als bei sonstigen, der „klassischen", lediglich nachprüfenden Rechtsaufsicht unterliegenden Körperschaften gerechtfertigt.

Auch der damalige GA *Mazák* hob in seinen Schlussanträgen in der Rechtssache *Oymanns* auf die im Vorlagebeschluss des OLG Düsseldorf dargestellte Argumentation ab.[983] Ausgehend vom europarechtlich-autonomen Aufsichtsbegriff, der unter Berücksichtigung des Richtlinienzwecks funktional und weit auszulegen sei, ergebe sich das Vorliegen des Aufsichtsmerkmals bereits aus dem engmaschigen gesetzlichen Rahmen des SGB V.[984]

982 Vgl. *Byok*, GesR 2007, 553 ff. (554).

983 S. die Schlussanträge GA *Mazák* v. 16.12.2008 zu Rs. C-300/07 – *Oymanns*, Slg. 2009, I-4779 = ZfBR 2009, 183.

984 Vgl. Schlussanträge GA *Mazák* v. 16.12.2008 Rn. 46 zu Rs. C-300/07 – *Oymanns*, Slg. 2009, I-4779 = ZfBR 2009, 183.

Dieser Auffassung folgten[985] nach und nach sowohl Vergabekammern und Sozialgerichte als auch der überwiegende Teil der (vergaberechtlichen) Literatur.[986]

cc) Stellungnahme

Zunächst ist daran zu erinnern, dass es für die Beurteilung des Aufsichtskriteriums in § 99 Nr. 2, 1. Halbsatz Buchst. b) GWB nach den bereits gewonnenen Erkenntnissen nicht allein auf Benennung und Zahl der staatlichen Aufsichtsbefugnisse ankommt. Ebenso relevant für diese Beurteilung ist der rechtliche Tätigkeitsrahmen, der der betreffenden Einrichtung vorgegeben ist und dessen Einhaltung die staatliche Aufsicht mittels der ihr zur Verfügung stehenden Befugnisse kontrolliert. Denn „*eine bestimmte Art von Kontrolle wird je nachdem, ob die kontrollierte Einrichtung nach den für sie geltenden Vorschriften über eine sehr große Freiheit in Bezug auf ihre Leitung („gestion") verfügt oder ob diese Vorschriften ihre Tätigkeit in einem sehr engen Rahmen regeln und ihr bei der Führung ihrer Geschäfte eine im Voraus festgelegte Linie vorschreiben, nicht die gleiche Wirkung haben.*“[987] Oder um es mit der nicht weniger zutreffenden For-

---

985 Nicht unerwähnt soll bleiben, dass bereits lange vor dem Vorlageschluss des OLG Düsseldorf einige Vergabekammern diese Ansicht vertraten, vgl. etwa BKartA, 1. Vergabekammer des Bundes v. 5.9.2001, VK 1-23/01, IBR 2001, 685; Vergabekammer Hamburg v. 16.4.2004, VgK FB 1/04; Vergabekammer Südbayern v. 8.4.2004, 120.3-3194-1-07-03/04, 120.3-3194-1-08-03/04, 120.3-3194-1-09-03/04, 120.3-3194-1-10-03/04, 120.3-3194-1-11-03/04, 120.3-3194-1-12-03/04; auch in der Literatur war diese Auffassung früh vertreten, vgl. etwa *Gaßner/Braun*, NZS 2005, 28 ff.

986 Vgl. etwa LSG Nordrhein-Westfalen v. 28.1.2010, L 21 KR 68/09 SFB, das von einer „*engmaschigen staatlichen Rechtsaufsicht*“ spricht; ebenso LSG Nordrhein-Westfalen v. 10.3.2010, L 21 SF 41/10 Verg; Vergabekammer Düsseldorf v. 31.10.2007, VK-31/2007-L; aus der Literatur: *Dreher* in: Immenga/Mestmäcker, GWB, § 98 Rn. 153; *Byok/Jansen*, NVwZ 2005, 53 ff. (55); *Ziekow* in: ders./Völlink, Vergaberecht, GWB, § 98 Rn. 225; *Heinemann*, Die Erbringung sozialer Dienstleistungen durch Dritte, S. 208; *Sormani-Bastian*, Vergaberecht und Sozialrecht, S. 112 ff; *Rixen*, GesR 2006, 49 ff (52 ff.); *Röbke*, Die Leistungsbeziehungen der gesetzlichen Krankenversicherung, S. 333 ff; a.A. dagegen etwa *Müller-Wrede* in: ders., Kommentar zur VOL/A, § 1 EG Rn. 52.

987 Schlussanträge GA *Mischo*, v. 19.10.2000, Rn. 50 und 51 zu Rs. C-237/99 – *Kommission/Frankreich*, Slg. 2001, I-939; s. dazu auch bereits oben C.III.2.b)cc) sowie Teil 2 G.III.4.b)dd)(1).

mulierung des BSG auf den Punkt zu bringen: „*Allein die Benennung der zur Verfügung stehenden Aufsichtsmittel besagt somit nichts über die näheren Voraussetzungen für ihre Anwendung; diese müssen unabhängig davon ermittelt werden.*“[988]

In Anwendung dieser Beurteilungsgrundsätze ist mit Blick auf die gesetzlichen Krankenversicherungsträger zunächst in der Tat zu konstatieren, dass sie angesichts „*detailbesessener Regelungsintensität*“ des Gesetzgebers[989] „*zur Vollzugsstelle von staatlicherseits bereits getroffenen Vorentscheidungen ohne eigene essentielle Entscheidungsbefugnis*“ geschrumpft sind.[990] An dieser Regelungsintensität hat sich über die Jahre kaum etwas geändert – auch nicht durch die Einführung wettbewerblicher Elemente im Leistungserbringungsrecht des SGB V.[991] Vielmehr ist dem OLG Düsseldorf darin zu folgen, dass die von der gesetzlichen Krankenkasse zu erbringenden Leistungen und auch ihre sonstigen (Hilfs-)Tätigkeiten (z.B. die Datenverarbeitung) nach wie vor weitgehend gesetzlich – oder durch von der gesetzlichen Krankenkasse nicht unmittelbar zu beeinflussende sogenannte Richtlinien – determiniert sind.[992] Grundlegend sieht § 31 SGB I hierzu vor, dass Rechte und Pflichten in den Sozialleistungsbereichen des SGB nur begründet, festgestellt, geändert oder aufgehoben werden dürfen, soweit ein Gesetz es vorschreibt oder zulässt. Das heißt zugleich, dass die Leistungen, die die Versicherungsträger erbringen müssen und dürfen, bundesgesetzlich vordeterminiert sind, was der Blick auf § 194 Abs. 2 Satz 2 SGB V bestätigt.[993] Damit korrespondierend ist auch der Rahmen für die Mittelverwendung der gesetzlichen Krankenkassen eng vorgegeben (vgl. nur § 30 Abs. 1 SGB IV, §§ 259 ff SGB V).[994]

Angesichts dieser Regelungsdichte ist mit dem Bundesverfassungsgericht festzustellen, dass die „*Hauptaufgabe der Sozialversicherungsträger [...] in dem Vollzug einer detaillierten Sozialgesetzgebung [besteht],*

---

988 BSG v. 6.5.2009, B 6 A 1/08 R, Rn. 36, BSGE 103, 106 = MedR 2010, 347. S. auch dazu bereits oben Teil 2 G.III.4.b)dd)(1) bei Fn. 679.

989 So schon *Reiter*, DRV 1993, 657 ff. (659).

990 *Merten*, Zum Selbstverwaltungsrecht Kassenärztlicher Vereinigungen, S. 53; *Schnapp* in: Schulin, Handbuch des Sozialversicherungsrechts Bd. 1, § 52 Rn. 12.

991 Vgl. dazu in Grundzügen bereits oben B.II.1.b).

992 OLG Düsseldorf, Beschluss v. 23.5.2007, VII-Verg 50/06, VergabeR 2007, 622 = NZBau 2007, 525.

993 Ausführlich zum Ganzen *Schnapp* in: Merten, Die Selbstverwaltung im Krankenversicherungsrecht, S. 34 f.

994 S. dazu oben B.II.1.b).

gleichsam nach Art einer übertragenen Staatsaufgabe. In diesem Bereich lässt sich der Sache nach nur bedingt von Selbstverwaltung sprechen".[995] Den Krankenkassen ist mit anderen Worten „*Selbstverwaltung im Sinne eines Freiraums für eigenverantwortliches Handeln nur in außerordentlich bescheidenem Umfang eingeräumt*" und „*eine eigenverantwortliche Gestaltung des Satzungs-, Organisations-, Beitrags- und Leistungsrechts weitgehend verwehrt*".[996]

Hinzu kommt eine – überblickartig schon dargestellte – Vielzahl von Aufsichtsregelungen, die nicht nur eine nachprüfende Rechtmäßigkeitskontrolle über die gesetzlichen Krankenkassen, sondern teilweise auch präventives aufsichtliches Einschreiten ermöglichen (vgl. etwa die Prüfbefugnis in § 88 SGB IV).[997]

Beides zusammen – hohe Regelungsdichte und Existenz zahlreicher und teilweise weitreichender Aufsichtsbefugnisse, mit denen die Einhaltung des eng regulierten Tätigkeitsrahmens kontrolliert werden kann – spricht bei der erforderlichen funktionalen Betrachtung des Aufsichtsmerkmals im Lichte des Richtlinienzwecks dafür, mit der herrschenden Auffassung anzunehmen, dass die gesetzlichen Krankenkassen die erforderliche enge Verbindung zu staatlichen Stellen auch in der Aufsichtsvariante des § 99 Nr. 2, 1. Halbsatz Buchst. b) GWB aufweisen.

dd) Konsequenzen für die Beurteilung der Kassenärztlichen Vereinigungen

Es lässt sich schwerlich bestreiten, dass die für die gesetzlichen Krankenkassen geltenden staatlichen Aufsichtsbefugnisse im Wesentlichen auch auf die Kassenärztlichen Vereinigungen entsprechend anzuwenden sind (vgl. nur § 78 Abs. 3 Satz 2 SGB V). *Entsprechende* Anwendung bedeutet dabei aber mehr als die bloße Ersetzung des Ausdrucks „Krankenkasse"

---

995 BVerfG v. 9.4.1975, 2 BvR 879/73, Rn. 69, BVerfGE 39, 302 = JZ 1975, 601; vgl. auch LSG Nordrhein-Westfalen v. 20.12.1978, L 1 Ka 27/78, Breithaupt 1979, 393 = ArztR 1980, 19, das von einem „*minutiösen Vollzug der detaillierten Sozialgesetzgebung, gleichsam nach Art einer delegierten Staatsaufgabe*" durch die Krankenkassen ausgeht.

996 BVerfG v. 9.6.2004, 2 BvR 1248/03 und 2 BvR 1249/03, NVwZ 2005, 572 = NZS 2005, 139; vgl. auch OLG Düsseldorf v. 23.5.2007, VII-Verg 50/06, VergabeR 2007, 622 = NZBau 2007, 525; s. dazu bereits oben bb)(2) bei Fn. 980.

997 S. dazu oben B.III.1.c).

durch „Kassenärztliche Vereinigung“. Durch die entsprechende Anwendung der in Bezug genommenen Bestimmungen sollen unsachgemäße Gleichsetzungen vermieden und Differenzierungen, die von den zu regelnden Verhältnissen her geboten erscheinen, nicht ausgeschlossen werden.[998] Schon deshalb ist der Ansatz verfehlt, mithilfe des pauschalen Verweises auf diese entsprechende Anwendung der für die staatliche Aufsicht über die gesetzlichen Krankenkassen maßgebenden Bestimmungen die besondere Staatsgebundenheit der Kassenärztlichen Vereinigungen in der Aufsichtsvariante herzuleiten, ohne auch nur auf eine möglicherweise sachbereichsspezifische Ausgestaltung der für die Kassenärztlichen Vereinigungen im Übrigen (unmittelbar) geltenden Rechtssätze einzugehen.

Darüber hinaus kommt es, wie gerade unter cc) dargestellt, ohnehin nicht nur auf die Benennung und die Zahl der Aufsichtsbefugnisse an, sondern insbesondere auch auf die Voraussetzungen für ihre Anwendung. Voraussetzung für das Einschreiten der Aufsichtsbehörde – mit welchen Mitteln auch immer – ist ein aus gegebenem Anlass zu besorgender oder ein bereits eingetretener Verstoß gegen gesetzliche oder sonstige Rechtsvorschriften durch die beaufsichtigte Kassenärztliche Vereinigung (vgl. § 78 Abs. 3 Satz 1 SGB V). Ob ein solcher zum aufsichtlichen Einschreiten berechtigender Verstoß gegen Rechtsvorschriften im Raum steht, hängt auch von dem von der Kassenärztlichen Vereinigung zu beachtenden Regelungsregime ab.[999] Nur wenn die von der Kassenärztlichen Vereinigung bei ihrer Aufgabenwahrnehmung ausgeübten Tätigkeiten in einem ähnlich engen Rahmen vorgegeben sind, wie dies zuvor mit Blick auf die gesetzlichen Krankenkassen festgestellt wurde, könnte die Aufsichtsbehörde mit ihren Befugnissen die Einhaltung dieses Regelungsrahmens entsprechend eng überwachen.

Ein derart eng regulierter Tätigkeitsrahmen, der auch Umfang und Durchführungsmodalitäten der zur Aufgabenerfüllung ausgeübten Tätigkeiten vorgibt[1000], könnte damit auch in Ansehung der Kassenärztlichen Vereinigungen – vorbehaltlich einer auch dann noch erforderlichen Prüfung der Intensität und Reichweite der einzelnen Aufsichtsbefugnisse –

---

998 So zutreffend *Schnapp* in: ders./Wigge, Handbuch des Vertragsarztrechts, § 24, I. Rn. 1.

999 S. dazu auch oben Teil 2 G.III.4.b)dd)(1).

1000 Vgl. mit Blick auf die Ärztekammer Westfalen-Lippe EuGH v. 12.9.2013, Rs. C-526/11 – *IVD*, Rn. 27, NVwZ 2014, 59 = EuZW 2013, 860; s. dazu oben C.III.2.b)cc).

die Annahme rechtfertigen, dass auch die Kassenärztlichen Vereinigungen die besondere Staatsgebundenheit in der Aufsichtsvariante im Sinne des Art. 2 Abs. 1 Nr. 4 Buchst c) Vergaberichtlinie und des § 99 Nr. 2, 1. Halbsatz Buchst. b) GWB aufweisen.

(1) Zur Ausgestaltung des für die Aufgabenwahrnehmung der Kassenärztlichen Vereinigungen geltenden Rechtsrahmens

Gemäß § 78 Abs. 3 Satz 1 SGB V sind die Kassenärztlichen Vereinigungen uneingeschränkt auf Gesetz und sonstiges Recht verpflichtet. Dass die als Kontrollnorm ausgestaltete Bestimmung eine entsprechende Bindungsnorm umschließt, ergibt sich bereits aus ihrem Wortlaut. Denn wenn sich die staatliche Aufsicht auf die Gesetzes- und Rechtsbeachtung erstreckt, muss die beaufsichtigte juristische Person selbstverständlich auch zur Gesetzes- und Rechtsbeachtung verpflichtet sein.[1001]

Den Kassenärztlichen Vereinigungen obliegen nach dem Gesetz die Aufgaben, einerseits die vertragsärztliche Versorgung sicherzustellen, die Einhaltung der gesetzlichen und vertraglichen Erfordernisse den Krankenkassen gegenüber zu gewährleisten sowie die Erfüllung der den Vertragsärzten obliegenden Pflichten zu überwachen und andererseits die Rechte der Vertragsärzteschaft gegenüber den Krankenkassen wahrzunehmen.[1002] Diese Aufgabenumschreibung ist höchst diffus und vage.[1003] Die Kassenärztlichen Vereinigungen haben damit das Recht und die Pflicht, die ihnen zugewiesenen Aufgaben „*weitgehend eigenverantwortlich zu lösen. (...) Ihnen steht somit ein wesentlich weiter gezogener Bereich an Selbstverwaltung und Eigenverantwortung offen.*“[1004]

An der Gültigkeit dieses Gesamteindrucks ändert auch der mit dem GKV-VSG am 23.07.2015 in Kraft getretene § 75 Abs. 1 a SGB V nichts. Zwar präzisiert die Vorschrift den Sicherstellungsauftrag, indem sie den Kassenärztlichen Vereinigungen als konkret auszuführende Maßnahme

1001 *Merten*, Zum Selbstverwaltungsrecht Kassenärztlicher Vereinigungen, S. 28.

1002 S. dazu oben II.1.

1003 So zutreffend *Schnapp* in: Merten, Die Selbstverwaltung im Krankenversicherungsrecht, S. 35.

1004 LSG Nordrhein-Westfalen v. 20.12.1978, L 1 Ka 27/78, Breithaupt 1979, 393 = ArztR 1980, 19; zutreffend auch *Schiller* in: Schnapp/Wigge, Handbuch des Vertragsarztrechts, § 5, A. Rn. 32 sowie *Merten*, Zum Selbstverwaltungsrecht Kassenärztlicher Vereinigungen, S. 53. S. andeutungsweise bereits oben a)aa).

vorschreibt, Terminservicestellen einzurichten, und zudem konkrete Vorgaben für deren Aufgabe formuliert. Die Vorschrift gibt aber keine Durchführungsmodalitäten der zur Erfüllung dieser Aufgabe auszuübenden Tätigkeiten vor – und natürlich erst recht nicht zu Wesen, Umfang und Durchführungsmodalitäten der von den Kassenärztlichen Vereinigungen im Übrigen durchzuführenden Tätigkeiten.

Demnach bleibt ein fundamentaler Unterschied zwischen Krankenkassen und Kassenärztlichen Vereinigungen zu konstatieren.[1005] Die im Vergleich zu den gesetzlichen Krankenkassen andersartige gesetzliche Aufgabenstellung Kassenärztlicher Vereinigungen[1006] geht einher mit einer grundlegend unterschiedlichen Intensität der Regulierung des jeweiligen Tätigkeitsrahmens für die Aufgabenwahrnehmung. Das mit Blick auf die gesetzlichen Krankenkassen bestehende enge Regelungskorsett liegt in Ansehung der Kassenärztlichen Vereinigungen nicht vor – vielmehr genießen Letztere ein ungleich höheres Maß an Selbstverwaltungsautonomie.[1007]

(2) Zwischenergebnis

Für Kassenärztliche Vereinigungen scheidet damit die Bejahung des Kriteriums der staatlichen Aufsicht gemäß § 99 Nr. 2, 1. Halbsatz Buchst. b) GWB unter dem Aspekt eines engmaschigen Regelungsrahmens, dessen Einhaltung die staatliche Aufsichtsbehörde mit den ihr zur Verfügung stehenden Befugnissen kontrolliert, aus.[1008]

Damit bleibt zu prüfen, ob die die mit Blick auf die Kassenärztlichen Vereinigungen zur Anwendung kommenden Aufsichtsregelungen für sich

---

1005 So auch *Merten*, Zum Selbstverwaltungsrecht Kassenärztlicher Vereinigungen, S. 53; vgl. dazu auch *Schnapp* in: Merten, Die Selbstverwaltung im Krankenversicherungsrecht, S. 33 ff.

1006 Zum Unterschied in der Aufgabenstellung s. auch *Schiller* in: Schnapp/Wigge, Handbuch des Vertragsarztrechts, § 5, A. Rn. 32.

1007 Vgl. *Schnapp* in: Merten, Die Selbstverwaltung im Krankenversicherungsrecht, S. 39.

1008 Diese fundamentalen Unterschiede zwischen dem für die Krankenkassen und dem für die Kassenärztlichen Vereinigungen bei der jeweiligen Aufgabenwahrnehmung geltenden Regelungsregime bleiben gerade im vergaberechtlichen Schrifttum oft unberücksichtigt.

genommen und womöglich in ihrer Gesamtschau zur Annahme der erforderlichen engen Verbindung mit staatlichen Stellen führen können.

(3) Die Aufsichtsbefugnisse über Kassenärztliche Vereinigungen und ihre Reichweite

Die durch die Zurechnungskriterien der besonderen Staatsgebundenheit ausgedrückte enge Verbindung mit staatlichen Stellen liegt bei der auch in der Aufsichtsvariante vorzunehmenden funktionalen Betrachtungsweise[1009] vor, wenn die – oder einzelne – für die staatliche Aufsicht über Kassenärztliche Vereinigungen bestehenden Befugnisse die Annahme vertretbar erscheinen lassen, dass eine beeinträchtigende Einflussnahme auf Kassenärztliche Vereinigungen möglich ist. Das ist der Fall, wenn das Beschaffungsverhalten Kassenärztlicher Vereinigungen durch staatliche Aufsichtsbefugnisse, womöglich auch nur in Bezug auf bestimmte Tätigkeiten[1010], derart beeinflusst werden kann, dass die abstrakte Gefahr der Bevorzugung einheimischer Bieter oder aber die Orientierung an anderen als wirtschaftlichen Kriterien nicht auszuschließen ist.[1011]

(a) Präventive Aufsichtsbefugnisse über Kassenärztliche Vereinigungen

Notwendige (aber nicht hinreichende) Voraussetzung für eine solche beeinträchtigende Aufsicht ist damit, dass die Aufsichtsbehörde nicht nur zur nachprüfenden Kontrolle berufen ist, sondern die oder zumindest einzelne Aufsichtsbefugnisse gegenüber Kassenärztlichen Vereinigungen präventiv ausüben kann. Denn andernfalls wäre der staatlichen Aufsicht die erforderliche Einwirkungsmöglichkeit von vornherein nicht gegeben.[1012]

Tatsächlich ist die nach § 78 Abs. 3 Satz 1 und 2 SGB V i.V.m. §§ 88, 89 SGB IV mögliche aufsichtliche Rechtmäßigkeitskontrolle nicht allein auf nachträgliche Kontrolle angelegt, sondern auch präventiv möglich,

---

1009 S. dazu etwa oben Teil 2 G.III.2.

1010 Zur Maßgeblichkeit des Tätigkeitsbezugs bei der Prüfung des Merkmals der staatlichen Aufsicht s. bereits oben Teil 2 G.III.4.c)dd).

1011 Zum Begriff der beeinträchtigenden Einflussnahme s. oben Teil 2 G.III.4.b)dd) (2) bei Fn. 688.

1012 S. dazu oben Teil 2 G.III.4.b).

wobei der präventiven Form sogar Vorrang zukommen sollte.[1013] So berechtigt etwa die Prüfbefugnis aus § 88 SGB IV in entsprechender Anwendung die Aufsichtsbehörde, die gesamte Geschäfts- und Rechnungsführung der Kassenärztlichen Vereinigungen (anlassbezogen) zu prüfen und sich dabei etwa auch Unterlagen über einzelne Vergabeentscheidungen vorlegen zu lassen.

Allerdings rechtfertigt allein die Möglichkeit zu präventivem aufsichtlichem Einschreiten die Annahme der besonderen Staatsgebundenheit Kassenärztlicher Vereinigungen in der Aufsichtsvariante nicht, wenn und soweit auch die präventiv einsetzbaren Aufsichtsbefugnisse nur eine Rechtmäßigkeitskontrolle erlauben. Denn nach den bereits gewonnenen Erkenntnissen gewährt der maßgebliche rechtliche Rahmen den Kassenärztlichen Vereinigungen weitgehende Autonomie auch mit Blick auf Umfang und Durchführungsmodalitäten der zur Erfüllung ihrer Aufgaben ausgeübten Tätigkeiten.[1014] Die mit der nur relativ vage umrissenen gesetzlichen Aufgabenbeschreibung verbundene Autonomie gibt der Aufsichtsbehörde jedenfalls im Rahmen der Rechtmäßigkeitsprüfung keine Möglichkeit, das Beschaffungsverhalten Kassenärztlicher Vereinigungen beeinträchtigend zu beeinflussen.

Eine beeinträchtigende Einflussnahme (auch) auf das Beschaffungsverhalten Kassenärztlicher Vereinigungen ist angesichts der diesen bei ihrer Aufgabenerfüllung zukommenden weitgehenden Autonomie allenfalls möglich, wenn Maßstab der – präventiven – staatlichen Aufsicht über Kassenärztliche Vereinigungen nicht allein die Rechtmäßigkeit ihres Verhaltens ist, sondern darüber hinaus auch Zweckmäßigkeitsaspekte ein aufsichtliches Einschreiten rechtfertigen können.[1015] Nur dann lässt sich womöglich (aber nicht automatisch) die Annahme vertreten, durch staatliche

---

1013 So auch *Schirmer/Kater/Schneider*, Aufsicht in der Sozialversicherung, Nr. 200, S. 3.

1014 S. oben (1). Auf diese Autonomie stellt auch der EuGH im Urt. v. 12.9.2013, Rs. C-526/11 – *IVD*, Rn. 27, NVwZ 2014, 59 = EuZW 2013, 860, ab; s. dazu bereits oben C.III.2.b)cc) bei Fn. 908.

1015 Im Hinblick auf die bereits festgestellte Autonomie der Kassenärztlichen Vereinigungen bei der Erfüllung der ihr gesetzlich zugewiesenen Aufgaben mag eine solche Zweckmäßigkeitsaufsicht nach deutschem Rechtsverständnis auf den ersten Blick als widersprüchlich empfunden werden. Die „Tätigkeitsautonomie" der Kassenärztlichen Vereinigungen ist aber hier im europarechtlichen Kontext zu sehen und von den Voraussetzungen und der Reichweite des Einschreitens der staatlichen Aufsichtsbehörde zu trennen. So ist es etwa denkbar, dass eine

Aufsichtsbefugnisse könne auf das Beschaffungsverhalten Kassenärztlicher Vereinigungen so eingewirkt werden, dass die abstrakte Gefahr, es könnten einheimische Bieter bevorzugt oder aber andere als wirtschaftliche Überlegungen angestellt werden, nicht ausgeschlossen werden kann.

Zu prüfen bleibt also, ob und bejahendenfalls inwieweit die auf die Kassenärztlichen Vereinigungen anzuwendenden Aufsichtsregelungen der Aufsichtsbehörde ein Einschreiten auch unter Zweckmäßigkeitsaspekten ermöglichen.

(b) Grundsatz: Beschränkung der staatlichen Aufsicht über die Kassenärztlichen Vereinigungen auf Rechtsmäßigkeitskontrolle

Das BSG hat bereits ausdrücklich klargestellt, dass die staatliche Aufsicht über die Kassenärztlichen Vereinigungen grundsätzlich auf eine Rechtmäßigkeitskontrolle beschränkt ist. Es hat dabei auch auf die Entstehungsgeschichte der aufsichtsrechtlichen Vorschriften verwiesen:

„*Mit der schließlich Gesetz gewordenen Regelung hat das GKAR in § 368 k Abs 3 Satz 4 RVO die grundsätzliche Beschränkung der Staatsaufsicht über KÄBV und KÄVen auf eine Rechtsaufsicht, wie sie für die Krankenkassen und die übrigen Sozialversicherungsträger erst später durch das Gesetz über die Errichtung des Bundesversicherungsamts, die Aufsicht über die Sozialversicherungsträger und die Regelung von Verwaltungszuständigkeiten in der Sozialversicherung und der betrieblichen Altersfürsorge (vom 9. 5. 1956, BGBl I 415) realisiert wurde, vorweggenommen (vgl Hess/Venter, Das Gesetz über Kassenarztrecht, 1955, § 368 k Anm III). Eine Fachaufsicht sollte nur noch stattfinden, soweit der Aufsichtsbehörde durch Gesetz ausnahmsweise eine Entscheidung nach Zweckmäßigkeitserwägungen übertragen ist oder die zu treffende Entscheidung voraussetzt, dass derartige Erwägungen berücksichtigt werden (Jantz/Prange, Das gesamte Kassenarztrecht, Stand 1956, C.-II.- § 368 k RdNr 6).*“[1016]

---

beaufsichtigte Einrichtung ihre Aufgaben nach dem maßgeblichen innerstaatlichen Recht grundsätzlich eigenverantwortlich und autonom erfüllen darf, dies aber unter dem Vorbehalt steht, dass die staatliche Aufsichtsbehörde (auch) unter Zweckmäßigkeitsaspekten einschreiten darf.

1016 BSG v. 6.5.2009, B 6 A 1/08 R, Rn. 39, BSGE 103, 106 = MedR 2010, 347; die Auffassung des BSG als höchste sozialgerichtliche Instanz ist maßgeblich für

Zwar kommt es auf die in der deutschen Rechtsterminologie herrschende Differenzierung zwischen Rechts- und Fachaufsicht wegen des europarechtlich besetzten Aufsichtsbegriffs in § 99 Nr. 2 GWB nicht an.[1017] Nur im Ausgangspunkt an diese für die vorliegende Untersuchung unmaßgebliche Terminologie anknüpfend zeigen aber die Aussagen des BSG inhaltlich, dass sich die staatliche Aufsicht über die Kassenärztlichen Vereinigungen grundsätzlich auf eine Rechtmäßigkeitsprüfung beschränkt – und eben dies ist auch für die autonom-europarechtliche Auslegung des Begriffs der staatlichen Aufsicht im Sinne des § 99 Nr. 2 GWB von Bedeutung.

(c) Die haushaltsrechtlichen Grundsätze der Wirtschaftlichkeit und Sparsamkeit und die aufsichtsrechtliche Kontrolle ihrer Einhaltung

Im Bereich der Rechtsaufsicht über die Sozialversicherungsträger[1018] hat der Maßstab der Wirtschaftlichkeit und Sparsamkeit einen angestammten Platz.[1019]

Ähnliches gilt wegen § 78 Abs. 6 SGB V i.V.m. § 69 Abs. 2 SGB IV für die Kassenärztlichen Vereinigungen, die bei der Aufstellung und Ausführung des Haushaltsplans ebenfalls sicherzustellen haben, dass sie die ihnen obliegenden Aufgaben unter Berücksichtigung der Grundsätze der Wirtschaftlichkeit und Sparsamkeit erfüllen können.[1020]

Die so herbeigeführte Verrechtlichung der Begriffe der Wirtschaftlichkeit und Sparsamkeit führt dazu, dass sie Maßstab und Teil des Programms rechtsaufsichtlicher Prüfungen sind bzw. sein können. Da das Verwaltungshandeln in der Regel nicht kostenneutral ist, besteht möglicherweise die Gefahr, dass die Aufsichtsbehörde über die Haushaltskontrolle die Gesetzmäßigkeitskontrolle zu einer Zweckmäßigkeitskontrolle ausweitet, insbesondere wenn sie ihre eigene Auffassung über die Wirt-

die Auslegung derjenigen Vorschriften, die auch für die Beurteilung der Kassenärztlichen Vereinigungen am Aufsichtskriterium in § 99 Nr. 2 GWB relevant sind.

1017 S. dazu oben Teil 2 G.III.4.a).

1018 § 87 Abs. 1 i.V.m. § 69 Abs. 2 SGB IV; zu diesem Bereich ausführlich etwa *Schnapp* in: Schulin, Handbuch des Sozialversicherungsrechts Bd. 1, § 52 Rn. 64 ff.

1019 *Kahl*, Staatsaufsicht, S. 401.

1020 S. dazu bereits oben 1.c).

schaftlichkeit und Sparsamkeit von Verwaltungstätigkeit an die Stelle derjenigen der Selbstverwaltungskörperschaft setzt.[1021] Zwar handelt es sich bei dem Wirtschaftlichkeitsprinzip um einen Rechtmäßigkeitsmaßstab. Aufgrund seiner inhaltlichen Offenheit könnte es aber als – zumindest potentielles – Einfallstor für Zweckmäßigkeitsüberlegungen wirken.[1022] Dies könnte die „*Gefahr von politischen Interventionen in juristischem Gewande*" bergen.[1023]

So wird etwa vertreten, dass die Aufsichtsbehörde mit den ihr zur Verfügung stehenden Aufsichtsinstrumenten im Sinne einer Kontextsteuerung das wirtschaftliche Verhalten, also auch die Wirtschaftlichkeit und die Sparsamkeit von Vergabeentscheidungen kontrollieren könne.[1024]

Zu prüfen ist, ob dieser Einwand berechtigt ist, ob also womöglich wegen der auch die Wirtschaftlichkeit und Sparsamkeit erfassenden Rechtsaufsicht über Kassenärztliche Vereinigungen eine beeinträchtigende Einflussnahme auf ihr Beschaffungsverhalten zu befürchten ist.

(aa) Begriffsklärung

Die Begriffe der Wirtschaftlichkeit[1025] und Sparsamkeit sind inhaltlich nicht eindeutig und weder abstrakt noch im konkreten Fall hinreichend bestimmbar.[1026] Sie bedürfen wegen ihrer ungenügenden Präzision einer Wertung, so dass sie als unbestimmte Rechtsbegriffe anzusehen sind.[1027]

Wirtschaftlichkeit kann niemals als solche, sondern nur in einer Relation bewertet werden.[1028] Auch Sparsamkeit führt nicht dazu, dass in jedem Fall niedrigere Kosten höheren vorzuziehen sind. Entscheidend muss viel-

1021 *Merten*, Zum Selbstverwaltungsrecht Kassenärztlicher Vereinigungen, S. 33.

1022 Vgl. etwa *Kahl*, Staatsaufsicht, S. 545 m.w.N.; *Schnapp* in: ders./Wigge, Handbuch des Vertragsarztrechts, § 24, II. Rn. 3.

1023 *Salzwedel* in: VVDStRL 22, 206 ff. (206); dazu aus jüngerer Zeit etwa *Schnapp*, SGb 2015, 61 ff. (66).

1024 *Rixen*, GesR 2006, 49 ff. (54).

1025 Allgemein zum Wirtschaftlichkeitsgebot als Haushaltsprinzip sowie zum Wirtschaftlichkeitsgebot im Krankenversicherungsrecht auch *Merten*, Zum Selbstverwaltungsrecht Kassenärztlicher Vereinigungen, 1995, S. 18 ff.

1026 *Merten* in: ders., Die Selbstverwaltung im Krankenversicherungsrecht, S. 24.

1027 Vgl. statt aller *Stern*, Staatsrecht der Bundesrepublik Deutschland Bd. II, S. 439.

1028 *Merten*, Zum Selbstverwaltungsrecht Kassenärztlicher Vereinigungen, S. 30 mit folgendem anschaulichen Beispiel: Die Anschaffung einer Luxuslimousine kann nicht als solche gegen die Grundsätze der Wirtschaftlichkeit und Sparsamkeit

mehr sein, ob für das zu erreichende Ziel der Mitteleinsatz so gering wie möglich gehalten wurde.[1029]

In Anlehnung an die Wirtschaftswissenschaften kann Wirtschaftlichkeit als das Prinzip formuliert werden, entweder mit gegebenen Mitteln ein Ziel bestmöglich zu verwirklichen (Maximalprinzip) oder ein bestimmtes Ziel mit kleinstmöglichen Mitteln zu realisieren (Minimalprinzip).[1030] Das Sparsamkeitsgebot betrifft die Mittelverwendung und fordert unter Abwägung aller zu berücksichtigenden Umstände den geringstmöglichen Einsatz an Mitteln.[1031] Nach der Rechtsprechung des BSG hat das Sparsamkeitsgebot keine eigenständige Bedeutung; es stimme vielmehr mit dem Minimalprinzip in vollem Umfang und mit dem Maximalprinzip insoweit überein, als die zur Verfügung gestellten Mittel zur Erreichung eines Mindestergebnisses dienen oder die bestmöglichen Ergebnisse mit den verfügbaren Mitteln erreicht werden sollen.[1032]

(bb) Wirtschaftlichkeit und Sparsamkeit als haushaltsrechtliches Gebot für die Tätigkeit Kassenärztlicher Vereinigungen

Dem Gedanken, in der Unbestimmtheit der Rechtsbegriffe „Wirtschaftlichkeit“ und „Sparsamkeit“ die Verrechtlichung und damit das potentielle Einfließen von Zweckmäßigkeitsgesichtspunkten in die Rechtmäßigkeitsprüfung einer Rechtsaufsichtsbehörde zu erkennen, lässt sich auf den ersten Blick nur wenig entgegensetzen. In der Tat kann die begriffliche Unschärfe grundsätzlich als Gefahr einer sich auch auf Zweckmäßigkeitsaspekte ausweitenden Aufsichtskontrolle gesehen werden.[1033]

Das führt aber nur dann zur Bejahung der besonderen Staatsgebundenheit Kassenärztlicher Vereinigungen in der Aufsichtsvariante gemäß § 99 Nr. 2, 1. Halbsatz Buchst. b) GWB, wenn diese Gefahr aufsichtlicher

---

verstoßen. Es kommt vielmehr darauf an, zu welchen Zwecken sie eingesetzt wird, ob z.B. zum Aktentransport oder für Staatsbesuche.

1029 *Merten* in: ders., Die Selbstverwaltung im Krankenversicherungsrecht, S. 24.

1030 Vgl. nur *Stern*, Staatsrecht der Bundesrepublik Deutschland Bd. II, S. 439.

1031 *Vogel/Kirchhof* in: Bonner Kommentar zum Grundgesetz, Art. 114 Nr. 91; *Merten*, Zum Selbstverwaltungsrecht Kassenärztlicher Vereinigungen, S. 44.

1032 BSG v. 26.8.1983, 8 RK 29/82, Rn. 14, BSGE 55, 277 = SozR 2100 § 69 Nr. 3.

1033 Von „*Entrechtlichung*“ und „*Politisierung*“ der Staatsaufsicht spricht in diesem Zusammenhang *Degenhart*, DVBl 1982, 872 ff; vgl. auch *Pietzcker* in: VVDStRL 41, 193 ff. (196).

Zweckmäßigkeitserwägungen auch konkret mit Blick auf die staatliche Aufsicht über Kassenärztliche Vereinigungen nicht ausgeschlossen erscheint – was es im Folgenden zu prüfen gilt.

(aaa) Berücksichtigungsgebot des § 69 Abs. 2 SGB IV

Das haushaltsrechtliche Berücksichtigungsgebot des § 69 Abs. 2 SGB IV gilt nicht uneingeschränkt, sondern nur im Rahmen der Pflicht, bei der Aufstellung und Ausführung des Haushaltsplans sicherzustellen, dass die obliegenden Aufgaben erfüllt werden können.[1034] Die Berücksichtigung der Grundsätze der Wirtschaftlichkeit und Sparsamkeit ist also nicht alleiniges Ziel, sondern – neben der Sicherstellung der Aufgabenerfüllung bei Aufstellung und Ausführung des Haushaltsplans – nur Teilziel des § 69 Abs. 2 SGB IV. Beide Teilziele müssen nicht notwendigerweise harmonieren, sondern können wegen ihres unterschiedlichen Inhalts mitunter auch kollidieren. Im Fall eines Zielkonflikts steht es aber der Kassenärztlichen Vereinigung nicht frei, nach ihrem Ermessen zwischen den Zielen zu wählen und das eine zu Lasten des anderen zu präferieren. Vielmehr folgt aus Wortlaut und Gesetzeszweck des § 69 Abs. 2 SGB IV, dass die Aufgabenerfüllung der Kassenärztlichen Vereinigung gegenüber der Pflicht zur Berücksichtigung der Grundsätze der Wirtschaftlichkeit und Sparsamkeit als vorrangig anzusehen ist.[1035] § 69 Abs. 2 SGB IV stellt also eine Zielrangfolge auf, nach der in erster Linie das Sachprogramm, das heißt die sozialrechtliche Aufgabenzuweisung an den Sozialversicherungsträger bzw. – über § 78 Abs. 6 SGB V – die Kassenärztlichen Vereinigungen maßgebend ist.[1036] Das Bemühen um die Wirtschaftlichkeit nimmt demgegenüber in der Zielrangfolge des § 69 Abs. 2 SGB IV den zweiten Rang ein, es muss, wie auch sonst im Haushaltsrecht, das „Zweitmotiv" bleiben.[1037] Wirtschaftlichkeit darf demnach insoweit niemals zum Selbstzweck werden.[1038] Aus der dargelegten Rangordnung der Ziele folgt, dass die Kassenärztliche Vereinigung ihre Aufgaben nicht etwa deshalb vernachlässi-

1034 *Merten*, Zum Selbstverwaltungsrecht Kassenärztlicher Vereinigungen, S. 29.
1035 *Merten*, Zum Selbstverwaltungsrecht Kassenärztlicher Vereinigungen, S. 29.
1036 *Merten*, Zum Selbstverwaltungsrecht Kassenärztlicher Vereinigungen, S. 29.
1037 *Kirchhof*, NVwZ 1983, 505 ff. (512).
1038 So zutreffend *Merten*, Zum Selbstverwaltungsrecht Kassenärztlicher Vereinigungen, S. 29.

gen oder schlecht erfüllen darf, weil Mitarbeiter auf Grund besonderer Umstände nur für höheres Entgelt als üblich zu gewinnen sind, sondern dass primär die Aufgaben zu erfüllen und bei der Einstellung hierfür unerlässlicher Mitarbeiter die Grundsätze von Wirtschaftlichkeit und Sparsamkeit mit zu berücksichtigen sind.[1039]

Die Relativierung des Sekundärziels wird im Übrigen auch daran deutlich, dass § 69 Abs. 2 SGB IV nicht dazu verpflichtet, die Wirtschaftlichkeit und Sparsamkeit als solche anzuvisieren, sondern nur deren Grundsätze.[1040]

Darüber hinaus sind diese Grundsätze nur zu „berücksichtigen" und nicht zu „beachten". Anders als § 78 Abs. 3 Satz 1 SGB V, der als Maßstab der staatlichen Aufsicht die „Beachtung von Gesetz und sonstigem Recht" normiert, enthält § 69 Abs. 2 SGB IV also kein Beachtungs-, sondern nur ein Berücksichtigungsgebot.[1041]

Auch die damit anerkanntermaßen verbundene geringere normative Bindungsintensität[1042] ist im Anwendungsbereich des § 69 Abs. 2 SGB IV bedeutsam, da bei einer Verpflichtung, die Aufgabenerfüllung sicherzustellen, die Grundsätze der Wirtschaftlichkeit und Sparsamkeit nicht immer rigoros eingehalten werden können.[1043]

1039 *Merten*, Zum Selbstverwaltungsrecht Kassenärztlicher Vereinigungen, S. 52.

1040 *Merten*, Zum Selbstverwaltungsrecht Kassenärztlicher Vereinigungen, S. 29.

1041 *Merten*, Zum Selbstverwaltungsrecht Kassenärztlicher Vereinigungen, S. 29.

1042 Vgl. dazu etwa BSG v. 10.5.2000, B 6 KA 20/99 R, Rn. 42, BSGE 86, 126: „*Bereits die Verwendung des Verbs `beachten` bringt eine höhere Intensität der Gesetzesbindung zum Ausdruck als der Bedeutungsgehalt des Verbs `berücksichtigen` [...]. Demgemäß hat der Senat den Begriff `beachten` [...] im Sinne von `als verbindlich zugrunde legen` definiert, während dem Verb `berücksichtigen` nur der Bedeutungsgehalt beigemessen worden ist, dass Gesichtspunkte in Betracht gezogen werden müssen und eine sachliche Auseinandersetzung mit ihnen zu erfolgen hat, aber nach pflichtgemäßer Abwägung davon abgewichen werden darf [...].*"; zum Unterschied zwischen Beachtungs- und Berücksichtigungsgebot s. auch BVerfG v. 14.12.1982, 2 BvR 1261/79, Rn. 34, BVerfGE 62, 374 = NJW 1984, 915; lehrreich auch *Axer*, Normsetzung der Exekutive in der Sozialversicherung, S. 48.

1043 *Merten*, Zum Selbstverwaltungsrecht Kassenärztlicher Vereinigungen, S. 30.

(bbb) Wirtschaftlichkeit und Selbstverwaltung Kassenärztlicher Vereinigungen

Nach deutschem Verwaltungsorganisationsrecht sind Kassenärztliche Vereinigungen dem Typus der funktionalen oder Betroffenen-Selbstverwaltung zuzuordnen. Die ihn prägenden staatsrechtlichen Merkmale sind die rechtliche Selbstständigkeit, die demokratische Legitimation der Leitungsorgane durch die Mitglieder und die weisungsfreie und eigenverantwortliche Erfüllung „eigener", durch die sachliche und persönliche Betroffenheit qualifizierter Aufgaben.[1044] Dahinter steht als materieller Grundgedanke der im demokratischen und freiheitlichen Verfassungsprinzip wurzelnden Selbstverwaltung und der damit einhergehenden Autonomie, *„[...] die in den gesellschaftlichen Gruppen lebendigen Kräfte in eigener Verantwortung zur Ordnung der sie besonders berührenden Angelegenheiten heranzuziehen [...]"*.[1045] Diese gesellschaftlichen Kräfte sollen aktiviert werden, *„[...] die Regelung solcher Angelegenheiten, die sie selbst betreffen und die sie in überschaubaren Bereichen am sachkundigsten beurteilen können [...]"*, eigenverantwortlich vorzunehmen.[1046]

Hat der Gesetzgeber einen Träger der öffentlichen Verwaltung mit Selbstverwaltung ausgestattet[1047], so hat die Aufsichtsbehörde bei ihrer

---

1044 *Wolff u.a.*, Verwaltungsrecht Bd. II, § 80, S. 313 Rn. 280; vgl. auch bereits oben 1.a) bei Fn. 927.

1045 BVerfG v. 9.5.1972, 1 BvR 518/62 und 1 BvR 308/64, Rn. 107, BVerfGE 33, 125 = NJW 1972, 1504; weiterführend zur demokratischen Legitimation funktionaler Selbstverwaltung BVerfG v. 5.12.2002, 2 BvL 5/98 und 2 BvL 6/98, BVerfGE 107, 59 = NVwZ 2003, 974; zur Selbstverwaltung im Gesundheitswesen vgl. etwa auch *Boerner* in: Schmehl/Wallrabenstein, Steuerungsinstrumente im Recht des Gesundheitswesens, Bd. 2, S. 3 m.w.N.

1046 BVerfG v. 9.5.1972, 1 BvR 518/62 und 1 BvR 308/64, Rn. 103, BVerfGE 33, 125 = NJW 1972, 1504; vgl. dazu auch *Merten*, Zum Selbstverwaltungsrecht Kassenärztlicher Vereinigungen, S. 34.

1047 Anders als den Sozialversicherungsträgern in § 29 SGB IV, aber vergleichbar den Landesärztekammern ist den Kassenärztlichen Vereinigungen vom Gesetz nicht ausdrücklich das Recht zur Selbstverwaltung eingeräumt worden. Wie die Landesärztekammern üben sie damit Selbstverwaltung aus, ohne dass das Recht hierzu explizit geregelt worden wäre oder hätte werden müssen. Denn das Ausmaß an materieller Selbstverwaltung ergibt sich zum einen von den gesetzlich freigelassenen Handlungsspielräumen, zum anderen von den Befugnissen der Staatsaufsicht her; ausführlich zum Ganzen etwa *Schnapp* in: Merten, Die Selbstverwaltung im Krankenversicherungsrecht, S. 28; s. auch bereits oben C.III.2.b)cc) bei Fn. 901.

Kontrolle diese Entscheidung zu achten und darf sie nicht in der Weise unterlaufen, dass „*die Selbstverwaltung zu einem inhaltsleeren Begriff*"[1048] wird. Bei Trägern von Selbstverwaltung geht es also begrifflich um Freiheit von staatlicher Ingerenz.[1049] Daher endet die Kontroll- und Ersetzungskompetenz der Aufsichtsbehörden früher als die der Gerichte.[1050]

Die Grundsätze der Wirtschaftlichkeit und Sparsamkeit ziehen vor diesem Hintergrund den Gestaltungsspielräumen der Kassenärztlichen Vereinigungen nicht einseitig Grenzen, sondern sind ihrerseits unter Berücksichtigung der Selbstverwaltungsautonomie der Kassenärztlichen Vereinigungen auszulegen.[1051] Mangels Eindeutigkeit und Präzision enthalten die Begriffe der Wirtschaftlichkeit und Sparsamkeit eine Entscheidungsbandbreite, die dem Rechtsanwender einen Beurteilungsspielraum eröffnet.[1052] Dürfte die in der nationalen Rechtsordnung als Rechtsaufsicht ausgestaltete staatliche Aufsicht nicht nur die Überschreitungen der Entscheidungsbandbreite oder des Beurteilungsspielraums kontrollieren, sondern auch innerhalb der freigelassenen Räume die Beurteilung der Selbstverwaltungskörperschaft kassieren und durch eine eigene ersetzen, so liefe die Beurteilungskontrolle im Ergebnis in der Tat auf eine Zweckmäßigkeitskontrolle hinaus, die bei der Rechtsaufsicht aber ausgeschlossen und der Fachaufsicht vorbehalten ist.[1053]

In diesem Zusammenhang hat das BSG mit Blick auf Sozialversicherungsträger ausgeführt: „*Schon die sachbedingten Schwierigkeiten einer Erfolgskontrolle fordern, dass dem einzelnen Versicherungsträger bei der Beurteilung der Wirtschaftlichkeit und Sparsamkeit einer Maßnahme ein Beurteilungsspielraum in Gestalt einer Einschätzungsprärogative verbleiben muss. Dieses Vorrecht des Versicherungsträgers wird durch das ihm zustehende Selbstverwaltungsrecht noch verstärkt. Der Grundsatz maßvol-*

1048 BSG v 11.8.1992, 1 RR 7/91, Rn. 13 m.N. aus der Literatur, BSGE 71, 108 = NZS 1992, 151; vgl. auch *Merten*, Zum Selbstverwaltungsrecht Kassenärztlicher Vereinigungen, S. 34.

1049 Vgl. *Schnapp* in: Butzer, Wirtschaftlichkeit durch Organisations- und Verfahrensrecht, S. 117.

1050 *Schnapp* in: Butzer, Wirtschaftlichkeit durch Organisations- und Verfahrensrecht, S. 117; *ders.* in: Schnapp/Wigge, Handbuch des Vertragsarztrechts, § 22 Rn. 33.

1051 Mit Blick auf Industrie- und Handelskammern ebenso *Ziekow*, WiVerw 2013, 58 ff. (S. 69).

1052 *Merten*, Zum Selbstverwaltungsrecht Kassenärztlicher Vereinigungen, S. 35.

1053 *Merten*, Zum Selbstverwaltungsrecht Kassenärztlicher Vereinigungen, S. 34.

ler Ausübung der Rechtsaufsicht verlangt bei der Handhabung derart unbestimmter Rechtsbegriffe, dass der Selbstverwaltung ein angemessener Bewertungsspielraum verbleibt.“[1054]

Dabei zieht das BSG für das Einschreiten der Aufsichtsbehörde die Grenze der wirtschaftlichen Vertretbarkeit der jeweiligen Entscheidung.[1055] Das gilt jedenfalls für die Verwaltungstätigkeit gesetzlicher Krankenkassen im Bereich der Sach- und Vermögensverwaltung.[1056] Diese Vertretbarkeitslehre geht davon aus, dass bei der Anwendung unbestimmter Rechtsbegriffe das Verhalten der beaufsichtigten Einrichtung auf seine Rechtmäßigkeit hin in der Regel zwar kontrollierbar ist, in Grenzfällen der eigentliche Bereich der Wertung aber hiervon ausgenommen und in der Verantwortung der Einrichtung belassen ist. Sind in derartigen Grenzfällen mehrere Lösungen vertretbar, dann ist die von der Einrichtung gewählte und sich im Rahmen des Vertretbaren haltende Entscheidung als rechtmäßig anzusehen und einer Einwirkung durch die Aufsichtsbehörde entzogen.[1057] Namentlich in den Bereichen, in denen das Verwaltungshandeln durch unbestimmte Rechtsbegriffe wie „Wirtschaftlichkeit“, „Sparsamkeit“, „Zweckmäßigkeit“ oder „Angemessenheit“ bestimmt wird, ergeben sich Freiräume, die es den Selbstverwaltungskörperschaften erlau-

---

1054 BSG v. 11.8.1992, 1 RR 7/91, BSGE 71, 108 = NZS 1992, 151; vgl. bereits BSG v. 26.8.1983, 8 RK 29/82, Rn. 17, BSGE 55, 277 = SozR 2100 § 69 Nr. 3, wo ein „gehöriger Bewertungsspielraum“ zugestanden wird; zum Grundsatz der maßvollen Ausübung der Rechtsaufsicht vgl. aus der neueren Rechtsprechung etwa BSG v. 14.2.2007, B 1 A 3/06 R, BSGE 98, 129 = NZS 2008, 89; v. 18.7.2006, B 1 A 2/05 R, SozR 4-2400 § 80 Nr. 1 = SGb 2007, 103; v. 22.3.2005, B 1 A 1/03 R, BSGE 94, 221 = ZMGR 2005, 264; v. 28.6.2000, B 6 KA 64/98 R, BSGE 86, 203 = MedR 2001, 95; s. aus der Literatur zum Ganzen auch *Schnapp* in: Butzer, Wirtschaftlichkeit durch Organisations- und Verfahrensrecht, S. 117 f.; *Merten*, Zum Selbstverwaltungsrecht Kassenärztlicher Vereinigungen, S. 35.

1055 Vgl. etwa BSG v. 31.5.2016, B 1 A 2/15 R, SozR 4-2500 § 194 Nr. 1 = VersR 2016, 1011; v. 14.2.2007, B 1 A 3/06 R, BSGE 98, 129 = NZS 2008, 89; *Merten*, Zum Selbstverwaltungsrecht Kassenärztlicher Vereinigungen, S. 35, der dort auch zutreffend ausführt, dass „Vertretbarkeit“, „Einschätzungsprärogative“ und „Beurteilungsspielraum“ lediglich drei theoretische Varianten sind, um eine nur beschränkte gerichtliche Überprüfung bei der Anwendung unbestimmter Rechtsbegriffe zu begründen.

1056 Vgl. BSG v. 3.3.2009, B 1 A 1/08 R, Rn. 16, BSGE 102, 281 = SozR 4-2500 § 222 Nr. 1.

1057 *Merten,* Zum Selbstverwaltungsrecht Kassenärztlicher Vereinigungen, S. 35.

ben, innerhalb der vom Gesetz gezogenen Grenzen die ihnen sinnvoll und zweckmäßig erscheinenden Regelungen zu treffen.[1058]

Auch mit Hilfe der Vertretbarkeitslehre kann zwar keine exakte Grenze zwischen Entscheidungsfreiheit der Selbstverwaltungskörperschaften und Kontrolldichte der Aufsichtsbehörden bestimmt werden.[1059] Es stehen aber geeignete Kriterien zur Verfügung, um einen Entscheidungsfreiraum[1060] für die autonome Körperschaft einerseits und das Gebiet der Rechtkontrolle der Aufsichtsbehörde andererseits zu vermessen.[1061] Zunächst darf die Selbstverwaltungskörperschaft, insbesondere wenn sie gesetzlich nicht determinierte Planungsziele aufstellen darf, darüber befinden, was sie als „wirtschaftlich" oder „sparsam" ansieht.[1062] Derartige Gestaltungsmöglichkeiten sind zu respektieren.[1063] Nur wenn Bewertung, Beurteilung oder Einschätzung für einen objektiven Betrachter unter keinem Gesichtspunkt mehr als vertretbar[1064] erscheinen, ist der Entscheidungsspielraum überschritten und darf die Aufsichtsbehörde im Rahmen der Rechtskontrolle tätig werden.[1065]

Nach alledem werden also sogar den gesetzlichen Krankenkassen als Sozialversicherungsträgern autonome Entscheidungen – wenngleich im Wesentlichen beschränkt auf die Bereiche der inneren Organisation und

---

1058 Vgl. BSG v. 9.12.1997, 1 RR 3/94, Rn. 18, SozR 3-2400 § 41 Nr. 1 = SozSich 1998, 430.

1059 So zutreffend *Merten*, Zum Selbstverwaltungsrecht Kassenärztlicher Vereinigungen, S. 35.

1060 Vgl. etwa *Kahl*, Staatsaufsicht, S. 543, der von *„administrativer Letztentscheidungsermächtigung"* durch die Verwendung unbestimmter Rechtsbegriffe spricht.

1061 S. auch dazu *Merten*, Zum Selbstverwaltungsrecht Kassenärztlicher Vereinigungen, S. 35.

1062 *Merten*, Zum Selbstverwaltungsrecht Kassenärztlicher Vereinigungen, S. 35.

1063 *Seewald*, SGb 1985, 51 ff. (55).

1064 Zur aufsichtlichen Beurteilung als „vertretbar" oder „unvertretbar" wird im Schrifttum häufig auf das Kriterium der Offenkundigkeit der Rechtswidrigkeit abgestellt, vgl. etwa *Hess* in: KassKom, SGB V, § 78 Rn. 4; teilweise wird auch vertreten, ein aufsichtliches Einschreiten sei nur bei *„schwerwiegenden Verstößen"* gegen die Grundsätze vernünftigen Verwaltungshandelns zulässig; so etwa *Schnapp* in: Schulin, Handbuch des Sozialversicherungsrechts Bd. 1, § 52 Rn 68. Ob beide Ansichten inhaltlich identisch sind oder zumindest regelmäßig zum selben Ergebnis führen, ist hier nicht zu vertiefen.

1065 *Merten*, Zum Selbstverwaltungsrecht Kassenärztlicher Vereinigungen, S. 36; ebenso *Kluth*, WiVerw 2014, 279 ff. (288).

Finanzverwaltung[1066] – zugestanden, obwohl der für ihre Tätigkeiten maßgebliche Rechtsrahmen nach den obigen Feststellungen eine extrem hohe Regelungsdichte aufweist, weshalb ihnen nach Auffassung des Bundesverfassungsgerichts Selbstverwaltung im Sinne eines Freiraums für eigenverantwortliches Handeln nur in außerordentlich bescheidenem Umfang eingeräumt ist.[1067] Erst recht und in ungleich höherem Maß muss das Recht zu autonomen Entscheidungen zugunsten Kassenärztlicher Vereinigungen im Rahmen des – nur entsprechend geltenden[1068] – haushaltsrechtlichen Gebots zur Berücksichtigung der Grundsätze der Wirtschaftlichkeit bestehen. Ausgangspunkt ist dabei, dass sich der Prüfungsmaßstab der Aufsichtsbehörde nach den rechtlichen Vorgaben für das Verhalten der beaufsichtigten Körperschaft richtet, das Gegenstand der Aufsichtsmaßnahme ist.[1069] Wie bereits gezeigt, gewährt der maßgebliche Rechtsrahmen den Kassenärztlichen Vereinigungen erhebliche Autonomie bei ihrer Aufgabenerledigung, was sie von den gesetzlichen Krankenkassen unterscheidet.[1070] Den Kassenärztlichen Vereinigungen ist das Recht und die Pflicht übertragen, die ihnen zugewiesenen Aufgaben „*weitgehend eigenverantwortlich zu lösen [...]. Ihnen steht somit ein wesentlich weitergezogener Bereich an Selbstverwaltung und Eigenverantwortung offen*“.[1071] Dazu passt im Übrigen, dass der Erlass etwaiger (sei es auch nur empfehlungsartiger) aufsichtsbehördlicher Richtlinien, die das Verhalten der Richtlinienadressaten auch in Bezug auf Wirtschaftlichkeit und Sparsamkeit auf informelle Art steuern sollen[1072], jedenfalls gegenüber Kassenärztlichen Vereinigungen nicht statthaft ist.

1066 Vgl. BSG v. 11.8.1992, 1 RR 7/91, BSGE 71, 108 = NZS 1992, 151; *Merten*, Zum Selbstverwaltungsrecht Kassenärztlicher Vereinigungen, S. 34.

1067 S. dazu oben cc).

1068 Zur entsprechenden Geltung der Aufsichtsvorschriften der §§ 88 und 89 SGB IV und den damit verbundenden Konsequenzen s. oben dd).

1069 Vgl. BSG v. 31.5.2016, B 1 A 2/15 R, SozR 4-2500 § 194 Nr. 1 = VersR 2016, 1011.

1070 S. nur oben (1).

1071 LSG Nordrhein-Westfalen v. 20.12.1978, L 1 Ka 27/78, Breithaupt 1979, 393 = ArztR 1980, 19; *Merten*, Zum Selbstverwaltungsrecht Kassenärztlicher Vereinigungen, S. 52 ff; vgl. auch *Schnapp* in: Merten, Die Selbstverwaltung im Krankenversicherungsrecht, S. 33 ff.

1072 Vgl. dazu *Rixen*, GesR 2006, 49 ff. (54) in Ansehung der bundesunmittelbaren Krankenkassen; s. dazu auch bereits oben bb)(2) bei Fn. 979.

Daraus folgt auch: Rechtsaufsichtliche Wirtschaftlichkeitskontrolle über Kassenärztliche Vereinigungen besteht jedenfalls nicht darin, die Auffassung der Aufsichtsbehörde von wirtschaftlichem und sparsamem Verhalten an die Stelle derjenigen der Kassenärztlichen Vereinigungen setzen zu können.[1073] Wirtschaftlich vertretbare Entscheidungen der Selbstverwaltungskörperschaft sind vielmehr aufsichtsrechtlich hinzunehmen. Kassenärztliche Vereinigungen entscheiden in diesem Rahmen also selbst über die Wirtschaftlichkeit ihres Handelns. Die Beurteilung dessen, was wirtschaftlich (noch) vertretbar ist und was nicht (mehr), erfolgt nach objektiven Kriterien.[1074] Für hiervon losgelöste Versuche der Aufsichtsbehörde, etwa unter politischen Aspekten einen bestimmten, nicht an objektiven Kriterien ausgerichteten Willen durchzusetzen, ist kein Raum.

Unterliefe die Aufsichtsbehörde die weitreichende Einschätzungsprärogative Kassenärztlicher Vereinigungen, verletzte sie damit rechtswidrig den diesen eingeräumten Selbstverwaltungsfreiraum. Hiergegen könnten sich die Kassenärztlichen Vereinigungen gerichtlich zur Wehr setzen. Als geeignetes Rechtsschutzinstrument steht dabei insbesondere die Aufsichtsklage nach § 29 Abs. 2 Nr. 2, § 54 Abs. 3 SGG zur Verfügung.

1073 Vgl. *Merten*, Zum Selbstverwaltungsrecht Kassenärztlicher Vereinigungen, S. 42. Ausführlich zum Ganzen mit Blick auf die Sozialversicherungsträger auch *Schnapp* in: Schulin, Handbuch des Sozialversicherungsrechts Bd. 1, § 52 Rn. 72, der zutreffend insbesondere bei Prognoseentscheidungen einen erheblichen Entscheidungsspielraum der Versicherungsträger gegenüber staatlichen Aufsichtsinstanzen annimmt. A.A. offenbar *Denkhaus*, Gesundheitsmärkte im Mehrebenensystem, S. 412, der – allerdings ohne nähere Begründung – annimmt, die staatlichen Aufsichtsbehörden seien wegen §§ 12 Abs. 1, 70 SGB V im Rahmen der Rechtsaufsicht „*unmittelbar kraft Gesetzes auch zur Angemessenheits-, Zweckmäßigkeits- und Wirtschaftlichkeitskontrolle verpflichtet.*“.

1074 Ein anschauliches Beispiel findet sich in diesem Zusammenhang bei *Schnapp* in: Butzer, Wirtschaftlichkeit durch Organisations- und Verfahrensrecht, S. 123: „*Eine Kassenärztliche Vereinigung wird keine überzeugenden Gründe dafür angeben können, warum sie den Auftrag vergeben hat, die Wasserhähne im Verwaltungsgebäude zu vergolden, wohl jedoch dafür, dass sie sich dafür entschlossen hat, die Büros mit Kommunikationsmitteln nach dem neuesten Stand der Technik auszustatten.*“.

(ccc) Weitere Besonderheiten Kassenärztlicher Vereinigungen

Als weitere Besonderheit Kassenärztlicher Vereinigungen, die bei entsprechender Anwendung der auf die Sozialversicherungsträger zugeschnittenen Haushaltsvorschrift des § 69 Abs. 2 SGB IV zu berücksichtigen ist, ist die Aufgabe der Kassenärztlichen Vereinigungen zu nennen, die Rechte der Vertragsärzte gegenüber den Krankenkassen wahrzunehmen (vgl. § 75 Abs. 2 Satz 1 SGB V).[1075] Diese Aufgabe, die den Kassenärztlichen Vereinigungen den Anstrich eines Interessenverbandes verpasst[1076], gebietet eine restriktive Interpretation der Wirtschaftlichkeits- und Sparsamkeitskontrolle, weil letztere andernfalls unter dem Deckmantel der „Unwirtschaftlichkeit" eine sozialpolitisch unerwünschte Interessenwahrung behindern könnte.[1077]

Darüber hinaus ist zu berücksichtigen, dass die Mittel für die Aufgabenwahrnehmung der Kassenärztlichen Vereinigungen anders als bei den Versicherungsträgern nicht aus den Versicherungsbeiträgen fließen, sondern von den Vertragsärzten aufgebracht werden; es handelt sich also um private Mittel. Das Ziel der Wirtschaftlichkeitskontrolle ist aber auf die sparsame Verwendung öffentlicher Mittel gerichtet, so dass auch unter Berücksichtigung dieses Normzwecks eine enge Interpretation der Kontrollbefugnis geboten erscheint.[1078]

Für diese Sichtweise spricht schließlich, dass die Art der Aufbringung und Verwaltung der Mittel in der von der Vertreterversammlung zu beschließenden Satzung geregelt sein muss (§ 81 Abs. 1 Satz 1 Nr. 5 SGB V) und die Höhe der jeweiligen Umlage gegebenenfalls zusammen mit dem Haushaltsplan von der Vertreterversammlung festgelegt wird. Damit können die Vertreter der Mitglieder in ihrem eigenen wirtschaftlichen Interesse selbst über die Wirtschaftlichkeit und Sparsamkeit der Mittelverwen-

---

1075 Zum Rechtswahrnehmungsauftrag s. bereits oben II.1.

1076 Vgl. *Schiller* in: Schnapp/Wigge, Handbuch des Vertragsarztrechts, § 5, A. Rn. 179.

1077 So zutreffend *Merten*, Zum Selbstverwaltungsrecht Kassenärztlicher Vereinigungen, S. 44.

1078 Vgl. *Merten*, Zum Selbstverwaltungsrecht Kassenärztlicher Vereinigungen, S. 44 f. Angesprochen ist damit die sich aus der Aufgabenstellung der Aufsichtsbehörde selbst ergebende Grenze für ihr Handeln. Die Aufsichtsbehörde hat bei der Kontrolle der Rechtsanwendung durch die beaufsichtigte Körperschaft die *allgemeinen* Interessen wahrzunehmen; vgl. dazu ausführlich etwa *Schirmer/Kater/Schneider*, Aufsicht in der Sozialversicherung, Nr. 230, S. 8.

dung befinden und dies auch kontrollieren.[1079] Da sie die finanziellen Konsequenzen ihrer Beschlüsse selbst tragen müssen und die Folgen nicht den Versicherten überbürden können, besteht kein Anlass für eine stringente Kontrolle.[1080]

(cc) Zwischenergebnis

Die den Kassenärztlichen Vereinigungen zustehende weitgehende Autonomie und der damit verbundene Freiraum auch bei der Beurteilung und Konkretisierung der unbestimmten Rechtsbegriffe der Wirtschaftlichkeit und Sparsamkeit hindern die Aufsichtsbehörden daran, die nach § 78 Abs. 3 Satz 1 SGB V vorgesehene Rechtmäßigkeitskontrolle über die Haushaltskontrolle zu einer Zweckmäßigkeitskontrolle auszuweiten.[1081] Dies gilt umso mehr, als die aufsichtsbehördliche Beurteilung des wirtschaftlich Vertretbaren anhand objektiver Kriterien erfolgen muss, die Aufsichtsbehörde also nicht etwa ihre eigene Auffassung des wirtschaftlich Vertretbaren zugrunde legen darf, ohne diese Auffassung anhand objektiver Beurteilungskriterien zu untermauern.

Damit ermöglichen die der Aufsichtsbehörde im Rahmen der Kontrolle der Einhaltung des für Kassenärztliche Vereinigungen entsprechend geltenden Wirtschaftlichkeitsgebots des § 69 Abs. 2 SGB IV zustehenden Befugnisse keine staatliche Einflussnahme auf das Beschaffungsverhalten Kassenärztlicher Vereinigungen, mit der die abstrakte Gefahr einer Bevorzugung einheimischer Bieter oder einer an anderen als wirtschaftlichen Kriterien ausgerichteten Vergabeentscheidung verbunden wäre. Vielmehr ist doch im Gegenteil festzustellen, dass auch die beschriebene gesetzliche Ausgestaltung der staatlichen Aufsicht die Kassenärztlichen Vereinigungen dazu bewegen wird, über ihre Nachfrage allein nach wirtschaftlichen Kriterien zu entscheiden. Die so gestaltete staatliche Aufsicht gibt jedenfalls keinen Anlass, die Möglichkeit einer beeinträchtigenden Einflussnah-

---

1079 *Merten*, Zum Selbstverwaltungsrecht Kassenärztlicher Vereinigungen, S. 40.

1080 *Merten*, Zum Selbstverwaltungsrecht Kassenärztlicher Vereinigungen, S. 40 m.w.N.; ähnlich (und zutreffend) im Argumentationsansatz zur fehlenden besonderen Staatsgebundenheit der Landesärztekammer Westfalen-Lippe in der Finanzierungsvariante: Schlussanträge GA *Mengozzi* v. 30.1.2013 zu Rs. C-526/11 – *IVD*; s. dazu oben C.III.2.a)cc).

1081 Vgl. *Merten*, Zum Selbstverwaltungsrecht Kassenärztlicher Vereinigungen, S. 44.

me auf das Beschaffungsverhalten Kassenärztlicher Vereinigungen anzunehmen. Nur einer solchen Einflussnahmemöglichkeit mit Gefahrzusammenhang muss aber mit der Anwendung der EU-Vergaberichtlinien entgegengewirkt werden.[1082]

(d) Zur Prüfung nach § 274 SGB V

Nach § 274 Abs. 1 Satz 2 SGB V ist die Geschäfts-, Rechnungs- und Betriebsführung der Landesverbände der Krankenkassen und der Kassenärztlichen Vereinigungen mindestens alle fünf Jahre zu prüfen, wobei sich diese Prüfung auf den gesamten Geschäftsbetrieb zu erstrecken hat und die Gesetzmäßigkeit und Wirtschaftlichkeit umfasst (§ 274 Abs. 1 Satz 4 SGB V).[1083]

Gemäß § 274 Abs. 1 Satz 3 SGB V kann das Bundesministerium für Gesundheit die Prüfung der Kassenärztlichen Bundesvereinigungen und können die für die Sozialversicherung zuständigen obersten Verwaltungsbehörden der Länder die Prüfung der Kassenärztlichen Vereinigungen auf eine öffentlich-rechtliche Prüfungseinrichtung übertragen, die bei der Durchführung der Prüfung unabhängig ist, oder eine solche Prüfungseinrichtung errichten.[1084] Der Bundesrat begründete die von ihm mit Änderungsantrag Nr. 146 zum GRG initiierte Abkehr vom Prinzip der Eigen-

1082 Zu den Begriffen „beeinträchtigende Einflussnahmemöglichkeit“ und „Einflussnahmemöglichkeit mit Gefahrzusammenhang“ s. oben Teil 2 G.III.4.b)dd)(2) bei Fn. 688.

1083 *Merten*, Zum Selbstverwaltungsrecht Kassenärztlicher Vereinigungen, S. 24 ff., dort auch mit Ausführungen zur Entstehungsgeschichte der Vorschrift, die mit dem Gesetz zur Strukturreform im Gesundheitswesen (GRG) vom 20.12.1988 (BGBl. 1988-I, S. 2477) mit Wirkung zum 1.1.1990 eingeführt wurde und deren Geltungsbereich auf die Kassenärztlichen Vereinigungen und Kassenärztlichen Bundesvereinigungen durch entsprechende Änderung mit dem Gesetz zur Sicherung der Strukturverbesserung der gesetzlichen Krankenkassen vom 21.12.1992 (BGBl. 1992-I, S. 2266) ausgeweitet wurde.

1084 Dies ist beispielsweise in Bayern durch Artikel 7 Abs. 5 Satz 1 des Gesetzes zur Ausführung der Sozialgesetze (BayGVBl. 2006, S. 942, zuletzt geändert durch § 1 ÄndG v. 10.5.2016, BayGVBl. 2016, S. 82) geschehen, der die Prüfung der Geschäfts-, Rechnungs- und Betriebsführung der Kassenärztlichen Vereinigungen dem Bayerischen Landesprüfungsamt für die Sozialversicherung überträgt.

prüfung[1085] – noch ohne dabei die Kassenärztlichen Vereinigungen im Blick zu haben – u.a. wie folgt:

> „*Auch im Bereich der gesetzlichen Krankenkassen ist eine regelmäßige, umfassende, der Verantwortung des Staates gerecht werdende Prüfung der Geschäfts-, Rechnungs- und Betriebsführung im Hinblick auf*
> - die beträchtlichen gesamtwirtschaftlichen Auswirkungen der Kosten im Gesundheitswesen,
> - die finanzielle Belastung der Beitragszahler,
> - die hohe Verantwortung der Selbstverwaltungsorgane und
> - die Verantwortung der Aufsichtsbehörden gegenüber dem Parlament
>
> unerlässlich. Wie im gesamten Bereich der durch juristische Personen des öffentlichen Rechts wahrgenommenen mittelbaren Staatsverwaltung ist eine von der zu prüfenden Körperschaft unabhängige Prüfung erforderlich. Die Wirksamkeit des Prüfwesens, das Vertrauen der Beitragszahler und Anspruchsberechtigten und der Allgemeinheit in eine ordnungsgemäße Erledigung der Aufgaben setzen voraus, dass die Prüfeinrichtungen bei der Durchführung ihres Prüfauftrages sowohl von Aufträgen der zu prüfenden Körperschaft wie aber auch von sonstigen Einflussnahmen unabhängig sind. Dieser dem Prüfverfahren immanente Grundsatz gilt auch für den Bereich der gesetzlichen Krankenversicherung.
> *Die nach Absatz 1 einer unabhängigen öffentlich-rechtlichen Prüfungseinrichtung zu übertragende Prüfung der Geschäfts-, Rechnungs- und Betriebsführung dient neben der Kontrolle der Rechtsanwendung der Information der Verantwortlichen; sie soll weiterführende Überlegungen fördern, Orientierungs- und Entscheidungshilfen geben. Ein modernes Verständnis von dieser Prüfung ist nicht primär auf die Aufdeckung von Fehlern oder Mängeln gerichtet, sondern soll einen entscheidenden Beitrag zur rechtzeitigen Erkenntnis von Schwachstellen leisten und wirkt vor allem präventiv.*“[1086]

Entstehungsgeschichte und Ratio des § 274 SGB V belegen, dass die Vorschrift eine Beratungsprüfung ohne jede Sanktionsmöglichkeit statuiert.[1087] Dementsprechend hat er den Trägern dieser Prüfung auch nicht die Befugnis eingeräumt, ihre Prüfungsergebnisse mit Zwangsmitteln (auf

---

1085 Bis zur Einführung des § 274 SGB V galt § 342 Abs. 2 RVO, der in Satz 1 die Vorstände der Orts-, Innungs- und Betriebskrankenkassen verpflichtete, die Geschäfts-, Rechnungs- und Betriebsführung der Kasse durch eine vom Reichsversicherungsamt als geeignet anerkannte Einrichtung einer Kassenvereinigung (§ 414 a RVO a.F.) prüfen zu lassen. Ausführlich zum Ganzen *Schirmer/Kater/Schneider*, Aufsicht in der Sozialversicherung, Nr. 770, S. 1 ff.

1086 BT-Drs. 11/2493, Anlage 2, S. 42.

1087 Vgl. *Merten*, Zum Selbstverwaltungsrecht Kassenärztlicher Vereinigungen, S. 28; ähnlich *Schirmer/Kater/Schneider*, Aufsicht in der Sozialversicherung, Nr. 770, S. 4.

Basis eines vorangehenden Verpflichtungsbescheides) durchzusetzen.[1088] Da bei einer Beratung grundsätzlich dem – im Fall der Kassenärztlichen Vereinigungen mit erheblicher Autonomie auch hinsichtlich der Beurteilung der Wirtschaftlichkeit ihrer Tätigkeit ausgestatteten – Beratenen die freie Entscheidung darüber zusteht, ob er dem Rat folgen möchte oder nicht, kann aus der Prüfung der Wirtschaftlichkeit keine Pflicht zur Beachtung abgeleitet werden.[1089] § 274 SGB V begründet demnach, unabhängig vom Prüfungsmaßstab, kein über die bisherigen Regelungen hinausgehendes Wirtschaftlichkeitsgebot für die Kassenärztlichen Vereinigungen.[1090]

Besteht aber im Rahmen der Prüfung nach § 274 Abs. 1 SGB V keine Pflicht der Kassenärztlichen Vereinigungen zur Beachtung der Prüfergebnisse, kann schon deshalb keine potentielle beeinträchtigende Einflussnahme auf Vergabeentscheidungen Kassenärztlicher Vereinigungen angenommen werden, wie sie bei funktionaler Auslegung im Lichte des Zwecks der Vergaberichtlinien für die Erfüllung des Aufsichtskriteriums gemäß § 99 Nr. 2 GWB erforderlich wäre. Zudem haben die prüfenden Einrichtungen selbstverständlich auch im Rahmen der Beratungsprüfung die weitgehende Autonomie und Einschätzungsprärogative der Kassenärztlichen Vereinigungen zu achten. Schließlich ist durch die – nachgehende – Beratungsprüfung nach § 274 SGB V auch keine subtiler angelegte Steuerung Kassenärztlicher Vereinigungen, wie sie mitunter im Schrifttum mit Blick auf die vom Bundesversicherungsamt in seiner Funktion als Aufsichtsbehörde der bundesunmittelbaren gesetzlichen Krankenkassen erlassenen empfehlungsartigen Richtlinien angenommen wird[1091], zu befürchten – zumal sie regelmäßig nur in dem vom Gesetz als Mindestturnus angelegten Abstand von fünf Jahren stattfindet (vgl. § 274 Abs. 1 Satz 2 SGB V).

Abgesehen davon sind auch im Rahmen der Beratungsprüfung nach § 274 SGB V objektive Kriterien zur Beurteilung der Wirtschaftlichkeit heranzuziehen.[1092] Demgemäß besteht auch insoweit kein Grund, die Dis-

---

1088 Vgl. *Schirmer/Kater/Schneider*, Aufsicht in der Sozialversicherung, Nr. 770, S. 4; *Merten*, Zum Selbstverwaltungsrecht Kassenärztlicher Vereinigungen, S. 28.

1089 Vgl. *Merten*, Zum Selbstverwaltungsrecht Kassenärztlicher Vereinigungen, S. 28.

1090 Zutreffend *Merten*, Zum Selbstverwaltungsrecht Kassenärztlicher Vereinigungen, S. 28.

1091 S. dazu etwa *Rixen*, GesR 2006, 49 ff. (54).

1092 S. zur Beurteilung der wirtschaftlichen Vertretbarkeit im Rahmen des haushaltsrechtlichen Berücksichtigungsgebots bereits oben (c)(bb)(bbb).

kriminierungsgefahr anzunehmen, der mit der Anwendung der EU-Vergaberichtlinien entgegengewirkt werden soll.

(4) Staatliche Mitwirkungsbefugnisse

Weiter ist zu prüfen, ob die in Bezug auf bestimmte Handlungen Kassenärztlicher Vereinigungen bestehenden staatlichen Mitwirkungsbefugnisse als besondere Form der staatlichen Aufsicht eine staatliche Zweckmäßigkeitskontrolle ermöglichen, die die besondere Staatsgebundenheit Kassenärztlicher Vereinigungen in der Aufsichtsvariante gemäß § 99 Nr. 2, 1. Halbsatz Buchst. b) GWB – womöglich auch nur partiell[1093] – zu begründen vermag.

Die bereits eingangs skizzierten Mitwirkungsbefugnisse[1094] der Aufsichtsbehörde sind Ausdruck der Notwendigkeit, in bestimmten, für die Funktionsfähigkeit des gesamten Systems der gesetzlichen Krankenversicherung besonders maßgeblichen Bereichen eine höhere Einflussmöglichkeit zu erreichen, als es aufgrund der allgemeinen Rechtsaufsicht möglich wäre.[1095] Der Aufsichtsbehörde sollen durch die Aufstellung von Genehmigungserfordernissen regelmäßig besondere, über die bloße Rechtmäßigkeitsprüfung hinausgehende Einwirkungsmöglichkeiten eröffnet werden, um ihr die Sicherstellung einer die Belange der Versichertengemeinschaft und der staatlichen Sozialversicherung als Ganzes berücksichtigenden sach- und funktionsgerechten Aufgabenerfüllung durch den Versicherungsträger zu ermöglichen.[1096] Deshalb darf die Behörde bei der Ausübung solcher Mitwirkungsrechte je nach dem Gegenstand der Entschei-

1093 Zur hier vertretenen Möglichkeit einer partiellen Auftraggebereigenschaft s. bereits oben (3) bei Fn. 1010 sowie Teil 2 G.III.4.c)dd).

1094 S. oben 1.c). Die Tatsache, dass über die Rechtsnatur der staatlichen Mitwirkungsrechte in der Sozialversicherung unterschiedliche Auffassungen bestehen (zum Streitstand vgl. etwa BSG v. 9.12.1997, 1 RR 3/94, SozR 3-2400 § 41 Nr. 1 = SozSich 1998, 430), ist wegen der europarechtlichen Begriffsprägung für die vorliegende Untersuchung irrelevant. Es kommt allein darauf an, ob die Mitwirkungsbefugnisse eine staatliche Einflussnahme im europäischen Richtliniensinn ermöglichen.

1095 *Gaßner* in: Fink u.a., Solidarität und Effizienz, S 193 ff. (195 f.).

1096 BSG v. 7.11.2000, B 1 A 4/99 R, Rn. 12, SozR 3-3300 § 47 Nr. 1.

dung in begrenztem Umfang auch Zweckmäßigkeitserwägungen zur Geltung bringen.[1097]

(a) Erfordernis der Satzungsgenehmigung

Nach § 81 Abs. 1 Satz 2 SGB V bedarf die Satzung der Kassenärztlichen Vereinigung der Genehmigung der Aufsichtsbehörde. Es ist dabei aber schon nicht ersichtlich, dass dieses Genehmigungserfordernis überhaupt eine staatliche Einflussnahme auf Vergabeentscheidungen Kassenärztlicher Vereinigungen ermöglicht.[1098] Unabhängig davon haben Zweckmäßigkeitserwägungen für die Frage, ob eine Satzungsregelung genehmigungsfähig ist, ohnehin keine Bedeutung.[1099] Die Aufsichtsbehörde hat bei ihren Entscheidungen über die Genehmigung von Satzungsregelungen keinen Spielraum.[1100] Soweit eine Satzungsregelung mit dem geltenden Recht in Einklang steht, hat die Körperschaft, die eine Satzungsregelung zur Genehmigung vorgelegt hat, einen Anspruch auf Genehmigung.[1101]

(b) Zustimmungserfordernis für Vorstandsdienstverträge gemäß § 35 a Abs. 6 a SGB IV (entsprechend)

Ebenso wenig wie beim Erfordernis der aufsichtsbehördlichen Satzungsgenehmigung ist ersichtlich, dass durch das in § 35 a Abs. 6 a SGB IV nor-

---

1097 BSG v. 7.11.2000, B 1 A 4/99 R, Rn. 12, SozR 3-3300 § 47 Nr. 1.

1098 Ähnlich *Puhl*, Grundfragen des kartellvergaberechtlichen Auftraggeberbegriffs, S. 182 ff, dort in Ansehung ministerieller Zustimmungsvorbehalte gegenüber bestimmten Regelungen und Maßnahmen von Studentenwerken.

1099 So zutreffend etwa *Gaßner* in: Fink u.a., Solidarität und Effizienz, S 193 ff. (197). S. auch bereits oben 2.a)aa) in Bezug auf die Finanzierungsalternative.

1100 Vgl. ebenfalls *Gaßner* in: Fink u.a., S. 193 ff. (197).

1101 So ausdrücklich für den Anspruch einer Kassenärztlichen Vereinigung auf Genehmigung einer Satzungsänderung BSG v. 30.10.2013, B 6 KA 48/12 R, Rn. 21, BSGE 114, 274 = MedR 2014, 760; für die gesetzlichen Krankenkassen s. BSG v. 26.2.1992, 1 RR 8/91, BSGE 70, 149 = SozR 3-2500 § 240 Nr. 8; für die Pflegekassen s. BSG v. 7.11.2000, B 1 A 4/99 R, SozR 3-3300 § 47 Nr. 1; im letztgenannten Urteil führt das BSG für die Beschränkung auf eine Rechtmäßigkeitskontrolle auch die Entstehungsgeschichte der Genehmigungsvorschrift des § 195 SGB V an. s. auch *Gaßner* in: Fink u.a., Solidarität und Effizienz, S 193 ff. (197).

mierte und über § 79 Abs. 6 Satz 1 SGB V für die Kassenärztlichen Vereinigungen entsprechend geltende Erfordernis der vorherigen Zustimmung zu Vorstandsdienstverträgen eine beeinträchtigende Einflussnahme auf Vergabeentscheidungen ermöglicht würde, so dass sich nähere Ausführungen hierzu erübrigen.

(c) Vermögensaufsicht gemäß § 85 SGB IV (entsprechend)

Im Rahmen der nach § 78 Abs. 6 SGB V i.V.m. § 85 Abs. 1 Satz 1 und Abs. 5 SGB IV erforderlichen aufsichtsbehördlichen Genehmigung für Darlehen für gemeinnützige Zwecke, den Erwerb und das Leasen von Grundstücken und grundstücksgleichen Rechten sowie die Errichtung, die Erweiterung und den Umbau von Gebäuden darf die Aufsichtsbehörde nach allgemeiner und höchstrichterlich bestätigter Auffassung auch Zweckmäßigkeitserwägungen anstellen.[1102]

Damit ist eine notwendige Voraussetzung dafür, dass die staatliche Aufsicht über Kassenärztliche Vereinigungen eine solche im Sinne des § 99 Nr. 2, 1 Halbsatz Buchst. b) GWB darstellt, erfüllt. Hinreichend ist die Zulässigkeit aufsichtsbehördlicher Zweckmäßigkeitserwägungen hierfür allerdings nicht.[1103] Ebenso wenig wie die zu pauschale Auffassung, bloße Rechtmäßigkeitskontrolle genüge nie für die Bejahung des Aufsichtskriteriums, ist nämlich umgekehrt die Auffassung richtig, Fachaufsicht genüge stets.[1104] Hinzukommen muss und maßgeblich ist wegen der erforderlichen funktionalen Auslegung des Aufsichtsbegriffs im Lichte des Zwecks der Vergaberichtlinien, dass die auch Zweckmäßigkeitserwägungen zulassende staatliche Mitwirkung die Annahme einer beeinträchtigenden Einwirkungsmöglichkeit auch auf Vergabeentscheidungen Kassenärztlicher Vereinigungen vertretbar erscheinen lässt, dass also die abstrakte Gefahr,

---

1102 Vgl. nur BSG vom 16.11.2005, B 2 U 14/04 R, SGb 2006, 630; aus der Literatur *Schirmer/Kater/Schneider*, Aufsicht in der Sozialversicherung, Nr. 510, S. 1 ff; *Borrmann* in: Hauck/Noftz, SGB IV, § 85 Rn. 6 c.

1103 S. dazu bereits oben (3)(a) bei Fn. 1015.

1104 Sinngemäß ebenso *Puhl*, Grundfragen des kartellvergaberechtlichen Auftraggeberbegriffs, S. 169 f. m.w.N. auch zur „*scheinbar widerspruchslos*“ hingenommenen Gegenauffassung, eine Fachaufsicht, die sich auch auf die zweckmäßige Aufgabenwahrnehmung bezieht, reiche stets aus.

es könnten einheimische Bieter bevorzugt oder andere als wirtschaftliche Überlegungen angestellt werden, nicht ausgeschlossen werden kann.[1105]

Zwar ist nicht auszuschließen, dass die staatliche Aufsichtsbehörde aufgrund der erforderlichen Genehmigungshandlung auf Vergabeentscheidungen Kassenärztlicher Vereinigungen zumindest im Sinne einer Veto-Entscheidung[1106] einwirken kann. Sollte sich eine Kassenärztliche Vereinigung trotz Überschreitung der in § 85 Abs. 2 SGB IV geregelten Schwellenwerte ohne Genehmigung etwa zur Errichtung eines neuen Verwaltungsgebäudes entschieden und hierzu bereits ein Vergabeverfahren eingeleitet haben oder gar eine Vergabeentscheidung getroffen haben, wären darauf basierende Vereinbarungen mit den Auftragnehmern womöglich unwirksam.[1107]

Dennoch ist eine beeinträchtigende staatliche Einflussnahme für alle in § 85 SGB IV im Einzelnen normierten Mitwirkungshandlungen[1108] zu verneinen. Denn die auf der Grundlage des § 85 SGB IV der Aufsichtsbehörde gestatteten Zweckmäßigkeitserwägungen sind nicht grenzenlos zulässig, sondern unterliegen durchaus strengen und höchstrichterlich weitgehend konkretisierten Bindungen. So hat das BSG bereits früh den richtigen Ansatz für eine Begrenzung der zulässigen Zweckmäßigkeitsüberlegungen geliefert, indem es von einem auf Nachprüfung beschränkten Ermessensbereich der Mitwirkungsbehörde spricht.[1109] Dem Ansatz ist zunächst insofern zuzustimmen, als es sich bei der Mitwirkungsentscheidung um eine Ermessensentscheidung handelt. Das Ermessen der Mitwirkungsbehörde kann dabei im Hinblick auf das Selbstverwaltungsrecht Kassenärztlicher Vereinigungen in keinem Fall ein freies Ermessen sein.[1110] Das der Mitwirkungsbehörde eingeräumte Ermessen ist vielmehr stets durch die ihr

---

1105 S. etwa oben (3) bei Fn. 1010 sowie Teil 2 G.III.4.b)dd)(2) bei Fn. 688.

1106 Vgl. dazu *Puhl*, Grundfragen des kartellvergaberechtlichen Auftraggeberbegriffs, S. 174 f.

1107 Zur privatrechtsgestaltenden Wirkung der Genehmigung vgl. BGH v. 28.11.2003, V ZR 123/03, BGHZ 157, 133 = NJW 2004, 1662; vgl. auch *Borrmann* in: Hauck/Noftz, SGB IV, § 85 Rn. 3.

1108 Zu deren Abstufung nach unbeschränkt genehmigungsbedürftigen, beschränkt genehmigungsbedürftigen und bloß anzeigepflichtigen Vermögensanlagen s. etwa *Borrmann* in: Hauck/Noftz, SGB IV, § 85 Rn. 3 ff.

1109 BSG v. 29.7.1965, 3 RK 45/64, BSGE 23, 206; *Schirmer/Kater/Schneider*, Aufsicht in der Sozialversicherung, Nr. 510, S. 5 f.

1110 So zutreffend mit Blick auf die Sozialversicherungsträger *Schirmer/Kater/Schneider*, Aufsicht in der Sozialversicherung, Nr. 510, S. 6.

obliegende Funktionsschutzaufgabe begrenzt, also immer gebundenes Ermessen.[1111] Ein derart gebundenes Ermessen hat aber nicht, wie das Ermessen etwa Kassenärztlicher Vereinigungen, die inhaltliche Gestaltung der diesen als Selbstverwaltungskörperschaft zur Regelung übertragenen Aufgaben zum Gegenstand, „*sondern gewährleistet lediglich die Rücksichtnahme auf wesentliche staatliche Belange, die durch den Gedanken des Funktionsschutzes öffentlicher Verwaltungen gekennzeichnet sind*".[1112] Demgemäß ist die in § 85 SGB IV enthaltene Befugnis der Aufsichtsbehörde, im Rahmen ihrer Mitwirkung auch Zweckmäßigkeitsüberlegungen anzustellen, nicht mit einer Fachaufsicht im Sinne eines umfassenden Prüfungs- und Weisungsrechts gleichzusetzen.[1113] Das BSG hat stets betont, dass einem Versicherungsträger im Hinblick auf die mit dem Selbstverwaltungsrecht verbundene Personal- und Finanzhoheit auch da, wo das Gesetz eine aufsichtsbehördliche Genehmigung vorschreibt, ein Spielraum für die Gestaltung der eigenen personellen und organisatorischen Belange verbleiben muss.[1114] Dies muss erst recht und umso mehr für Kassenärztliche Vereinigungen gelten, deren vom Gesetz eingeräumten Freiräume zur Gestaltung und Regelung der ihnen sinnvoll und zweckmäßig erscheinenden Aufgabenerfüllung ungleich weiter gezogen sind als die der Versicherungsträger[1115], was die Aufsichtsbehörde aufgrund der in § 78 Abs. 6

1111 *Schirmer/Kater/Schneider*, Aufsicht in der Sozialversicherung, Nr. 510, S. 6; ebenso *Schnapp* in: ders./Wigge, Handbuch des Vertragsarztrechts, § 24, II. Rn. 6, der dort etwas allgemeiner formuliert, dass das „*Ermessen der Aufsichtsbehörde [...] durch die konkreten Zwecke" begrenzt [ist], um deretwillen ihr das Mitwirkungsrecht eingeräumt ist.*".

1112 *Schirmer/Kater/Schneider*, Aufsicht in der Sozialversicherung, Nr. 510, S. 6.

1113 So ausdrücklich BSG v. 9.12.1997, 1 RR 3/94, Rn. 18, SozR 3-2400 § 41 Nr. 1 = SozSich 1998, 430; ähnlich *Borrmann* in: Hauck/Noftz, SGB IV, § 85 Rn. 6 c, der in der staatlichen Mitwirkung nach § 85 SGB IV eine „*Rechtskontrolle mit eingeschränkter Zweckmäßigkeitsprüfung*" sieht.

1114 Vgl. nur BSG v. 9.12.1997, 1 RR 3/94, Rn. 18, SozR 3-2400 § 41 Nr. 1 = SozSich 1998, 430. Für den Bereich des Selbstgesetzgebung hat Entsprechendes auch das BVerfG in seiner Entscheidung v. 9.5.1972, 1 BvR 518/62 und 1 BvR 308/64, BVerfGE 33, 125 = NJW 1972, 1504, betont: Das Prinzip der Selbstverwaltung würde nicht ernst genug genommen, „*wenn der Selbstgesetzgebung autonomer Körperschaften so starke Fesseln angelegt würden, dass ihr Grundgedanke, die in den gesellschaftlichen Gruppen lebenden Kräfte in eigener Verantwortung zur Ordnung der sie besonders berührenden Angelegenheiten heranzuziehen, nicht genügend Spielraum fände*"; vgl. dazu auch *Schnapp* in: ders./ Wigge, Handbuch des Vertragsarztrechts, § 24, II. Rn. 6.

1115 S. dazu oben (1).

SGB V nur angeordneten *entsprechenden* Geltung auch beim Genehmigungsvorbehalt des § 85 SGB IV zu beachten hat.

Unter diesen rechtlichen Rahmenbedingungen kann ausgeschlossen werden, dass die nach § 85 SGB IV erforderliche Genehmigung der Aufsichtsbehörde eine die wettbewerbskonforme, diskriminierungsfreie Auftragsvergabe beeinträchtigende Einflussnahme auf Kassenärztliche Vereinigungen ermöglicht.[1116]

(5) Sonderfall § 79 a SGB V („Staatskommissar")

Zu überlegen ist schließlich, ob die in § 79 a SGB V vorgesehene Möglichkeit, die Geschäfte der Kassenärztlichen Vereinigungen durch die Aufsichtsbehörde oder einen von dieser Beauftragten führen zu lassen, zur besonderen Staatsgebundenheit Kassenärztlicher Vereinigungen (auch) in der Aufsichtsvariante führt.

§ 79 a SGB V erlaubt die vorübergehende Aufgabenwahrnehmung durch die Aufsichtsbehörde selbst oder einen von ihr bestellten Beauftragten bei Eintritt einer der beiden folgenden Ausnahmekonstellationen.[1117] Zum ersten bei tatsächlicher Funktionsunfähigkeit der Körperschaft, weil entweder die Organwahlen nicht zustande kommen oder sich eines der beiden Organe Vorstand und Vertreterversammlung weigert, die Geschäfte zu führen (§ 79 a Abs. 1 Satz 1 SGB V). Zum zweiten bei einer Gefährdung der Funktionsfähigkeit der Körperschaft durch eines der beiden Organe, „insbesondere wenn sie die Körperschaft nicht mehr im Einklang mit den Gesetzen und der Satzung verwalten, die Auflösung der Kassenärztlichen Vereinigung betreiben oder das Vermögen gefährdende Entscheidungen beabsichtigen oder treffen" (§ 79 a Abs. 1 Satz 2 SGB V). § 79 a SGB V stellt damit eine gesetzliche Einschränkung des Selbstverwaltungsrechts Kassenärztlicher Vereinigungen dar.

Allein die „Drohkulisse" der in den skizzierten Ausnahmefällen möglichen Aufgabenwahrnehmung durch die Aufsichtsbehörde oder einen von ihr bestellten Beauftragten rechtfertigt es jedoch nicht, die Möglichkeit einer beeinträchtigenden Einflussnahme auf Kassenärztliche Vereinigungen anzunehmen. Dass der „grobe Hebel" der Einsetzung eines „Staats-

1116 Ähnlich in Ansehung der staatlichen Aufsicht über Studentenwerke *Puhl*, Grundfragen des kartellvergaberechtlichen Auftraggeberbegriffs, S. 182.

1117 S. dazu bereits oben 1.c).

kommissars“ auf Grundlage des § 79 a SGB V angedroht oder gar gebraucht werden darf, um das konkrete Beschaffungsverhalten der Kassenärztlichen Vereinigungen zu steuern[1118], erscheint aufgrund der in dieser Vorschrift enthaltenen engen Voraussetzungen für eine Aufgabenwahrnehmung durch die Aufsichtsbehörde oder einen von ihr bestellten Beauftragten schlichtweg ausgeschlossen.[1119] Nur wenn etwa aufgrund unbestimmter rechtlicher Vorgaben im Unklaren bliebe, wann die Voraussetzungen des § 79 a SGB V vorliegen und damit von den dort geregelten Aufsichtsbefugnissen Gebrauch gemacht werden darf, könnte womöglich von einer ständigen Kontrolle oder der Vorgabe eines bestimmten Geschäftsführungsprofils[1120] gesprochen werden, die die Annahme einer beeinträchtigenden Einflussnahmemöglichkeit auch auf das Beschaffungsverhalten Kassenärztlicher Vereinigungen allein durch die Existenz des § 79 a SGB V vertretbar erscheinen ließe.[1121]

1118 So zur nicht nur bei rechtswidrigem Verhalten möglichen Auflösung oder Aufgabenänderung von Studentenwerken *Puhl*, Grundfragen des kartellvergaberechtlichen Auftraggeberbegriffs, S. 184 f.

1119 Bemerkenswert ist, dass auch das OLG Düsseldorf in seinem Vorlagebeschluss zur Beurteilung der Aufsicht über die Ärztekammer Westfalen-Lippe nicht auf die aufsichtsrechtliche Befugnis zur (vorübergehenden) Leitung der Geschäfte bei vorangehendem rechtswidrigen Verhalten der Ärztekammer und Nichtausreichen der übrigen Aufsichtsbefugnisse abgestellt hat, obwohl dies § 28 Abs. 1 Heilberufsgesetz Nordrhein-Westfalen, § 20 Abs. 1 Landesorganisationsgesetz Nordrhein-Westfalen, § 124 Gemeindeordnung Nordrhein-Westfalen auch gegenüber dieser Körperschaft ermöglichen. Das lässt darauf schließen, dass auch das OLG Düsseldorf den Sonderfall der aufsichtsbehördlichen Aufgabenwahrnehmung nicht als ausreichend für das Vorliegen der Aufsichtsalternative in § 99 Nr. 2 GWB ansieht.

1120 Vgl. EuGH v. 1.2.2001, Rs. C-237/99 – *Kommission/Frankreich*, Rn. 56 ff., Slg. 2001, I-939 = EuZW 2001, 184 = NZBau 2001, 215; s. dazu auch oben Teil 2 G.III.4.b)cc) bei Fn. 669 und 672.

1121 Aus demselben Grund muss auch nicht näher auf die in § 79 Abs. 6 Satz 1 SGB V i.V.m. § 35 a Abs. 7 Satz 3 SGB IV geregelte Amtsenthebung eines Vorstandsmitglieds durch die Aufsichtsbehörde eingegangen werden. Die Amtsenthebung kommt nur bei grober Amtspflichtverletzung durch das Vorstandsmitglied in Betracht, was stets eine (regelmäßig sogar vorsätzliche) Rechtsverletzung erfordert (vgl. dazu den Regierungsentwurf des GKV-Versorgungsstrukturgesetzes, BT-Drs. 17/6906, S. 101, wo die Änderung des § 35 a SGB IV ausdrücklich mit der „Bindung der Krankenkassen an Recht und Gesetz“ begründet wird). Abgesehen davon ist auch im Anwendungsfall des § 35 a Abs. 7 Satz 3 SGB IV eine beeinträchtigende Einflussnahme auf das Beschaffungsverhalten Kassenärztlicher Vereinigungen schon deshalb ausgeschlossen, weil die Auf-

Eine andere, separat zu untersuchende Frage ist es, ob im konkreten Fall der Anwendung des § 79 a SGB V die besondere Staatsgebundenheit Kassenärztlicher Vereinigungen in der Aufsichtsalternative (vorübergehend) vorliegt.[1122] Die Frage kann aber offen bleiben, wenn – was noch zu untersuchen ist – im Anwendungsfall des § 79 a SB V die besondere Staatsgebundenheit der betroffenen Kassenärztlichen Vereinigung zumindest auch in der Alternative der mehrheitlich staatlichen Organmitgliederbestimmung im Sinne des § 99 Nr. 2, 1. Halbsatz Buchst. c) GWB anzunehmen ist.[1123]

(6) Zwischenergebnis

Zwar sind die einzelnen staatlichen Aufsichtsbefugnisse und Mitwirkungsrechte in Bezug auf die Aktivitäten Kassenärztlicher Vereinigungen durchaus zahlreich und teilweise auch auf präventive Kontrolle ausgerichtet. Dem steht aber die erhebliche Autonomie Kassenärztlicher Vereinigungen mit Blick auf Wesen, Umfang und Durchführungsmodalitäten der zur Erfüllung ihrer gesetzlichen Aufgaben ausgeübten Tätigkeiten und die damit verbürgten Freiräume und Beurteilungsspielräume gegenüber.[1124] Die Einfallstore staatlicher Einflussnahme auf Vergabeentscheidungen Kassenärztlicher Vereinigungen fallen wegen dieser Autonomie sehr eng aus.[1125] Die Bindungen der Aufsichtsbehörde sind so stark, dass die einzelnen Aufsichtsbefugnisse, selbst in Kombination oder auch nur bezogen auf einzelne Tätigkeitsbereiche Kassenärztlicher Vereinigungen, keine solche

---

sichtsbehörde nur die Amtsenthebung, nicht aber die Neubesetzung vorzunehmen hat.

1122 Bejahend in Bezug auf die Sozialversicherungsträger und die für diese geltende Parallelvorschrift des § 37 Abs. 1 SGB IV offenbar *Thüsing/Forst* in: Thüsing, Europäisches Vergabe- und Kartellrecht, S. 41.

1123 S. dazu unten c).

1124 Diese Spielräume unterscheiden die Kassenärztlichen Vereinigungen von Einrichtungen, denen das maßgebliche materielle Fachrecht zwar ebenfalls keine detaillierten Vorgaben macht, aber keinen eigenen Beurteilungsspielraum bei Auslegung und Anwendung unbestimmter Rechtsbegriffe zugesteht, dieser Spielraum vielmehr durch Direktiven der Aufsichtsbehörde ausgefüllt wird; zu solchen Konstellationen s. *Puhl*, Grundfragen des kartellvergaberechtlichen Auftraggeberbegriffs, S. 172.

1125 In Bezug auf die staatliche Aufsicht über Studentenwerke ebenso *Puhl*, Grundfragen des kartellvergaberechtlichen Auftraggeberbegriffs, S. 190.

Einflussnahme auf das Beschaffungsverhalten Kassenärztlicher Vereinigungen ermöglichen, mit der die Gefahr einer diskriminierenden, an anderen als wirtschaftlichen Kriterien ausgerichteten Vergabeentscheidung verbunden wäre. Nur darauf kommt es aber bei der Beurteilung des Merkmals der besonderen Staatsgebundenheit in der Aufsichtsvariante im Sinne des § 99 Nr. 2, 1 Halbsatz Buchst. b) GWB an.

c) Zur mehrheitlich staatlichen Organmitgliederbestimmung

Zu prüfen bleibt damit nur noch, ob Kassenärztliche Vereinigungen das Merkmal der besonderen Staatsgebundenheit in der Variante der mehrheitlich staatlichen Organmitgliederbestimmung erfüllen. Das ist gemäß § 99 Nr. 2, 1. Halbsatz Buchst. c) GWB der Fall, wenn mehr als die Hälfte der Mitglieder eines ihrer zur Geschäftsführung oder zur Aufsicht berufenen Organe durch Stellen nach Nummer 1 oder 3 der Vorschrift bestimmt worden sind.[1126]

aa) Regelfall

Im Ausgangspunkt gilt auch für Kassenärztliche Vereinigungen, dass regelmäßig mit der Stimmenmehrheit in den geschäfts- oder aufsichtsführenden Organen das Entscheidungsverhalten auch in Vergabesachen steht und fällt.[1127] Dabei hat entweder der Vorstand (vgl. § 79 Abs. 5 SGB V) oder – etwa bei grundsätzlicher Bedeutung für die Körperschaft (vgl. § 79 Abs. 3 Satz 1 Nr. 3 SGB V) – die Vertreterversammlung auch über Auftragsvergaben regelmäßig mit Stimmenmehrheit zu entscheiden. Da aber im Regelfall weder die Vorstandsmitglieder noch die Mitglieder der Vertreterversammlung staatlich bestimmt werden[1128], liegt insoweit die Bejahung der besonderen Staatsgebundenheit in der Variante der mehrheitlich staatlichen Bestimmung der Organmitglieder fern.

1126 S. dazu bereits oben Teil 2 G.III.5.

1127 S. dazu oben Teil 2 G.III.5. bei Fn. 724; vgl. auch *Puhl*, Grundfragen des kartellvergaberechtlichen Auftraggeberbegriffs, S. 205.

1128 S. dazu oben 1.a).

bb) Anwendungsfall des § 79 a SGB V

Etwas anderes gilt aber im konkreten (Ausnahme-)Fall der Anwendung des § 79 a SGB V. Denn gemäß § 79 a Abs. 2 Satz 3 SGB V haben die Aufsichtsbehörde oder die von ihr bestellten Beauftragten die Stellung des Organs der Kassenärztlichen Vereinigung, für das sie die Geschäfte führen.[1129] Damit sind es während der Dauer dieser Geschäftsführung nach § 79 a Abs. 1 SGB V sogar allein diese, die die zu treffenden Entscheidungen auch in Vergabesachen herbeiführen können. Andere Organmitglieder sind insoweit weder stimmberechtigt noch in sonstiger Weise zu berücksichtigen.

In diesem Zusammenhang ist daran zu erinnern, dass der europäische Normgeber typisierend und unwiderleglich eine Gefahr für die diskriminierungsfreie Auftragsvergabe allein dadurch vermutet, dass staatliche Stellen mehr als 50% der Mitglieder eines zur Geschäftsführung oder zur Aufsicht berufenen Organs der betreffenden Einrichtung bestimmen, ohne dass es dabei auf eine Weisungsabhängigkeit dieser Mitglieder oder eine sonstige Einflussnahmemöglichkeit des Staates auf das so besetzte Gremium ankommt. § 99 Nr. 2, 1. Halbsatz Buchst. c) GWB stellt nämlich allein auf die abstrakte Gefahr ab, die Mitglieder eines Geschäftsführungs- oder Aufsichtsorgans könnten der Stelle, die sie berufen hat, besonders nahe stehen.[1130] Das ist auch und erst recht in Ansehung der kraft gesetzlicher Anordnung in § 79 a Abs. 2 Satz 3 SGB V mit Organstellung versehenen Aufsichtsbehörde oder der von ihr bestellten Beauftragten nicht von der Hand zu weisen.[1131]

§ 99 Nr. 2, 1. Halbsatz Buchst. c) GWB verlangt in richtlinienkonformer Umsetzung des Art. 2 Abs. 1 Nr. 4 Buchst. c) Vergaberichtlinie im Übrigen nicht, dass die staatliche Einmischung bei der Organbesetzung dauerhaft oder der Regelfall sein muss. Eine derart einschränkende Lesart würde

---

1129 S. oben 1.c).

1130 *Crass*, Der öffentliche Auftraggeber, S. 112; ebenso *Puhl*, Grundfragen des kartellvergaberechtlichen Auftraggeberbegriffs, S. 208; s. auch oben Teil 2 G.III.5. bei Fn. 726.

1131 Zur vergleichbaren Situation der gesetzlichen Krankenkassen im Anwendungsfall des § 37 Abs. 1 SGB IV oder des § 46 Abs. 3 SGB IV s. bereits kurz oben B.III.2.c).

dem Grundsatz der weiten Auslegung des Begriffs des öffentlichen Auftraggebers und seiner einzelnen Komponenten widersprechen.[1132]

cc) Zwischenergebnis

Bei der erforderlichen funktionalen Beurteilung wird das Merkmal der mehrheitlich staatlichen Bestimmung der Mitglieder eines der Geschäftsführungs- oder Aufsichtsorgane der Kassenärztlichen Vereinigungen im Sinne des § 99 Nr. 2, 1. Halbsatz Buchst. c) GWB im Anwendungsfall des § 79 a SGB V und damit nur vorübergehend, nämlich für die Dauer der aufsichtsbehördlichen Geschäftsführung erfüllt. Offen bleiben kann somit auch weiterhin die Frage, ob im Anwendungsfall des § 79 a SGB V die besondere Staatsgebundenheit Kassenärztlicher Vereinigungen auch in der Aufsichtsvariante vorliegt.[1133]

1132 S. dazu oben Teil 2 G.III.5. und Teil 2 G.III.3.b)bb).
1133 S. oben b)dd)(5) bei Fn. 1123.

Teil 4: Ergebnisse und Schlussbetrachtung

A. Ergebnisse in Thesen

I. Für die Beurteilung der Eigenschaft Kassenärztlicher Vereinigungen als öffentliche Auftraggeber im Sinne des europäisierten GWB-Vergaberechts sind praktisch nur die Vorschriften in Art. 2 Abs. 1 Nr. 1 und Nr. 4 Vergaberichtlinie und in § 99 Nr. 2 GWB relevant.

II. Kassenärztliche Vereinigungen sind regelmäßig nicht als (funktionale) öffentliche Auftraggeber im Sinne des Art. 2 Abs. 1 Nr. 1 i.V.m. Nr. 4 Vergaberichtlinie und des § 99 Nr. 2 GWB zu qualifizieren. Es fehlt ihnen – außer im Anwendungsfall des § 79 a SGB V – die von Art. 2 Abs. 1 Nr. 4 Buchst. c) Vergaberichtlinie und § 99 Nr. 2 GWB verlangte und im Lichte des Zwecks der Vergaberichtlinien funktional auszulegende besondere Staatsgebundenheit. Insoweit sind Kassenärztliche Vereinigungen mangels Eröffnung des persönlichen Anwendungsbereichs nicht an die Vorgaben des europäisierten GWB-Vergaberechts gebunden.

1. Kassenärztliche Vereinigungen erfüllen das Merkmal der besonderen Staatsgebundenheit in der Variante der überwiegend staatlichen Finanzierung (§ 99 Nr. 2, 1. Halbsatz Buchst. a) GWB) ebenso wenig wie Landesärztekammern, deren besondere Staatsgebundenheit der EuGH zutreffend verneint hat. Kassenärztliche Vereinigungen verfügen wie die Landesärztekammern und anders als gesetzliche Krankenkassen über weitgehende Autonomie auch mit Blick auf ihre Finanzierung.
2. Zur Auslegung des Merkmals der besonderen Staatsgebundenheit in der Variante der staatlichen Aufsicht über die Leitung gemäß § 99 Nr. 2, 1. Halbsatz Buchst. b) GWB:
    a) Die besondere Staatsgebundenheit in der Aufsichtsvariante verlangt die Möglichkeit einer bestimmten staatlichen Einflussnahme auf das konkrete Beschaffungsverhalten der beaufsichtigten Einrichtung: Die staatlichen Aufsichtsbefugnisse müssen, womöglich nach einer Gesamtschau aller möglichen Aufsichtswege und Formen, die Annahme zumindest vertretbar erscheinen lassen, dass sie Einwirkungsmöglichkeiten auf die beaufsichtigte Einrichtung zulassen, die eine diskriminierungsfreie und an wirtschaftlichen

Überlegungen orientierte Auswahlentscheidung gefährden können (beeinträchtigende Einflussnahmemöglichkeit). In diese Beurteilung sind nicht nur die bestehenden Aufsichtsrechte, sondern auch die von der betreffenden Einrichtung bei ihrer Tätigkeitsausübung zu beachtenden Regelungen einzustellen. Denn die Wirkungen der aufsichtlichen Kontrolle hängen entscheidend davon ab, ob die beaufsichtigte Einrichtung nach den für sie geltenden Vorschriften über eine sehr große Freiheit in Bezug auf ihre Leitung verfügt oder ob diese Vorschriften ihre Tätigkeit in einem sehr engen Rahmen regeln und ihr bei der Führung ihrer Geschäfte eine im Voraus festgelegte Linie vorschreiben.

b) Die besondere Staatsgebundenheit kann in der Aufsichtsvariante – anders als in der Finanzierungsvariante – auch tätigkeitsbezogen beurteilt werden und zur partiellen Auftraggebereigenschaft einer Einrichtung führen. Voraussetzung für eine solche tätigkeitsbezogene Beurteilung ist grundsätzlich die Zuordenbarkeit des Beschaffungsgegenstandes zu einem bestimmten und abgrenzbaren Tätigkeitsbereich der zu untersuchenden Einrichtung, für den spezielle Vorschriften gelten, die zugleich abschließend die dort maßgeblichen Aufsichtsbefugnisse regeln.

c) Kassenärztliche Vereinigungen unterliegen – abgesehen vom offen gelassenen Anwendungsfall des § 79 a SGB V (dazu sogleich unter 3.) – nicht der staatlichen Aufsicht im Sinne des § 99 Nr. 2, 1. Halbsatz Buchst. b) GWB. Sie sind nach derzeit geltendem (nationalen) Recht auch insoweit mit einem derart hohen Maß an Selbstverwaltungsautonomie ausgestattet, dass die Möglichkeit einer beeinträchtigenden Einflussnahme auf Vergabeentscheidungen durch Stellen nach § 99 Nr. 1 oder Nr. 3 GWB (staatliche Stellen) ausgeschlossen ist.

3. Zur Auslegung des Merkmals der besonderen Staatsgebundenheit in der Variante der mehrheitlich staatlichen Organmitgliederbesetzung gemäß § 99 Nr. 2, 1. Halbsatz Buchst. c) GWB:

   a) Für die Beurteilung der besonderen Staatsgebundenheit einer Einrichtung in der Variante der mehrheitlich staatlichen Organmitgliederbestimmung kommt es darauf an, ob das organschaftliche und mehrheitlich staatlich besetzte Gremium die abstrakte Möglichkeit besitzt, auf Vergabeentscheidungen der Einrichtung Einfluss zu nehmen.

b) Auch eine nur vorübergehende mehrheitlich staatliche Organmitgliederbesetzung führt dazu, dass für die konkrete Dauer dieser Besetzungsform die besondere Staatsgebundenheit der betreffenden Einrichtung in der Organbesetzungsvariante (vorübergehend) vorliegt.

c) Nur bei Eintritt und für die Dauer des in § 79 a SGB V geregelten Ausnahmefalles, dass die Aufsichtsbehörde oder von ihr bestellte Beauftragte die Aufgaben der betreffenden Kassenärztlichen Vereinigung wahrnehmen, erfüllt diese (vorübergehend) das Merkmal der mehrheitlich staatlichen Organmitgliederbestimmung.

III. Unabhängig von den Vorgaben des GWB-Vergaberechts unterliegen die Kassenärztlichen Vereinigungen den – allerdings nicht bieterschützenden – haushaltsrechtlichen Ausschreibungspflichten. Maßgeblich sind für sie dabei insbesondere die in § 22 SVHV normierten Grundsätze.

IV. Daneben kommen vergaberechtliche Bindungen aus den Vorschriften der von fast allen Bundesländern erlassenen Landesvergabegesetze in Betracht. Ob diese auf Kassenärztliche Vereinigungen anwendbar sind und ob und inwieweit ihnen Bieterschutz zu entnehmen ist, hängt von den jeweiligen landesrechtlichen Bestimmungen ab.

V. Mindestanforderungen an Beschaffungs- bzw. Auswahlentscheidungen Kassenärztlicher Vereinigungen ergeben sich zudem aus Art. 3 Abs. 1 und Art. 12 Abs. 1 GG. Insbesondere Art. 3 Abs. 1 GG verpflichtet auch die Kassenärztlichen Vereinigungen als Teil der mittelbaren Staatsverwaltung zur Durchführung eines transparenten, nichtdiskriminierenden und die Gleichbehandlung/Chancengleichheit interessierter Unternehmen gewährleistenden Vergabeverfahrens.

VI. Schließlich haben die Kassenärztlichen Vereinigungen bei ihren Auftragsvergaben – Binnenmarktrelevanz unterstellt – auch die Grundregeln und die allgemeinen Grundsätze des AEUV zu beachten, insbesondere die Grundsätze der Gleichbehandlung und der Nichtdiskriminierung aus Gründen der Staatsangehörigkeit sowie die daraus folgende Pflicht zur Transparenz. Die Kassenärztlichen Vereinigungen sind nach nationalem Recht als juristische Personen des öffentlichen Rechts Teil der mittelbaren Staatsverwaltung, d.h. mit staatlichen Verwaltungsfunktionen betraute Stellen und damit Adressaten der Grundfreiheiten[1134], auch wenn sie nicht zugleich öffentliche Auftraggeber im Sinne der europäischen Vergaberichtlinien sind.

B. Schlussbetrachtung

Die Untersuchung einer Einrichtung auf ihre Eigenschaft als öffentlicher Auftraggeber im Sinne des § 99 Nr. 2 GWB kann nur anhand einer Auseinandersetzung sowohl mit den vergaberechtlichen Normen und Grundsätzen als auch und insbesondere mit den spezifischen fachrechtlichen Vorgaben und Maßstäben, die für die Tätigkeit der zu untersuchenden Einrichtung gelten, gelingen. Das ist aus der Perspektive des Vergaberechts keinesfalls ungewöhnlich: Das (GWB-)Vergaberecht ist Beschaffungsverfahrensrecht, das nicht isoliert, sondern nur in Verbindung mit sachlichem Recht sinnvoll angewandt werden kann.[1135] Bereits seiner Natur nach bedarf das (GWB-)Vergaberecht also der Eingabe inhaltlicher Vorgaben spezieller Sachmaterien, um die Beschaffungstätigkeit der betreffenden Einrichtung wirtschaftlich und diskriminierungsfrei gestalten zu können, ohne die Erfüllung der Sachaufgabe zu gefährden.[1136] Nichts anderes gilt für die Beantwortung der noch vorangestellten Frage, ob die Voraussetzungen für die Anwendung des GWB-Vergaberechts überhaupt vorliegen. Die hierüber entscheidenden Rechtsbegriffe sind wegen ihres europäischen Ursprungs bekanntermaßen europarechtlich-autonom auszulegen. Auch dieses Begriffsverständnis hält den Rechtsanwender aber nicht davon ab, sondern verlangt im Gegenteil von ihm, die maßgeblichen Rechtsbegriffe mit der konkreten Ausgestaltung des mitgliedstaatlichen Rechts auszufüllen. Natürlich kommt es dabei nicht auf (möglicherweise sogar irreführende) mitgliedstaatliche Begrifflichkeiten an, sondern allein auf die sich hinter diesen Begrifflichkeiten verbergende inhaltliche Ausgestaltung des Rechtsrahmens, in dem die betreffende Einrichtung ihre Tätigkeit ausübt. Diese mitgliedstaatliche Ausgestaltung ist am Maßstab des europarechtlichen Begriffsverständnisses zu messen.

1134 Vgl. nur *Frenz*, Handbuch Europarecht Bd. 1, Rn. 295.

1135 Vgl. *Hensel*, Selektivverträge im vertragsärztlichen Leistungserbringungsrecht, S. 230 m.w.N.

1136 Vgl. *Hensel*, Selektivverträge im vertragsärztlichen Leistungserbringungsrecht, S. 230.

Mit konkretem Blick auf Kassenärztliche Vereinigungen führt demnach etwa allein der mehr oder weniger pauschale Verweis auf die gesetzlich normierten Aufsichtsbefugnisse nicht weiter. Dieser Ansatz würdigt den (Schutz-)Zweck der europäischen Vergaberichtlinien nicht ausreichend. Dieser Zweck, der Ausgangspunkt für die funktionale Auslegung der Richtlinienregelungen und ihrer Begriffe ist, erfordert insbesondere eine einschränkende Konkretisierung des in Art. 2 Abs. 1 Nr. 4 Vergaberichtlinie und § 99 Nr. 2, 1. Halbsatz Buchst. b) GWB enthaltenen Merkmals der besonderen Staatsgebundenheit in der Variante der staatlichen Aufsicht: Von den Vorschriften und damit vom persönlichen Anwendungsbereich des europäisierten GWB-Vergaberechts erfasst werden (nur) Einrichtungen, die einer staatlichen Aufsicht mit richtlinienzweckintendiertem Gefahrzusammenhang unterliegen. Das bedeutet, es muss gerade die staatliche Einflussnahmemöglichkeit die Gefahr diskriminierender oder an nicht wirtschaftlichen Überlegungen ausgerichteter Auftragsvergabe begründen. Dies trifft für die (ohnehin sehr beschränkten) staatlichen Möglichkeiten zur Einflussnahme auf das Beschaffungsverhalten Kassenärztlicher Vereinigungen nicht zu.[1137]

Dabei wird nicht verkannt, dass die auf die Vergaberichtlinien zurückzuführenden Voraussetzungen für die Anwendung des GWB-Vergaberechts, zu denen auch der Begriff des öffentlichen Auftraggebers gemäß § 99 GWB zählt, grundsätzlich weit zu verstehen sind. Dieses Begriffsverständnis formt aber nicht den Zweck der Vergaberichtlinien, sondern umgekehrt: Der Richtlinienzweck begründet und formt den Grundsatz der weiten und funktionalen Auslegung.[1138]

1137 Was die vergaberechtliche Beurteilung der staatlichen Aufsicht (auch) im Bereich der Sozialversicherung nach deutschem Recht angeht, wird zu selten deren Funktionsschutzaufgabe ins Wort gehoben (s. dazu oben Teil 3 D.III.2.b)dd)(4)(c)). Diese Aufsicht dient nämlich der gleichen Aufgabe wie die Tätigkeit der Sozialversicherungsträger oder der Kassenärztlichen Vereinigungen. Zu Recht spricht deshalb das BSG in neueren Entscheidungen auch von der partnerschaftlichen Kooperation zwischen Selbstverwaltung und Aufsicht (vgl. BSG v. 11.12.2003, B 10 A 1/02 R, SozR 4-2400, § 89 Nr. 2); umfassend dazu *Schirmer/Kater/Schneider*, Aufsicht in der Sozialversicherung, Nr. 100, S. 1 ff.; ähnlich auch *Steinhilper/Schiller*, MedR 2003, 661 ff. (664), die zutreffend feststellen, dass Selbstverwaltung und Rechtsaufsicht eher komplementäre als konträre Aufgaben sind.

1138 Dem kann jedenfalls unter rechtlichen Gesichtspunkten nicht entgegengehalten werden, dass Deutschland auf der Korruptionsrangliste weit oben stehe und deswegen der Anwendungsbereich des europäisierten Vergaberechts möglichst weit

Zwar sind die Kassenärztlichen Vereinigungen im sozialversicherungsrechtlichen, konkret im krankenversicherungsrechtlichen Gefüge verankert und dabei weitgehend denselben gesetzlichen Aufsichtsregelungen wie die gesetzlichen Krankenkassen unterworfen, was für eine auch vergaberechtliche Gleichbehandlung der beiden Einrichtungen sprechen könnte – aber nur auf den ersten Blick: Dabei würde nämlich übersehen, dass sich die Kassenärztlichen Vereinigungen von den gesetzlichen Krankenkassen grundlegend in ihrer jeweiligen Aufgabenstellung unterscheiden. Mit diesem grundlegenden Unterschied geht eine unterschiedliche Intensität der Regulierung mit Blick auf die jeweilige Aufgabenwahrnehmung, aber auch auf die jeweilige Finanzierung einher. Kassenärztliche Vereinigungen sind mit einem im Vergleich zu den gesetzlichen Krankenkassen viel höheren Maß an Selbstverwaltungsautonomie ausgestattet.

Hinzu kommt, dass die in den Kassenärztlichen Vereinigungen vereinten Mitglieder ausschließlich Ärzte und Psychotherapeuten sind. Und schließlich ist den Kassenärztlichen Vereinigungen in § 75 Abs. 2 Satz 1 SGB V der Auftrag zur Wahrnehmung der Rechte der verfassten Vertragsärzte- und Psychotherapeutenschaft gegenüber den gesetzlichen Krankenkassen übertragen. All dies rückt die Kassenärztlichen Vereinigungen charakteristisch in unabweisbare Nähe zu den Landesärztekammern und rechtfertigt ihre Bezeichnung als berufsstandsähnliche Vereinigung. Die beiden Körperschaften werden daher mitunter zu Recht als „Schwesternkörperschaften" tituliert. Eine im Ergebnis gleiche Beurteilung der Kassenärztlichen Vereinigungen und der Landesärztekammern bei der Frage nach dem Vorliegen der GWB-vergaberechtlichen Auftraggebereigenschaft erscheint auch unter diesem (zugegeben: nicht rechtlichen) Aspekt richtig.

---

zu ziehen sei (so aber wohl *Gaßner/Braun*, NZS 2005, 28 ff.). Die fraglos erstrebenswerte Zurückdrängung der Korruption in Deutschland kann nicht dadurch erfolgen, dass die für die Einstufung der betroffenen Einrichtungen als öffentliche Auftraggeber vorgegebenen und gültigen Kriterien der europäischen Vergaberichtlinien so „zu pass" ausgelegt werden, dass alle nach subjektiver Einschätzung korruptionsgefährdeten Einrichtungen erfasst werden. Die §§ 98 ff. GWB geben typisierend vor, welche Einrichtungen auch unter dem Aspekt der Korruptionsvorbeugung dem europäisierten GWB-Vergaberecht unterworfen sind. Was die Kassenärztlichen Vereinigungen angeht, konnte gezeigt werden, dass sie die Merkmale der besonderen Staatsgebundenheit jedenfalls im Regelfall in keiner der alternativen Varianten aufweisen, so dass insoweit eine Anwendung des europäisierten Vergaberechts ausscheidet.

Die sich daraus für Kassenärztliche Vereinigungen ergebenden Freiheiten in ihrem Beschaffungsverhalten sollten klug und verantwortungsvoll genutzt werden, vor allem durch an diskriminierungsfreien und wirtschaftlichen Kriterien orientierte Vergabeentscheidungen (wenn auch nicht gebunden an die strengen und formalistischen Vorgaben des GWB-Vergaberechts). Andernfalls dürfte davon auszugehen sein, dass der (nationale) Gesetzgeber wohl nicht lange zuwarten würde, bevor er die Auftragsvergaben Kassenärztlicher Vereinigungen dem Anwendungsbereich des GWB-Vergaberechts unterwirft – im Wege der überschießenden Umsetzungstätigkeit könnte er dies auch über die im GWB umgesetzten europäischen Richtlinienvorgaben hinaus. Gesetzestechnisch wäre dies keine allzu große Herausforderung. So könnte etwa an systematisch passender Stelle im Gesetz[1139] die Anwendung einzelner oder sogar sämtlicher Vergabe- und Nachprüfungsverfahrensvorschriften des Teils 4 des GWB auf die Auftragsvergaben Kassenärztlicher Vereinigungen mit einem (partiellen) Rechtsfolgenverweis angeordnet werden, was die Prüfung der Voraussetzungen für die Eröffnung des Anwendungsbereichs nach den §§ 98 ff. GWB erübrigte.

1139 In Betracht käme beispielsweise ein neuer Absatz in § 77 SGB V.

Literaturverzeichnis

Artelt, J.: Verwaltungskooperationsrecht – zur Ausgestaltung der Zusammenarbeit von Polizei und Sicherheitswirtschaft. Köln 2009.

(zitiert: *Artelt*, Verwaltungskooperationsrecht)

Axer, P.: Normsetzung der Exekutive in der Sozialversicherung – Ein Beitrag zu den Voraussetzungen und Grenzen untergesetzlicher Normsetzung im Staat des Grundgesetzes, Tübingen 2000.

(zitiert: *Axer*, Normsetzung der Exekutive in der Sozialversicherung)

Baier, J.: Kartellrechtliche Auswirkungen des Arzneimittelmarktneuordnungsgesetzes auf die Beziehungen der Leistungserbringer zu gesetzlichen Krankenkassen sowie der Krankenkassen untereinander, MedR 2011, S. 345 ff.

Barth, H.: Das Vergaberecht außerhalb des Anwendungsbereichs der EG-Vergaberichtlinien, Frankfurt a. M. 2011.

Basteck, V.: Sozialrecht und Vergaberecht – Die Schöne und das Biest? – Fachtagung "Vergaberechtliche Strukturen im Sozialwesen" am 27.4.2006, NZBau 2006, S. 497 ff.

Becker, U./Schweitzer, H.: Gutachen B zum 69. Deutschen Juristentag: Wettbewerb im Gesundheitswesen – Welche gesetzlichen Regelungen empfehlen sich zur Verbesserung eines Wettbewerbs der Versicherer und Leistungserbringer im Gesundheitswesen?, München 2012.

(zitiert: *Becker/Schweitzer*, Gutachten zum 69. Deutschen Juristentag 2012)

Ders./Walser, C.: Stationäre und ambulante Krankenhausleistungen im grenzüberschreitenden Dienstleistungsverkehr – von Entgrenzungen und neuen Grenzen in der EU, NZS 2005, S. 449 ff.

Böckenförde, E.-W.: Staat, Gesellschaft, Freiheit. Studien zur Staatstheorie und zum Verfassungsrecht, Frankfurt a. M. 1976.

Boerner, D.: Kooperative Normgebung im staatlich gesetzten Rahmen – Betrachtung am Beispiel der Methodenbewertung und der Qualitätssicherung durch den Gemeinsamen Bundesausschuss, in: Schmehl, A./Wallrabenstein, A. (Hrsg.), Steuerungsinstrumente im Recht des Gesundheitswesens, Band 2: Kooperation, Tübingen 2006, S. 1 ff.

(zitiert: *Boerner* in: Schmehl/Wallrabenstein, Steuerungsinstrumente im Recht des Gesundheitswesens, Band 2)

Boesen, A.: Vergaberecht – Kommentar zum 4. Teil des GWB, Köln 2000.

(zitiert: *Boesen*, Vergaberecht)

Bogan, A.: Wettbewerb durch Selektivverträge in der vertragsärztlichen Versorgung – ein Auslaufmodell?, SGb 2012, S. 433 ff.

Böge, W.: Kassenärztliche Vereinigungen und Ärztekammern im Europäischen Kartellrecht. Die ärztlichen Selbstverwaltungskörperschaften als verbotene Kartelle auf dem Markt für ambulante ärztliche Leistungen?, Frankfurt a.M. 2011.

(zitiert: *Böge*, Kassenärztliche Vereinigungen und Ärztekammern)

Braun, C.: Anmerkung zu OLG Düsseldorf v. 13.1.2010 (I-27 U 1/09), VergabeR 2010, S. 537 ff.

Breloer, C. E.: Europäische Vorgaben und das deutsche Vergaberecht, Frankfurt a. M. 2004.

Bucher, H.: Die Anwendung des Europäischen Wettbewerbsrechts auf Träger sozialer Sicherungssysteme, Köln 2008.

(zitiert: *Bucher*, Die Anwendung des Europäischen Wettbewerbsrechts)

Bulla, S./Schneider, W.: Die Vergabe öffentlicher Aufträge im Krankenhaussektor, ZMGR 2012, S. 406 ff.

Bundesministerium der Justiz (Hrsg.): Handbuch der Rechtsförmlichkeit – Empfehlungen zur Gestaltung von Gesetzen und Rechtsverordnungen, 3. Auflage, Köln 2008.

(zitiert: *Bundesministerium der Justiz*, Handbuch der Rechtsförmlichkeit)

Burgi, M.: Hilfsmittelverträge und Arzneimittel-Rabattverträge als öffentliche Lieferaufträge?, NZBau 2008, S. 480 ff.

Ders.: Streitbeilegung unterhalb der Schwellenwerte durch „Vergabeschlichtungsstellen“: Ein Vorschlag zur aktuellen Reformdiskussion, VergabeR 2010, S. 403 ff.

Ders.: Von der Zweistufenlehre zur Dreiteilung des Rechtsschutzes im Vergaberecht, NVwZ 2007, S. 737 ff.

Byok, J.: Auftragsvergabe im Gesundheitswesen, GesR 2007, S. 553 ff.

Ders.: Die Entwicklung des Vergaberechts seit 2011, NJW 2012, S. 1124 ff.

Ders./Jaeger, W. (Hrsg.): Kommentar zum Vergaberecht – Erläuterungen zu den vergaberechtlichen Vorschriften des GWB und der VgV, 3. Auflage, Frankfurt a. M. 2011.

(zitiert: *Bearbeiter* in: Byok/Jaeger, Vergaberecht)

Ders./Jansen, N.: Die Stellung gesetzlicher Krankenkassen als öffentliche Auftraggeber, NVwZ 2005, S. 53 ff.

Coenen, M./Haucap, J.: Krankenkassen und Leistungserbringer als Wettbewerbsakteure, in: Cassel, D./Jacobs, K./Vauth, C./Zerth, J. (Hrsg.), Solidarische Wettbewerbsordnung, Heidelberg 2014, S. 259 ff.

(zitiert: *Coenen/Haucap* in: Cassel u.a., Solidarische Wettbewerbsordnung)

Conrad, S.: Vergaberechtlicher Rechtsschutz auf landesrechtlicher Grundlage, ZfBR 2016, S. 124 ff.

Crass, N.: Der öffentliche Auftraggeber – Eine Untersuchung am Beispiel der öffentlich-rechtlichen Kreditinstitute und Energieversorgungsunternehmen, München 2004.

(zitiert: *Crass*, Der öffentliche Auftraggeber)

Csaki, A.: Die Auskömmlichkeitsprüfung nach § 19 VI VOL/A-EG – Prüfpflicht, Drittschutz und besondere Anforderungen auf Grund landesrechtlicher Vorschriften, NZBau 2013, S. 342 ff.

Ders./Freundt, A.: Keine Ausschreibungspflicht für Verträge über hausarztzentrierte Leistungen? – Besprechung der Entscheidung des Landessozialgerichts Nordrhein-Westfalen vom 3.11.2010, NZS 2011, S. 766 ff.

Dauses, M. (Hrsg.): Handbuch des EU-Wirtschaftsrechts, Band 1, München, Loseblattausgabe (Stand: Juni 2016). (zitiert: *Bearbeiter* in: Dauses, EU-Wirtschaftsrecht)

Degenhart, C.: Das Verwaltungsverfahren zwischen Verwaltungseffizienz und Rechtsschutzauftrag, DVBl 1982, S. 872 ff.

Ders.: Rundfunkanstalten als öffentliche Auftraggeber – Anmerkung zu EuGH v. 13.12.2007 (Rs. C-337/06), JZ 2008, S. 568 ff.

Denkhaus, W.: Gesundheitsmärkte im Mehrebenensystem – Eine Untersuchung zum System des Europäischen Verwaltungsrechts am Beispiel des Vergaberechts, Berlin 2011.

(zitiert: *Denkhaus*, Gesundheitsmärkte im Mehrebenensystem)

Dietlein, J.: Der Begriff des "funktionalen" Auftraggebers nach § 98 Nr. 2 GWB, NZBau 2002, S. 136 ff.

Dreher, M.: Der Anwendungsbereich des Kartellvergaberechts, DB 1998, S. 2579 ff.

Ders.: Öffentlich-rechtliche Anstalten und Körperschaften im Kartellvergaberecht, NZBau 2005, S. 297 ff.

Ebsen, I.: Harmonisierende Rechtsetzungskompetenzen der Europäischen Union in der Gesundheitspolitik, in: Gesellschaft für Versicherungswissenschaft und -gestaltung e.V. (Hrsg.), EU-Gesundheitspolitik im nicht harmonisierten Bereich – Aktuelle Entwicklungen der Offenen Methode der Koordinierung, Köln 2010, S. 13 ff.

(zitiert: *Ebsen*, Harmonisierende Rechtsetzungskompetenzen)

Ders. (Hrsg.): Vergaberecht und Vertragswettbewerb in der Gesetzlichen Krankenversicherung, Frankfurt a. M. 2009.

(zitiert: *Bearbeiter* in: Ebsen, Vergaberecht und Vertragswettbewerb)

Ehlers, D./Fehling, M./Pünder, H. (Hrsg.): Besonderes Verwaltungsrecht, Band 1: Öffentliches Wirtschaftsrecht, 3. Auflage, Heidelberg 2012.

(zitiert: *Bearbeiter* in: Ehlers u.a., Öffentliches Wirtschaftsrecht)

Eichenhofer, E.: Sozialrecht der Europäischen Union, 6. Auflage, Berlin 2015.

Ders./Wenner, U. (Hrsg.): SGB V – Gesetzliche Krankenversicherung, Kommentar, 2. Auflage, Neuwied am Rhein 2016.

(zitiert: *Bearbeiter* in: Eichenhofer/Wenner, SGB V)

Engelmann, K.: Keine Geltung des Kartellvergaberechts für Selektivverträge der Krankenkassen mit Leistungserbringern, SGb 2008, S. 133 ff.

Esch, O.: Zur Reichweite der Ausschreibungspflicht gesetzlicher Krankenkassen, MPR 2009, S. 149 ff.

Eschenbruch, K./Hunger, K.-U.: Selbstverwaltungskörperschaften als öffentliche Auftraggeber, NZBau 2003, S. 471 ff.

Finke, M./Hangebrauck, R.: Anmerkung zu LG Potsdam v. 20.11.2009 (4 O 371/09), VergabeR 2010, S. 539 ff.

Frenz, W.: Handbuch Europarecht, Band 1: Europäische Grundfreiheiten, 2. Auflage, Berlin 2012.

(zitiert: *Frenz*, Handbuch Europarecht Band 1)

Ders.: Handbuch Europarecht, Band 3: Beihilfe- und Vergaberecht, Berlin 2007. (zitiert: *Frenz*, Handbuch Europarecht Band 3)

Gabriel, M.: Vergaberechtliche Vorgaben beim Abschluss von Verträgen zur integrierten Versorgung (§§ 140 a ff. SGB V), NZS 2007, S. 344 ff.

Gärditz, K. F.: Europäisches Regulierungsverwaltungsrecht auf Abwegen, AöR Band 135 (2010), S. 251 ff.

Gaßner, M.: Neuregelung des Insolvenzrechts der Krankenkassen – Bewertung der Regelungen des GKV-WSG und des GKV-OrgWG aus Ländersicht, GesR 2009, S. 121 ff.

Ders.: Die besonderen Aufsichtsbefugnisse im Bereich der gesetzlichen Krankenversicherung, in: Fink, U./Kücking, M./Walzik, E./Zerth, J. (Hrsg.), Solidarität und Effizienz im Gesundheitswesen – ein Suchprozess; Festschrift für Herbert Rebscher, Heidelberg 2014, S. 193 ff.

(zitiert: *Gaßner* in: Fink u.a., Solidarität und Effizienz)

Ders./Braun, C.: Anmerkung zu BayObLG v. 24.5.2004 (Verg 6/04), NZS 2005, S. 28 ff.

Ders./Eggert, A.: Wettbewerb in der GKV – Kartellrecht versus Sozialrecht, NZS 2011, S. 249 ff.

Ders./Mente, E.: Rechtliche Fragen der Einsetzung eines „Staatskommissars“ bei Kassenärztlichen Vereinigungen, SGb 2005, S. 421 ff.

Ders./Strömer, J.: Mutiges Querdenken oder Abschied von der klassischen Subsumtion?, NZS 2014, S. 811 ff.

Gassner, U. M.: Grundzüge des Kartellrechts, München 1999.

Ders.: Kartellrecht und GKV, ZVersWiss 2008, S. 411 ff.

Gerner, T.: Die neue EU-Richtlinie über die öffentliche Auftragsvergabe im Bereich sozialer Dienstleistungen und deren Umsetzung in nationales Recht, NZS 2016, S. 492 ff.

Goldbrunner, L.: Ärztekammern sind keine öffentlichen Auftraggeber – Anmerkung zu EuGH v. 12.9.2013 (Rs. C-526/11), jurisPR–PrivBauR 2014, Anmerkung 6.

Goodarzi, R./Junker, M.: Öffentliche Ausschreibungen im Gesundheitswesen, NZS 2007, S. 632 ff.

Gröpl, C. (Hrsg.): BHO/LHO – Staatliches Haushaltsrecht, Kommentar, München 2011.

(zitiert: *Bearbeiter* in: Gröpl, BHO/LHO)

Hailbronner, K.: Der Begriff der öffentlichen Auftraggebers nach den EG-Richtlinien zur Vergabe öffentlicher Aufträge, EWS 1995, S. 285 ff.

Hansen, K.: Vergaberecht in der gesetzlichen Krankenversicherung ab 18.4.2016, NZS 2016, S. 814 ff.

Haratsch, A./Koenig, C./Pechstein, M.: Europarecht, 10. Auflage, Tübingen 2016.
(zitiert: *Haratsch u.a.*, Europarecht)

Hauck, K./Noftz, W. (Hrsg.): Sozialgesetzbuch, Gesamtkommentar, SGB IV, Gemeinsame Vorschriften für die Sozialversicherung, Berlin, Loseblattausgabe (Stand: Juli 2016).
(zitiert: *Bearbeiter* in: Hauck/Noftz, SGB IV)

Dies. (Hrsg.): Sozialgesetzbuch, Gesamtkommentar, SGB V, Gesetzliche Krankenversicherung, Berlin, Loseblattausgabe (Stand: November 2016).
(zitiert: *Bearbeiter* in: Hauck/Noftz, SGB V)

Heiermann, W./Zeiss, C. (Hrsg.): Juris Praxiskommentar Vergaberecht, 4. Auflage, Saarbrücken 2013.
(zitiert: *Bearbeiter* in: jurisPK–Vergaberecht, GWB)

Heinemann, D.: Die Erbringung sozialer Dienstleistungen durch Dritte nach deutschem und europäischem Vergaberecht, Baden-Baden 2009.
(zitiert: *Heinemann*, Die Erbringung sozialer Dienstleistungen durch Dritte)

Heise, G.: Der Begriff des „öffentlichen Auftraggebers" im neuen Vergaberecht, LKV 1999, S. 210 ff.

Hensel, C.: Selektivverträge im vertragsärztlichen Leistungserbringungsrecht, Baden-Baden 2010.

Hernekamp, J./Jäger-Lindemann, S.: Die neue Richtlinie zur Patientenmobilität – Vision oder Wirklichkeit: Grenzenlos mobile Patienten in der EU, ZESAR 2011, S. 403 ff.

Hesse, K.: Grundzüge des Verfassungsrechts der Bundesrepublik Deutschland, 20. Auflage, Heidelberg 1999.

Heuvels, K./Höß, S./Kuß, M./Wagner, V. (Hrsg.): Vergaberecht – Gesamtkommentar zum Recht der öffentlichen Auftragsvergabe (GWB – 4. Teil –, VgV, VOB/A, VOL/A, VOF, SektVO), Stuttgart 2013.
(zitiert: *Bearbeiter* in: Heuvels u.a., Vergaberecht)

Heyne, K.: Die Vergaberechtsgebundenheit von Kammern und ihrer Einrichtungen – Kammern, Kammerunternehmen und Dachverbände im Lichte des § 98 GWB, GewArch 2010, S. 54 ff.

Dies.: Vergaberechtliche Auftraggebereigenschaft der Kammern trotz "Nein" des EuGH?, NVwZ 2014, S. 621 ff.

Höfer, S./Nolte, J.: Das neue EU-Vergaberecht und die Erbringung sozialer Leistungen, NZS 2015, S. 441 ff.

Hoffmann, J.: Die gesetzlichen Krankenkassen im Anwendungsbereich des deutschen Kartellrechts, WuW 2011, S. 472 ff.

Hörnemann, G.: Die Selbstverwaltung der Ärztekammern – Spannungen und Wechselwirkungen von Fremd- und Selbstkontrolle des Arztberufes, Konstanz 1989.

(zitiert: *Hörnemann*, Die Selbstverwaltung der Ärztekammern)

Immenga, U./Mestmäcker, E.-J. (Hrsg.): Wettbewerbsrecht, Kommentar, Band 2, Teil 2: §§ 97–129 b GWB, 5. Auflage, München 2014.

(zitiert: *Bearbeiter* in: Immenga/Mestmäcker, GWB)

Kahl, W.: Die Staatsaufsicht – Entstehung, Wandel und Neubestimmung unter besonderer Berücksichtigung der Aufsicht über die Gemeinden, Tübingen 2000.

(zitiert: *Kahl*, Staatsaufsicht)

Ders./Waldhoff, C./Walter, C. (Hrsg.): Bonner Kommentar zum Grundgesetz, Heidelberg, Loseblattausgabe (Stand: Oktober 2016).

(zitiert: *Bearbeiter* in: Bonner Kommentar zum Grundgesetz)

Kaltenborn, M.: Vergabe in der gesetzlichen Krankenversicherung, in: SDSRV Band 60 (2011), S. 47 ff.

(zitiert: *Kaltenborn* in: SDSRV 60)

Kapellmann, K./Messerschmidt, B. (Hrsg.): VOB Teile A und B – Vergabe- und Vertragsordnung für Bauleistungen mit Vergabeordnung (VgV), 4. Auflage, München 2013.

(zitiert: *Bearbeiter* in: Kapellmann/Messerschmidt, VOB/A)

Kingreen, T.: Das Sozialstaatsprinzip im Europäischen Verfassungsverbund – Gemeinschaftsrechtliche Einflüsse auf das deutsche Recht der gesetzlichen Krankenversicherung, Tübingen 2003.

Ders.: Vergaberechtliche Anforderungen an die sozialrechtliche Leistungserbringung, SGb 2004, S. 659 ff.

Ders.: Wettbewerbsrechtliche Aspekte des GKV-Modernisierungsgesetzes, MedR 2004, S. 188 ff.

Ders.: Die Entscheidung des EuGH zur Bindung der Krankenkassen an das Vergaberecht, NJW 2009, S. 2417 ff.

Ders.: Betrieb und Finanzierung von Eigeneinrichtungen durch Krankenkassen, SGb 2011, S. 357 ff.

Ders./Temizel, D.: Zur Neuordnung der vertragsärztlichen Versorgungsstrukturen durch die hausarztzentrierte Versorgung (§ 73 b SGB V), ZMGR 2009, S. 134 ff.

Kirchhof, P.: Die Steuerung des Verwaltungshandelns durch Haushaltsrecht und Haushaltskontrolle, NVwZ 1983, S. 505 ff.

Kluth, W.: Funktionale Selbstverwaltung. Verfassungsrechtlicher Status – verfassungsrechtlicher Schutz, Tübingen 1997.

(zitiert: *Kluth*, Funktionale Selbstverwaltung)

Ders.: Kassenärztliche Vereinigungen – Körperschaften des öffentlichen Rechts, MedR 2003, S. 123 ff.

Ders. (Hrsg.): Handbuch des Kammerrechts, 2. Auflage, Baden-Baden 2011.

(zitiert: *Bearbeiter* in: Kluth, Handbuch des Kammerrechts)

Ders.: Die Pflicht der Kammern zur Durchführung von Wirtschaftlichkeitsprüfungen und ihre Kontrolle durch Rechnungshöfe und Staatsaufsicht, WiVerw 2014, S. 279 ff.

Koenig, C./Busch, C.: Vergabe- und haushaltsrechtliche Koordinaten der Hilfsmittelbeschaffung durch Krankenkassen, NZS 2003, S. 461 ff.

Ders./Engelmann, C./Hentschel, K.: Die Anwendbarkeit des Vergaberechts auf die Leistungserbringung im Gesundheitswesen, MedR 2003, S. 562 ff.

Ders./Klahn, D./Schreiber, K.: Die Kostenträger der gesetzlichen Krankenversicherung als öffentliche Auftraggeber im Sinne des europäischen Vergaberechts, ZESAR 2008, S. 5 ff.

Körner, A./Leitherer, S./Mutschler, B. (Hrsg.): Kasseler Kommentar Sozialversicherungsrecht, SGB V, München, Loseblattausgabe (Stand: September 2016).

(zitiert: *Bearbeiter* in: KassKom, SGB V)

Köster, B.: Der EU-Richtlinienentwurf zur Verbesserung der Wirksamkeit der Nachprüfungsverfahren im Bereich des öffentlichen Auftragswesens, BauR 2007, S. 840 ff.

Kulartz, H.-P./Kus, A./Portz, N./Prieß, H.-J. (Hrsg.): Kommentar zum GWB-Vergaberecht, 4. Auflage, Köln 2016:

(zitiert: *Bearbeiter* in: Kulartz u.a., GWB-Vergaberecht)

Lampe-Helbig, G.: Die Verdinungsordnung für Bauleistungen (VOB) und der Bauvertrag, in: Pastor, W. (Hrsg.), Festschrift für Hermann Korbion zum 60. Geburtstag am 18. Juni 1986, Düsseldorf 1986, S. 249 ff.

(zitiert: *Lampe-Helbig* in: FS für Korbion)

Laufs, A./Kern, B.-R. (Hrsg.): Handbuch des Arztrechts, 4. Auflage, München 2010.

(zitiert: *Bearbeiter* in: Laufs/Kern, Handbuch des Arztrechts)

Liebold, R./Zalewski, T. (Hrsg.): Kassenarztrecht – Kommentar, Berlin, Loseblattausgabe (Stand: August 2016).

(zitiert: *Bearbeiter* in: Liebold/Zalewski, Kassenarztrecht, SGB V)

Loertzer, C.: Aktuelle Fragen des Kammerrechts – Bericht vom 14. Kammerrechtstag in Würzburg vom 24. bis 25.9.2015, GewArch 2016, S. 14 ff.

Loewenheim, U./Meessen, K. M./Riesenkampff, A. (Hrsg.): Kartellrecht – Europäisches und Deutsches Recht – Kommentar, 2. Auflage, München 2009.

(zitiert: *Bearbeiter* in: Loewenheim u.a., GWB)

Luthe, E.-W.: Die Vergabe sozialer Dienstleistungen nach § 130 GWB, SGb 2016, S. 489 ff.

Martlreiter, J. A.: Europäisierung des vergaberechtlichen Primärschutzes bei Unterschwellenvergaben – Europarechtliche Einflüsse und Anforderungen, Verfassungsmäßigkeit, Rechtsschutzmöglichkeiten; Freiburg i. B. 2011.

(zitiert: *Martlreiter*, Europäisierung des vergaberechtlichen Primärschutzes)

Maurer, H.: Allgemeines Verwaltungsrecht, 18. Auflage, München 2011.

Merten, D. (Hrsg.): Die Selbstverwaltung im Krankenversicherungsrecht unter besonderer Berücksichtigung der Rechtsaufsicht über Kassenärztliche Vereinigungen, Berlin 1995.

(zitiert: *Bearbeiter* in: Merten, Die Selbstverwaltung im Krankenversicherungsrecht)

Ders.: Zum Selbstverwaltungsrecht Kassenärztlicher Vereinigungen – Probleme der Vergütung hauptamtlicher und der Entschädigung ehrenamtlicher Tätigkeit, Berlin 1995.

(zitiert: *Merten*, Zum Selbstverwaltungsrecht Kassenärztlicher Vereinigungen)

Mestmäcker, E.-J./Schweitzer, H.: Europäisches Wettbewerbsrecht, 3. Auflage, München 2014.

Moosecker, C.: Öffentliche Auftragsvergabe der gesetzlichen Krankenkassen – Die Anwendbarkeit des Vergaberechts auf die Nachfrage von Leistungen der Stationären und der Integrierten Versorgung, Frankfurt a.M. 2008

(zitiert: *Moosecker*, Öffentliche Auftragsvergabe der gesetzlichen Krankenkassen)

Müller-Wrede, M. (Hrsg.): Vergabe- und Vertragsordnung für Leistungen – VOL/A – Kommentar, 4. Auflage, Köln 2014.

(zitiert: *Bearbeiter* in: Müller-Wrede, Kommentar zur VOL/A)

Narr, H. (Begr.)/*Hübner, M.* (Hrsg.): Ärztliches Berufsrecht: Ausbildung – Weiterbildung – Berufsausübung, Band 2, 2. Auflage, Köln, Loseblattausgabe (Stand: Mai 2016).

(zitiert: *Narr*, Ärztliches Berufsrecht)

Neun, A./Otting, O.: Die EU-Vergaberechtsreform 2014, EuZW 2014, S. 446 ff.

Oberndörfer, M./Lehmann, A.: Die neuen EU-Vergaberichtlinien: Wesentliche Änderungen und Vorwirkungen, BB 2015, S. 1027 ff.

Opitz, M.: Die Entwicklung des EG-Vergaberechts in den Jahren 2001 und 2002 – Teil 2, NZBau 2003, S. 252 ff.

Oppermann, T./Classen, C. D./Nettesheim, M.: Europarecht, 7. Auflage, München 2016.

Otting, O.: Das Vergaberecht als Ordnungsrahmen in der Gesundheitswirtschaft zwischen GWB und SGB V, NZBau 2010, S. 734 ff.

Ders.: Vergaberecht – §§ 97–129 b GWB, in: Bechtold, R. (Hrsg.), GWB – Kommentar, 6. Auflage, München 2010.

(zitiert: *Otting* in: Bechtold, GWB)

Ders./Sormani-Bastian, L.: Die Anwendbarkeit des Vergaberechts im Gesundheitsbereich, ZMGR 2005, S. 243 ff.

Özfirat-Skubinn, S.: Der Rechtsweg im Rechtsstreit über die Rechtmäßigkeit einer öffentlichen Auftragsvergabe im Unterschwellenbereich, DÖV 2010, S. 1005 ff.

Pielow, J.-C./Booz, M.: Industrie- und Handelskammer als öffentliche Auftraggeber?, GewArch 2015, S. 12 ff.

Pietzcker, J.: Anmerkung zu OLG Düsseldorf vom 12.2.1980 [U (Kart) 8/79], DÖV 1981, S. 539 f.

Ders.: Verwaltungsverfahren zwischen Verwaltungseffizienz und Rechtsschutzauftrag, VVDStRL Band 41 (1983), S. 193 ff.

(zitiert: *Pietzcker* in: VVDStRL 41)

Ders.: Vergabeverordnung und Kaskadenprinzip aus verfassungsrechtlicher und europarechtlicher Sicht, NZBau 2000, S. 64 ff.

Potacs, M.: Effet utile als Auslegungsgrundsatz, EuR 2009, S. 465 ff.

Prieß, H.-J.: Handbuch des europäischen Vergaberechts – Gesamtdarstellung der EU/EWR-Vergaberegeln mit Textausgabe, 3. Auflage, Köln 2005.

(zitiert: *Prieß*, Handbuch des europäischen Vergaberechts)

Pruns, K.: Kartell- und vergaberechtliche Probleme des selektiven Kontrahierens auf europäischer und nationaler Ebene – Eine Darstellung am Beispiel der hausarztzentrierten Versorgung nach § 73 b SGB V und der integrierten Versorgung nach §§ 140 a ff. SGB V, Münster 2008.

(zitiert: *Pruns*, Kartell- und vergaberechtliche Probleme des selektiven Kontrahierens)

Puhl, T.: Grundfragen des kartellvergaberechtlichen Auftraggeberbegriffs – Am Beispiel der Studentenwerke Baden-Württembergs, Baden-Baden 2012.

(zitiert: *Puhl*, Grundfragen des kartellvergaberechtlichen Auftraggeberbegriffs)

Pünder, H./Prieß, H.-J. (Hrsg.): Vergaberecht im Umbruch – Hamburger Kolloquium zum Öffentlichen Wirtschaftsrecht in der Bucerius Law School am 30. September 2004, Köln 2005.

(zitiert: *Bearbeiter* in: Pünder/Prieß, Vergaberecht im Umbruch)

Puth, R. H.: Anwendbarkeit des Kartellverbots gem. § 1 GWB auf die Leistungsbeziehungen der gesetzlichen Krankenversicherung, NJOZ 2011, S. 1593 ff.

Quaas, M./Zuck, R./Clemens, T.: Medizinrecht, 3. Auflage, München 2014.

(zitiert: *Bearbeiter* in: Quaas/Zuck, Medizinrecht)

Ratzel, R./Luxenburger, B. (Hrsg.): Handbuch Medizinrecht, 3. Auflage, Heidelberg 2015.

(zitiert: *Bearbeiter* in: Ratzel/Luxenburger)

Reidt, O./Stickler, T./Glahs, H.: Vergaberecht – Kommentar, 3. Auflage, Köln 2011.

(zitiert: *Bearbeiter* in: Reidt u.a., Vergaberecht)

Reiter, H.: Die Selbstverwaltung als Organisationsprinzip der Sozialversicherung, DRV 1993, S. 657 ff.

Rieger, H.-J./Dahm, F.-J./Katzenmeier, C./Steinhilper, G./Stellpflug, M. H. (Hrsg.): HK-AKM: Heidelberger Kommentar Arztrecht Krankenhausrecht Medizinrecht, Heidelberg, Loseblattausgabe (Stand: November 2016).

(zitiert: *Bearbeiter* in: HK-AKM)

Rittner, F.: Rechtsgrundlagen und Rechtsgrundsätze des öffentlichen Auftragswesens – Eines systematische Analyse, Hamburg 1988.

(zitiert: *Rittner*, Rechtsgrundlagen)

Rixen, S.: Vergaberecht oder Sozialrecht in der gesetzlichen Krankenversicherung? Ausschreibungspflichten von Krankenkassen und Kassenärztlichen Vereinigungen, GesR 2006, S. 49 ff.

Röbke, M.: Die Leistungsbeziehungen der gesetzlichen Krankenversicherung im Lichte des europäischen Wirtschaftsrechts. Hamburg 2009.

(zitiert: *Röbke*, Die Leistungsbeziehungen der gesetzlichen Krankenversicherung)

Röstel, S.: Der Vergaberechtsschutz unterhalb der EU-Schwellenwerte – Rechtslage, Problem und Ausblick; München 2012.

(zitiert: *Röstel*, Vergaberechtsschutz)

Roth, F.: Berufsständische Vereinigungen keine öffentlichen Auftraggeber (EuGH, Urteil v. 12.9.2013 – C-526/11), Vergabeblog.de vom 12.9.2013, Nr. 17018, zuletzt abgerufen am 12. 12. 2016 von: http://www.vergabeblog.de/2013-09-12/berufsstandische-vereinigungen-keine-offentlichen-auftraggeber-eugh-urteil-v-12-09-2013-c%E2%80%9152611/.

Ruthig, J.: Vergaberechtsnovelle ohne Gesetzgeber – Zum GWB-Vergaberecht nach Ablauf der Umsetzungsfrist (Teil I und II), NZBau 2006, S. 137 ff. bzw. 208 ff.

Salzwedel, J.: Staatsaufsicht in der Verwaltung, VVDStRL Band 22 (1965), S. 206 ff.

(zitiert: *Salzwedel* in: VVDStRL 22)

Schenke, R.: Der Wettbewerbsgedanke im Recht der gesetzlichen Krankenversicherung aus Sicht des Verfassungs- und Europarechts, WiVerw 2006, S. 34 ff.

Schickert, J./Schulz, S.: Hilfsmittelversorgung 2009 – Ausschreibungen und Verhandlungsverträge der Krankenkassen, MPR 2009, S. 1 ff.

Schirmer, H. D.: Vertragsarztrecht kompakt – Die Übersicht für Ärzte, Psychotherapeuten und Juristen; Köln 2006.

(zitiert: *Schirmer*, Vertragsarztrecht kompakt)

Schirmer, H./Kater, H./Schneider, F.: Aufsicht in der Sozialversicherung, Berlin, Loseblattausgabe (Stand: März 2016).

(zitiert: *Schirmer/Kater/Schneider*, Aufsicht in der Sozialversicherung, Abschnitt-Nr., S.)

Schlegel, R./Voelzke, T. (Hrsg).: Juris Praxiskommentar SGB IV – Gemeinsame Vorschriften für die Sozialversicherung, 3. Auflage, Saarbrücken 2016.

(zitiert: *Bearbeiter* in: Schlegel/Voelzke, jurisPK–SGB IV)

Dies. (Hrsg).: Juris Praxiskommentar SGB V – Gesetzliche Krankenversicherung, 3. Auflage, Saarbrücken 2016.

(zitiert: *Bearbeiter* in: Schlegel/Voelzke, jurisPK–SGB V)

Schlette, V.: Der Begriff des "öffentlichen Auftraggebers" im EG-Vergaberecht, EuR 2000, S. 119 ff.

Schmidt, R./Wollenschläger, F. (Hrsg.): Kompendium Öffentliches Wirtschaftsrecht, 4. Auflage, Berlin 2016.

(zitiert: *Bearbeiter* in: Schmidt/Wollenschläger, Kompendium Öffentliches Wirtschaftsrecht)

Schmidt-Aßmann, E.: Verwaltungsverfahren und Verwaltungsverfahrensgesetz – Perspektiven der Systembildung, in: Hoffmann-Riem, W./ders. (Hrsg.), Verwaltungsverfahren und Verwaltungsverfahrensgesetz, Baden-Baden 2003, S. 429 ff.

Schnapp, F. E.: Der Haushaltsgrundsatz der Wirtschaftlichkeit und Sparsamkeit – im Sozialrecht und in anderen Rechtsgebieten, in: Butzer, H. (Hrsg.), Wirtschaftlichkeit durch Organisations- und Verfahrensrecht – Vorträge beim Symposium anlässlich des 65. Geburtstages von Prof. Dr. Friedrich E. Schnapp in Bochum, Berlin 2004, S. 109 ff.

(zitiert: *Schnapp* in: Butzer, Wirtschaftlichkeit durch Organisations- und Verfahrensrecht)

Ders.: Die Vorstandsvergütung in der gesetzlichen Krankenversicherung im Visier des Bundesversicherungsamtes, SGb 2015, S. 61 ff.

Ders./Wigge, P. (Hrsg.): Handbuch des Vertragsarztrechts – Das gesamte Kassenarztrecht, 3. Auflage, München 2017.

(zitiert: *Bearbeiter* in: Schnapp/Wigge, Handbuch des Vertragsarztrechts)

Schulin, B. (Hrsg.).: Handbuch des Sozialversicherungsrechts Band 1: Krankenversicherungsrecht, München 1994.

(zitiert: *Bearbeiter* in: Schulin, Handbuch des Sozialversicherungsrechts Band 1)

Seewald, O.: Wirtschaftlichkeit und Sparsamkeit – aus der Sicht des Bundessozialgerichts, SGb 1985, S. 51 ff.

Sormani-Bastian, L.: Vergaberecht und Sozialrecht – Unter beonderer Berücksichtigung des Leistungserbringungsrechts im SGB V (Gesetzliche Krankenversicherung), Frankfurt a. M. 2007.

(zitiert: *Sormani-Bastian*, Vergaberecht und Sozialrecht)

Steinberg, P.: Die Flexibilisierung des neuen europäischen Vergaberechts, NZBau 2005, S. 85 ff.

Steinhilper, G./Schiller, H.: Maulkorb für KVen und Vertragsärzte?, MedR 2003, S. 661 ff.

Stellpflug, M./Kronenberger, M.: Parität und Sektionierung – verfassungswidrige Binnenstrukturreform der KBV-Vertreterversammlung, MedR 2015, S. 711 ff.

Stern, K.: Das Staatsrecht der Bundesrepublik Deutschland Band II: Staatsorgane, Staatsfunktionen, Finanz- und Haushaltsverfassung, Notstandsverfassung; München 1980.

(zitiert: *Stern*, Staatsrecht der Bundesrepublik Deutschland Band II)

Streinz, R. (Hrsg.): EUV/AEUV – Vertrag über die Europäische Union und Vertrag über die Arbeitsweise der Europäischen Union – Kommentar, 2. Auflage, München 2012.

(zitiert: *Bearbeiter* in: Streinz, EUV/AEUV)

Tettinger, P. J.: Kammerrecht – Das Recht der wirtschaftlichen und der freiberuflichen Selbstverwaltung, München 1997.

(zitiert: *Tettinger*, Kammerrecht)

Thüsing, G. (Hrsg.): Europäisches Vergabe- und Kartellrecht als Herausforderung für die deutsche Sozialversicherung, Bonn 2012.

(zitiert: *Bearbeiter* in: Thüsing, Europäisches Vergabe- und Kartellrecht)

von Armin, H. H.: Wirtschaftlichkeit als Rechtsprinzip, Berlin 1988.

von Langsdorff, U.: Geltung des Vergaberechts, in: Sodan, H. (Hrsg.), Handbuch des Krankenversicherungsrechts, 2. Auflage, München 2014, S. 441 ff.

(zitiert: *von Langsdorff* in: Sodan, Handbuch des Krankenversicherungsrechts)

Wagner, O./Raddatz, F.: Ausschreibungspflicht mittelbar staatlich finanzierter Einrichtungen – Zur Reichweite des § 98 Nr. 2 GWB, NZBau 2010, S. 731 ff.

Wagner, V./Pfohl, B. Q.: Vergabefremde Aspekte in den Landesvergabegesetzen – ein Überblick, VergabeR 2015, S. 389 ff.

Ders./Steinkemper, U.: Zum Zusammenspiel von Kartellvergaberecht und Haushaltsvergaberecht, NZBau 2006, S. 550 ff.

Wallrabenstein, A. (Hrsg.): Braucht das Gesundheitswesen ein eigenes Regulierungsrecht?, Frankfurt a. M. 2012.

(zitiert: *Bearbeiter* in: Wallrabenstein, Braucht das Gesundheitswesen ein eigenes Regliergungsrecht?)

Weber, W.: Die Selbstverwaltung in der Sozialversicherung – Aufgaben und Grenzen, SDSRV Band 1 (1966), S. 27 ff.

(zitiert: *Weber* in: SDSRV 1)

Wenner, U.: Das Vertragsarztrecht nach der Gesundheitsreform, München 2008.

Weyand, R.: Bayerisches Rotes Kreuz: Öffentlicher Auftraggeber? – Zugleich Anmerkung zu BayObLG v. 10.9.2002 (Verg 23/02), IBR 2002, S. 676 ff.

Wissenschaftlicher Dienst des Bundestages: Rechtsschutz im Vergabeverfahren unterhalb des Schwellenwerte – Zur Abgrenzung der Rechtswegzuständigkeiten (Aktenzeichen: WD 7 – 3000 – 063/15; angebebener Abschluss der Arbeit: 13.4.2015), bundestag.de, zuletzt abgerufen am 13.12.2016 von: https://www.bundestag.de/blob /407472/5eac1fb9403340c711bb21c25b2964d9/wd-7-063-15-pdf-data.pdf.

Wittig, O.: Wettbewerbs- und verfassungsrechtliche Probleme des Vergaberechts, Düsseldorf 1999.

Wolff, H. (Begr.)/Bachof, O./Stober, R./Kluth, W.: Verwaltungsrecht Band II, 7. Auflage, München 2010.

(zitiert: *Wolff u.a.*, Verwaltungsrecht Band II)

Wollenschläger, F.: Der Begriff des "öffentlichen Auftraggebers" im Lichte der neuen Rechtsprechung des Europäischen Gerichtshofes, EWS 2005, S. 343 ff.

Zacker, C./Wernicke, S.: Examinatorium Europarecht, 2. Auflage, Köln 2003.

Zeiss, C.: Sichere Vergabe unterhalb der Schwellenwerte, 3. Auflage, Köln 2015.

Ziekow, J.: Die Industrie- und Handelskammern zwischen Selbstverwaltung und staatlichem Haushaltsrecht – zur Reichweite der Anwendbarkeit staatlichen Haushaltsrechts auf die Kammern, WiVerw 2013, S. 58 ff.

Ders../Völlink, U.-C.: Vergaberecht, Kommentar, 2. Auflage, München 2013.

(zitiert: *Bearbeiter* in: Ziekow/Völlink, Vergaberecht, GWB)